新编政府会计

魏祥健　吴孝春　主　编

袁利华　王　玲　副主编

计　方　林　利　邓　瑜　参　编

清华大学出版社

北　京

内 容 简 介

本书适应改革发展之需，以全新的视角依据政府会计改革的最新成果和最新动态，详细地介绍了改革后的政府会计体系、核算内容、核算方法等相关内容，深入讲解了改革后的"双分录""双报告"的具体处理和编制方法。

全书共十一章。第一、二章主要介绍政府会计的理论基础，包括政府会计概念、政府会计内容、政府会计标准与制度、政府会计核算基础与核算方法，并从总体上分析了我国政府会计的改革情况和改革前后对比。第三至十一章分别介绍了政府会计中财务会计的资产、负债、净资产、收入、费用，预算会计的预算收入、预算支出、预算结余的核算以及政府会计报告，并详细分析了它们的科目设置、账务处理以及报表编制。本书不仅详细讲解了"双分录"的记账规则和编制技巧，并且在每章的科目核算中详细列示了财务会计和预算会计分录编制，并辅以大量的实例分析，有助于初学者深入理解和掌握政府会计平行记账的方法。此外，每章前均设有学习目的及要求，每章后均附有课后练习与提高，以帮助巩固所学知识。

本书不仅可以作为财经类院校会计、财务管理、审计等相关专业的学生用书，也适合作为各部门对相关人员进行政府会计的培训用书，还可以作为各级行政事业单位人员实务操作的参考用书。

图书在版编目(CIP)数据

新编政府会计/魏祥健，吴孝春主编. —北京：清华大学出版社，2020.8（2021.10重印）
ISBN 978-7-302-55971-9

Ⅰ. ①新… Ⅱ. ①魏… ②吴… Ⅲ. ①预算会计—研究 Ⅳ. ①F810.6

中国版本图书馆 CIP 数据核字(2020)第 120487 号

责任编辑：孟 攀
装帧设计：刘孝琼
责任校对：王明明
责任印制：丛怀宇

出版发行：清华大学出版社
　　　　　网　　　址：http://www.tup.com.cn, http://www.wqbook.com
　　　　　地　　　址：北京清华大学学研大厦 A 座　　　邮　　　编：100084
　　　　　社 总 机：010-62770175　　　　　　　　　邮　　　购：010-62786544
　　　　　投稿与读者服务：010-62776969, c-service@tup.tsinghua.edu.cn
　　　　　质量反馈：010-62772015, zhiliang@tup.tsinghua.edu.cn
　　　　　课件下载：http://www.tup.com.cn, 010-62791865
印 装 者：三河市君旺印务有限公司
经　　销：全国新华书店
开　　本：185mm×260mm　　印　张：26.25　　　　字　　数：639 千字
版　　次：2020 年 9 月第 1 版　　　　　　　印　　次：2021 年 10 月第 2 次印刷
定　　价：79.00 元

产品编号：083756-01

前　言

中华人民共和国成立以来，我国政府部门会计一直实行预算会计制度，核算基础采用收付实现制。1950 年，我国发布了《各级人民政府暂行总预算会计制度》和《各级人民政府暂行单位预算会计制度》，创立了初步的预算会计体系；1963 年，发布了《地方财政机关总预算会计制度》，把预算会计调整为财政总预算会计体系；1966 年，发布了《行政事业单位会计制度》，把行政事业单位纳入预算会计范畴；1997 年，制定了《事业单位会计制度》，随后又颁布了《高等学校会计制度》《中小学校会计制度》《医院会计制度》《科学事业单位会计制度》等，逐步建立起事业单位分类会计制度；2004 年，财政部发布了《民间非营利组织会计制度》。至此，我国建立起了较系统的以预算管理为主体的非营利组织会计模式，包括财政总预算会计、行政单位会计、事业单位会计、民间非营利组织会计。

原预算会计制度的实施为我国财政资金的运行管理和宏观经济决策发挥了重要的基础性作用。然而，随着我国政府职能的转变和公共财政体制的建立和完善，原预算会计制度的缺陷也逐渐凸显：一是核算基础采用收付实现制，不能准确地反映政府资产负债"家底"，不利于加强资产负债管理、防范和降低财政风险；二是核算内容侧重于收支核算而忽略成本费用，不能客观地反映政府公共管理成本，不利于科学地评价政府的运营绩效和对受托责任的履行情况；三是多项会计制度并存，体系繁杂、内容交叉、核算口径不一，不能准确地提供信息完整的政府财务报告。党的十八届三中全会提出了"建立权责发生制政府综合财务报告制度"的重大改革举措。因此，在新的形势下，立足国情，借鉴国际经验，加快推进政府会计改革，建立和实施统一的权责发生制的政府会计准则，及时、准确、完整地公开政府整体财务状况、运行情况及预算执行等信息已势在必行。

其实，政府会计改革一直都在路上，1978 年党的十一届三中全会后，就进入了改革的探索阶段。1985 年颁布新中国首部《会计法》，会计工作开始步入法制化轨道，1994 年颁布中华人民共和国首部《预算法》，强化了预算会计工作的法律规范。1997 年，政府会计改革进入了主动摸索阶段，在事业单位会计准则尤其是在医院会计制度中植入了财务会计要素和权责发生制，冲破了计划经济体制下的预算会计模式。2003 年，财政部成立政府会计改革领导小组，正式启动政府会计改革研究工作。2013 年 11 月，党的十八届三中全会提出了"建立权责发生制政府综合财务报告制度"的重大改革举措。2014 年，新修订的《预算法》对各级政府提出按年度编制，以权责发生制为基础的政府综合财务报告的新要求。2015 年 10 月，财政部令第 78 号发布《政府会计准则——基本准则》。2017 年 10 月，财政部发布《政府会计制度——行政事业单位会计科目和报表》，自 2019 年 1 月 1 日起全面施行。在政府会计基本准则的指引下，从 2016 年起，我国开始研究制定政府会计具体准则，到目前为止陆续出台了《存货》《投资》《固定资产》《无形资产》《公共基础设施》《政府储备物资》《会计调整》《负债》《财务报表编制和列报》等具体准则，其他准则也在加紧研究和制定中。我国政府会计制度改革经历了几十年的艰难摸索，取得了一系列阶段性成果，计划到 2020 年建立健全统一的、系统的政府会计体系。

2019 年 1 月 1 日起，新的政府会计准则、制度在全国各级各类行政事业单位全面施行。为适应改革发展需求，满足财经类人才培养的需要，由重庆科技学院、西南政法大学、重庆工商大学、四川外国语大学等高校合作，在已经出台的政府会计基本准则、政府会计制度和已发布的政府会计具体准则的基础上，特组织长期教授该课程的一线教师编写了本书，本书具有"新""细""实"三个特点。

新——是指知识新。本书不是在原非营利组织会计相关教科书的基础上修修改改，而是遵循政府会计改革总体目标的原则，以全新视角搭建知识体系，结合改革的最新阶段性成果及最新发展趋势，根据最新颁布的政府会计基本准则、政府会计制度和已出台的政府会计具体准则等编写相关章节内容，对改革前后的内容差异进行了比较和提示，着重突出了政府会计改革的最新动态，充分注重知识的承接和更新，更有利于读者全面了解我国政府会计的改革成果，并与社会实践相结合。

细——是指讲解细。改革后的政府会计与以往最大的不同就是采用"双分录"核算，即对一项经济业务既要依据财务会计科目和权责发生制原则编制财务会计分录，又要依据预算会计科目和收付实现制原则编制预算会计分录，在同一会计核算系统中实现财务会计和预算会计双重功能。

实——是指实用性。本书在改革后的政府会计基本理论的基础上注重会计业务的实践操作，介绍最基本的会计业务处理知识。采取会计要素→会计科目→账务处理→实例分析的讲解脉络，力求把政府会计实务用科学的理论和简明的案例加以阐释和演示，从而培养学习者的实际应用能力。

本书编写分工如下：魏祥健教授担任第一主编，编写第一章和第二章，并负责全书的总撰和统稿；吴孝春担任第二主编，编写第三章和第十章；袁利华担任副主编，编写第八章和第九章；王玲担任副主编，编写第六章和第七章；邓瑜编写第十一章；计方编写第五章；林利编写第四章。

由于我国政府会计制度正处于改革进程中，新的政府会计准则体系尚未完全形成，一些具体准则还在研究和制定之中，书中不妥乃至错误之处在所难免，敬请同仁和广大读者批评指正。

在本书的编写过程中，我们参考了相关书籍、资料和网络资源，借鉴了相关专家的研究成果，在此谨向这些作者致以诚挚的谢意！

编　者

目 录

第一章 政府会计标准体系 1

第一节 政府会计改革 1

一、政府会计的起源与发展 1

二、政府会计改革的背景 2

三、政府会计改革的目标内容 3

四、政府会计改革历程 5

第二节 政府会计概念 7

一、政府会计主体 7

二、政府会计客体 7

三、政府会计定义 8

四、政府会计特征 8

第三节 政府会计目标 9

一、政府会计信息的使用者 9

二、信息使用者的信息需求 10

三、政府会计总体目标与具体目标 11

第四节 政府会计体系 12

一、改革前我国的预算会计体系 12

二、改革后我国的政府会计体系 13

第五节 政府会计标准 16

一、政府会计标准界定 16

二、改革前的政府会计标准 16

三、现行政府会计标准 17

第六节 政府财政收支管理制度 23

一、财政预算管理制度 23

二、财政收入管理 24

三、财政支出管理 25

【课后练习与提高】 28

第二章 政府会计核算基础 30

第一节 政府会计假设与核算基础 30

一、政府会计假设 30

二、政府会计核算基础 31

第二节 政府会计要素与计量 34

一、政府会计要素 34

二、政府会计计量 36

第三节 政府会计信息质量要求 38

第四节 政府会计核算方法 40

一、会计等式 40

二、会计科目 40

三、记账方法 45

四、会计凭证 47

五、会计账簿 49

六、会计报表 49

第五节 政府会计平行记账 51

一、平行记账产生的背景 51

二、平行记账的含义 51

三、平行记账的原则 52

四、平行记账的方法 53

【课后练习与提高】 57

第三章 资产 59

第一节 资产概述 59

一、资产的概念 59

二、资产的分类 59

三、资产的确认 60

四、资产的计量 60

第二节 资产类科目 61

一、资产类科目表 61

二、改革后资产类科目的变化 62

三、科目使用说明 62

第三节 流动资产的会计核算 69

一、库存现金 69

二、银行存款 72

三、零余额账户用款额度 76

四、其他货币资金 79

五、短期投资 81

六、财政应返还额度 83

七、应收票据 84

八、应收账款 86

九、预付账款............89

十、应收股利............90

十一、应收利息............91

十二、其他应收款............92

十三、坏账准备............94

十四、在途物品............94

十五、库存物品............95

十六、加工物品............100

十七、待摊费用............101

第四节　非流动资产的会计核算............102

一、长期股权投资............102

二、长期债券投资............109

三、固定资产............112

四、固定资产累计折旧............118

五、工程物资............119

六、在建工程............120

七、无形资产............126

八、无形资产累计摊销............129

九、研发支出............129

十、公共基础设施............130

十一、公共基础设施的折旧

或摊销............132

十二、政府储备物资............132

十三、文化文物资产............135

十四、保障性住房............137

十五、保障性住房累计折旧............139

十六、受托代理资产............139

十七、长期待摊费用............141

十八、待处理财产损溢............141

【课后练习与提高】............143

第四章　负债............148

第一节　负债概述............148

一、负债的概念............148

二、负债的分类............148

三、负债的确认与计量............149

四、负债的披露............149

第二节　负债类科目............150

一、短期借款............150

二、应交增值税............150

三、其他应交税费............151

四、应缴财政款............151

五、应付职工薪酬............151

六、应付票据............152

七、应付账款............152

八、应付政府补贴款............152

九、应付利息............152

十、预收账款............152

十一、其他应付款............153

十二、预提费用............153

十三、长期借款............153

十四、长期应付款............153

十五、预计负债............154

十六、受托代理负债............154

第三节　流动负债的会计核算............154

一、短期借款............154

二、应缴财政款............156

三、应付职工薪酬............157

四、应付票据............161

五、应付账款............163

六、应付政府补贴款............164

七、应付利息............165

八、预收账款............166

九、应交增值税............168

十、其他应交税费............174

十一、预提费用............176

十二、其他应付款............177

第四节　非流动负债的会计核算............179

一、长期借款............180

二、长期应付款............182

三、预计负债............183

四、受托代理负债............185

【课后练习与提高】............185

第五章　净资产............189

第一节　净资产概述............189

一、净资产的概念............189

二、净资产的计量............189

三、净资产的分类...............................189

第二节 净资产类科目...............................190

一、"累计盈余"科目...............................190

二、"专用基金"科目...............................191

三、"权益法调整"科目...............................191

四、"本期盈余"科目...............................191

五、"本年盈余分配"科目...............................191

六、"无偿调拨净资产"科目...............................192

七、"以前年度盈余调整"科目...............................192

第三节 净资产的会计核算...............................192

一、累计盈余...............................192

二、专用基金...............................194

三、权益法调整...............................196

四、本期盈余...............................198

五、本年盈余分配...............................200

六、无偿调拨净资产...............................201

七、以前年度盈余调整...............................203

【课后练习与提高】...............................205

第六章 收入...............................208

第一节 收入概述...............................208

一、收入的含义...............................208

二、收入的分类...............................209

第二节 收入类科目...............................210

一、"财政拨款收入"科目...............................210

二、"事业收入"科目...............................211

三、"上级补助收入"科目...............................211

四、"附属单位上缴收入"科目...............................211

五、"经营收入"科目...............................211

六、"非同级财政拨款收入"科目.....212

七、"投资收益"科目...............................212

八、"捐赠收入"科目...............................212

九、"利息收入"科目...............................212

十、"租金收入"科目...............................212

十一、"其他收入"科目...............................212

第三节 收入的会计核算...............................213

一、财政拨款收入...............................213

二、非同级财政拨款收入...............................218

三、租金收入...............................219

四、捐赠收入...............................221

五、利息收入...............................222

六、其他收入...............................223

第四节 事业单位专有收入的会计核算...............................225

一、事业收入...............................225

二、上级补助收入...............................228

三、附属单位上缴收入...............................229

四、经营收入...............................230

五、投资收益...............................231

【课后练习与提高】...............................237

第七章 费用...............................240

第一节 费用概述...............................240

一、费用的含义...............................240

二、费用的分类...............................241

第二节 费用类科目...............................241

一、"业务活动费用"科目...............................242

二、"单位管理费用"科目...............................242

三、"经营费用"科目...............................242

四、"资产处置费用"科目...............................243

五、"上缴上级费用"科目...............................243

六、"对附属单位补助费用"科目.....243

七、"所得税费用"科目...............................243

八、"其他费用"科目...............................243

第三节 费用的会计核算...............................244

一、业务活动费用...............................244

二、资产处置费用...............................249

三、其他费用...............................252

第四节 事业单位专有费用的会计核算.....256

一、单位管理费用...............................256

二、经营费用...............................263

三、上缴上级费用...............................266

四、对附属单位补助费用...............................268

五、所得税费用...............................269

【课后练习与提高】...............................270

第八章 预算收入...............................273

第一节 预算收入概述...............................273

一、预算收入的概念..................273

二、预算收入的确认..................273

三、预算收入的管理..................273

第二节 预算收入类科目..................274

一、"财政拨款预算收入"科目..........275

二、"事业预算收入"科目............275

三、"上级补助预算收入"科目........275

四、"附属单位上缴预算收入"

科目..................................275

五、"财政拨款预算收入"科目........276

六、"债务预算收入"科目............276

七、"非同级财政拨款预算收入"

科目..................................276

八、"投资预算收益"科目............276

九、"其他预算收入"科目............277

第三节 预算收入的会计核算..........277

一、财政拨款预算收入................277

二、非同级财政拨款预算收入........281

三、其他预算收入....................282

第四节 事业单位专有预算收入的会计

核算..................................284

一、事业预算收入....................284

二、经营预算收入....................286

三、投资预算收益....................287

四、上级补助预算收入................289

五、附属单位上缴预算收入..........291

六、债务预算收入....................292

【课后练习与提高】..................294

第九章 预算支出..................299

第一节 预算支出概述..................299

一、预算支出的概念..................299

二、预算支出的确认..................299

三、预算支出的内容及管理..........299

第二节 预算支出类科目..................301

一、"行政支出"科目................301

二、"事业支出"科目................302

三、"经营支出"科目................302

四、"上缴上级支出"科目............302

五、"对附属单位补助支出"科目.....303

六、"投资支出"科目................303

七、"债务还本支出"科目............303

八、"其他支出"科目................303

第三节 行政支出的会计核算..........304

一、行政支出科目设置................304

二、行政支出的主要账务处理........304

三、行政支出具体业务核算..........305

第四节 事业单位专有预算支出的会计

核算..................................308

一、事业支出........................308

二、经营支出........................311

三、上缴上级支出....................314

四、对附属单位补助支出............315

五、投资支出........................317

六、债务还本支出....................319

第五节 其他支出的会计核算..........319

一、其他支出的科目设置............319

二、其他支出的会计核算............320

【课后练习与提高】..................322

第十章 预算结余..................328

第一节 预算结余概述..................328

一、预算结余的概念..................328

二、预算结余的内容..................328

三、预算结余形成的原因............329

四、预算结余资金的管理............330

第二节 预算结余类科目..................331

一、"资金结存"科目................331

二、"财政拨款结转"科目............332

三、"财政拨款结余"科目............332

四、"非财政拨款结转"科目........333

五、"非财政拨款结余"科目........333

六、"专用结余"科目................334

七、"经营结余"科目................334

八、"其他结余"科目................334

九、"非财政拨款结余分配"科目.....334

第三节 资金结存的会计核算..........335

一、资金结存的明细科目设置........335

二、资金流入的会计核算..................335

三、资金流出的会计核算..................336

四、不同形式资金转换的会计
核算 337

五、资金结存具体会计核算..............337

第四节 财政拨款结转结余的会计
核算 341

一、财政拨款结转......................341

二、财政拨款结余......................345

第五节 非财政拨款结转结余的会计
核算 348

一、非财政拨款结转....................348

二、非财政拨款结余....................351

第六节 事业单位专用结余的会计
核算 354

一、专用结余..........................354

二、经营结余..........................356

三、非财政拨款结余分配................357

第七节 其他结余的会计核算............358

一、本年非财政拨款非专项资金
预算收支结转 358

二、年末转非财政拨款结余或非财政
拨款结余分配 358

三、其他结余具体会计核算..............358

【课后练习与提高】.......................360

第十一章 政府会计报告.................365

第一节 政府会计报告概述.............365

一、政府会计报告的概念................365

二、改革后政府会计报告的主要
变化 366

三、政府会计报告的分类................366

四、政府会计报告的编制要求..........368

五、政府会计报告编制的准备
工作 369

第二节 政府财务报告.................370

一、资产负债表........................370

二、收入费用表........................379

三、净资产变动表......................384

四、现金流量表........................386

第三节 政府决算报告.................394

一、预算收入支出表....................394

二、预算结转结余变动表................399

三、财政拨款预算收入支出表..........403

【课后练习与提高】.......................407

主要参考文献 410

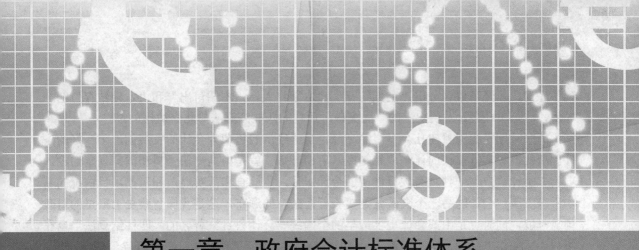

第一章　政府会计标准体系

【学习目的及要求】

本章主要介绍政府会计的基本概念和体系规范，包括政府会计改革、政府会计概念、政府会计目标、政府会计体系、政府会计标准、政府财政收支管理制度等内容。

通过本章的学习，了解我国政府会计的改革历程，理解政府会计改革的原因，改革后的政府会计目标和财政收支管理的制度规定，掌握新的政府会计体系结构，政府会计基本准则、具体准则和政府会计制度。

第一节　政府会计改革

一、政府会计的起源与发展

在古代，会计分为民间会计和官厅会计，我国现在的政府会计就是由官厅会计发展而来的。

据史料记载，从我国第一个奴隶制国家——夏开始，便征收赋税，因此必定要对赋税的收入和支出进行记录、计算和考核，这便是我国"会计"的雏形。这种成为国家行为的会计，在我国会计史上称为"官厅会计"。到了商朝，出现了官厅会计部门，并运用会计单式记账方法，它标志着我国古代官厅会计的初步创立。

"会计"的正式命名起源于西周，已为我国著名会计史学家郭道扬教授研究证实。西周的青铜器铭文已经出现了"會"和"计"形状的字体，而且其含义已基本定型。会计的得名，说明了此时的会计已经从国家职能的附属部分分离出来，成为一个独立的部门。西周的官制中专设了"司会"一职，主管朝廷的财政收支。同时，西周也规定了国家财政收入的来源，称为"岁入"，国家的财政支出被称为"岁出"，就是今天会计科目的原始形态。西周时期的会计报告分"岁会""月要""日成"三种形式。由此看出，西周时期的会计发展对我国会计制度的建立有不可磨灭的贡献。

春秋战国时期，作为政府会计记账依据的经济凭证得到了进一步规范，被称为"奏书"。

秦朝时期，单式记账法开始趋于成熟。单式记账法是按照经济事件的发生日期流水记录，单入单出，但单笔出入之间并无对应关系，无法相互稽核。

两汉时期出现编户制度、上计制度和盈利理论，为中式会计之后的发展奠定了基础。

到了东汉，已经可以区分出"上期结存""本期收入""本期付出"和"本期结存"四个项目，这是中式会计发展史上的一大突破，后代的四柱结算法与此密切相关。

唐宋时期是我国封建社会发展的高峰，封建经济的繁荣为会计的发展创造了良好的条件。唐代继续实行前代的计账户籍制度，所谓计账，就是根据户籍资料和国家规定的收入项目归类计算，是一种具有预算性质的会计账目，是检查和落实财政和赋役项目情况的基本手段。唐代会计的另一个突破就是《长行旨条》的颁布，这是我国财政史上最早的财政预算制度，同时也是中式会计史上最早的全国统一会计科目。著名的"四柱结算法"也在唐代中后期得以确立，即"旧管"(上期结存)、"新收"(本期收入)、"开除"(本期支出)和"实在"(本期结余)，相对于"三柱结算法"，它划清了本期收入和上期余额的界限，克服了三柱的片面性。到了宋代，经济发展更加繁荣，宋朝在中央设"三司"，管理国家的财政收支。宋代会计账簿的设置已有"草账"、流水日记账、总账之分。

元明两朝，基本上沿用唐宋的会计方法，此时民间逐渐认识到会计的重要性，运用范围开始扩大。创于明末清初的"龙门账"，是会计理论的一大突破。

清朝是我国封建时代的最后一个王朝，此时封建经济已经发展到了一个最高峰，中式会计也达到相当完善的程度，其表现就是四脚账的出现。"四脚账"采用中式账簿通用的格式，即一张账页以中线为间隔，上收下付，或上来下去。"四脚账"是复式簿记，它已具有今天复式簿记的基本特征。

中华人民共和国成立后，党和国家十分重视政府会计工作，制定了系统的政府会计核算制度和政府财政预算管理制度，形成了与企业会计并列的政府会计核算和管理系统。

二、政府会计改革的背景

我国原政府会计核算标准体系形成于 1998 年前后，是为适应财政预算管理的要求建立和逐步发展起来的，是一种预算会计体系，主要包括财政总预算会计、行政单位会计和事业单位会计三大主体会计，另外还包括执行政府总预算出纳保管业务的国库会计、执行政府总预算收入业务的收入征解会计、执行政府总预算的基本建设支出业务的基建拨款会计三大关系会计。其中，事业单位会计包括事业单位会计准则和事业单位会计制度。会计制度又可分为医院、高等学校、中小学校、科学事业单位、彩票机构等事业单位会计制度。

(一)原政府会计制度的主要特征

原政府会计制度的主要特征有以下几方面。

(1) 会计目标方面，侧重于满足财政预算管理的需要，在一定程度上兼顾了行政事业单位财务管理的需要。

(2) 核算内容方面，侧重于预算收入、支出和结余情况，在一定程度上反映了财政收支的预算和执行情况。

(3) 核算基础方面，主要以收付实现制为基础，在一定程度上反映了财政资金的实际收入和实际支出。

(4)　会计报告方面，主要提供的是反映财政总预算资金、单个行政事业单位、单项基金等的预算收支执行结果的信息。

(二)原政府会计制度的局限性

原政府会计制度的实行为我国财政资金的运行管理和宏观经济决策发挥了重要的基础性作用。然而，随着我国政府职能转变和公共财政体制的建立和完善，原政府会计制度的缺陷逐渐凸显，已经不能满足我国政府会计发展的需要。

(1)　政府会计标准体系一般采用收付实现制，不利于政府会计发挥更多、更重要的职能。毋庸置疑，现金收付制在政府会计中有非常重要的地位，尤其是现金收付制恰如其分地适应了预算会计服务于预算管理的经济要求。但是政府会计仅以现金收付制为基础，有着相当大的局限性。首先，仅以现金收付制为基础，无法将政府会计对象从预算资金运动拓展到价值运动，也无法将政府会计的视野从短期延伸到长期，从而限制了我国政府大量的资产、负债纳入财务会计核算范围。其次，因为资产耗用、负债的确认都直接涉及成本费用的确认，一方面，由于收付实现制无法确认长期资产，本应资产化的"资本性支出"只好计入当期支出，高估了当期支出；另一方面，由于收付实现制无法确认长期负债，本应预提的一些长期负债无法预提，又低估了当期支出。再次，收付实现制也不能准确地反映政府资产负债"家底"，不利于加强资产负债管理，防范和降低财政风险。

(2)　原政府会计没有进行成本核算和成本分析，不能反映政府耗用资源的情况，无法提供政府运营的成本费用信息，所反映的收支信息也不全面，不能客观反映政府公共管理成本，不利于科学地评价政府的运营绩效和对受托责任的履行情况。

(3)　财务报告系统存在缺陷。我国的财政总预算会计、行政单位会计和事业单位会计中均规定了相应的一套会计报表，但各会计报表自成体系、分别编报，没有一套能完整集中地反映各级政府的资产、负债和净资产全貌的合并会计报表，使人民代表大会等政府财务报告的主要使用者难以全面、系统地考核和评价政府财务受托责任的履行情况。

(4)　原政府会计多项制度并存，体系繁杂、内容交叉、核算口径不一，缺乏规范统一的政府会计标准体系，不能准确地提供信息完整的政府财务报告。

因此，党的十八届三中全会提出，深化财税体制改革，改进预算管理制度，实施全面规范、公开透明的预算制度。审核预算的重点由平衡状态、赤字规模向支出预算和政策延伸。建立跨年度预算平衡机制，建立权责发生制的政府综合财务报告制度。十九大报告提出，建立规范透明、标准科学、约束有力的预算制度，全面实施绩效管理。在新的形势下，立足国情，借鉴国际经验，加快推进政府会计改革，建立和实施统一的权责发生制政府会计准则，及时、准确、完整地公开政府整体财务状况、运行情况及预算执行等信息，具有深远的现实意义。

三、政府会计改革的目标内容

(一)改革目标

为了适应政府职能需要，满足政府绩效管理目标需求，加强政府会计系统的监督，完善政府信息披露机制，改革的总体目标有以下两点：

一是要建立一套系统的、科学的、规范的政府会计准则体系，采用系统的、合理的会计原则和方法，核算政府所拥有的资产、承担的债务、提供公共服务的成本，以及财政资金运行等情况。

二是要建立健全政府财务报告编制办法，适度地分离政府财务会计与预算会计、政府财务报告与决算报告功能，全面、清晰地反映政府财务信息和预算执行信息，为开展政府信用评级、加强资产负债管理、改进政府绩效监督考核、防范财政风险等提供支持，促进政府财务管理水平的提高和财政经济的可持续发展。

(二)改革方向

所谓改革的方向，即建立一套标准、两份报告、三项制度、四项措施。

一套标准即建立政府会计基本准则、具体准则及应用指南，建立统一的政府会计制度、政府成本会计制度等；两份报告即政府决算报告和政府财务报告；三项制度即政府财务报告审计制度、政府财务报告公开制度、政府财务报告分析利用制度；四项措施即修订完善相关的财务制度、健全资产管理制度、完善决算报告制度、优化政府财政管理信息系统。

(三)改革内容

一是建立健全法律法规。政府会计改革的顺利进行，有赖于相关法律法规的进一步健全和完善，要积极推动《会计法》《预算法》的修订，制定政府会计准则和制度，推进政府会计标准体系建设。

二是制定统一的政府会计准则和制度。制定政府会计基本准则，根据基本准则制定政府财务会计具体准则，以规范政府会计主体的会计确认、计量和报告行为；整合现行行政单位会计制度、事业单位会计制度和国有建设单位会计制度，不再区分行政单位和事业单位，民间非营利组织参照企业会计制度执行，财政总预算会计不包含在新的政府会计制度中，其制度设计还在制定中。新的政府会计由于会计制度的统一，使政府各部门、各单位会计信息有了可比性，为合并单位与部门财务报表和逐级汇总编制部门决算奠定了坚实的制度基础。

三是建立以权责发生制为基础的政府财务会计体系。传统的以收付实现制为基础的预算会计系统仅具备核算和报告预算收支的单一功能，无法满足政府全面解除其财务受托责任、提供绩效评价所需的资产负债及成本绩效等方面信息的需要，客观上促使政府会计改革并建立以权责发生制为基础的财务会计系统，将政府的全部公共受托资源及相应的对外责任义务以及全部财务收支活动都纳入政府会计核算范围，全面、完整、系统地反映政府的财务状况和财务活动结果。

四是重塑单位会计要素。为完善各级行政部门及各级各类事业单位会计核算，统一其会计核算方法，新会计制度重新规范了单位会计要素，确定了单位会计要素包括财务会计要素和预算会计要素。财务会计要素包括资产、负债、净资产、收入和费用；预算会计要素包括预算收入、预算支出和预算结余。其中，财务会计与预算会计都设"收入"核算科目，在财务会计要素中，"费用"要素取代了"支出"要素，且首次提出预算会计要素包括预算收入、预算支出和预算结余。

五是构建"财务会计+预算会计"适度分离并相互衔接的会计双体系核算模式。新的核算模式在同一会计核算系统中实现财务会计和预算会计双重功能,通过财务会计核算形成财务报告,通过预算会计核算形成决算报告,财务会计要素和预算会计要素相互协调,财务报告和决算报告相互补充,共同反映政府会计主体的财务信息和预算执行信息。

六是整合基建会计核算。新政府会计制度依据《基本建设财务规则》和有关预算管理规定,在充分吸收《国有建设单位会计制度》合理内容的基础上取消了基建会计专门核算要求,把基本建设项目作为单位业务活动统一到事业单位核算项目上,极大地简化了基本建设业务的会计核算,有利于提高单位会计信息的完整性。

七是完善报表体系和结构。政府会计制度将报表分为财务会计报表和预算会计报表两大类。行政单位或事业单位不仅要编制财务会计报表,还要编制预算会计报表。新政府会计制度从会计信息化角度,规定了单位财务会计报表的编制主要以权责发生制为基础,以单位财务会计核算生成的数据为准;预算会计报表的编制主要以收付实现制为基础,以单位预算会计核算生成的数据为准。

八是建立政府会计信息系统。结合政府会计准则建设进程,开发支持两套会计核算体系并行的政府会计信息系统,服务于权责发生制的政府综合财务报告和预决算报告的编制,实现与财政收支总分类账系统、国库集中收付系统等的有效对接。

四、政府会计改革历程

中华人民共和国成立以来,我国预算会计制度向政府会计制度转变经历了以下五个阶段。

(一)初建阶段(1949—1953年)

1950年,财政部发布《各级人民政府暂行总预算会计制度》和《各级人民政府暂行单位预算会计制度》,统一预算会计科目,设立资产、负债、收入、支出等会计要素,以"资产=负债"作为基本会计等式,实行收付实现制,采用借贷记账法,编制资产负债表、收支决算表,创立预算会计体系。

(二)逐步发展阶段(1953—1978年)

1963年,财政部发布《地方财政机关总预算会计制度》,把预算会计体系调整为财政总预算会计体系。

1966年,财政部发布《行政事业单位会计制度》,改设资金来源、资金运用、资金结存会计要素,基本会计等式改为"资金来源-资金运用=资金结存",改用资金收付记账法,编报资金活动情况表、财政收支决算总表、预算外收支决算表。

(三)改革探索阶段(1978—1992年)

1978年,党的十一届三中全会决定改革开放。

1980 年，财政预算管理实行"划分收支，分级包干"，事业单位开始实行"预算包干，超支不补，结余留用"预算管理方式，1988 年事业单位改为全额预算管理、差额预算管理和自收自支管理三种方式。

1983 年，财政部修订《财政机关总预算会计制度》，完善总预算会计的机构建设，1988 年再次修订《财政机关总预算会计制度》和《行政事业单位会计制度》。

1985 年，颁布中华人民共和国首部《会计法》，会计工作开始步入法制化轨道。

(四)全面改革阶段(1992—1999 年)

1993 年，党的十四届三中全会决定建立社会主义市场经济体制。

1994 年，颁布中华人民共和国首部《预算法》，强化了预算会计工作的法律规范。

1995 年，发布《预算会计核算制度改革要点》。

1997 年，制定《财政总预算会计制度》《行政单位会计制度》《事业单位会计准则(试行)》《事业单位会计制度》，陆续制定事业单位分类会计制度，如高校、医院、科学事业单位等。政府会计改革进入主动摸索阶段，在事业单位会计和医院会计中植入了财务会计要素和权责发生制，打破了计划经济体制下的预算会计模式。

(五)预算会计向政府会计转变阶段(1999 年至今)

2000 年，财政部开始试行部门预算管理，并陆续推出政府收支分类、政府采购、国库集中收付等系列改革并持续完善。

2003 年，财政部成立政府会计改革领导小组，正式启动政府会计改革研究工作。

2004 年，财政部发布了《民间非营利组织会计制度》，确立了非营利组织会计部门的制度规范。

2007 年，政府会计改革被写入《国民经济和社会发展第十一个五年规划纲要》，目标是建立规范统一的政府会计准则制度体系和政府综合财务报告制度。

2009 年，我国修订了《高等学校会计制度》和《医院会计制度》，旨在配合财政预算体制改革。

2013 年 11 月，党的十八届三中全会推出了"建立权责发生制政府综合财务报告制度"的重大改革举措。

2014 年，新修订的《预算法》对各级政府提出按年度编制，以权责发生制为基础的政府综合财务报告的新要求。

2015 年 10 月，财政部令第 78 号发布《政府会计准则——基本准则》。

2017 年 10 月 24 日，财政部会计司发布财会〔2017〕25 号文，宣布废止之前行政事业单位使用的 13 个相关会计制度，统一使用《政府会计制度——行政事业单位会计科目和报表》，自 2019 年 1 月 1 日起全面施行。

从 2016 年起，我国陆续出台了存货、投资、固定资产、无形资产、公共基础设施、政府储备物资、会计调整、负债、财务报表编制和列报等具体准则。我国政府会计制度改革经历了几十年的艰难探索，取得了一系列阶段性成果，计划到 2020 年建立健全统一的、系统的政府会计体系。

第二节 政府会计概念

一、政府会计主体

由第一节可知，我国的政府会计由古代的官厅会计演变而来，按照这种理解，狭义的政府会计就是核算国家财政收支的会计，主要包括财政总预算会计和行政单位会计，其会计主体为核算财政收支的各级政府财政部门和核算财政全额拨款的各级政府机关。改革后，把财政总预算会计拿出来进行单独核算，而把事业单位纳入其中，因此新的政府会计就包括行政单位和事业单位的会计核算，会计主体发生了一定的变化。

根据《政府会计准则——基本准则》的规定，政府会计主体包括各级政府、各部门和各单位。各部门、各单位是指与本级政府财政部门直接或者间接发生预算拨款关系的国家机关、军队、政党组织、社会团体、事业单位和其他单位。军队、已纳入企业财务管理体系的单位和执行《民间非营利组织会计制度》的民间非营利组织、社会团体不适用本准则，也就是说，新的政府会计主体主要包括行政单位和事业单位，不再包括财政总预算单位。

(一)行政单位

行政单位是指国家各级政府的行政单位(包括中央政府和地方政府)，具体包括：国家权力机关，即各级人民代表大会及其所属机构；国家行政机关，即从国务院到省、自治区、直辖市以及下属的市、地、县、乡的各级人民政府及其所属机构；公安、司法、检察机关等。政府组织的基本宗旨是为全社会公众提供各种服务，促进全社会持续、稳定和健康地发展。

(二)事业单位

该类组织由国家相关部门统一管理，包括国家创办的医院、研究所、新闻机构、学校、文化艺术团体等。医院具体包括康复、护理之家、心理健康、危机干预、其他卫生保健服务机构等；教育包括初等教育、中等教育、高等教育、其他教育机构等。

二、政府会计客体

会计客体是指会计核算和监督的对象，是"物"而非"人"。会计客体是会计管理的受控体，是能用价值量表示的经济活动，由于会计要素的存量和流量均可抽象为价值形态和价值运动，因而会计客体本质上是一种价值运动。政府会计核算和监督的对象是财政资金和其他资金的取得、使用和结果所引起的事项活动，政府会计客体就是指这些资金的预算执行情况和财务状况、运行情况、现金流量等。

三、政府会计定义

1. 改革前

中华人民共和国成立后,我国政府会计称为预算会计。一般认为预算会计核算的是执行财政预算收支核算单位的账务处理,执行预算收支的单位包括财政部门、政府机关、事业单位和财政拨款的非营利组织,即财政总预算会计、行政单位会计、事业单位会计、财政拨款的非营利组织会计(公立非营利组织会计)。

从这个角度理解,改革前的政府会计是反映和监督财政总预算单位、行政单位、事业单位、公立非营利组织的国家财政收支活动的专门会计,是国家财政收支的监督工具,是实现国家财政管理的基本手段。

2. 改革后

改革后的政府会计仅限于行政单位和事业单位的会计核算。因此,本书将政府会计界定为用于确认、计量、记录行政单位和事业单位受人民委托管理国家公共事务和国家资源、国有资产的情况,报告行政单位和事业单位公共财务资源管理的业绩及履行受托责任情况的专门会计。政府会计由财务会计和预算会计构成。

财务会计是指以权责发生制为基础对政府会计主体发生的各项经济业务或者事项进行会计核算,主要反映和监督政府会计主体财务状况、运行情况和现金流量等的会计。

预算会计是指以收付实现制为基础对政府会计主体预算执行过程中发生的全部收入和全部支出进行会计核算,主要反映和监督预算收支执行情况的会计。

四、政府会计特征

为了全面反映政府对受托资源的管理情况,全面揭示政府债务,核算政府运行成本,实现财政透明,我国对政府会计目标、会计主体、会计要素、会计报告、会计核算基础和核算方法等进行了全面改革。制定了政府会计准则,颁布了政府会计制度,重构了财务会计和预算会计适度分离并相互衔接的会计核算模式,通过财务会计与预算会计功能,全面、清晰地反映政府财务信息和预算执行信息。其特征主要体现在以下四个方面。

一是"双基础",即权责发生制和收付实现制并行。改革后的政府会计分为财务会计和预算会计,在财务会计核算中全面引入权责发生制进行账务处理和报表编制,预算会计依然采用收付实现制。

二是"双功能",即在同一政府会计核算系统中具有财务会计和预算会计双重功能。通过财务会计功能反映行政事业单位财务状况、成本绩效、现金流量等方面的信息,通过预算会计功能反映行政事业单位预算收支和预算执行情况等方面的信息。双功能既体现了财务会计的绩效评价,又体现了预算会计的资金计划管理。

三是"双分录",即在同一凭证中既要做财务会计分录,又要做预算会计分录的平行记账。一项业务事项发生后,需要依据财务会计科目与规则编制财务会计分录,如果满足预算会计处理规则，还要编制预算会计分录，既反映业务事项的实际发生，又反映资金的来龙去脉。

四是"双报告"，即编制财务报告和决算报告。通过财务会计核算形成的财务信息编制财务会计报告，通过预算会计核算形成的预算执行信息编制决算报告。

需要特别指出的是，双基础、双功能、双分录、双报告不是双系统，而是单套账，在同一张记账凭证上同时进行财务会计和预算会计账务处理，在同一信息系统中同时披露财务会计信息和预算会计信息。财务会计和预算会计相互衔接又适度分离，具有财务会计和预算会计双重功能，共同反映政府会计主体的财务信息和预算执行信息。

第三节　政府会计目标

所谓会计目标，就是会计活动最终要达到的目的，具体而言就是会计核算要提供真实、完整的会计资料，以满足各方面对会计信息的需要。一般认为，会计目标包括三方面的问题：①会计信息的用途；②向哪些人提供会计信息；③什么是有用的会计信息。

一、政府会计信息的使用者

政府会计信息的使用者，他们或提供资财创建，或提供资财支持，或进行协调管理，或从中受益，这些人最关心政府组织的发展，最需要了解政府组织运营的有关信息。因此，它们是政府会计信息的使用者。

(一)政府及其管理部门

我国目前的行政单位和事业单位，其所需资金基本来自政府的财政支持。即使是私营的非营利组织，政府也不同程度地为其提供支持，或奖励，或税收优惠，或适当专款资助，方式不尽相同。另外，政府还是行政单位和事业单位组织的管理协调者。政府有关管理部门要统计、了解国家宏观经济的运行情况，行政事业单位组织的信息自然不能遗漏。因此，政府及其管理部门是政府会计信息的使用者。

(二)政府监管部门

由于行政事业单位组织资金来源的多样性和所从事的活动与公众利益密切相关，因此，我国有关法律、行政法规都规定政府有关部门需要对这些组织的会计信息加强监管。这些部门包括财政部门、组织的登记管理机关(如民政部门、审计部门等)。

(三)投资者

国有非营利组织，政府作为投资者，非常关心所投资金的社会效益。非营利组织除了国家投资建设发展以外，其他的社会组织、个人也可以兴建非营利组织。例如，我国《教育法》《民办教育促进法》中都提倡、鼓励社会力量办学，教育教学机构是我国非营利组织的重要组成部分。虽然非营利组织不以营利为目的,投资者不谋求投资收益,但他们仍然会关注其所投资的社会效益、对社会的贡献情况,自然要了解非营利组织的会计信息。

从我国目前的国情来看,政府既是管理者,又是投资者,具有投资和管理国有非营利组织的双重身份,是我国政府会计信息的主要使用者。

(四)捐赠者

在美国,接受捐赠是非营利组织的主要资金来源之一。捐赠者凭借个人或组织对社会的责任和爱心,将其合法资产无偿捐出,贡献于社会,服务于大众,不谋求任何回报,他们对非营利组织的关心是不言而喻的。从礼尚往来的角度来考虑,非营利组织将其发展、营运价值运动的会计信息及时提供给他们,对他们将是莫大的安慰。从情理上来说,捐赠者也需要政府会计信息。

目前我国国有非营利组织(如学校、医院等)也取得了捐赠收入,但比重较小。相信随着我国经济的进一步发展,非营利组织投资的重心将会发生转移。政府投资将会减少,社会捐赠者将会增加,为捐赠者提供政府会计信息将会是政府会计目标的重要组成部分。

(五)信贷者

信用借款、贷款筹资是一切组织谋求发展的共同经验。我国行政事业单位组织的资金主要来源于政府拨款,但为了在短期内取得快速发展,在国家拨款不能满足需要的情况下,向银行和其他组织借款是最快捷的办法。借款要按期还本付息,信贷者最关心其债务人的偿还能力,对政府会计信息的关注程度可想而知。因此,获取政府会计主体的会计信息是资金信贷者的一大需求。

(六)社会公众和其他使用者

非营利组织还可以以各种方式影响社会公众和其他可能的使用者。例如,非营利组织可以对社区的稳定和发展作出贡献,可以激发人们的奉献精神,可以促进社会经济的协调发展等。财务会计报告通过披露相关信息而对社会公众和其他会计信息使用者有所帮助。

二、信息使用者的信息需求

政府信息使用者的信息需求可概括为以下三类。

1. 遵循授权和履约的情况

政府按照预算和其他法律或授权的约定来使用和管理资源,使用者需要将预算和实际执行的结果相比较,以此来了解政府受托责任的履行情况以及是否按照授权与约定来管理和使用社会资源,并在此基础上,使用一些经济性和效率性标准来评价政府的财政管理及业绩。

2. 财政状况的信息

使用者需要了解政府的收入来源和评价投资产生收入的能力,这些信息可以帮助使用者评价政府收取税费的合理性，并判断其标准是过高还是过低；使用者关心政府使用资源的情况，包括资金的性质、目的和金额，他们既关心现有资源的使用状况，也希望由此判断政府未来的财政需求。他们关心政府收入能否弥补当期的支出，以及支出中收入和借款的比例，借以了解公共财政发展的潜力；他们关注政府的偿债能力以及未来的现金流，以此来了解政府偿债和筹资的能力。

3. 政府活动与经济运行的关系

为了克服市场失灵，弥补市场机制的缺陷和不足，优化资源配置，政府需要对市场进行干预和调控，通过制定正确的微观经济政策，用"看得见的手"来弥补"看不见的手"，在一定程度上消除市场失灵对经济运行的影响，从而提高资源的配置效率。如政府可以通过法律手段来限制垄断和反对不正当竞争；通过税收和补贴等手段将相关企业合并，消除外部性；政府承担提供适当公共物品的主要职责，例如国防、治安、消防和公共卫生；消除信息不对称等。

三、政府会计总体目标与具体目标

(一)总体目标

通过构建统一、科学、规范的政府会计准则体系，建立健全政府财务报告编制办法，适度分离政府财务会计与预算会计、政府财务报告与决算报告的功能，全面、清晰地反映政府财务信息和预算执行信息，为开展政府信用评级、加强资产负债管理、改进政府绩效监督考核，防范财政风险等提供支持，促进政府财务管理水平提高和财政经济可持续发展。

(二)具体目标

(1) 提供行政事业单位财务状况的信息。这包括政府资产、负债和净资产的总量、构成及其变动情况，偿债能力方面的信息，有助于信息使用者评价政府受托责任的履行情况和持续提供公共服务的能力，尤其有利于政府财政资源的提供者作出合理的投资、信贷等决策。

(2) 提供行政事业单位收入费用的信息。这包括收入的来源、分配和使用以及费用产生的信息，以便于使用者进行经济、社会、政治的决策分析。

(3) 提供行政事业单位现金流量的信息。这包括现金流入、流出、净额及其变动情况的信息，有助于信息使用者预测政府未来的现金流量和偿债能力。

(4) 提供行政事业单位运营绩效的信息。这包括政府当年的运作成果、各种建设项目和服务的成本信息，有助于使用者评价政府工作的经济性、效率性、效益性。

(5) 提供行政事业单位预算情况与实际执行差异的信息。这包括行政事业单位提供预算资源是否符合法律或合同要求的信息，预算资源是否依据法定预算、是否按照相关法律与合同的要求和限制取得和运用的信息，预算收支与实际结果相比较的信息，产生差异原因的信息，以便于公众监督，并帮助信息使用者评价政府受托责任的履行情况。

第四节　政府会计体系

一、改革前我国的预算会计体系

(一)预算会计

我国的预算会计是我国特有的会计术语,随着中华人民共和国的成立而诞生,是带有中国特色的专业会计。预算会计是指对国家预算执行过程和结果进行核算和监督的会计。预算是政府的年度财务收支计划,也是政府取得和使用财务资源的主要依据。我国预算会计对预算资金运行的全过程,包括预算资金筹集、使用和结存状况的三个阶段进行记账、算账和报账。

我国预算会计产生于中华人民共和国成立初期的 20 世纪 50 年代。我国预算会计经过了多次改革,主要是 1998 年正式实行的《财政总预算会计制度》《行政单位会计制度》和《事业单位会计制度》。1988 年以前,我国预算会计可分为两个部分,即总预算会计(又称财政总会计、总会计)和单位预算会计(又称单位会计)。各级总预算由各级财政部门负责组织执行,各级单位预算由各级行政事业单位负责执行。其中,单位预算会计包括行政单位会计和事业单位会计。1989 年至 1997 年,我国预算会计体系明确了政府总预算会计有若干重要分支。财政部在编写的《预算会计》中指出:"除政府部门设总预算会计外,还有中国人民银行代理国库业务的金库会计,中国建设银行办理基建拨款的会计,中国农业银行办理农业资金拨款的会计,以及税务部门办理税款征收的税收会计等。它们和预算会计形成了一个有机整体。

(二)预算会计体系的内容

1. 按照预算级次和范围划分的预算体系

按照预算级次和范围划分,预算构成体系如图 1.1 所示。

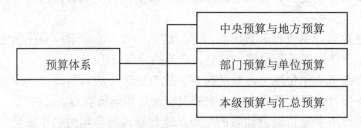

图 1.1　按预算级次和预算范围划分的预算体系

(1)　中央预算与地方预算(一级政府一级预算)。中央预算,由中央各部门(含直属单位)预算组成,政府预算居主导地位;地方预算由各省、自治区、直辖市总预算组成,政府预算居重要地位。

(2)　部门预算与单位预算。部门预算由本部门机关预算和所属单位预算组成,政府预算居主导地位;单位预算是纳入部门预算的国家机关、社会团体和其他单位的预算,是财政资金缴拨的依据。

(3)　本级预算与汇总预算。本级预算仅包括本级政府各部门(含直属单位)的预算；汇总预算由本级预算和下一级汇总预算组成。

2. 按照国家各级部门划分的预算会计体系

按国家各级部门划分，预算会计体系主要包括财政总预算会计、行政单位会计、事业单位会计和其他相关部门会计，如图 1.2 所示。

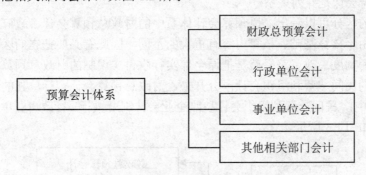

图 1.2　按国家部门划分的预算会计体系

(1)　财政总预算会计，是指各级政府财政部门核算和监督政府预算执行和各项财政性资金收入和支出情况及结果的专业会计。财政总预算会计是政权政府会计，设在各级政府的财政部门，负责核算本级政府财政收入、财政支出的总体情况，反映政府财政资金的运行。财政总预算会计按我国的政权结构，设置中央财政、省(市、区)财政、市(地)财政、县(区)财政和乡(镇)财政五级财政会计。

(2)　行政单位会计，是指我国各级行政机关和实行行政职能管理的其他机关、政党及人民团体，核算和监督本单位财务收支情况及结果的专业会计。行政单位会计是政府组成机构会计。我国政府各行政单位、人大机关、政党组织、法院、检察院等均设置行政单位会计。行政单位会计反映本单位预算资金的运行。

(3)　事业单位会计，是指各类事业单位核算和监督本单位财务收支情况及结果的专业会计。事业单位是国家出资举办的为社会提供公益性服务的社会组织，包括国有学校、医院、研究机构等。事业单位有部分或全部从国家取得的财政资金，因此需要通过事业单位会计进行反映和监督。

(4)　其他相关部门会计，是指参与预算执行的其他相关部门的专业会计，主要包括国库会计、税收征解会计、基本建设拨款会计等。其他相关部门会计反映财政预算资金的组织、结算和拨款过程，是预算会计的必要补充。国库是财政机构的出纳机关，税收征解部门是财政收入的组织机构，基建拨款部门负责财政资金的划拨。

二、改革后我国的政府会计体系

(一)改革路径

由第二节可知，政府会计与财政总预算会计虽然都是为了确保预算得到良好的执行，用来追踪和报告支出周期的拨款和拨款使用阶段发生的财务交易信息系统，但政府会计是用以对行政事业单位的财政资金使用和行政事业活动进行记录和计量并报告给信息使用者的信息系统，而财政总预算会计则是反映财政部门财政资金的预算执行情况，因此政府会计与财政总预算会计是并列关系。从非营利组织会计来看，非营利组织可分为公立和私立两种，公立非营利组织主要依靠政府拨款营运，私立非营利组织主要依靠民间资金运营，称为民间非营利组织。因此，除了公立非营利组织会计属于政府会计范畴外，民间非营利组织会计和政府会计是并列关系。

通过以上的区分可以看出，原预算会计体系中的财政总预算会计、政府会计、民间非营利组织会计由于核算基础、核算内容有重大的不同，因此有必要把它们区分开来分别实行不同的准则和制度。改革路径就是把原全部实行收付实现制的财政总预算会计和全部实行权责发生制的民间非营利组织会计区分开来，财政总预算会计实行单独的预算会计制度(还在设计制定中)，民间非营利组织会计参照企业会计制度执行，行政事业单位按照政府会计制度执行，如图1.3所示。

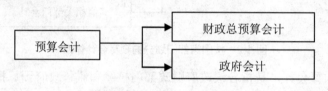

图1.3　政府会计改革路径

(二)改革后的政府会计体系

我国原政府会计制度实行的是预算会计制度，表面上是预算会计与财务会计的"混合体"，实际上只有预算会计，没有财务会计，更谈不上政府成本会计，并非真正意义上的预算会计。政府会计"混合体"中两方面都不完善，存在着明显的缺陷。因此，为了加快建立健全政府会计核算标准体系，经反复研究和论证，决定以统一现行各类行政事业单位会计标准、夯实部门和单位编制权责发生制财务报告和全面反映运行成本并同时反映预算执行情况的核算基础为目标，构建"财务会计和预算会计适度分离并相互衔接"的会计核算模式。即政府会计由政府财务会计+政府预算会计组成，财务会计采用权责发生制，并编制财务报告；预算会计采用收付实现制，并编制决算报告，如图1.4所示。

"双体系"改变了长期以来政府会计的单一预算会计体系，首次提出政府会计由财务会计和预算会计构成。

1. 财务会计

政府财务会计是指以权责发生制为基础对政府会计主体发生的各项经济业务或者事项进行会计核算，主要反映和监督政府会计主体财务状况、运行情况和现金流量等的会计，包括资产、负债、净资产、收入、费用五部分内容。

2. 预算会计

政府预算会计是指以收付实现制为基础对政府会计主体预算执行过程中发生的全部收入和全部支出进行会计核算，主要反映和监督预算收支执行情况的会计，包括预算收入、预算支出、预算结余三部分内容，如图 1.5 所示。

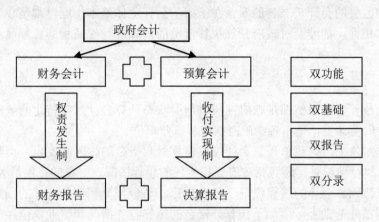

图 1.4　改革后的政府会计体系

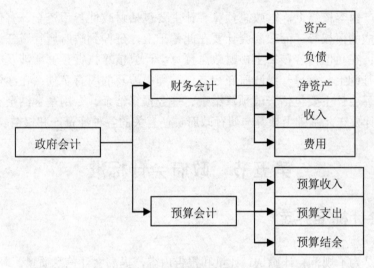

图 1.5　我国现行的政府会计体系内容

　　新体系有机地整合了《行政单位会计制度》《事业单位会计制度》和医院、基层医疗卫生机构、高等学校、中小学校、科学事业单位、彩票机构、地勘单位、测绘单位、林业(苗圃)等行业事业单位会计制度的内容；强化了财务会计功能；在财务会计核算中全面引入了权责发生制，对于科学编制权责发生制政府财务报告、准确反映单位财务状况和运行成本等情况具有重要的意义。同时，改进了预算会计功能，对预算会计科目及其核算内容进行了调整和优化，调整完善后的预算会计仍然采用收付实现制，能够更好地贯彻落实《预算法》的相关规定，更加准确地反映部门和单位预算收支情况，更加满足部门、单位预算和决算管理的需要。

(三)改革后的政府会计与财政总预算会计的关系

1. 联系

财政总预算会计是各级政府财政部门核算和监督政府预算执行情况的宏观会计，而政府会计是各级政府部门对政府预算执行情况和政府受托责任的履行情况进行连续、系统、完整地核算和监督的会计。二者的联系在于：①会计主体基本相同，都是政府机构；②核算的对象基本相同，都涉及对政府预算执行情况的核算；③性质相同，都属于非营利组织的核算。

2. 区别

(1) 会计核算主体虽然都是政府部门，但财政总预算会计是指特定的政府财政部门，而改革后的政府会计主体是指各级政府部门和事业单位。

(2) 核算对象上，财政总预算会计仅仅核算财政资金的收入和支出，而政府会计除了核算财政预算执行情况外，还包括政府受托责任的履行情况，对象的范围扩大了。

(3) 财政总预算会计的核算仅限于一般预算、基金预算和债务预算的预算收支情况，而政府会计则在此基础上，增加了预算外资金的预算收支情况和事业单位经营产生的收入和费用情况等。

(4) 在资产内容核算上，财政总预算会计主要包括财政性货币资金、有价证券和政府预算执行中形成的债权等，而政府会计要在此基础上，延伸到政府履行责任涉及的所有债权和长期资产；在负债内容核算上，财政总预算会计只核算执行预算所涉及的负债，而政府会计要在此基础上，核算一级政府履行责任过程中涉及的所有负债；在净资产内容核算上，财政总预算会计主要包括一般预算结余、基金预算结余、专用基金结余和预算周转金等，而政府会计要在此基础上核算与履行政府责任有关的各种净资产和权益。

第五节　政府会计标准

一、政府会计标准界定

会计标准是为了规范会计确认、计量和报告内容，提高会计信息质量，降低资金成本，提高资源配置效率所制定的统一的会计规范。政府会计标准包括会计法律、会计法规、会计准则和会计制度。政府会计理论是制定会计法规、会计制度的理论基础和依据，会计法规是会计理论上升到具有法律性质的条文，是进一步规范政府会计管理行为的法律性文件，也是政府会计制度制定的依据。会计准则和会计制度主要是从会计核算方面作出规定，会计制度是依据会计理论和会计法规制定的一种旨在指导政府会计具体工作的规范性文件，会计制度是会计准则的具体化。

二、改革前的政府会计标准

首先，《会计法》是我国会计工作的根本大法，是我国会计工作者开展工作的基本依据，是会计法规制定的基本准绳。其次，在财政总预算会计标准方面包括《中华人民共和国预算法》《各级人民政府暂行总预算会计制度》《地方财政机关总预算会计制度》《事业单位会计准则》《事业行政单位预算会计制度》《事业单位财务规则》等。此外，事业单位制度还细分为《医院会计制度》《基层医疗卫生机构会计制度》《高等学校会计制度》《中小学校会计制度》《科学事业单位会计制度》《彩票机构会计制度》《地质勘查单位会计制度》《测绘事业单位会计制度》《国有林场与苗圃会计制度(暂行)》《国有建设单位会计制度》等。

三、现行政府会计标准

我国现行的政府会计标准体系由政府会计基本准则、具体准则及其应用指南和政府会计制度组成。基本准则主要对政府会计目标、会计主体、会计信息质量要求、会计核算基础，以及会计要素的定义、确认和计量原则、列报要求等作出规定。基本准则作为政府会计的"概念框架"，统御政府会计具体准则和政府会计制度的制定，并为政府会计实务问题提供处理原则，为编制政府财务报告提供基础标准。具体准则主要规定政府发生的经济业务或事项的会计处理原则，具体规定经济业务或事项引起的会计要素变动的确认、计量和报告。应用指南主要是对具体准则的实际应用作出的操作性规定。政府会计制度主要规定政府会计科目及其使用说明、会计报表格式及其编制说明等，便于会计人员进行日常核算。

自 2015 年以来，财政部相继出台了《政府会计准则——基本准则》《存货》《投资》《固定资产》《无形资产》《公共基础设施》《政府储备物资》《会计调整》《负债》《财务报表的列报与编制》等政府会计具体准则，固定资产应用指南以及《政府会计制度——行政事业单位会计科目和会计报表》，如图 1.6 所示。

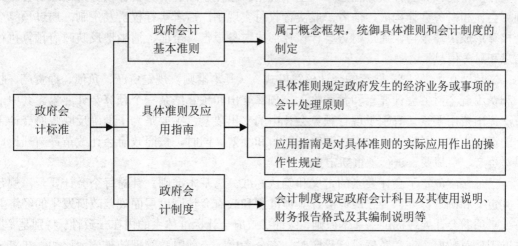

图 1.6　现行的政府会计标准

(一)政府会计基本准则

为了积极贯彻落实党的十八届三中全会精神，加快推进政府会计改革，构建统一、科学、规范的政府会计标准体系和权责发生制政府综合财务报告制度，2015 年 10 月 23 日，楼继伟部长签署财政部令第 78 号公布《政府会计准则——基本准则》(以下称《基本准则》)，自 2017 年 1 月 1 日起施行。

政府会计基本准则用于规范政府会计目标、政府会计主体、政府会计信息质量要求、政府会计核算基础，以及政府会计要素定义、确认和记录原则、列报要求等原则事项。

基本准则指导具体准则和制度的制定，并为政府会计实务问题提供处理原则。

1. 基本准则的基本内容

《基本准则》共六章 62 条。

第一章为总则，规定了立法目的和制定依据、适用范围、政府会计体系与核算基础、基本准则定位、报告目标和使用者、会计基本假设和记账方法等。

第二章为政府会计信息质量要求，明确了政府会计信息应当满足七个方面的质量要求，即可靠性、全面性、相关性、及时性、可比性、可理解性和实质重于形式。

第三章为政府预算会计要素，规定了预算收入、预算支出和预算结余三个预算会计要素的定义、确认和计量标准，以及列示要求。

第四章为政府财务会计要素，规定了资产、负债、净资产、收入和费用五个财务会计要素的定义、确认标准、计量属性和列示要求。

第五章为政府决算报告和财务报告，规定了决算报告、财务报告和财务报表的定义、主要内容和构成。

第六章为附则，规定了相关基本概念的定义，明确了施行日期。

2. 基本准则的制度理论创新

一是构建了政府预算会计和财务会计适度分离并相互衔接的政府会计核算体系。相对于实行多年的预算会计核算体系，《基本准则》强化了政府财务会计核算，即政府会计由预算会计和财务会计构成，前者一般实行收付实现制，后者实行权责发生制。通过预算会计核算形成决算报告，通过财务会计核算形成财务报告，全面、清晰地反映政府预算执行信息和财务信息。

二是确立了"5+3"要素的会计核算模式。《基本准则》规定资产、负债、净资产、收入和费用五个财务会计要素和预算收入、预算支出和预算结余三个预算会计要素。其中，首次提出费用要素，有别于现行预算会计中的支出要素，主要是为了准确反映政府会计主体的运行成本，科学评价政府资源管理能力和绩效。同时，按照政府会计改革最新理论成果对资产、负债要素进行了重新定义。

三是科学界定了会计要素的定义和确认标准。《基本准则》针对每个会计要素，规范了其定义和确认标准，为在政府会计具体准则和政府会计制度层面规范政府发生的经济业务或事项的会计处理提供了基本原则，保证了政府会计标准体系的内在一致性。特别是《基本准则》对政府资产和负债进行界定时，充分考虑了当前财政管理的需要。比如，在界定政府资产时，特别强调了"服务潜力"，除了自用的固定资产以外，将公共基础设施、政府储备资产、文化文物资产、保障性住房和自然资源资产等纳入政府会计核算范围；对政府负债进行界定时，强调了"现时义务"，将政府因承担担保责任而产生的预计负债也纳入会计核算范围。

四是明确了资产和负债的计量属性及其应用原则。《基本准则》提出，资产的计量属性主要包括历史成本、重置成本、现值、公允价值和名义金额，负债的计量属性主要包括历史成本、现值和公允价值。同时，《基本准则》强调了历史成本计量原则，即政府会计主体对资产和负债进行计量时，一般采用历史成本。采用其他计量属性的，应当保证所确定的金额能够持续、可靠计量。这样的规定，既体现了资产负债计量的前瞻性，也充分考虑了政府会计实务的现状。

五是构建了政府财务报告体系。《基本准则》要求政府会计主体除按财政部要求编制决算报表外，至少还应编制资产负债表、收入费用表和现金流量表，并按规定编制合并财务报表。同时强调，政府财务报告包括政府综合财务报告和政府部门财务报告，构建了满足现代财政制度需要的政府财务报告体系。

(二)政府会计具体准则及应用指南

1. 具体准则

具体准则是依据基本准则制定的，用于规范政府发生的经济业务或事项的会计处理原则，详细规定经济业务或事项引起的会计要素变动的确认、计量和报告。

为了适应权责发生制政府综合财务报告制度改革需要，规范政府存货、投资、固定资产和无形资产、公共基础设施、政府储备物资、会计调整的会计核算，提高会计信息质量，根据《政府会计准则——基本准则》，自 2016 年以来，财政部制定并陆续出台了《政府会计准则第 1 号——存货》《政府会计准则第 2 号——投资》《政府会计准则第 3 号——固定资产》《政府会计准则第 4 号——无形资产》《政府会计准则第 5 号——公共基础设施》《政府会计准则第 6 号——政府储备物资》《政府会计准则第 7 号——会计调整》《政府会计准则第 8 号——负债》《政府会计准则第 9 号——财务报表编制和列报》九个具体准则和《政府会计准则第 3 号——固定资产》一个应用指南，如表 1.1 所示。

表 1.1　已出台的政府会计具体准则一览表

准则名称	文　号	颁布时间	施行时间
政府会计准则第 1 号——存货	财会〔2016〕12 号	2016.07.06	2017.01.01
政府会计准则第 2 号——投资	财会〔2016〕12 号	2016.07.06	2017.01.01
政府会计准则第 3 号——固定资产 政府会计准则第 3 号——固定资产应用指南	财会〔2016〕12 号	2016.07.06	2017.01.01
政府会计准则第 4 号——无形资产	财会〔2016〕12 号	2016.07.06	2017.01.01
政府会计准则第 5 号——公共基础设施	财会〔2017〕11 号	2017.04.17	2018.01.01
政府会计准则第 6 号——政府储备物资	财会〔2017〕23 号	2017.07.28	2018.01.01
政府会计准则第 7 号——会计调整	财会〔2018〕28 号	2018.10.21	2019.01.01
政府会计准则第 8 号——负债	财会〔2018〕31 号	2018.11.09	2019.01.01
政府会计准则第 9 号——财务报表编制和列报	财会〔2018〕37 号	2018.12.26	2019.01.01

2. 应用指南

应用指南是对具体准则的实际应用作出的操作性规定。

目前我国出台了《政府会计准则第 3 号——固定资产》应用指南，与固定资产准则同步实施，主要是针对固定资产折旧的规定。

(三)政府会计制度

政府会计制度是依据基本准则制定的，主要规定政府会计科目及账务处理、报表体系及编制说明等，与政府会计具体准则及应用指南相互协调、相互补充。政府会计制度主要规定政府会计科目及其使用说明、会计报表格式及其编制说明等，便于会计人员进行日常核算。

1. 出台的背景

权责发生制政府综合财务报告制度改革基于政府会计规则的重大改革，其前提和基本任务就是要建立健全政府会计核算标准体系，包括制定政府会计基本准则、具体准则及应用指南，健全完善政府会计制度。在政府会计核算标准体系中，基本准则属于"概念框架"，统御政府会计具体准则和政府会计制度的制定；具体准则主要规定政府发生的经济业务或事项的会计处理原则，应用指南主要对具体准则的实际应用作出操作性规定；会计制度主要规定政府会计科目及其使用说明、报表格式及其编制说明等。会计准则和会计制度相互补充，共同规范政府会计主体的会计核算，保证会计信息质量。

2015 年以来，财政部按照《权责发生制政府综合财务报告制度改革方案》的要求，开始建立健全政府会计核算标准体系，经反复研究和论证，决定以统一现行各类行政事业单位会计标准、夯实部门和单位编制权责发生制财务报告和全面反映运行成本并同时反映预算执行情况的核算基础为目标，制定适用于各级各类行政事业单位的统一的会计制度。2017年10月24日,财政部印发了《政府会计制度——行政事业单位会计科目和报表》(财会〔2017〕25 号，以下简称《制度》)，自 2019 年 1 月 1 日起施行。

2. 政府会计制度的主要内容

《制度》由正文和附录组成，如图 1.7 所示。

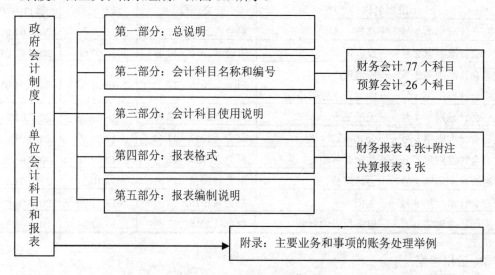

图 1.7　政府会计制度内容体系

正文包括以下五部分内容。

第一部分为总说明，主要规范《制度》的制定依据、适用范围、会计核算模式和会计要素、会计科目设置要求、报表编制要求、会计信息化工作要求和施行日期等内容。

第二部分为会计科目名称和编号，主要列出了财务会计和预算会计两类科目表，共计103个一级会计科目。其中，财务会计下有资产、负债、净资产、收入和费用五个要素共77个一级科目，预算会计下有预算收入、预算支出和预算结余三个要素共26个一级科目。

第三部分为会计科目使用说明，主要对103个一级会计科目的核算内容、明细核算要求、主要账务处理等进行详细规定。本部分内容是《制度》的核心内容。

第四部分为报表格式，主要规定财务报表和预算会计报表的格式，其中，财务报表包括资产负债表、收入费用表、净资产变动表、现金流量表及报表附注，预算会计报表包括预算收入支出表、预算结转结余变动表和财政拨款预算收入支出表。

第五部分为报表编制说明，主要规定了第四部分列出的七张报表的编制说明，以及报表附注应披露的内容。

附录为主要业务和事项账务处理举例。本部分采用列表方式，以《制度》第三部分规定的会计科目使用说明为依据，按照会计科目顺序对单位通用业务或共性业务和事项的账务处理进行举例说明。

3. 制度的重大变化和创新

一是重构了政府会计核算模式。在系统总结分析传统单系统预算会计体系利弊的基础上，《制度》按照《改革方案》和《基本准则》的要求，构建了"财务会计和预算会计适度分离并相互衔接"的会计核算模式。所谓"适度分离"，是指适度分离政府预算会计和财务会计功能，决算报告和财务报告功能，全面反映政府会计主体的预算执行信息和财务信息。它主要体现在以下三个方面：①"双功能"，在同一会计核算系统中实现财务会计和预算会计双重功能，通过资产、负债、净资产、收入、费用五个要素进行财务会计核算，通过预算收入、预算支出和预算结余三个要素进行预算会计核算。②"双基础"，财务会计采用权责发生制，预算会计采用收付实现制，国务院另有规定的，依照其规定。③"双报告"，通过财务会计核算形成财务报告，通过预算会计核算形成决算报告。所谓"相互衔接"，是指在同一会计核算系统中政府预算会计要素和相关财务会计要素相互协调，决算报告和财务报告相互补充，共同反映政府会计主体的预算执行信息和财务信息。它主要体现在：①对纳入部门预算管理的现金收支进行"平行记账"。对于纳入部门预算管理的现金收支业务，在进行财务会计核算的同时也应当进行预算会计核算。对于其他业务，仅需要进行财务会计核算。②财务报表与预算会计报表之间存在钩稽关系。通过编制"本期预算结余与本期盈余差异调节表"并在附注中进行披露，反映单位财务会计和预算会计因核算基础和核算范围不同所产生的本年盈余数(即本期收入与费用之间的差额)与本年预算结余数(本年预算收入与预算支出的差额)之间的差异，从而揭示财务会计和预算会计之间的内在联系。这种会计核算模式兼顾了现行部门决算报告制度的需要，又能满足部门编制权责发生制财务报告的要求，对于规范政府会计行为，夯实政府会计主体预算和财务管理基础，强化政府绩效管理具有深远的影响。

二是统一了现行各项单位会计制度。《制度》有机地整合了《行政单位会计制度》《事业单位会计制度》和医院、基层医疗卫生机构、高等学校、中小学校、科学事业单位、彩票机构、地勘单位、测绘单位、林业(苗圃)等行业事业单位会计制度的内容。在科目设置、科目和报表项目说明中，一般情况下，不再区分行政和事业单位，也不再区分行业事业单位；在核算内容方面，基本保留了现行各项制度中的通用业务和事项，同时根据改革需要增加了各级各类行政事业单位的共性业务和事项；在会计政策方面，对同类业务尽可能作出同样的处理规定。通过会计制度的统一，大大提高了政府各部门、各单位会计信息的可比性，为合并单位、部门财务报表和逐级汇总编制部门决算奠定了坚实的制度基础。

三是强化了财务会计功能。《制度》在财务会计核算中全面引入了权责发生制，在会计科目设置和账务处理说明中着力强化财务会计功能，如增加了收入和费用两个财务会计要素的核算内容，并原则上要求按照权责发生制进行核算；增加了应收款项和应付款项的核算内容，对长期股权投资采用权益法核算，确认自行开发形成的无形资产的成本，要求对固定资产、公共基础设施、保障性住房和无形资产计提折旧或摊销，引入坏账准备等减值概念，确认预计负债、待摊费用和预提费用等。在政府会计核算中强化财务会计功能，对于科学编制权责发生制政府财务报告、准确反映单位财务状况和运行成本等情况具有重要的意义。

四是扩大了政府资产负债核算范围。《制度》在现行制度的基础上，扩大了资产负债的核算范围。除按照权责发生制核算原则增加有关往来账款的核算内容外，在资产方面，增加了公共基础设施、政府储备物资、文物文化资产、保障性住房和受托代理资产的核算内容，以全面核算单位控制的各类资产；增加了"研发支出"科目，以准确反映单位自行开发无形资产的成本。在负债方面，增加了预计负债、受托代理负债等核算内容，以全面反映单位所承担的现时义务。此外，为了准确地反映单位资产扣除负债之后的净资产状况，《制度》立足单位会计核算需要、借鉴国际公共部门会计准则相关规定，将净资产按照主要来源分类为累计盈余和专用基金，并根据净资产其他来源设置了权益法调整、无偿调拨净资产等会计科目。资产负债核算范围的扩大，有利于全面规范政府单位各项经济业务和事项的会计处理，准确反映政府"家底"信息，为相关决策提供更加有用的信息。

五是改进了预算会计功能。根据《改革方案》的要求，《制度》对预算会计科目及其核算内容进行了调整和优化，以进一步完善预算会计功能。在核算内容上，预算会计仅需核算预算收入、预算支出和预算结余。在核算的基础上，预算会计除按《预算法》要求的权责发生制事项外，均采用收付实现制核算，有利于避免原有制度下存在的虚列预算收支的问题。在核算范围上，为了体现新《预算法》的精神和部门综合预算的要求，《制度》将依法纳入部门预算管理的现金收支均纳入预算会计核算范围，如增设了债务预算收入、债务还本支出、投资支出等。调整完善后的预算会计，能够更好地贯彻落实《预算法》的相关规定，更加准确地反映部门和单位预算收支情况，更好地满足部门、单位预算和决算管理的需要。

六是整合了基建会计核算。按照现行制度规定，单位对于基本建设投资的会计核算除应遵循相关会计制度规定外，还应当按照国家有关基本建设会计核算的规定单独建账、单独核算，但同时应将基建账目相关数据按期并入单位"大账"。《制度》依据《基本建设财务规则》和相关预算管理规定，在充分吸收《国有建设单位会计制度》合理内容的基础上对单位建设项目会计核算进行了规定。单位对基本建设投资按照本制度规定统一进行会计核算，不再单独建账，大大简化了单位基本建设业务的会计核算，有利于提高单位会计信息的完整性。

七是完善了报表体系和结构。《制度》将报表分为预算会计报表和财务报表两大类。预算会计报表由预算收入表、预算结转结余变动表和财政拨款预算收入支出表组成,是编制部门决算报表的基础。财务报表由会计报表和附注构成,会计报表由资产负债表、收入费用表、净资产变动表和现金流量表组成,其中,单位可自行选择编制现金流量表。此外,《制度》针对新的核算内容和要求对报表结构进行了调整和优化,对报表附注应当披露的内容进行了细化,对会计报表重要项目说明提供了可参考的披露格式、要求按经济分类披露费用信息、要求披露本年预算结余和本年盈余的差异调节过程等。调整完善后的报表体系,对于全面反映单位财务信息和预算执行信息,提高部门、单位会计信息的透明度和决策有用性具有重要的意义。

八是增强了制度的可操作性。《制度》在附录中采用列表方式,以《制度》中规定的会计科目使用说明为依据,按照会计科目顺序对单位通用业务或共性业务和事项的账务处理进行了举例说明。在举例说明时,对同一项业务或事项,在表格中列出财务会计分录的同时,平行列出相对应的预算会计分录(如果有)。通过对经济业务和事项举例说明,能够充分反映《制度》所要求的财务会计和预算会计"平行记账"的核算要求,便于会计人员学习和理解政府会计八要素的记账规则,也有利于单位会计核算信息系统的开发或升级改造。

第六节　政府财政收支管理制度

一、财政预算管理制度

(一)我国财政预算管理体系

根据《中华人民共和国预算法》的规定,我国政府财政预算组成体系是按照一级政权设立一级预算的原则建立的。我国《宪法》规定,国家机关由全国人民代表大会、国务院、地方各级人民代表大会和各级人民政府组成。与政权结构相适应,同时结合我国行政区域的划分。政府财政预算系统由中央预算和地方预算组成,地方预算系统由省(直辖市、自治区、计划单列市)、市、县(市、自治县)和乡(镇)预算组成。因此,我国的预算体系由五级预算组成,如图1.8所示。

(二)财政预算管理内容

财政预算内容由一般财政预算收入和财政预算支出组成。财政预算收入主要是指部门所属事业单位取得的财政拨款、行政单位预算外资金、事业收入、事业单位经营收入、其他收入等;财政预算支出是指部门及所属事业单位的行政经费、各项事业经费、社会保障支出、基本建设支出、挖潜改造支出、科技三项费用及其他支出。而基金预算收入是指部门按照政策规定取得的基金收入。基金预算支出是指部门按照政策规定从基金中开支的各项支出。

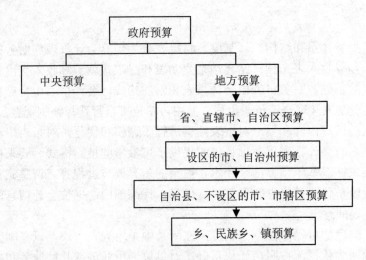

图 1.8　我国政府财政预算管理体系

二、财政收入管理

(一)财政收入的种类

财政收入是指政府为履行其职能、实施公共政策和提供公共物品与服务需要而筹集的一切资金的总和。它包括国家预算收入和预算外收入,其中国家预算收入是主导部分。依据不同的标准,可以对财政收入进行不同的分类。国际上对财政收入的分类,通常按政府取得财政收入的形式进行分类。这种分类方法就是将财政收入分为税收收入、国有资产收益、国债收入和收费收入以及其他收入等。

1. 税收收入

税收是政府为实现其职能的需要,凭借其政治权利并按照特定的标准,强制、无偿地取得财政收入的一种形式,它是现代国家财政最重要的收入形式和最主要的收入来源。我国的税收收入按照征税对象可以分为五类税,即流转税、所得税、财产税、资源税和行为税。其中流转税是以商品交换和提供劳务的流转额为征税对象的税收,是中国税收收入的主体税种,占税收收入的60%以上,主要的流转税税种有增值税、消费税、关税等。

2. 国有资产收益

国有资产收益是指国家凭借国有资产所得权获得的利润、租金、股息、红利、资金使用费等收入的总称。

3. 国债收入

国债收入是指国家通过信用方式取得的有偿性收入。国债收入具有自愿性、有偿性和灵活性的特点。

4. 收费收入

收费收入是指国家政府机关或事业单位在提供公共服务、实施行政管理或提供特定公共设施的使用时，向受益人收取一定费用的收入形式，具体可以分为使用费和规费两种。使用费是政府对公共设施的使用者按一定标准收取的费用，如对使用政府建设的高速公路、桥梁、隧道的车辆收取使用费；规费是政府对公民个人提供特定服务或特定行政管理所收取的费用，包括行政收费和司法规费。

5. 其他收入

其他收入包括基本建设贷款归还收入、基本建设收入、捐赠收入等。

(二)财政收入上缴方式

1. 国库集中收付制度

(1) 概念。国库集中收付制度又称国库单一账户制度，是指以财政国库存款账户为核心的各类财政性资金账户的集合。所有财政性资金的收入、支付、存储及资金清算活动均在该账户体系进行。

(2) 账户设置。①国库单一账户。即财政部门在中国人民银行开设的国库存款账户，用于记录、核算和反映纳入预算管理的财政收入和支出活动，并用于同财政部门在商业银行开设的零余额账户进行清算，实现支付。②财政部门零余额账户。即财政部门在商业银行为本单位开设的零余额账户，用于财政直接支付和与国库单一账户进行清算。③预算单位零余额账户。即财政部门为执行预算的行政事业单位在商业银行开设的账户，用于财政直接支付和财政授权支付及清算。

2. 预算收入缴库方式

预算收入缴库按其方式不同，可分为下述两种方式。

(1) 直接缴库。直接缴库方式是由预算单位或缴款人按规定，直接将收入缴入国库单一账户，属预算外资金的，则直接缴入预算外资金财政专户，不再设立各类过渡性账户。

(2) 集中汇缴。集中汇缴方式是由征收机关和依法享有征收权限的单位按规定，将所收取的应缴收入汇总直接缴入国库单一账户，属预算外资金的，则直接缴入预算外资金财政专户，也不再通过过渡性账户收缴。实行集中汇缴方式的收入，主要包括小额零散税收和非税收入中的现金缴款。

三、财政支出管理

(一)财政支出种类

财政支出也称公共支出或政府支出，是政府为履行其自身的职能，对其从私人部门集中起来的以货币形式表示的社会资源的支配和使用。

将财政支出的内容进行合理地归纳，可以准确反映和科学分析支出活动的性质、结构、规模以及支出的效益和产生的时间。

1. 按经济性质分类

按经济性质可将财政支出分为生产性支出和非生产性支出。生产性支出是指与社会物质生产直接相关的支出，如支持农村生产支出、农业部门基金支出、企业挖潜改造支出等；非生产性支出是指与社会物质生产无直接关系的支出，如国防支出、武装警察部队支出、文教卫生事业支出、抚恤和社会福利救济支出等。

2. 按财政支出是否能直接得到等价的补偿分类

按财政支出是否能直接得到等价的补偿可将财政支出分为购买性支出和转移性支出。购买性支出又称消耗性支出，是指政府购买商品和劳务，包括购买进行日常政务活动所需要的或者进行政府投资所需要的各种物品和劳务的支出，其由社会消费性支出和财政投资支出组成；转移性支出是指政府按照一定方式，将一部分财政资金无偿、单方面转移给居民和其他受益者，主要由社会保障支出和财政补贴组成。它是政府的非市场性再分配活动，对收入分配的直接影响较大，执行收入分配的职能较强。

3. 按最终用途分类

按最终用途，可将财政支出分为补偿性支出、积累性支出与消费性支出。补偿性支出主要是对在生产过程中固定资产的耗费部分进行弥补的支出，例如：挖潜改造资金；积累性支出是指最终用于社会扩大再生产和增加社会储备的支出，如基本建设支出、工业交通部门基金支出等；消费支出是指用于社会福利救济费等的支出，这部分支出对提高整个社会的物质文化生活水平发挥着重要作用。

4. 按财政支出与国家职能关系分类

按财政支出与国家职能关系，可将财政支出分为经济建设费支出(包括基本建设支出、流动资金支出、地质勘探支出、国家物资储备支出、工业交通部门基金支出、商贸部门基金支出等)；社会文教费支出(包括科学事业费和卫生事业费支出等)；行政管理费支出(包括公检法支出、武警部队支出等)；其他支出(包括国防支出、债务支出、政策性补贴支出等)。

5. 按国家预算收支科目分类

按国家预算收支科目，可将财政支出分为一般预算支出、基金预算支出、专用基金支出、资金调拨支出和财政周转金支出。

6. 按财政支出产生效益的时间分类

按财政支出产生效益的时间，可以将其分为经常性支出和资本性支出。经常性支出是维持公共部门正常运转或保障人们基本生活所必需的支出，主要包括人员经费、公用经费和社会保障支出；资本性支出是用于购买或生产使用年限在一年以上的耐久品所需的支出，它们耗费的结果将形成供一年以上长期使用的固定资产。

(二)财政支付方式

1. 财政直接支付

财政直接支付是指财政部门向中国人民银行和代理银行签发支付指令，代理银行根据支付指令通过国库单一账户体系将资金直接支付到收款人(即商品或劳务的供应商等)或用款单位(即具体申请和使用财政性资金的预算单位) 账户。其支付流程如下所述。

(1) 一级预算单位汇总、填制《财政直接支付申请书》，上报财政局国库支付中心。

(2) 财政局国库支付中心审核确认后，开具《财政直接支付汇总清算额度通知单》和《财政直接支付凭证》，分别送中国人民银行、预算外专户的开户行和代理银行。

(3) 代理银行根据《财政直接支付凭证》及时将资金直接支付到收款人或用款单位，然后开具《财政直接支付入账通知书》，送一级预算单位和基层预算单位。

(4) 一级预算单位及基层预算单位根据《财政直接支付入账通知书》作为收到和付出款项的凭证。

(5) 代理银行依据财政局国库支付中心的支付指令，将当日实际支付的资金，按一级预算单位、预算科目汇总，分资金性质填制划款申请凭证并附实际支付清单，分别与国库单一账户、预算外专户进行清算。

(6) 中国人民银行和预算外专户开户行在《财政直接支付汇总清算额度通知单》确定的数额内，根据代理银行每日按实际发生的财政性资金支付金额填制的划款申请与代理银行进行资金清算。

2. 财政授权支付

财政授权支付是指预算单位按照财政部门的授权，自行向代理银行签发支付指令，代理银行根据支付指令，在财政部门批准的预算单位的用款额度内，通过国库单一账户体系将资金支付到收款人账户。其支付流程如下所述。

(1) 申请和下达用款额度。预算单位按照规定时间和程序编报分月用款计划，申请财政授权支付用款额度。财政部门批准后，分别向中国人民银行和代理银行总行签发《财政授权支付汇总清算额度通知单》和《财政授权支付额度通知书》。前者用以通知中国人民银行据以办理汇总清算业务；后者通知代理银行总行逐级下达财政授权支付额度。代理银行总行要在一个工作日内将额度通知有关分支机构，各分支机构在一个工作日内通知预算单位。预算单位收到代理银行分支机构转来的《财政授权支付额度到账通知书》，即可办理财政授权支付业务。

(2) 预算单位办理支付业务。预算单位凭据《财政授权支付额度到账通知书》确定的额度，自行签发财政授权支付指令，通知代理银行办理资金支付业务。2006 年财政授权支付指令的载体，是新版银行票据和结算凭证。财政授权支付指令的内容，主要是包括预算管理类型、预算科目和支出类型信息的八位连续代码。2007 年财政授权支付指令内容有所调整。

(3) 代理银行办理支付。代理银行收到预算单位提交的支付指令后，审核支付指令的金额是否在财政部下达的相应预算科目财政授权支付用款额度范围内，以及支付指令信息是否齐全完整。审核无误后，按照有关规定办理现金支付或转账、信汇、电汇等资金支付和汇划业务。

(4) 预算单位账务处理。预算单位账务处理包括两方面内容，一是收到代理银行转来的《财政授权支付额度到账通知书》后，借记"零余额账户用款额度"，贷记"财政补助收入(或拨入经费)——财政授权支付"；二是通知代理银行付款后，根据代理银行加盖转讫章的《进账单》(第三联)及其他凭证，借记相关支出科目，贷记"零余额账户用款额度"。

(5) 代理银行清算资金。代理银行根据已办理支付的资金，在营业日终了前的规定时间内，填写《财政授权支付申请划款凭证》，向中国人民银行提出清算申请。中国人民银行审核无误后，按规定的程序，在规定的时间内将资金划往代理银行在中国人民银行的存款准备金账户。对于预算单位退回的资金，代理银行应及时向中国人民银行提交《申请退款凭证》，中国人民银行营业管理部按规定办理向国库单一账户的资金清算工作。

(6) 中国人民银行办理清算业务。中国人民银行国库局收到代理银行提交的《财政授权支付申请划款凭证》后，审核凭证基本要素是否齐全、准确、规范，以及申请划款金额是否超出《财政授权支付汇总清算额度通知单》的累计额度和国库单一账户库存余额。审核无误后，通知营业管理部办理资金清算业务。

【课后练习与提高】

一、单项选择题

1. 根据社会组织类型与会计目标的不同，我国会计体系划分为两大分支，一个分支是企业会计，另一个分支是(   )。
   A. 政府会计   B. 预算会计   C. 财务会计   D. 民间非营利组织会计

2. 作为政府会计的主体，广义的政府概念包括(   )。
   A. 立法机关、行政机关和司法机关 B. 行政机关、公益机关和司法机关
   C. 立法机关、行政机关和国有企业 D. 行政机关、社会团体和司法机关

3. 在我国现行的政府会计体系中，反映和监督财政资金预算和执行情况及其结果的专业会计是(   )。
   A. 行政单位会计   B. 事业单位会计
   C. 政府会计——财务会计   D. 政府会计——预算会计

4. 我国现行的政府会计是在预算会计体系上建立起来的，目前的构成体系是(   )。
   A. 政府会计和预算会计   B. 政府会计和非营利组织会计
   C. 政府会计和基金会计   D. 财务会计和预算会计

5. 规范政府会计主体财务活动行为的基本法律是(   )。
   A. 《中华人民共和国会计法》   B. 《中华人民共和国预算法》
   C. 《政府与非营利组织会计制度》 D. 《政府与非营利组织会计准则》

二、多项选择题

1. 下列社会组织的会计属于政府会计范畴的是(   )。
   A. 社会团体会计   B. 慈善基金会计   C. 人民法院会计
   D. 国有企业会计   E. 政党组织会计

2. 民间非营利组织是由社会出资举办的公益性组织，其组织形式主要包括(   )。
   A. 基金会   B. 社会团体   C. 公益组织
   D. 慈善组织   E. 民办非企业单位

3. 与企业会计相比，政府会计的特点包括(　　)。

  A. 适合采用基金会计模式

  B. 会计确认的基础具有多样性特征

  C. 以公共性资金收支为主要核算内容

  D. 具有反映预算执行和绩效评价的双重功能

  E. 计量和报告的核心是当期财务资源流动

4. 在我国政府会计体系中，具有预算功能的要素有(　　)。

  A. 资产　　　　　　　　B. 负债　　　　　　　　C. 预算收入

  D. 预算支出　　　　　　E. 预算结余

5. 我国目前已颁布的政府会计规范有(　　)。

  A. 《政府会计制度》

  B. 《政府会计基本准则》

  C. 《政府会计具体准则——固定资产》

  D. 《政府会计具体准则——收入》

  E. 《政府会计具体准则——负债》

三、判断题(正确打"√"，错误打"×")

1. 政府会计是与企业会计相对应的一个会计学分支。　　　　　　　　　　(　　)

2. 政府会计主体包括政府政权机构和事业单位两种类型。　　　　　　　　(　　)

3. 目前我国政府会计采用预算会计模式。　　　　　　　　　　　　　　　(　　)

4. 改革后我国政府会计的核算基础只有权责发生制。　　　　　　　　　　(　　)

5. 我国民间非营利组织会计属于政府会计范畴。　　　　　　　　　　　　(　　)

四、思考题

1. 谈谈我国政府会计改革的原因、改革的目的和改革的主要内容。

2. 我国的政府会计主体包括哪些组织？与改革前相比有何变化？

3. 请比较我国政府会计改革前后的核算基础有何差异。

4. 我国政府会计改革前后的体系有何变化？

5. 我国政府会计规范包括哪些内容？

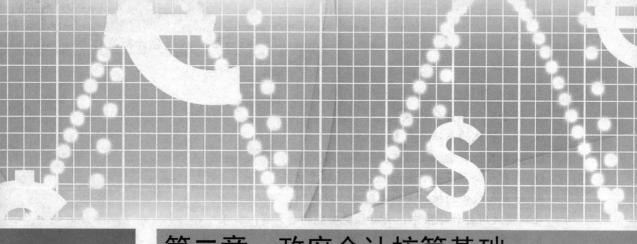

第二章　政府会计核算基础

【学习目的及要求】

　　本章主要介绍政府会计的基本假设、政府会计新核算基础、政府会计新要素及确认与计量、政府会计信息质量要求的基本原则以及政府会计核算的方法体系等内容。

　　通过本章的学习，了解我国政府会计的基本假设，改革前后核算基础的变化，政府会计计量属性的选择以及政府会计信息质量的要求，理解政府会计由收付实现制向权责发生制转变的必要性和现实意义，掌握政府会计中财务会计和预算会计的"5+3"要素，掌握政府会计平行记账的基本方法。

第一节　政府会计假设与核算基础

一、政府会计假设

　　会计假设是会计确认、计量、记录和报告的前提，是对会计核算所处时间、空间环境等所作的合理设定。政府会计基本假设包括会计主体、持续运行、会计分期和货币计量。

(一)会计主体

　　会计主体是指会计工作为其服务的特定单位或组织，是会计人员进行会计核算时采取的立场以及在空间范围上的界定。我国著名的会计学家葛家澍认为，会计信息系统所处理的数据、所提供的信息，不是漫无边际的，而是要严格限定在每一个经营上或经济上具有独立性或相对独立地位的单位或主体之内，会计信息系统所接受和所处理的数据以及所输出的信息，都不应该超出这些单位的界限。每一个具有独立性的单位，就是"会计主体"，会计信息系统在设计、运行时，要以每一个主体为空间界限，即"会计主体假设"。

　　根据《政府会计准则——基本准则》的规定，我国政府会计主体为各级政府、各部门、各单位。这里所说的各部门、各单位，是与本级政府财政部门直接或者间接发生预算拨款关系的国家机关、军队、政党组织、社会团体、事业单位和其他单位。军队、已纳入企业财务管理体系的单位和执行《民间非营利组织会计制度》的社会团体不是政府会计主体。

(二)持续运行

持续运行是指会计信息系统的运行以会计主体继续存在并执行其预定的业务活动为前提。如果说会计主体假设为会计的核算规定了空间范围，而持续运行则为会计的核算规定了时间范围。只有在持续运行的假设下，各级政府和各部门在会计信息的收集和处理上所使用的会计处理方法才能保持稳定，政府的会计记录和会计报告才能真实可靠。如果没有持续运行的假设，一些公认的会计处理方法将缺乏其存在的基础。

《政府会计准则——基本准则》第七条指出，政府会计核算应当以政府会计主体持续运行为前提。

(三)会计分期

会计分期是指把政府会计主体持续不断的业务活动划分为相同期间的行为，据此来结算账目和编制会计报表，从而及时地向有关方面提供反映政府财务状况和预算执行情况的信息。会计分期分为年度和中期。最常见的会计分期是一年，即会计年度；中期是短于一个完整会计年度的报告期间，又可以分成月度、季度和半年度。会计分期有历年制和非历年制，我国采取历年制，即一个会计年度为公历的 1 月 1 日至 12 月 31 日。

根据《政府会计准则——基本准则》的规定，政府会计核算应当划分会计期间，分期结算账目，按规定编制决算报告和财务报告。会计期间至少应分为年度和月度。会计年度、月度等会计期间的起讫日期应采用公历日期。

(四)货币计量

货币计量是指在政府会计核算中要以货币为统一的计量单位，并用以记录和反映业务过程和执行结果。会计主体的经济活动是多种多样、错综复杂的，可供选择的计量尺度有货币、实物和时间等，但在商品经济条件下，货币作为一种特殊的商品，最适合充当统一的计量尺度。我国《会计法》规定，会计核算以人民币为记账本位币，业务收支以人民币以外的货币为单位的，可以选定其中一种作为记账本位币，但是编报的财务会计报表应当折算为人民币。

《政府会计准则——基本准则》第九条规定，政府会计核算应当以人民币作为记账本位币。发生外币业务时，应当将有关外币金额折算为人民币金额计量，同时登记外币金额。

二、政府会计核算基础

(一)会计核算基础的分类

会计核算基础又称会计记账基础、会计确认基础，主要分为三类，即权责发生制、收付实现制和混合制，混合制又有修正的收付实现制和修正的权责发生制。

1. 权责发生制

权责发生制也被称为应计制，是指以应收应付作为确认本期收入和费用标准的原则。

据此，凡是本期发生的收入或应由本期收入补偿的费用，不论其款项是否实际收到或实际支付，均应作为本期收入或费用处理；反之，凡不应归属本期的收入或费用，即使其款项已在本期内收到或支付，也不能作为本期的收入或费用处理。采用权责发生制的优点是拓宽了组织受托责任的范围和收集决策有用性信息的渠道，增加了会计信息的透明度，这些信息包括组织财务状况和运营绩效的信息，特别是长期支付能力的信息。应计制的缺点是提供信息的客观性较差，核算成本较高。

2. 收付实现制

与权责发生制相对的是收付实现制，也称现金制，是以现金是否收到或付出作为收入和费用是否发生的根据。据此，凡本期内收到或支付的款项，无论是否归属本期，都应作为本期的收入或费用；凡本期内未曾收到的收入和未曾支付的费用，即使归属本期，也不能作为本期的收入和费用。现金制核算基础的目标在于向财务报告使用者提供一定会计期间内筹集现金的来源、使用以及报告日现金余额等信息，其关注的重点是现金余额并控制其变化。采用现金制的优点是较为客观，实施成本较低；缺点是无法全面反映组织的财务状况和成本信息，难以对长期资产进行管理，当期确认的收入与费用不配比，无法预测未来的现金流量，因而所提供的会计信息数量有限而且相关性较差，不利于评价管理层的受托责任。

3. 混合制

混合制包括修正的收付实现制和修正的权责发生制。修正的收付实现制是在收付实现制的基础上进行一定的修正而形成的一种会计核算基础。修正的收付实现制通常是将组织的应收款项作为当期收入加以确认，将需要支付的应付款项作为支出在收到商品或接受服务时确认，而不考虑其是否发生或耗用。而且，修正的收付实现制通常不计提固定资产折旧。

修正的权责发生制是指在计量原则上采用收付实现制，而对某些特殊业务则倾向于采用权责发生制。

(二)我国政府会计执行的核算基础

改革前我国政府与非营利组织的会计核算主要以收付实现制为主，其中财政总预算会计、行政单位会计核算采用收付实现制，事业单位会计核算以收付实现制为主辅以权责发生制，民间非营利组织会计核算采用权责发生制。

改革后根据《中华人民共和国财政部令第78号——政府会计准则——基本准则》的规定，政府会计由预算会计和财务会计构成。预算会计实行收付实现制，国务院另有规定的，依照其规定执行。财务会计实行权责发生制。

政府决算报告的编制主要以收付实现制为基础，以预算会计核算生成的数据为准。政府财务报告的编制主要以权责发生制为基础，以财务会计核算生成的数据为准。

(三)我国政府会计采用权责发生制的现实意义

1. 适应国际潮流，增加信息的可比性

随着公共管理科学的进一步发展，在政府会计管理中引入权责发生制原则已逐渐成为

一种潮流。多数发达国家的政府会计已在机构或部门层面上，以权责发生制为计量基础，采用了某种形式的权责发生制财务报告模式。我国政府会计采用权责发生制，也增加了中外政府财务报告的国际可比性。

2. 有利于促进财政管理改革，提高政府财政管理水平

以权责发生制为计量基础，可以为部门预算改革提供更完善的技术平台。将以权责发生制为基础的政府会计和财务报告制度与部门预算相结合，就可以提供更全面和准确的部门服务成本和部门财务状况信息，为部门预算编制提供更科学的依据。采用权责发生制，能够及时反映和确认应收未收和应付未付的收支信息，为加强政府现金流预测提供及时可靠的信息，有助于提高预测的准确性和前瞻性，有助于提高政府现金管理水平，推动国库集中收付制度改革。

3. 可以为建立政府绩效评价制度提供技术基础

建立政府绩效评价制度是促进政府部门提高运行效率的重要措施，而准确的公共服务成本信息和政府财务状况信息是评价政府绩效的基础条件。权责发生制信息比收付实现制更准确、更全面地反映了政府在一个时期内提供产品和服务所耗资源的成本，并能更好地将成本与绩效成果进行合理的配比，有利于加强管理者对产出和结果的责任，有利于促进全面的绩效管理改革。

4. 能全面地反映政府的负债状况，有利于揭示和防范财政风险

收付实现制只有在用现金实际清偿负债时，才会确认支出，而不能提前揭示未来的承诺、担保和其他因素形成的隐性负债，政府潜伏的财政危机也会被掩盖。而以权责发生制为基础，按一定的标准确认和反映政府的承诺和负债状况，可以在一定程度上改善财务信息失真的状况，能较为真实地反映政府的负债状况和财政的真实状况，披露财政潜在的支出压力，因而对政府累计形成的负债能够合理地制订偿还计划，对未来可能产生的各种风险也能够做到防患于未然。

5. 能够提高政府会计和财务信息的完整性，有利于进行科学的宏观经济决策

在收付实现制的基础上产生的政府会计和财务信息强调某一年度内政府收支产生的现金流量，不能全面反映政府有关资产、负债和其他承诺的重要信息，不能提供评价政府行为的持续能力或鼓励长期决策、加强管理所需要的重要信息。尽管权责发生制在方法体系上较收付实现制复杂和烦琐，但它能够真实全面地反映财政部门、预算单位的实际可支配财力，更好地反映资产和负债的年度变化，为分析和判断当前政策的长期效果提供更加综合全面的信息，有利于评价政策的持续能力及对财政经济的影响，为政府和领导作出决策提供更准确、更全面的信息。

第二节　政府会计要素与计量

一、政府会计要素

(一)改革前后政府会计要素的变化

政府会计主体不以营利为目的，也不存在对剩余财产的要求权，因而不设置利润和所有者权益要素。我国原预算会计"单位预算会计制度"所确立的会计要素可分为收入、支出、资产、负债等类别；事业单位会计则有资产、负债、净资产、收入和支出五项会计要素；《民间非营利组织会计制度》则设置了资产、负债、净资产、收入和费用五项会计要素。改革后的政府会计采用权责发生制核算，在权责发生制会计下，不存在核算收付实现制下的"支出"问题，所以，新制度既没有设置企业会计中的"所有者权益"和"利润"会计要素，也没有设置预算会计中的"支出"会计要素，而是统一以"费用"要素来核算原事业单位会计中"支出"的内容，目的在于要求事业单位在业务活动中取得业务收入或其他收入的同时，应考虑补偿尺度因素，考虑日常活动发生导致的经济利益的流入以及资产的保值增值。

此外，改革后的政府会计包括预算会计和财务会计双体系，所以增设了三个预算会计要素，如表 2.1 所示。

表 2.1　改革前后政府会计要素比较

改革前	改革后	
政府与非营利组织会计要素	财务会计要素	预算会计要素
资产	资产	预算收入
负债	负债	预算支出
净资产	净资产	预算结余
收入	收入	
支出	费用	

(二)财务会计要素

政府财务会计要素包括资产、负债、净资产、收入和费用。

1. 资产

1)　定义

资产是指政府会计主体过去的经济业务或者事项形成的，由政府会计主体控制的，预期能够产生服务潜力或者带来经济利益流入的经济资源。服务潜力是指政府会计主体利用资产提供公共产品和服务以履行政府职能的潜在能力。经济利益流入表现为现金及现金等价物的流入，或者现金及现金等价物流出的减少。

2) 确认条件

符合准则规定的资产定义，在同时满足以下两个条件时，可以确认为资产。

一是与该经济资源相关的服务潜力很可能实现或者经济利益很可能流入政府会计主体。

二是该经济资源的成本或者价值能够可靠地计量。

3) 分类

政府会计主体的资产按照流动性，可分为流动资产和非流动资产。

流动资产是指预计在一年内(含一年)耗用或者可以变现的资产，包括货币资金、短期投资、应收及预付款项、存货等。

非流动资产是指流动资产以外的资产，包括固定资产、在建工程、无形资产、长期投资、公共基础设施、政府储备资产、文物文化资产、保障性住房和自然资源资产等。

2. 负债

1) 定义

负债是指政府会计主体过去的经济业务或者事项形成的，预期会导致经济资源流出政府会计主体的现时义务。现时义务是指政府会计主体在现行条件下已承担的义务。未来发生的经济业务或者事项形成的义务不属于现时义务，不应当确认为负债。

2) 确认条件

符合准则规定的负债定义的义务，在同时满足以下两个条件时，可以确认为负债。

一是履行该义务很可能导致含有服务潜力或者经济利益的经济资源流出政府会计主体。

二是该义务的金额能够可靠地计量。

3) 分类

政府会计主体的负债按照流动性，可分为流动负债和非流动负债。

流动负债是指预计在一年内(含一年)偿还的负债，包括短期借款、应付短期政府债券、应付及预收款项、应付职工薪酬、应缴款项等。

非流动负债是指流动负债以外的负债，包括长期借款、长期应付款、应付长期政府债券和政府依法担保形成的债务等。

3. 净资产

净资产是指政府会计主体资产扣除负债后的净额。

净资产金额取决于资产和负债的计量，即政府会计主体净资产增加时，表现为资产增加或负债减少；政府会计主体净资产减少时，表现为资产减少或负债增加。

4. 收入

1) 定义

收入是指报告期内导致政府会计主体净资产增加的、含有服务潜力或者经济利益的经济资源的流入。

2) 确认条件

一是与收入相关的含有服务潜力或者经济利益的经济资源很可能流入政府会计主体。

二是含有服务潜力或者经济利益的经济资源流入会导致政府会计主体资产增加或者负

债减少。

三是流入金额能够可靠地计量。

5. 费用

1) 定义

费用是指报告期内导致政府会计主体净资产减少的、含有服务潜力或者经济利益的经济资源的流出。

改革前的五大要素里有支出，没有费用。支出是行政事业单位为开展业务活动和其他活动所发生的各种资金耗费，费用是资产的耗费，其目的是取得业务收入，获得更多的新资产，成本则是对象化了的费用，费用有时有支出相伴随，但支出却不一定是当期的费用。

2) 确认条件

一是与费用相关的含有服务潜力或者经济利益的经济资源很可能流出政府会计主体。

二是含有服务潜力或者经济利益的经济资源流出会导致政府会计主体资产减少或者负债增加。

三是流出金额能够可靠地计量。

(三)预算会计要素

政府预算会计要素包括预算收入、预算支出和预算结余。

1. 预算收入

预算收入是指政府会计主体在预算年度内依法取得并纳入预算管理的现金流入。预算收入一般在实际收到时予以确认，以实际收到的金额计量。

2. 预算支出

预算支出是指政府会计主体在预算年度内依法发生并纳入预算管理的现金流出。预算支出一般在实际支付时予以确认，以实际支付的金额计量。

3. 预算结余

预算结余是指政府会计主体预算年度内预算收入扣除预算支出后的资金余额，以及历年滚存的资金余额。

预算结余包括结余资金和结转资金。结余资金是指年度预算执行终了，预算收入实际完成数扣除预算支出和结转资金后剩余的资金。结转资金是指预算安排项目的支出年终尚未执行完毕或者因故未执行，且下一年需要按原用途继续使用的资金。

二、政府会计计量

(一)定义

会计计量就是对会计要素按货币量度进行量化的过程。美国会计协会(AAA)对会计计量给出的定义为："按照规则，在观察和记录的基础上，将数字分配给一个主体的过去、现在或未来的经济现象。"国际会计准则委员会(IASC)在 1989 年发布的《关于编制和提供财务报表的框架》的公告中写道："计量是指为了在资产负债表和收益表中确认和计列财务报表的要素而确定其金额的过程。"我国 2006 年 2 月新颁布的《企业会计准则》中的定义是：所谓会计计量，是指会计主体在将符合条件的会计要素登记入账并列报于会计报表及其附注时，应当按照规定的会计计量属性进行计量，确定其金额。

(二)政府会计计量属性

根据《政府会计准则——基本准则》的规定，资产的计量属性主要包括历史成本、重置成本、现值、公允价值和名义金额。

1. 历史成本

历史成本也称原始成本或实际成本，是对会计要素的记录，应以经济业务发生时的取得成本为标准进行计量计价。按照会计要素的这一计量要求，资产的取得、耗费和转换都应按照取得资产时的实际支出进行计量计价和记录；负债的取得和偿还都按取得负债的实际支出进行计量计价和记录。历史成本是买卖双方在市场上买得的结果，反映当时的市场价格，符合发生原则。历史成本有原始凭证作依据，具备可验证性。

2. 重置成本

重置成本又称现行成本，是指按照当前市场条件，重新取得同样一项资产所需支付的现金或现金等价物金额。采用重置成本计量时，资产按照现在购买相同或者相似资产所需支付的现金或者现金等价物的金额计量。负债按照现在偿付该项债务所需支付的现金或现金等价物的金额计量。一般可以采用的方法有直接法、功能价值法、物价指数法等。

3. 现值

现值也称折现值，是指把未来现金流量折算为基准时点的价值，用以反映投资的内在价值。使用折现率将未来现金流量折算为现值的过程，称为"折现"。折现率，是指把未来现金流量折算为现值时所使用的一种比率，折现率是投资者要求的必要报酬率或最低报酬率。

4. 公允价值

公允价值也称公允市价、公允价格，是指熟悉市场情况的买卖双方在公平交易的条件下和自愿的情况下所确定的价格，或无关联的双方在公平交易的条件下一项资产可以被买卖或者一项负债可以被清偿的成交价格。

5. 名义金额

在实际取得资产并办妥相关手续时公允价值无法确定，但这个事物又确实存在，给它一个金额，让账上有体现，通常是人民币 1 元。例如：国家拨给一单位一项固定资产，由于市场上没有同类固定资产，很难确定公允价值，这时可以以名义金额入账。

对政府会计要素不同计量属性的选择适用于不同的情况，在财务报告中对收入和收益的影响也有较大差异，具体如表 2.2 所示。

表2.2 计量属性比较表

计量属性	适用情况	在财务报告中对收入和收益的影响
历史成本	买卖双方在市场上买得的结果,反映当时的市场价格,符合发生原则	财务报告中的收益不包括因物价变动而发生的损益
重置成本	按照当前市场条件,重新取得同样一项资产所需支付的现金或现金等价物金额	财务报告中的收益包括因物价变动而发生的损益
现值	按照预计从其持续使用和最终处置中所产生的未来净现金流入量的折现金额计量,用以反映投资的内在价值	财务报告中的收入和损益考虑了货币时间价值,会计信息的决策相关性最强
公允价值	公允价值计量假设资产或负债的交易发生在主要市场或最有利市场,熟悉市场情况的买卖双方在公平交易的条件下和自愿的情况下所确定的价格	能及时反映因发生市场风险所产生的利得和损失以及因信用质量发生变动所产生的影响,能更加真实公允地反映政府的财务状况和业务绩效,从而可以减少不稳定性事件的发生及其严重性
名义金额	公允价值无法确定,而这个事物又确实存在,给它一个金额,让账上有体现,通常是人民币1元	由于名义金额会误导财务报表使用者,所以应该在报表附注中说明

政府会计主体在对资产进行计量时,一般应当采用历史成本。采用重置成本、现值、公允价值计量的,应当保证所确定的资产金额能够持续、可靠地计量。

在历史成本计量条件下,资产按照取得时支付的现金金额或者支付对价的公允价值计量。在重置成本计量条件下,资产按照现在购买相同或者相似资产所需支付的现金金额计量。在现值计量条件下,资产按照预计从其持续使用和最终处置中所产生的未来净现金流入量的折现金额计量。在公允价值计量条件下,资产按照市场参与者在计量日发生的有序交易中,出售资产所能收到的价格计量。无法采用上述计量属性的,采用名义金额(即人民币1元)计量。

第三节 政府会计信息质量要求

会计信息质量要求是使会计报告中所提供的会计信息,对报表使用者决策有用应具备的基本特征。根据政府会计准则的规定,政府会计信息质量要求包括可靠性、全面性、相关性、及时性、可比性、可理解性、实质重于形式七个方面。

(一)可靠性

可靠性原则,也可以称为真实性原则,是指会计核算应当以实际发生的交易或者事项为依据,如实地反映政府主体的财务状况、业务活动情况和现金流量等信息。根据这一原则，政府会计主体在进行会计核算时，应当做到内容真实、数字准确、资料可靠；应当客观地反映政府组织的财务状况、运营绩效和现金流量，保证会计信息的真实性；会计核算应当正确运用会计原则和政策，如实地反映政府组织的实际情况；会计信息应当能够经受验证，以核实其是否真实。

(二)全面性

全面性原则就是要求会计对每一项经济业务连续、系统、毫无例外地加以记录，也就是记录一定时期内的全部经济活动。政府会计主体应当将发生的各项经济业务或者事项统一纳入会计核算，确保会计信息能够全面反映政府会计主体预算执行情况和财务状况、运行情况、现金流量等。

(三)相关性

相关性原则，也可以称为有用性原则，是指会计核算所提供的信息应当能够满足会计信息使用者的需要。根据这一原则，政府会计主体在进行会计核算时，应当关注所提供会计信息的价值。会计信息应当与反映政府会计主体公共受托责任履行情况以及报告使用者决策或者监督、管理的需要相关，有助于报告使用者对政府会计主体过去、现在或者未来的情况作出评价或者预测。

在会计核算工作中坚持相关性原则，就要求在收集、加工、处理和提供会计信息的过程中，应充分考虑会计信息使用者的信息需求。对于特定用途的会计信息，不一定都能通过财务会计报告来提供，也可以采用其他形式加以提供。如果会计信息提供以后，没有满足会计信息使用者的需要，对会计信息使用者的决策没有什么作用，就不具有相关性。

(四)及时性

及时性原则是指会计核算应当及时进行，不得提前或延后。会计信息的价值在于帮助会计信息使用者作出有关决策，因此，会计信息必须具备时效性。即使是客观、可比、相关的会计信息，如果不及时提供，对于会计信息使用者也没有任何意义，甚至可能误导会计信息使用者。在会计核算过程中坚持及时性原则，一是要求及时收集会计信息，即在经济业务发生后，及时收集整理各种原始单据；二是及时处理会计信息，即在国家统一的会计制度规定的时限内，及时编制出财务会计报告；三是及时传递会计信息，即在国家统一的会计制度规定的时限内，及时将编制出的财务会计报告传递给财务会计报告使用者。

如果政府主体不能及时进行会计核算，不能及时提供会计信息，就无助于会计信息使用者的决策，不符合及时性原则的要求，也难以实现政府组织的会计目标。

(五)可比性

可比性原则是指会计核算应当按照规定的会计处理方法进行，会计信息应当口径一致、相互可比。同一政府会计主体不同时期发生的相同或者相似的经济业务或者事项，应当采用一致的会计政策，不得随意变更。确需变更的，应当将变更的内容、理由及其影响在附注中予以说明。不同政府会计主体发生的相同或者相似的经济业务或者事项，应当采用一致的会计处理方式，确保政府会计信息口径一致，相互可比。

可比性原则强调的是不同政府组织或部门横向之间的可比。可比性原则要求政府组织的会计核算应当按照国家统一的会计制度的规定进行，使所有政府组织的会计核算都建立在相互可比的基础上。只要是相同的交易或事项，就应当采用相同的会计处理方法，从而提高政府各部门、各单位会计信息的可比性，为合并单位、部门财务报表和逐级汇总编制部门决算奠定坚实的制度基础。

(六)可理解性

可理解性要求政府主体会计核算和编制的财务会计报告应当清晰明了，便于理解和使用。政府主体编制财务报告、提供会计信息的目的在于使用，而要使使用者有效使用会计信息，应当能让其了解会计信息的内涵，弄懂会计信息的内容，这就要求财务报告所提供的会计信息清晰明了，易于理解。只有这样，才能提高会计信息的有用性，实现财务报告的目标，满足向财务报告使用者提供决策有用信息的要求。

(七)实质重于形式

实质重于形式是指政府会计主体应当按照经济业务或者事项的经济实质进行会计核算，不限于以经济业务或者事项的法律形式为依据。在实际工作中，交易或事项的外在形式或人为形式并不能完全真实地反映其实质内容。所以会计信息拟反映的交易或事项，必须根据交易或事项的实质和经济现实，而非根据它们的法律形式进行核算。

第四节 政府会计核算方法

一、会计等式

政府会计包括财务会计和预算会计，财务会计要素可以划分为反映财务状况的会计要素和反映业务活动情况的会计要素。其中，反映财务状况的会计要素包括资产、负债和净资产，其会计等式如下。

$$资产-负债 = 净资产$$

反映业务活动情况的会计要素包括收入和费用，其会计等式如下。

$$收入-费用 = 净资产的增加或减少$$

预算会计要素包括预算收入、预算支出、预算结余，其预算会计等式如下。

$$预算收入-预算支出 = 预算结余$$

二、会计科目

会计科目是对会计核算对象按其经济内容或用途所作的科学分类。每个会计科目都要规定一定的名称、编号和核算内容，它是设置账户和核算归集各项经济业务的依据。科学地设置会计科目，正确地使用会计科目，是做好会计核算工作的重要条件。

(一)会计科目的使用规定

根据政府会计制度的要求，所有单位应当按照下列规定运用会计科目。

(1) 单位应当按照本制度的规定设置和使用会计科目。在不影响会计处理和编制报表的前提下，单位可以根据实际情况自行增设或减少某些会计科目。

(2) 单位应当执行本制度统一规定的会计科目编号，以便于填制会计凭证、登记账簿、查阅账目，实行会计信息化管理。

(3) 单位在填制会计凭证、登记会计账簿时，应当填列会计科目的名称，或者同时填列会计科目的名称和编号，不得只填列会计科目编号、不填列会计科目名称。

(4) 单位设置明细科目或进行明细核算，除遵循政府会计制度规定外，还应当满足权责发生制政府部门财务报告和政府综合财务报告编制的其他需要。

(二)会计科目的分类

1. 按经济内容或用途分类

政府会计具有财务会计和预算会计双重功能，财务会计科目按其反映的经济内容或用途可分为资产、负债、净资产、收入、费用五大类；预算会计科目按其反映的经济内容或用途可分为预算收入、预算支出、预算结余三大类。

2. 按核算层次分类

政府会计的会计科目按核算层次可分为总账科目和明细科目两大类。总账科目是对核算对象的总分类，是设置总账的依据；明细科目是对某总账科目核算内容进一步分类的科目，是设置明细账的依据。具体的科目设置将在以后各章节中介绍。

(三)改革后的会计科目变化

1. 改革后的政府会计科目体系

现行的政府会计科目共 103 个。其中，财务会计体系 77 个：资产 35 个，负债 16 个，净资产 7 个，收入 11 个，费用 8 个。预算会计体系 26 个：预算收入 9 个，预算支出 8 个，预算结余 9 个。

2. 改革后政府具体会计科目

由于原行政事业单位会计制度中是收入、支出类科目，而新制度中把支出改成了费用类科目，所以科目对照表中无收入、支出(费用)类科目比较，如表 2.3 和表 2.4 所示。

表2.3 行政单位新旧会计科目对照表

新行政单位会计科目			原行政单位会计科目	
序号	编号	名　　称	编号	名　　称
一、资产类				
1	1001	库存现金	1001	库存现金
2	1002	银行存款	1002	银行存款
3	1021	其他货币资金		
4	1011	零余额账户用款额度	1011	零余额账户用款额度
5	1201	财政应返还额度	1021	财政应返还额度
6	1212	应收账款	1212	应收账款
7	1214	预付账款	1213	预付账款
			1511	在建工程
8	1218	其他应收款	1215	其他应收款
9	1301	在途物品		
10	1302	库存物品	1301	存货
11	1303	加工物品		
12	1811	政府储备物资		
13	1601	固定资产		
14	1801	公共基础设施		
15	1811	政府储备物资	1501	固定资产
16	1821	文物文化资产		
17	1831	保障性住房		
18	1602	固定资产累计折旧		
19	1802	公共基础设施累计折旧(摊销)	1502	累计折旧
20	1832	保障性住房累计折旧		
21	1611	工程物资	1511	在建工程
22	1613	在建工程		
23	1701	无形资产	1601	无形资产
24	1702	无形资产累计摊销	1602	累计摊销
25	1801	公共基础设施	1802	公共基础设施
26	1811	政府储备物资	1801	政府储备物资
27	1891	受托代理资产	1901	受托代理资产
28	1902	待处理财产损溢	1701	待处理财产损溢
二、负债类				
29	2103	应缴财政款	2001	应缴财政款
30	2101	应交增值税	2101	应缴税费

续表

序号	编号	名　称	编号	名　称
新行政单位会计科目			**原行政单位会计科目**	
31	2102	其他应交税费		
32	2201	应付职工薪酬	2201	应付职工薪酬
33	2302	应付账款	2301	应付账款
34	2307	其他应付款		
35	2303	应付政府补贴款	2302	应付政府补贴款
36	2307	其他应付款	2305	其他应付款
37	2502	长期应付款	2401	长期应付款
38	2901	受托代理负债	2901	受托代理负债
三、净资产类				
39	3001	累计盈余	3001	财政拨款结转
			3002	财政拨款结余
			3101	其他资金结转结余
			3501	资产基金
			3502	待偿债净资产
四、预算结余类				
40	8101	财政拨款结转	3001	财政拨款结转
41	8102	财政拨款结余	3002	财政拨款结余
42	8201	非财政拨款结转	3101	其他资金结转结余
43	8202	非财政拨款结余		
44	8001	资金结存(借方)	3001	财政拨款结转
			3002	财政拨款结余
			3101	其他资金结转结余

表2.4　事业单位新旧会计科目对照表

序号	编号	名　称	编号	名　称
新事业单位会计科目			**原事业单位会计科目**	
一、资产类				
1	1001	库存现金	1001	库存现金
2	1002	银行存款	1002	银行存款
3	1021	其他货币资金		
4	1011	零余额账户用款额度	1011	零余额账户用款额度
5	1201	财政应返还额度	1021	财政应返还额度
6	1101	短期投资	1201	短期投资
7	1211	应收票据	1211	应收票据

新事业单位会计科目			原事业单位会计科目	
序号	编　号	名　　　称	编　号	名　　　称
8	1212	应收账款	1212	应收账款
9	1214	预付账款	1213	预付账款
			1511	在建工程
10	1218	其他应收款	1215	其他应收款
11	1301	在途物品		
12	1302	库存物品		
13	1303	加工物品		
14	1611	工程物资	1301	存货
15	1811	政府储备物资		
16	1891	受托代理资产		
17	1501	长期股权投资	1401	长期投资
18	1502	长期债券投资		
19	1601	固定资产		
20	1801	公共基础设施		
21	1811	政府储备物资	1501	固定资产
22	1821	文物文化资产		
23	1831	保障性住房		
24	1602	固定资产累计折旧		
25	1802	公共基础设施累计折旧(摊销)	1502	累计折旧
26	1832	保障性住房累计折旧		
27	1611	工程物资	1511	在建工程
28	1613	在建工程		
29	1701	无形资产	1601	无形资产
30	1702	无形资产累计摊销	1602	累计摊销
31	1902	待处理财产损溢	1701	待处理财产损溢

二、负债类

新事业单位会计科目			原事业单位会计科目	
32	2103	短期借款	2001	短期借款
33	2101	应交增值税	2101	应缴税费
34	2102	其他应交税费		
35	2103	应缴财政款	2102	应缴国库款
			2103	应缴财政专户款
36	2102	应付职工薪酬	2201	应付职工薪酬
37	2201	应付票据	2301	应付票据
38	2302	应付账款	2302	应付账款

续表

新事业单位会计科目			原事业单位会计科目	
序号	编 号	名 称	编 号	名 称
39	2305	预收账款	2303	预收账款
40	2307	其他应付款	2305	其他应付款
41	2901	受托代理负债		
42	2501	长期借款	2401	长期借款
43	2502	长期应付款	2402	长期应付款
三、净资产类				
44	3001	累计盈余	3001	事业基金
			3101	非流动资产基金
			3301	财政补助结转
			3302	财政补助结余
			3401	非财政补助结转
			3403	经营结余
45	3002	专用基金	3201	专用基金
四、预算结余类				
46	8101	财政拨款结转	3301	财政补助结转
47	8102	财政拨款结余	3302	财政补助结余
48	8201	非财政拨款结转	3101	非财政补助结转
49	8202	非财政拨款结余	3001	事业基金
50	8301	专用结余	3201	专用基金
51	8401	经营结余	3401	经营结余
52	8001	资金结存(借方)	3301	财政补助结转
			3302	财政补助结余
			3101	非财政补助结转
			3001	事业基金
			3201	专用基金
			3401	经营结余

三、记账方法

记账方法就是运用一定的记账符号、记账方向和记账规则，编制会计分录和登记账簿的方法。它是针对经济活动确定会计分录的记账规则，是会计核算的基本方法之一。

(一)记账方法

政府会计采用借贷记账法。借贷记账法是以"借"和"贷"作为记账符号，对每一项经济业务都采用方向相反、金额相等的方式，在有关的两个或两个以上账户中，全面、相互联系地记录经济业务的一种复式记账方法。

(二)记账符号

借贷记账法以"借"和"贷"作为记账符号，表示记账方向。账户的左方称为"借方"，右方称为"贷方"。

在一定时期内，账户的借方或贷方的合计数称为"发生额"，借方和贷方的差额称为"余额"。借方大于贷方的，其余额在借方；反之，其余额在贷方，如表 2.5 所示。

表 2.5　政府会计科目在借贷记账法下的记账方向

账户类别	借　方	贷　方	余额方向
资产类	+	−	借方
负债类	−	+	贷方
净资产类	−	+	贷方
收入类	−	+	平时余额在贷方，年终结账后一般无余额
费用类	+	−	平时余额在借方，年终结账后一般无余额

(三)记账规则

借贷记账法采用"有借必有贷，借贷必相等"的记账规则。根据复式记账原理，结合借贷记账法的账户结构，对于任何一项经济业务，都可以按照资金运动的方向，一方面记入一个或几个账户的借方，另一方面必然要记入一个或几个账户的贷方，而且记入借方和贷方的数额又必然是相等的。简言之，就是"有借必有贷，借贷必相等"。即不论是资金投入组织的业务，还是退出组织的业务，或是资金在组织内部循环与周转的业务，都是一方面记入有关账户的借方，另一方面记入账户的贷方，借方与贷方的数额必然相等。

(四)试算平衡

借贷记账法要定期试算平衡。在每期业务终了后，都要检验账户记录是否正确，结出的账户余额有无差错。检验账户余额正确与否的试算平衡方法如下所述。

1. 发生额平衡法

当要检验所有账户在某一期间内对各项业务的记录是否正确时，可采用这种方法。其平衡公式如下。

全部账户本期借方发生额合计＝全部账户本期贷方发生额合计

2. 余额平衡法

当要检验所有账户记录的内容是否正确时，可采用这种办法。其平衡公式如下。

全部账户借方余额合计＝全部账户贷方余额合计

运用以上两种方法试算之后，如果达到平衡，说明账簿记录基本正确。

四、会计凭证

(一)会计凭证的含义及作用

1. 会计凭证的含义

会计凭证是记录经济业务、明确经济责任和作为记账依据的书面证明，是单位发生经济业务并据以登记账簿的凭据。

单位的任何一项经济业务，如取得收入、支付费用、往来款项的结算等，都应取得或填制合法的会计凭证，要有收付凭据，登记账簿也必须以审核后的会计凭证为依据。因此，正确、严格地填制和审核会计凭证是会计工作中不可缺少的制度和手续，也是监督预算执行的一个重要环节。

2. 会计凭证的作用

正确合法的会计凭证可以发挥如下作用：及时准确地反映预算执行情况，并为登记账簿提供可靠的依据；明确经济责任；检查和监督经济业务的合法性；发挥会计的监督作用，保护国家财产的安全与完整。

会计凭证按其填制程序和用途的不同，可以分为原始凭证和记账凭证两种。

(二)原始凭证

1. 原始凭证的含义

原始凭证是在经济业务发生或完成时取得和填制，载明经济业务具体内容和完成情况的书面证明，是进行会计核算的原始资料和主要依据。

2. 原始凭证的要素

原始凭证的格式是多种多样的，反映的经济业务也是千差万别的，但必须具备如下基本内容：①凭证的名称；②填制日期；③接受凭证单位名称；④业务摘要；⑤业务的实物数量、单价和金额；⑥填制凭证的单位、人员及经办人员的签章。

3. 原始凭证的种类

(1) 事业单位的原始凭证：①收款收据；②借款凭证；③预算拨款凭证；④各种税票；⑤材料出入库单；⑥固定资产出入库单；⑦开户银行转来的收付款凭证；⑧往来结算凭证；⑨其他足以证明会计事项发生经过的凭证和文件等。

(2) 行政单位的原始凭证：①收款收据；②借款凭证；③预算拨款凭证；④固定资产调拨单；⑤开户银行转来的收付款凭证；⑥往来结算凭证；⑦材料出入库单；⑧其他足以证明会计事项发生经过的凭证和文件等。

4. 原始凭证的填制和审核

原始凭证是进行会计核算的重要依据，只有经过严格审核无误的原始凭证，才能作为编制记账凭证的依据。填制原始凭证，必须做到下述各点：

(1) 认真客观地记录各项经济业务的真实情况，数字要准确，大写金额与小写金额必须相符。支付款项的原始凭证要有收款单位和收款人的收款证明。购买实物的原始凭证要有验收证明。对于银行支票、收货票、收据等，必须按其连续编号顺序填写使用。写错作废时，应加盖作废戳记，连同存根全部保存，不得撕毁。

(2) 从外单位取得的原始凭证，必须盖有填制单位的公章。从个人取得的原始凭证，必须有填制人员的签章。自制原始凭证必须有经办单位负责人或指定人员签章。

(3) 要及时、正确地按规定的凭证格式和内容逐项填写经济业务的完成情况，同时由经办部门和人员签章。

(4) 原始凭证上的数字和文字都要填写清晰、工整，不得潦草涂改。如发生错误，应按规定作废，重新填制。

(5) 经过上级批准的经济业务，应将批准文件作为原始凭证附件。如果批准文件需另行单独归档，应在凭证上注明批准机关名称、日期和文件字号。

原始凭证的审核是一项严肃细致的工作。对于违反财经纪律和制度的行为，会计人员有权拒绝付款、报销或执行，对于弄虚作假、营私舞弊、伪造涂改凭证等违法乱纪行为，应扣留凭证，及时向领导汇报，以便进行严肃处理；对于内容填列不全、数字计算有误、手续不完备、书写不清楚的原始凭证，应退回补办手续或更正。

只有经过严格审核无误的原始凭证，才能作为编制记账凭证的依据。

(三)记账凭证

1. 记账凭证的含义

记账凭证是由会计人员根据审核无误的原始凭证，按照会计核算要求加以归类而填制的用以简单记载经济业务，确定会计分录并据以记账的会计凭证。

2. 记账凭证的填制及审核

政府会计的记账凭证在填制及审核的过程中应该注意以下几点。

(1) 应根据经审核无误的原始凭证，归类整理编制记账凭证。记账凭证的各项内容必须填列齐全，经复核后凭以记账。制证人必须签名或盖章。

(2) 记账凭证一般应根据每项经济业务的原始凭证编制。当天发生的同类会计事项可以适当归并后编制。不同会计事项的原始凭证，不得合并编制一张记账凭证，也不得把几天的会计事项加在一起作一个记账凭证。

(3) 记账凭证必须附有原始凭证。一张原始凭证涉及几张记账凭证的，可以把原始凭证附在主要的一张记账凭证后面，在其他记账凭证上注明附有原始凭证的记账凭证的编号。结账和更正错误的记账凭证，可以不附原始凭证，但应经主管会计人员签章。

(4) 记账凭证必须清晰、工整，不得潦草。记账凭证由指定人员复核，并经主管会计人员签章后据以记账。

(5) 记账凭证应按照会计事项发生的日期顺序整理制证记账。按照制证的顺序，每月从第1号起编排连续号码。

(6) 记账凭证每月应按顺序号整理，连同所附的原始凭证加上封面，装订成册保管。

五、会计账簿

(一)会计账簿的含义及作用

会计账簿是根据会计科目设置的。它是以会计核算过程中的会计凭证为依据，运用账户全面、系统、连续地记录预算资金和其他资金活动和结果的簿证。设置和登记会计账簿，是正确组织政府会计核算的一个重要环节。任何一个单位在经济业务发生后，首先要取得原始凭证和填制记账凭证。会计凭证所提供的只是具体的、详细的资料，而且凭证数量很多，比较分散，不能系统地反映一定时期内资金的收支情况。因此，就有必要设置账簿，把会计凭证所提供的分散资料进行科学的归类和整理，并及时按顺序登记到各类不同的账簿和有关的账户中去。

会计账簿的重要作用可以表现为如下几个方面：一是系统地反映和监督预算执行情况；二是为办理结算和清理债权债务及时提供信息；三是保护国家财产安全，促使各单位合理节约地使用资金；四是为编制会计报表提供数据。

(二)会计账簿的分类

会计账簿可以分为下述几大类。

1. 总账

总账是用来核算政府会计主体单位资金活动情况、平衡账务、控制和核对各种明细账目的账簿。总账格式通常采用三栏式账页，按会计科目的名称设置账户。

2. 明细账

明细账是用来对总账有关会计科目进行明细核算的账簿，格式通常采用三栏式账页或多栏式账页。非营利组织会计设置的明细账有：①收入明细账，如财政补助收入明细账、事业收入明细账等。②支出明细账，如事业支出明细账、拨出经费明细账等。③往来款项明细账，如应收账款明细账、其他应收款明细账、应付账款明细账等。

3. 序时账

序时账是按经济业务发生的先后顺序，逐日逐笔连续登记的账簿。序时账可分为现金日记账和银行存款日记账，通常采用三栏式格式。

六、会计报表

此处介绍的主要是改革后的会计报表。

(一)报表体系改革后的主要变化

改革后的报表是"7+1"体系。即财务会计资产负债表，收入费用表，净资产变动表，现金流量表，预算会计预算收入支出表，预算结转结余变动表，财政拨款预算收入支出表，以及财务报告体系下的报表附注。

其中，资产负债表，预算收入支出表，财政拨款预算收入支出表在原基础上有所改进和完善；收入费用表，净资产变动表，现金流量表，预算结转结余变动表是新增报表；现金流量表没有强制要求，各单位可以选择编制。

(二)编制的基础

各国政府财务报告编制的会计基础主要有四类：收付实现制、修正的收付实现制、权责发生制和修正的权责发生制。收付实现制关注现金收支活动，权责发生制更关注经济资源价值的改变，权责发生制和收付实现制的主要区别在于交易如何确认以及何时确认。我国改革前的预算收支报告以收付实现制为基础，不能全面、完整地反映政府拥有资产、负债等财务状况，尤其是无法反映政府目前承担的未来负债情况，不利于防范财政风险，也不利于提高政府财务管理水平。因此，借鉴国际通行的做法，我国在政府会计改革中逐步引入权责发生制，并在此基础上编制政府财务报告。

根据政府会计准则和制度的规定，我国现行的财务报表的编制主要以权责发生制为基础，以单位财务会计核算生成的数据为准；预算会计报表的编制主要以收付实现制为基础，以单位预算会计核算生成的数据为准。

(三)编制的要求

(1) 单位应当至少按照年度编制财务报表和预算会计报表。

(2) 单位应当根据本制度规定编制真实、完整的财务报表和预算会计报表，不得违反本制度规定随意改变财务报表和预算会计报表的编制基础、编制依据、编制原则和方法，不得随意改变本制度规定的财务报表和预算会计报表有关数据的会计口径。

(3) 财务报表和预算会计报表应当根据登记完整、核对无误的账簿记录和其他有关资料编制，做到数据真实、计算准确、内容完整、编报及时。

(4) 财务报表和预算会计报表应当由单位负责人和主管会计负责人、会计机构负责人(会计主管人员)签名并盖章。

(四)会计报表的种类

1. 政府财务会计报表

(1) 资产负债表。资产负债表是反映政府会计主体在某一特定日期的财务状况的报表。

(2) 收入费用表。收入费用表是反映政府会计主体在一定会计期间运行情况的报表。

(3) 净资产变动表。净资产变动表是反映政府会计主体在一定会计期间内净资产变动情况的报表。

(4) 现金流量表。现金流量表是反映政府会计主体在一定会计期间现金及现金等价物流入和流出情况的报表。

(5) 附注。附注是对在资产负债表、收入费用表、现金流量表等报表中列示项目所作的进一步说明，以及对未能在这些报表中列示项目的说明。

2. 政府预算会计报表

(1) 预算收入支出表。预算收入支出表是反映政府会计主体在某一会计年度内各项预算收入、预算支出和预算收支差额情况的报表。

(2) 预算结转结余变动表。预算结转结余变动表是反映政府会计主体在某一会计年度内预算结转结余变动情况的报表。

(3) 财政拨款预算收入支出表。财政拨款预算收入支出表是反映政府会计主体本年财政拨款预算资金收入、支出及相关变动具体情况的报表。

第五节　政府会计平行记账

一、平行记账产生的背景

《国务院关于批转财政部权责发生制政府综合财务报告制度改革方案的通知》(国发〔2014〕63 号)提出："总体目标是通过构建统一、科学、规范的政府会计准则体系，建立健全政府财务报告编制办法，适度分离政府财务会计与预算会计，政府财务报告与决算报告功能，全面、清晰反映政府财务信息和预算执行信息。

由此可以看出，在《批转方案》中提出了"财务会计与预算会计适度分离并相互衔接"的工作思路，但如何适度分离并相互衔接，这就为"平行记账"的产生和设计指明了方向。也可以说，"平行记账"是实现总目标和推进政府会计制度所确立的财务会计系统与预算会计系统适度分离并相互衔接目标的关键性技术安排。

同时，《政府会计准则——基本准则》(财政部令第 78 号)，提出了政府会计由预算会计和财务会计构成，以及会计八要素的概念，预算会计实行收付实现制，财务会计实行权责发生制，同时要反映政府会计主体预算执行情况和财务状况。如何构建政府会计制度，如何同时反映会计主体的预算执行情况和财务状况，如何通过政府会计预算会计要素和财务会计要素来实现，平行记账将成为政府会计制度模式的现实选择。

二、平行记账的含义

《政府会计制度——行政事业单位会计科目和报表》，提出了"平行记账"的基本原理，即单位会计核算应当具备财务会计与预算会计双重功能，实现财务会计与预算会计适度分离并相互衔接，全面、清晰地反映单位财务信息和预算执行信息。单位财务会计核算实行权责发生制；单位预算会计核算实行收付实现制，国务院另有规定的，依照其规定。单位对于纳入部门预算管理的现金收支业务，在采用财务会计核算的同时应当进行预算会计核算；对于其他业务，仅需进行财务会计核算。

需要注意的是，这里的平行记账有别于财务会计中的总账与明细账的平行登记。

三、平行记账的原则

平行记账不是双系统，而是单套账，是在同一张记账凭证上同时进行财务会计和预算会计"双分录"账务处理。也就是说，在同一张记账凭证上同时进行财务会计与预算会计账务处理，只需要一份原始凭证，无须复印原始凭证。在账务核算格式上不同的财务软件格式不同，有的是左右式，有的是上下式，如图2.1所示。

但并不是所有业务都要进行平行记账，在做财务会计分录时是否做预算会计分录，要满足以下三个标准：①该业务是否属于本年度；②该业务是否是现金收支业务，如果不是，则不需要进行预算会计核算，仅在财务会计中核算；③如果该业务是现金收支业务，则进一步盘点这一收支业务是否纳入部门预算管理，如果纳入，则需要在预算会计中核算。

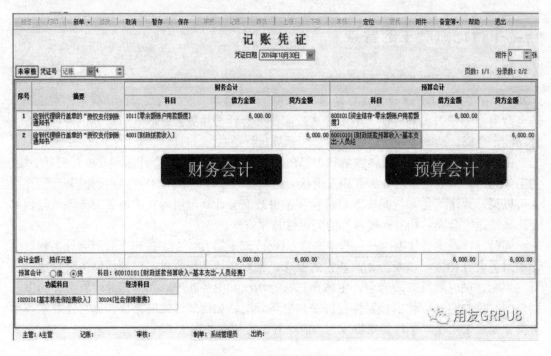

图2.1 平行记账示例图

这里还需要注意以下两点：一是政府会计主体发生的每一笔经济业务，在财务会计体系下基本上都会产生相应的账务处理，可以说，几乎所有情况下，财务会计是针对每一笔经济业务进行全面的反映。而预算会计则不同，只有纳入当期部门预算管理的现金收支业务才需要进行账务处理。所以，财务会计反映的经济活动是全面的，预算会计反映的是部分的。二是在行政单位和事业单位会计实务中，单位现金收支业务大部分都已纳入预算管理，需要在预算会计中核算。典型不纳入预算管理的现金收支业务包括：货币资金形式受托代理资产业务、应缴财政款业务、暂收款业务等。

四、平行记账的方法

与目前一些现行会计制度采用的"双分录"形式不同，"平行记账"方式能够使财务会计、预算会计两个体系更具有系统性、逻辑性和完整性。两套体系既相互独立，又相互呼应，分别反映业务的内容和经济实质，有助于政府会计主体根据会计信息使用需求，从不同的角度对信息进行分析和使用，提高了会计信息的可用程度。

那么何时预算会计和财务会计同时记账？何时预算会计记账，财务会计不记账？何时预算会计不记账，财务会计记账？下面总结一些要点。

(一)正确理解平行记账中关联科目的对应关系

1. 具有关联关系的收入类科目

按照平行记账的原理，资产、负债、净资产、收入(预算收入)、费用(预算支出)等各类业务凡涉及纳入部门预算管理的现金收支的业务，在进行财务会计核算的同时应进行预算会计核算；不涉及纳入预算管理现金收支的资产业务只需进行财务会计核算。而预算会计的预算收入类与财务会计的收入类科目存在着对应关系，具体如表 2.6 所示。

表 2.6 收入类会计科目与预算收入科目对照表

财务会计			预算会计		
科目编号	科目名称	适用范围	科目编号	科目名称	适用范围
收入类			预算收入类		
4001	财政拨款收入		6001	财政拨款预算收入	
4101	事业收入	事业	6101	事业预算收入	事业
4201	上级补助收入	事业	6201	上级补助预算收入	事业
4301	附属单位上缴收入	事业	6301	附属单位上缴预算收入	事业
4401	经营收入	事业	6401	经营预算收入	事业
4601	非同级财政拨款收入		6601	非同级财政拨款预算收入	
4602	投资收益	事业	6602	投资预算收益	事业
4603	捐赠收入		6609	其他预算收入	
4604	利息收入				
4605	租金收入				
4609	其他收入				
2001	短期借款	事业	6501	债务预算收入	事业
2301	应付票据				
2501	长期借款				

从表2.6中不难发现，预算会计账套的绝大多数收入类科目的名称只是在财务会计账套的收入类科目名称的"收入"二字前面加上了"预算"。

该类科目平行记账规则是：该类科目发生在贷方时，如果借方科目为货币资金类科目，表明具有现金收入业务，则要进行平行记账，预算会计下对应预算收入类科目。但如果财务会计收入前期是预收款或是本期需要上缴的应收款项，则预算会计不做账务处理。

2. 具有关联关系的费用类科目

费用类科目与预算支出类科目对照如表2.7所示。

表2.7　费用类科目与预算支出类科目对照表

财务会计			预算会计		
科目编号	科目名称	适用范围	科目编号	科目名称	适用范围
	费用类			支出类	
5001	业务活动费用		7101	行政支出	行政
			7102	事业支出	事业
5101	单位管理费用	事业	7102	事业支出	事业
5201	经营费用	事业	7301	经营支出	事业
5301	资产处置费用	事业	7901	其他支出	事业
5401	上缴上级费用		7401	上缴上级支出	
5501	对附属单位补助费用	事业	7501	对附属单位补助支出	事业
5901	其他费用		7901	其他支出	
5801	所得税费用	事业	8202	非财政拨款结余——累计结余	
2001	短期借款		7701	债务还本支出	事业
2501	长期借款				
1101	短期投资		6501	投资支出	事业
1501	长期股权投资	事业			
1502	长期债券投资				

从表2.7中不难发现，预算会计账套的绝大多数支出类科目的名称只是将财务会计账套的费用类科目名称的"费用"二字调整为"支出"二字，此举与财务会计和预算会计的会计要素分类结果相吻合。

该类科目的记账规则是：该类科目发生在借方时，如果对应的贷方科目为货币资金类或者财政拨款收入，表明具有现金支出业务，则要进行平行记账，预算会计下对应行政支出或事业支出等。该类科目发生在贷方时，则预算会计一般不做账务处理。

3. 具有关联关系的货币资金类科目

货币资金类科目与资金结存对照如表2.8所示。

表 2.8 货币资金类科目与资金结存对照表

财务会计科目	预算会计科目
银行存款	
库存现金	资金结存——货币资金
其他货币资金	
零余额账户用款额度	资金结存——零余额账户用款额度
财政应返还额度	资金结存——财政应返还额度

由于新制度将库存现金、银行存款、其他货币资金、零余额账户用款额度和财政应返还额度纳入了财务会计账套的会计科目体系，而在预算会计账套核算相关预算收入和预算支出时，又要求必须以相应的货币资金类的科目来予以对应，新制度选取预算会计的"资金结存"科目来予以对应。在"资金结存"科目下又分别设置货币资金、零余额账户用款额度及财政应返还额度三个明细科目。从会计核算科目而言，各部门所有收入和支出情况中的现金收入支出业务都会涉及预算会计中的"资金结存"会计科目，因此凡是涉及"资金结存"科目的所有会计核算业务，都需要进行平行记账，即预算会计和财务会计同时记账。

(二)把握特殊需平行记账业务

除了上述涉及部门预算管理的现金收支业务，即涉及"资金结存"科目的业务进行平行记账外，还有一些业务要进行平行记账，也需要重点把握。

(1) 年末，按规定从本年度非财政拨款结余或经营结余提取专用基金业务，需进行平行记账。

(2) 按照规定从科研项目预算收入中提取项目管理费或间接费时，需进行平行记账。

(3) 行政支出/事业支出/经营支出/上缴上级支出/其他支出的期末或年末结转业务，需进行平行记账。

(4) 财政拨款预算收入/事业预算收入/上级补助预算收入/附属单位上缴预算收入/经营预算收入/非同级财政拨款预算收入/投资预算收益/其他预算收入的期末或年末结转业务，需进行平行记账。

(三)把握不需进行平行记账业务

1. 仅需进行预算会计记账业务

(1) 债务预算收入与债务还本支出的期末或年末结转业务，仅需进行预算会计核算，不需进行财务会计核算。

(2) 财政拨款结转/财政拨款结余/非财政拨款结转/非财政拨款结余/经营结余/其他结余/非财政拨款结余分配(不涉及提取专用基金)的期末或年末结转以及结余分配业务，仅需进行预算会计核算，不需进行财务会计核算。

(3) 财政拨款结转/财政拨款结余/非财政拨款结转/非财政拨款结余等有关科目明细的调整，仅需进行预算会计核算，不需进行财务会计核算。

2. 仅需进行财务会计核算业务

(1) 不涉及部门预算现金的收支经济业务，仅需进行财务会计核算。比如往来款项，应缴国库款项以及应上缴财政专户款项、受托代理资产、受托代理负债等经济业务，还有一项是暂付个人的往来款项，仅在报销确认时需要进行平行记账，借款时，仅进行财务会计核算。

(2) 库存现金的提现业务，形成其他货币资金业务，仅需进行财务会计核算。

(3) 折旧和摊销业务，预提费用业务，应收股利业务，应收利息业务，应收票据业务，应收账款业务，坏账准备计提业务，盘盈盘亏、捐赠物品等，不涉及现金支出的业务，都不需要进行预算会计核算。

(四)预算会计和财务会计具体业务举例

通过以上分析，我们可以总结如下的经济事项，在平行记账的过程中，预算会计与财务会计的具体区别如表 2.9 所示。

表 2.9　平行记账中财务会计与预算会计的具体区别

业务类型	财务会计	预算会计
同时确认为收入和预算收入的经济事项	记账	记账
同时确认为费用和支出的经济事项	记账	记账
财务会计确认收入，预算会计不确认收入，如应收账款、接受非货币性捐赠等	记账	—
预算会计确认收入，财务会计不确认收入，如收到应收款项	记账	记账
财务会计确认费用，预算会计不确认支出，如发出存货、资产处置等	记账	—
预算会计确认支出，财务会计确认应付，如支付应付款项	记账	记账
财务会计确认资产，但预算会计确认支出，如构建固定资产、存货等	记账	记账
财务会计确认负债，但预算会计确认收入，如取得借款	记账	记账

【例 2.1】某事业单位用现金 300 元购买办公用品。

　　财务会计：

　　借：库存物品　　　　　　　　　　　　300

　　　　贷：库存现金　　　　　　　　　300

　　预算会计：

　　借：事业支出　　　　　　　　　　　　300

　　　　贷：资金结存　　　　　　　　　300

【例 2.2】某事业单位 2019 年 1 月计提固定资产累计折旧 5000 元。

　　财务会计：

　　借：业务活动费用　　　　　　　　　5 000

　　　　贷：固定资产累计折旧　　　　5 000

　　预算会计不做账务处理。

【例 2.3】某事业单位 2019 年 1 月 1 日收到受托代理某单位的银行存款 200 000 元。

财务会计：

借：银行存款　　　　　　　　　　　　　　　　200 000

　　贷：受托代理负债　　　　　　　　　　　　　200 000

预算会计不做账务处理。

说明：例 2.1 业务纳入单位预算，有现金收支，所以作双分录进行平行记账；例 2.2 业务无现金收支业务，所以预算会计不作处理；例 2.3 业务虽然有现金收支业务，但该业务没有纳入单位预算管理，所以预算会计不作处理。

【课后练习与提高】

一、单项选择题

1. 作为会计信息使用者，社会公众对政府会计信息的要求是反映政府的(　　)。

　　A. 预算执行情况　　　　　　　　　B. 预算收支情况

　　C. 受托责任履行情况　　　　　　　D. 经济资源运行情况

2. 我国政府会计期间可分为(　　)。

　　A. 仅年度　　　　　　　　　　　　B. 仅月度

　　C. 年度和月度　　　　　　　　　　D. 年度、月度、半月度、半年度

3. 政府会计设置的会计要素是(　　)。

　　A. 资产、负债、净资产、收入和费用

　　B. 资产、负债、所有者权益、收入和支出

　　C. 资产、负债、净资产、收入和结余

　　D. 资产、负债、净资产、收入、费用、预算收入、预算支出和预算结余

4. 如果政府会计侧重为预算管理服务，要求如实地反映预算收支情况和结果，则应当选择的会计确认基础是(　　)。

　　A. 收付实现制　　　　　　　　　　B. 权责发生制

　　C. 修正的收付实现制　　　　　　　D. 修正的应计制

5. 如果政府会计侧重反映政府的受托责任履行情况，为经济管理与决策服务，则应当选择的会计确认基础是(　　)。

　　A. 收付实现制　　　　　　　　　　B. 权责发生制

　　C. 修正的收付实现制　　　　　　　D. 修正的应计制

6. 我国政府会计中，完全采用收付实现制会计确认基础的专业会计是(　　)。

　　A. 行政单位会计　　　　　　　　　B. 事业单位会计

　　C. 政府财务会计　　　　　　　　　D. 政府预算会计

7. 政府会计中的名义金额含义是(　　)。

　　A. 只有名义上的金额，没有实质价值

　　B. 名义金额不记账

　　C. 名义金额其实就是 1 元钱的资产

　　D. 无法用其他计量单位计量时，采用名义金额

8. 政府会计信息质量要求的可比性是指(　　)。

　　A. 指标要与企业会计可比较

　　B. 会计政策一旦确定就不能变更

　　C. 会计信息要真实可靠

　　D. 不同政府组织或部门横向之间可比

二、多项选择题

1. 政府会计信息使用者包括内部使用者和外部使用者，其中外部使用者主要包括(　　)。

　　A. 审计机构　　　　　　B. 社会公众　　　　　C. 立法机关

　　D. 管理当局　　　　　　E. 主管部门

2. 我国政府会计包括(　　)。

　　A. 财政总预算会计　　　B. 行政单位会计　　　C. 事业单位会计

　　D. 政府财务会计　　　　E. 政府预算会计

3. 政府会计可选择的会计确认基础有(　　)。

　　A. 现金制　　　　　　　B. 应计制　　　　　　C. 修正的现金制

　　D. 修正的应计制　　　　E. 应计的现金制

4. 政府会计中，反映的是资产或者负债的现时成本或者现时价值的计量属性有(　　)。

　　A. 现值　　　　　　　　B. 公允价值　　　　　C. 历史成本

　　D. 重置成本　　　　　　E. 名义金额

5. 我国已经颁布并执行的政府会计标准包括(　　)。

　　A. 《政府会计制度》　　　　　　　B. 《行政单位会计制度》

　　C. 《事业单位会计制度》　　　　　D. 《政府会计基本准则》

　　E. 《会计调整具体准则》

三、判断题(正确打"√"，错误打"×")

1. 政府会计和企业会计具有完全相同的会计信息使用者。　　　　　　　　(　　)

2. 我国预算会计以满足国家宏观经济管理的需要作为会计信息的共同目标。(　　)

3. 我国政府会计存在权责发生制与收付实现制双重核算基础。　　　　　　(　　)

4. 政府会计中的资产预期能带来未来服务潜能或经济利益。　　　　　　　(　　)

5. 政府会计都必须选择权责发生制为确认基础。　　　　　　　　　　　　(　　)

6. 政府会计报告选择历史成本为唯一计量属性。　　　　　　　　　　　　(　　)

四、思考题

1. 政府会计的信息使用者包括哪些？他们对信息的需求分别是什么？

2. 政府会计可选择确认的基础有哪些？

3. 政府会计可选择的计量属性有哪些？

4. 政府会计核算方法包括哪些？

5. 政府会计报告包括哪些内容？改革前后有何变化？

6. 什么是"平行记账"？平行记账的要点包括哪些？

第三章 资　产

【学习目的及要求】

本章主要介绍资产的概述、资产类科目、流动资产和非流动资产，包括资产的概念、分类、确认、计量以及具体资产类科目的会计核算等内容。

通过本章的学习，了解资产的概念，熟悉资产的分类、确认、计量和资产类科目，重点掌握流动资产和非流动资产的会计核算。

第一节　资　产　概　述

一、资产的概念

资产是指政府会计主体过去的经济业务或者事项形成的，由政府会计主体控制的，预期能够产生服务潜力或者带来经济利益流入的经济资源。其特征有以下三点。

(1) 资产是由政府会计主体过去的经济业务或事项形成的。这是指资产须是现时的资产，该资产来源于政府会计主体过去发生的经济业务或事项，而不是未来的、预期的、计划的资产。即资产的存在必须以实际发生的经济业务交易事项为根据，未来的、预期的、计划的资产并不能反映政府会计主体现有的真实的财务状况。

(2) 资产是由政府会计主体控制的。资产只有被政府会计主体控制，该政府会计主体才能够获得和支配该资产。

(3) 资产能够为政府会计主体带来经济利益或服务潜力。所谓经济利益流入，是指表现为现金及现金等价物的流入，或者现金及现金等价物流出的减少。所谓服务潜力，是指政府会计主体利用资产提供公共产品和服务以履行政府职能的潜在能力。

二、资产的分类

政府会计主体的资产按照流动性，可分为流动资产和非流动资产。

流动资产是指预计在一年内(含一年)耗用或者可以变现的资产，包括货币资金、短期投资、应收及预付款项、存货等。

非流动资产是指流动资产以外的资产，包括固定资产、在建工程、无形资产、长期投资(含长期股权投资和长期债券投资)、公共基础设施、政府储备资产、文物文化资产、保障性住房和自然资源资产等。

三、资产的确认

符合上述资产定义的经济资源，在同时满足以下条件时，政府会计主体应当将其确认为资产。①与该经济资源相关的服务潜力很可能实现或者经济利益很可能流入政府会计主体；②该经济资源的成本或者价值能够可靠地计量。这里的"很可能"是基于会计人员职业经验而作出的一种判断，从概率的角度来说，在大于 50%且小于等于 95%的情况下，即可认定为"很可能"。

符合资产定义并确认的资产，应当列入资产负债表。

四、资产的计量

(一)计量属性

资产的计量属性主要包括历史成本、重置成本、现值、公允价值和名义金额等，具体规定如下所述。

(1) 在历史成本计量下，资产按照取得时支付的现金金额或者支付对价的公允价值计量。

(2) 在重置成本计量下，资产按照现在购买相同或者相似资产所需支付的现金金额计量。

(3) 在现值计量下，资产按照预计从其持续使用和最终处置中所产生的未来净现金流入量的折现金额计量。

(4) 在公允价值计量下，资产按照市场参与者在计量日发生的有序交易中，出售资产所能收到的价格计量。

无法采用上述计量属性的，采用名义金额(即人民币 1 元)计量。

政府会计主体在对资产进行计量时，一般应当采用历史成本。

采用重置成本、现值、公允价值计量的，应当保证所确定的资产金额能够持续、可靠计量。

(二)计量环节

资产的计量包括初始计量和后续计量两个环节。

1. 初始计量

初始计量是指资产取得时入账的计量方式。一般而言，资产应当按照取得时的实际成本进行计量。取得时的实际成本，应当区分支付对价和不支付对价两种方式。

以支付对价方式取得的资产，应当按照取得资产时支付的现金或者现金等价物的金额，加上所付出的非货币性资产的评估价值为基础计量。

取得资产时没有支付对价的，其计量金额应当按照有关凭据注明的金额加上相关税费、运输费等确定；没有相关票据但依法经过资产评估的，其计量金额应当按照评估价值加上相关税费、运输费等确定；没有相关凭据也未经过评估的，其计量金额比照同类或类似资产的市场价格加上相关税费、运输费等确定；没有相关凭据也未经过评估，其同类或类似资产的市场价格无法可靠取得，所取得的资产应当按照名义金额(即人民币1元，下同)入账。

2. 后续计量

政府会计主体按规定对固定资产、公共基础设施等计提折旧的，折旧金额应当根据固定资产、公共基础设施等原价和折旧年限确定。对无形资产、公共基础设施等进行摊销的，摊销金额应当根据无形资产、公共基础设施等原价和摊销年限确定。

与固定资产、无形资产、公共基础设施等相关的其他后续支出，应当区分符合资产确认条件的后续支出和不符合资产确认条件的后续支出。符合资产确认条件的后续支出应当计入相应的资产，不符合资产确认条件的后续支出应当计入相应的费用。

第二节 资产类科目

一、资产类科目表

按照我国现行《政府会计制度——单位会计科目和会计报表》的规定，单位应设置的资产类会计科目如表3.1所示。

表3.1 资产类会计科目表

序号	编号	名 称	序号	编号	名 称
1	1001	库存现金	2	1002	银行存款
3	1011	零余额账户用款额度	4	1021	其他货币资金
5	1101	短期投资	6	1201	财政应返还额度
7	1211	应收票据	8	1212	应收账款
9	1214	预付账款	10	1215	应收股利
11	1216	应收利息	12	1218	其他应收款
13	1219	坏账准备	14	1301	在途物品
15	1302	库存物品	16	1303	加工物品
17	1401	待摊费用	18	1501	长期股权投资
19	1502	长期债券投资	20	1601	固定资产
21	1602	固定资产累计折旧	22	1611	工程物资
23	1613	在建工程	24	1701	无形资产
25	1702	无形资产累计摊销	26	1703	研发支出
27	1801	公共基础设施	28	1802	公共基础设施累计折旧(摊销)
29	1811	政府储备物资	30	1821	文物文化资产
31	1831	保障性住房	32	1832	保障性住房累计折旧
33	1891	受托代理资产	34	1901	长期待摊费用
35	1902	待处理财产损溢			

二、改革后资产类科目的变化

(1) 增设会计科目。原资产科目有 23 个，改革后有 35 个，医疗机构常用的资产类科目有 29 个。首次增设的科目有"其他货币资金""应收股利""应收利息""在途物品""加工物品""研发支出""文物文化资产""保障性住房""保障性住房累计折旧"。

(2) 核算更加明细化。"其他应收款"被拆分为"其他应收款""应收股利""应收利息"，强调应收账款要对债务人进行明细核算。

(3) 科目级次发生变化。包括"应收股利""应收利息""长期股权投资""长期债券投资""工程物资""在途物品"。如原"其他应收款"下的"应收股利""应收利息"变为一级科目，原"长期投资"变为"长期股权投资""长期债券投资"。

(4) 科目名称发生变化。包括"加工物资""固定资产累计折旧""无形资产累计摊销"。后二者原叫"累计折旧""累计摊销"。

(5) 核算范围有所变化。如"应收账款"现在可以核算其他业务收入。

(6) 全面使用的会计科目。包括"公共基础设施""公共基础设施累计折旧(摊销)""政府储备物资""受托代理资产""待摊费用""长期待摊费用"。

(7) 事业单位专用的科目。包括"短期投资""应收票据""应收账款""应收股利""应收利息""坏账准备"。

三、科目使用说明

(一)"库存现金"科目

"库存现金"科目核算单位的库存现金。单位应当严格按照国家有关现金管理的规定收支现金，并按照本制度规定核算现金的各项收支业务。

本科目应当设置"受托代理资产"明细科目，核算单位受托代理、代管的现金。

单位应当设置"库存现金日记账"，由出纳人员根据收付款凭证，按照业务发生顺序逐笔登记。每日终了，应当计算当日的现金收入合计数、现金支出合计数和结余数，并将结余数与实际库存数核对，做到账款相符。单位有外币现金的，应当分别按照人民币、外币种类设置"库存现金日记账"进行明细核算。有关外币现金业务的账务处理参见"银行存款"科目的相关规定。

本科目期末借方余额，反映单位实际持有的库存现金。

(二)"银行存款"科目

"银行存款"科目核算单位存入银行或者其他金融机构的各种存款。单位应当严格按照国家有关支付结算办法的规定办理银行存款收支业务，并按照政府会计制度规定核算银行存款的各项收支业务。

有外币存款的单位，应当在"银行存款"科目下按人民币和外币分别设置"银行存款日记账"，进行明细核算。本科目期末借方余额，反映单位实际存放在银行或其他金融机构的款项。

(三)"零余额账户用款额度"科目

"零余额账户用款额度"科目核算实行国库集中支付的单位,根据财政部门批复的用款计划收到和支用零余额账户用款额度。本科目期末借方余额,反映单位尚未支用的零余额账户用款额度。年末注销单位零余额账户用款额度后,本科目应无余额。

(四)"其他货币资金"科目

"其他货币资金"科目核算单位的外埠存款、银行本票存款、银行汇票存款、信用卡存款等各种其他货币资金。

本科目应当设置"外埠存款""银行本票存款""银行汇票存款""信用卡存款"等明细科目,进行明细核算。单位应当加强对其他货币资金的管理,及时办理结算,对于逾期尚未办理结算的银行汇票、银行本票等,应当按照规定及时转回,并按照上述规定进行相应的账务处理。本科目期末借方余额,反映单位实际持有的其他货币资金。

(五)"短期投资"科目

"短期投资"科目核算事业单位按照规定取得的,持有时间不超过 1 年(含 1 年)的投资。本科目应当按照投资的种类等进行明细核算。本科目期末借方余额,反映事业单位持有短期投资的成本。

(六)"财政应返还额度"科目

"财政应返还额度"科目核算实行国库集中支付的单位应收财政返还的资金额度,包括可以使用的以前年度财政直接支付资金额度和财政应返还的财政授权支付资金额度。

本科目应当设置"财政直接支付""财政授权支付"两个明细科目进行明细核算。本科目期末借方余额,反映单位应收财政返还的资金额度。

(七)"应收票据"科目

"应收票据"科目核算事业单位因开展经营活动销售产品、提供有偿服务等而收到的商业汇票,包括银行承兑汇票和商业承兑汇票。本科目应当按照开出、承兑商业汇票的单位等进行明细核算。本科目期末借方余额,反映事业单位持有的商业汇票票面金额。

(八)"应收账款"科目

"应收账款"科目核算事业单位提供服务、销售产品等应收取的款项,以及单位因出租资产、出售物资等应收取的款项。本科目应当按照债务单位(或个人)进行明细核算。本科目期末借方余额,反映单位尚未收回的应收账款。

事业单位应当设置"坏账准备"科目。事业单位应当于每年年末,对收回后不需上缴财政的应收账款进行全面检查,如发生不能收回的迹象,应当计提坏账准备。

(九)"预付账款"科目

"预付账款"科目核算单位按照购货、服务合同或协议规定预付给供应单位(或个人)的款项，以及按照合同规定向承包工程的施工企业预付的备料款和工程款。

本科目应当按照供应单位(或个人)及具体项目进行明细核算；对于基本建设项目发生的预付账款，还应当在本科目所属基建项目明细科目下设置"预付备料款""预付工程款""其他预付款"等明细科目，进行明细核算。本科目期末借方余额，反映单位实际预付但尚未结算的款项。

(十)"应收股利"科目

"应收股利"科目核算事业单位持有长期股权投资应当收取的现金股利或应当分得的利润。

本科目应当按照被投资单位等进行明细核算。本科目期末借方余额，反映事业单位应当收取但尚未收到的现金股利或利润。

(十一)"应收利息"科目

"应收利息"科目核算事业单位长期债券投资应当收取的利息。

事业单位购入的到期一次还本付息的长期债券投资持有期间的利息，应当通过"长期债券投资——应计利息"科目核算，不通过本科目核算。本科目应当按照被投资单位等进行明细核算。本科目期末借方余额，反映事业单位应收未收的长期债券投资利息。

(十二)"其他应收款"科目

"其他应收款"科目核算单位除财政应返还额度、应收票据、应收账款、预付账款、应收股利、应收利息以外的其他各项应收及暂付款项，如职工预借的差旅费、已经偿还银行尚未报销的本单位公务卡欠款、拨付给内部有关部门的备用金、应向职工收取的各种垫付款项、支付的可以收回的订金或押金、应收的上级补助和附属单位上缴款项等。

本科目应当按照其他应收款的类别以及债务单位(或个人)进行明细核算。本科目期末借方余额，反映单位尚未收回的其他应收款。

(十三)"坏账准备"科目

"坏账准备"科目核算事业单位对收回后不需上缴财政的应收账款和其他应收款提取的坏账准备。本科目应当分别对应收账款和其他应收款进行明细核算。本科目期末贷方余额，反映事业单位提取的坏账准备金额。

(十四)"在途物资"科目

"在途物资"科目核算单位采购材料等物资时货款已付或已开出商业汇票但尚未验收入库的在途物品的采购成本。本科目可按照供应单位和物品种类进行明细核算。本科目期末借方余额，反映单位在途物品的采购成本。

(十五)"库存物品"科目

"库存物品"科目核算单位在开展业务活动及其他活动中为耗用或出售而储存的各种材料、产品、包装物、低值易耗品，以及达不到固定资产标准的用具、装具、动植物等的成本。已完成的测绘、地质勘查、设计成果等的成本，也通过本科目核算。

单位随买随用的零星办公用品，可以在购进时直接列作费用，不通过本科目核算。单位控制的政府储备物资，应当通过"政府储备物资"科目核算，不通过本科目核算。单位受托存储保管的物资和受托转赠的物资，应当通过"受托代理资产"科目核算，不通过本科目核算。单位为在建工程购买和使用的材料物资，应当通过"工程物资"科目核算，不通过本科目核算。

本科目应当按照库存物品的种类、规格、保管地点等进行明细核算。单位储存的低值易耗品、包装物较多的物品，可以在本科目(低值易耗品、包装物)下按照"在库""在用"和"摊销"等进行明细核算。本科目期末借方余额，反映单位库存物品的实际成本。

(十六)"加工物品"科目

"加工物品"科目核算单位自制或委托外单位加工的各种物品的实际成本。未完成的测绘、地质勘查、设计成果的实际成本，也通过本科目核算。

本科目应当设置"自制物品""委托加工物品"两个一级明细科目，并按照物品类别、品种、项目等设置明细账，进行明细核算。本科目期末借方余额，反映单位自制或委托外单位加工但尚未完工的各种物品的实际成本。

(十七)"待摊费用"科目

"待摊费用"科目核算单位已经支付，但应当由本期和以后各期分别负担的分摊期在 1 年以内(含 1 年)的各项费用，如预付航空保险费、预付租金等。

摊销期限在 1 年以上的租入固定资产改良支出和其他费用，应当通过"长期待摊费用"科目核算，不通过本科目核算。待摊费用应当在其受益期限内分期平均摊销，如预付航空保险费应在保险期的有效期内、预付租金应在租赁期内分期平均摊销，计入当期费用。本科目应当按照待摊费用种类进行明细核算。本科目期末借方余额，反映单位各种已支付但尚未摊销的分摊期在 1 年以内(含 1 年)的费用。

(十八)"长期股权投资"科目

"长期股权投资"科目核算事业单位按照规定取得的，持有时间超过 1 年(不含 1 年)的股权性质的投资。本科目应当按照被投资单位和长期股权投资取得方式等进行明细核算。

长期股权投资采用权益法核算的，还应当按照"成本""损益调整""其他权益变动"设置明细科目，进行明细核算。本科目期末借方余额，反映事业单位持有的长期股权投资的价值。

(十九)"长期债券投资"科目

"长期债券投资"科目核算事业单位按照规定取得的，持有时间超 1 年(不含 1 年)的债券投资。本科目应当设置"成本"和"应计利息"明细科目，并按照债券投资的种类进行明细核算。本科目期末借方余额，反映事业单位持有的长期债券投资的价值。

(二十)"固定资产"科目

"固定资产"科目核算单位固定资产的原值。本科目应当按照固定资产类别和项目进行明细核算。固定资产一般可分为六类：房屋及构筑物；专用设备；通用设备；文物和陈列品；图书、档案；家具、用具、装具及动植物。本科目期末借方余额，反映单位固定资产的原值。

(二十一)"固定资产累计折旧"科目

"固定资产累计折旧"科目核算单位计提的固定资产累计折旧。公共基础设施和保障性住房计提的累计折旧，应当分别通过"公共基础设施累计折旧(摊销)"科目和"保障性住房累计折旧"科目核算，不通过本科目核算。

本科目应当按照所对应固定资产的明细分类进行明细核算。本科目期末贷方余额，反映单位计提的固定资产折旧累计数。

(二十二)"工程物资"科目

"工程物资"科目核算单位为在建工程准备的各种物资的成本，包括工程用材料、设备等。本科目可按照"库存材料""库存设备"等工程物资类别进行明细核算。本科目期末借方余额，反映单位为在建工程准备的各种物资的成本。

(二十三)"在建工程"科目

"在建工程"科目核算单位在建的建设项目工程的实际成本。单位在建的信息系统项目工程、公共基础设施项目工程、保障性住房项目工程的实际成本，也通过本科目核算。

本科目应当设置"建筑安装工程投资""设备投资""待摊投资""其他投资""待核销基建支出""基建转出投资"等明细科目，并按照具体项目进行明细核算。本科目期末借方余额，反映单位尚未完工的建设项目工程发生的实际成本。

(二十四)"无形资产"科目

"无形资产"科目核算单位无形资产的原值。非大批量购入、单价小于1000元的无形资产，可以于购买的当期将其成本直接计入当期费用。

本科目应当按照无形资产的类别、项目等进行明细核算。本科目期末借方余额，反映单位无形资产的成本。单位自创商誉及内部产生的品牌、报刊名等，不应确认为无形资产。

(二十五)"无形资产累计摊销"科目

"无形资产累计摊销"科目核算单位对使用年限有限的无形资产计提的累计摊销。

本科目应当按照所对应无形资产的明细分类进行明细核算。本科目期末贷方余额，反映单位计提的无形资产摊销累计数。

单位应当于取得或形成无形资产时合理确定其使用年限。使用年限不确定的无形资产不应摊销。

(二十六)"研发支出"科目

"研发支出"科目核算单位自行研究开发项目研究阶段和开发阶段发生的各项支出。建设项目中的软件研发支出，应当通过"在建工程"科目核算，不通过本科目核算。

本科目应当按照自行研究开发项目，分别"研究支出""开发支出"进行明细核算。 本科目期末借方余额，反映单位预计能达到预定用途的研究开发项目在开发阶段发生的累计支出数。

(二十七)"公共基础设施"科目

"公共基础设施"科目核算单位控制的公共基础设施的原值。本科目应当按照公共基础设施的类别、项目等进行明细核算。

单位应当根据行业主管部门对公共基础设施的分类规定，制定适合于本单位管理的公共基础设施目录、分类方法，作为进行公共基础设施核算的依据。本科目期末借方余额，反映公共基础设施的原值。

(二十八)"公共基础设施累计折旧(摊销)"科目

"公共基础设施累计折旧(摊销)"科目核算单位计提的公共基础设施累计折旧和累计摊销。

本科目应当按照所对应公共基础设施的明细分类进行明细核算。本科目期末贷方余额，反映单位提取的公共基础设施折旧和摊销的累计数。

(二十九)"政府储备物资"科目

"政府储备物资"科目核算单位控制的政府储备物资的成本。对政府储备物资不负有行政管理职责但接受委托具体负责执行其存储保管等工作的单位，其受托代储的政府储备物资应当通过"受托代理资产"科目核算，不通过本科目核算。

本科目应当按照政府储备物资的种类、品种、存放地点等进行明细核算。单位根据需要，可在本科目下设置"在库""发出"等明细科目进行明细核算。本科目期末借方余额，反映政府储备物资的成本。

(三十)"文物文化资产"科目

"文物文化资产"科目核算单位为满足社会公共需求而控制的文物文化资产的成本。

单位为满足自身开展业务活动或其他活动的需要而控制的文物和陈列品，应当通过"固定资产"科目核算，不通过本科目核算。本科目应当按照文物文化资产的类别、项目等进行明细核算。本科目期末借方余额，反映文物文化资产的成本。

(三十一)“保障性住房”科目

“保障性住房”科目核算单位为满足社会公共需求而控制的保障性住房的原值。本科目应当按照保障性住房的类别、项目等进行明细核算。本科目期末借方余额，反映保障性住房的原值。

(三十二)“保障性住房累计折旧”科目

“保障性住房累计折旧”科目核算单位计提的保障性住房的累计折旧。本科目应当按照所对应保障性住房的类别进行明细核算。单位应当参照《企业会计准则第 3 号——固定资产》及其应用指南的相关规定，按月对其控制的保障性住房计提折旧。本科目期末贷方余额，反映单位计提的保障性住房折旧累计数。

(三十三)“受托代理资产”科目

“受托代理资产”科目核算单位接受委托方委托管理的各项资产，包括受托指定转赠的物资、受托存储保管的物资等的成本。单位管理的罚没物资也应当通过本科目核算。单位收到的受托代理资产为现金和银行存款的，不通过本科目核算，应当通过“库存现金”“银行存款”科目进行核算。

本科目应当按照资产的种类和委托人进行明细核算；属于转赠资产的，还应当按照受赠人进行明细核算。本科目期末借方余额，反映单位受托代理实物资产的成本。

(三十四)“长期待摊费用”科目

“长期待摊费用”科目核算单位已经支出，但应由本期和以后各期负担的分摊期限在 1 年以上(不含 1 年)的各项费用，如以经营租赁方式租入的固定资产发生的改良支出等。

本科目应当按照费用项目进行明细核算。本科目期末借方余额，反映单位尚未摊销完毕的长期待摊费用。

(三十五)“待处理财产损溢”科目

“待处理财产损溢”科目核算单位在资产清查过程中查明的各种资产盘盈、盘亏和报废、毁损的价值。本科目应当按照待处理的资产项目进行明细核算；对于在资产处理过程中取得收入或发生相关费用的项目，还应当设置“待处理财产价值”“处理净收入”明细科目，进行明细核算。

本科目期末如为借方余额，反映尚未处理完毕的各种资产的净损失；期末如为贷方余额，反映尚未处理完毕的各种资产净溢余。年末，经批准处理后，本科目一般应无余额。

第三节 流动资产的会计核算

一、库存现金

(一)库存现金的管理

(1) 库存现金的限额管理，单位库存现金限额由开户银行确定，只能保持 3～5 天的零星开支，交通不便的偏远地区可以保持 15 天的零星开支。

(2) 不准坐支现金。即收入不入账就用于支出，确需坐支现金的必须报开户行审批。

(3) 不准白条抵库，禁止不符合财务制度和会计凭证的字条或单据顶替合法单据、挪用库存现金的行为。

(4) 实行钱账分管制度，管钱的不能记账。

(5) 严格内部不相容职务的内部控制，收付、结算、审核、登记工作不得由一个人完成。

(6) 建立健全现金账目，逐日逐笔记载现金收支，做到日清月结，账款相符。

(二)库存现金的账务处理

1. 从银行等金融机构提取现金

从银行等金融机构提取现金，按照实际提取的金额，借记本科目，贷记"银行存款"科目；将现金存入银行等金融机构，按照实际存入金额，借记"银行存款"科目，贷记本科目。根据规定从单位零余额账户提取现金，按照实际提取的金额，借记本科目，贷记"零余额账户用款额度"科目。将现金退回单位零余额账户，按照实际退回的金额，借记"零余额账户用款额度"科目，贷记本科目。

2. 因内部职工出差等原因借出现金

因内部职工出差等原因借出的现金，按照实际借出的现金金额，借记"其他应收款"科目，贷记本科目。出差人员报销差旅费时，按照实际报销的金额，借记"业务活动费用""单位管理费用"等科目，按照实际借出的现金金额，贷记"其他应收款"科目，按照其差额，借记或贷记本科目。

3. 因提供服务、物品或者其他事项收到现金

因提供服务、物品或者其他事项收到现金，按照实际收到的金额，借记本科目，贷记"事业收入""应收账款"等相关科目。涉及增值税业务的，还应做相应的会计处理。因购买服务、物品或者其他事项支付现金，按照实际支付的金额，借记"业务活动费用""单位管理费用""库存物品"等相关科目，贷记本科目。涉及增值税业务的，还应做相应的会计处理。以库存现金对外捐赠的，按照实际捐出的金额，借记"其他费用"科目，贷记本科目。

4. 收到受托代理、代管的现金

收到受托代理、代管的现金，按照实际收到的金额，借记本科目(受托代理资产)，贷记"受托代理负债"科目；支付受托代理、代管的现金，按照实际支付的金额，借记"受托代理负债"科目，贷记本科目(受托代理资产)。

每日账款在核对中发现有待查明原因的现金短缺或溢余的，应当通过"待处理财产损溢"科目核算。属于现金溢余的，应当按照实际溢余的金额，借记本科目，贷记"待处理财产损溢"科目；属于现金短缺的，应当按照实际短缺的金额，借记"待处理财产损溢"科目，贷记本科目。待查明原因后及时进行账务处理，具体内容参见"待处理财产损溢"科目。

(三)库存现金具体业务核算

库存现金具体业务核算如表 3.2 所示。

表 3.2　1001 库存现金账务处理

序号	业务和事项内容		账务处理	
			财务会计	预算会计
(1)	提现		借：库存现金 　　贷：银行存款等	——
	存现		借：银行存款等 　　贷：库存现金	——
(2)	差旅费	职工出差等借出现金	借：其他应收款 　　贷：库存现金	——
		出差人员报销差旅费	借：业务活动费用/单位管理费用等 库存现金[实际报销金额小于借款金额的差额] 　　贷：其他应收款	借：行政支出/事业支出等[实际报销金额] 　　贷：资金结存——货币资金
(3)	其他涉及现金的业务	因开展业务等其他事项收到的现金	借：库存现金 　　贷：事业收入/应收账款等	借：资金结存——货币资金 　　贷：事业预算收入等
		因购买服务、商品或其他事项支出的现金	借：业务活动费用/单位管理费用/其他费用/应付账款等 　　贷：库存现金	借：行政支出/事业支出/其他支出等 　　贷：资金结存——货币资金
		对外捐赠现金资产	借：其他费用 　　贷：库存现金	借：其他支出 　　贷：资金结存——货币资金
(4)	现金溢余	按照溢余金额转入待处理财产损溢	借：库存现金 　　贷：待处理财产损溢	借：资金结存——货币资金 　　贷：其他预算收入

序号	业务和事项内容		账务处理	
			财务会计	预算会计
(4)	现金溢余	属于应支付给有关人员或单位的部分	借：待处理财产损溢 　　贷：其他应付款 借：其他应付款 　　贷：库存现金	—— 借：其他预算收入 　　贷：资金结存——货币资金
		属无法查明原因的部分，报经批准后	借：待处理财产损溢 　　贷：其他收入	
(5)	现金短缺	按照短缺金额转入待处理财产损溢	借：待处理财产损溢 　　贷：库存现金	借：其他支出 　　贷：资金结存——货币资金
		属应由责任人赔偿的部分	借：其他应收款 　　贷：待处理财产损溢 借：库存现金 　　贷：其他应收款	借：资金结存——货币资金 　　贷：其他支出
		属无法查明原因的部分，报经批准后	借：资产处置费用 　　贷：待处理财产损溢	——

【例3.1】2×19年1月5日，某行政单位从银行基本账户中提取现金1000元，以备日常零星开支使用。

财务会计：

借：库存现金　　　　　　　　　　　　　　　　　　　1 000

　　贷：银行存款　　　　　　　　　　　　　　　　　　1 000

预算会计不需要编制。

因该项业务属于现金流的内部变动，"库存现金"和"银行存款"这两个科目对应的预算会计科目均为"资金结存——货币资金"，故无须编制预算会计分录。

【例3.2】2×19年1月8日，某行政单位工作人员王某因公出差从财务部门借出现金800元。

财务会计：

借：其他应收款——王某　　　　　　　　　　　　　　1 000

　　贷：库存现金　　　　　　　　　　　　　　　　　　1 000

预算会计不需要编制。借款业务发生时，一般不编制预算会计分录；在实际冲销借款时编制预算会计分录。

【例3.3】2×19年4月30日，某事业单位盘点库存现金时，发现长款2000元，原因待查。

财务会计：

借：库存现金　　　　　　　　　　　　　　　　　　　2 000

　　贷：待处理财产损溢　　　　　　　　　　　　　　　2 000

预算会计：

借：资金结存——货币资金　　　　　　　　　　　　　　2 000

　　贷：其他预算收入　　　　　　　　　　　　　　　　　　　　2 000

经查，若该笔长款属于应支付给有关人员或单位的部分，其会计分录如下所述。

财务会计：

借：待处理财产损溢　　　　　　　　　　　　　　　　　2 000

　　贷：其他应付款　　　　　　　　　　　　　　　　　　　　　2 000

借：其他应付款　　　　　　　　　　　　　　　　　　　2 000

　　贷：库存现金　　　　　　　　　　　　　　　　　　　　　　2 000

预算会计：

借：其他预算收入　　　　　　　　　　　　　　　　　　2 000

　　贷：资金结存——货币资金　　　　　　　　　　　　　　　　2 000

经查，若属于无法查明原因的部分，报经批准后，应确认为其他收入，其会计分录如下所述。

财务会计：

借：待处理财产损溢　　　　　　　　　　　　　　　　　2 000

　　贷：其他收入　　　　　　　　　　　　　　　　　　　　　　2 000

预算会计不需要编制。

二、银行存款

（一）银行存款的管理

①按照规定开设银行存款账户；②严格管理银行账户，只供本单位使用；③按规定和实际需要选择转账结算方式，各种支出凭证必须如实填明款项的来源或用途；④银行存款账户必须有足够的资金保证支付，加强支票管理、不准签发空头支票和远期支付凭证；⑤定期清查银行存款。

（二）银行存款的账务处理

1. 将款项存入银行或其他金融机构

单位将款项存入银行或者其他金融机构，按照实际存入的金额，借记本科目，贷记"库存现金""应收账款""事业收入""经营收入""其他收入"等相关科目。涉及增值税业务的，还应做相应的会计处理。收到银行存款利息，按照实际收到的金额，借记本科目，贷记"利息收入"科目。

2. 提现及支付款项

从银行等金融机构提取现金，按照实际提取的金额，借记"库存现金"科目，贷记本科目。以银行存款支付相关费用的，按照实际支付的金额，借记"业务活动费用""单位管理费用""其他费用"等相关科目，贷记本科目。涉及增值税业务的，还应做相应的会计处理。以银行存款对外捐赠的，按照实际捐出的金额，借记"其他费用"科目，贷记本科目。

3. 受托代理、代管银行存款

收到受托代理、代管的银行存款，按照实际收到的金额，借记本科目(受托代理资产)，贷记"受托代理负债"科目；支付受托代理、代管的银行存款，按照实际支付的金额，借记"受托代理负债"科目，贷记本科目(受托代理资产)。

4. 外币业务

以外币购买物资、设备或销售物品、提供服务等，按照购入当日的即期汇率将支付的外币或应支付的外币折算为人民币金额，借记贷记相关科目。期末，根据各外币银行存款账户按照期末汇率调整后的人民币余额与原账面人民币余额的差额，作为汇兑损益，借记或贷记本科目，贷记或借记"业务活动费用""单位管理费用"等科目。

(三)银行存款具体业务核算

具体业务核算如表 3.3 所示。

表 3.3　1002　银行存款账务处理

序号	业务和事项内容		账务处理	
			财务会计	预算会计
(1)	将款项存入银行或其他金融机构		借：银行存款 　贷：库存现金/事业收入/其他收入等	借：资金结存——货币资金 　贷：事业预算收入/其他预算收入等
(2)	提现		借：库存现金 　贷：银行存款	——
(3)	支付款项		借：业务活动费用/单位管理费用/其他费用等 　贷：银行存款	借：行政支出/事业支出/其他支出等 　贷：资金结存——货币资金
(4)	银行存款账户	收到银行存款利息	借：银行存款 　贷：利息收入	借：资金结存——货币资金 　贷：其他预算收入
		支付银行手续费等	借：业务活动费用/单位管理费用等 　贷：银行存款	借：行政支出/事业支出等 　贷：资金结存——货币资金
(5)	受托代理、代管	收到	借：银行存款——受托代理资产 　贷：受托代理负债	——
		支付	借：受托代理负债 　贷：银行存款——受托代理资产	——
(6)	外币业务	以外币购买物资、劳务等	借：在途物品/库存物品等 　贷：银行存款[外币账户]/应付账款等[外币账户]	借：事业支出等 　贷：资金结存——货币资金

序号	业务和事项内容		账务处理	
			财务会计	预算会计
(6)	外币业务	以外币收取相关款项等	借：银行存款[外币账户]/应收账款等[外币账户] 　　贷：事业收入等	借：资金结存——货币资金 　　贷：事业预算收入等
		期末，根据各外币账户按照期末的即期汇率调整后的人民币余额与原账面人民币余额的差额，作为汇兑损益	借：银行存款/应收账款/应付账款等 　　贷：业务活动费用/单位管理费用等[汇兑收益] 借：业务活动费用/单位管理费用等[汇兑损失] 　　贷：银行存款/应收账款/应付账款等	借：资金结存——货币资金 　　贷：行政支出/事业支出等[汇兑收益] 借：行政支出/事业支出等[汇兑损失] 　　贷：资金结存——货币资金

【例 3.4】2×19 年 2 月 3 日，某事业单位销售产品收到货款 200 000 元，增值税 32 000 元。

财务会计：

借：银行存款　　　　　　　　　　　　　　　　　　　232 000

　　贷：经营收入　　　　　　　　　　　　　　　　　200 000

　　　　应缴税费——应缴增值税(销项税额)　　　　　 32 000

预算会计：

借：资金结存——货币资金　　　　　　　　　　　　　232 000

　　贷：经营预算收入　　　　　　　　　　　　　　　232 000

【例 3.5】2×19 年 3 月 4 日，某事业单位支付会计师事务所报表审计业务咨询费 25 000 元，以银行存款支付。

财务会计：

借：单位管理费用　　　　　　　　　　　　　　　　　 25 000

　　贷：银行存款　　　　　　　　　　　　　　　　　 25 000

预算会计：

借：事业支出　　　　　　　　　　　　　　　　　　　 25 000

　　贷：资金结存——货币资金

【例 3.6】2×19 年 6 月 1 日，某行政单位的美元银行存款账户余额 600 000 元，折合人民币 3 960 000 元；6 月 5 日，该单位以 300 000 美元的价格从美国购进一批仪器设备，当日的汇率为：1 美元=6.52 元人民币，6 月 30 日的汇率为 1 美元=6.50 元人民币。

(1) 购进仪器设备时

财务会计：

借：固定资产　　　　　　　　　　　　　　　　　　1 956 000

　　贷：银行存款——美元户　　　　　　　　　　　1 956 000

预算会计：

借：行政支出　　　　　　　　　　　　　　　　　1 956 000

　　贷：资金结存——货币资金　　　　　　　　　　　　　1 956 000

(2) 月末计算汇兑损益时

计算汇兑损益前"银行存款——美元户"的余额=3960000-1956000=2004000(元)，月末美元账户余额折合人民币金额=(600000-300000)×6.50=1950000(元)，则 11 月的汇兑损失=2004000-1950000=54000(元)。

财务会计：

借：业务活动费用　　　　　　　　　　　　　　　　54 000

　　贷：银行存款——美元户　　　　　　　　　　　　　54 000

预算会计：

借：行政支出　　　　　　　　　　　　　　　　　54 000

　　贷：资金结存——货币资金　　　　　　　　　　　　54 000

银行存款日记账应定期与银行对账单核对，至少每月核对一次。月度终了，单位账面余额与银行对账单余额之间如有差额，必须逐笔查明原因并进行处理，按月编制"银行存款余额调节表"(见表 3.4)，调节使其相符。

表 3.4　银行存款余额调节表

2×19 年 4 月 30 日　　　　　　　　　　　　　　　　　　　　　　　　单位：元

项　目	金　额	项　目	金　额
单位银行日记账余额		银行对账单余额	
加：银行已收单位未收款项		加：单位已收银行未收款项	
减：银行已付单位未付款项		减：单位已付银行未付款项	
调节后余额		调节后余额	

单位银行日记账余额与银行对账单余额产生差异的原因有：一是账务处理可能有误；二是存在未达账项。未达账项是指因凭证在传递过程中，造成单位与银行之间入账时间不一致，一方已经入账而另一方尚未入账的账项。未达账项有四类：银行已收款入账，而单位尚未收款入账；银行已付款入账，而单位尚未付款入账；单位已付款入账，而银行尚未付款入账；单位已收款入账，而银行尚未收款入账。

对未达账项调节的方法是将本单位的"银行存款"的余额和"银行对账单"的余额按照表 3.4 所示，各自加上对方已收而本单位未收的未达账项，减去对方已付而本单位未付的未达账项后，检查双方余额是否相等。在实际工作中，通过编制银行存款余额调节表可以对未达账项予以调整。

【例 3.7】某行政单位 2×19 年 5 月末收到开户银行送来对账单一张，对账单上的余额为 35 800 元，单位银行存款的账面余额为 34 300 元。经核对，发现存在下列未达账项。

(1) 单位委托银行收款 2 600 元，银行已办理入账，单位尚未收到凭证，故未入账。

(2) 银行已划转水电费 400 元，通信费 500 元，单位尚未收到结算凭证，故未入账。

(3) 单位收到支票一张已经入账，金额为 1 900 元，银行尚未进账。

(4) 单位签发转账支票一张，金额为 1 700 元，用于支付维修费，但持票人尚未到银行办理转账划款手续，银行尚未入账。

根据上述资料编制银行存款余额调节表，如表 3.5 所示。

表 3.5 银行存款余额调节表

2×19 年 5 月 31 日   单位：元

项　目	金　额	项　目	金　额
单位银行日记账余额	34 300	银行对账单余额	35 800
加：银行已收单位未收款项	2 600	加：单位已收银行未收款项	1 900
减：银行已付单位未付款项	900(400+500)	减：单位已付银行未付款项	1 700
调节后余额	36 000	调节后余额	36 000

需要注意的是，上述资料编制的银行存款余额调节表，只是找出单位银行存款日记账余额和银行对账单余额不符的原因，并不能作为编制会计凭证调整账簿记录的依据。账簿的调整，单位与银行都必须以实际到达的银行结算凭证为依据，只要单位与银行将所有的业务资料都入账了，且没有错误，银行存款日记账余额与银行对账单的余额必定相等。

三、零余额账户用款额度

(一)零余额账户用款额度管理

1. 财政直接支付方式

①财政统发工资支出；②列入政府采购预算和政府采购计划的支出；③基本建设支出；④未列入政府采购预算，但单件商品或单项服务购买额超过一定金额的物品、服务采购支出。

2. 财政授权支付方式

①未实行财政统发工资单位的工资支出；②单件物品或单项服务购买额不足一定金额的购买支出；③特别紧急的支出；④经批准的其他支出。

(二)账务处理

1. 收到额度

单位收到"财政授权支付到账通知书"时，应根据通知书所列金额，借记本科目，贷记"财政拨款收入"科目。

2. 支用额度

支付日常活动费用时，按照支付的金额，应借记"业务活动费用""单位管理费用"等科目，贷记本科目。

购买库存物品或购建固定资产，按照实际发生的成本，应借记"库存物品""固定资产""在建工程"等科目,按照实际支付或应付的金额,贷记本科目、"应付账款"等科目。涉及增值税业务的,还应做相应的会计处理。

从零余额账户提取现金时,按照实际提取的金额,借记"库存现金"科目,贷记本科目。

3. 支付额度退回

因购货退回等发生财政授权支付额度退回的,按照退回的金额,借记本科目,贷记"库存物品"等科目。具体可分为属于本年度支付的款项,按照退回金额,借记本科目,贷记"库存物品"等有关科目;属于以前年度支付的款项,按照退回金额,借记本科目,贷记"以前年度盈余调整""库存物品"等有关科目。

4. 年末注销额度

年末,根据代理银行提供的对账单作注销额度的相关账务处理,借记"财政应返还额度——财政授权支付"科目,贷记本科目。单位本年度财政授权支付预算指标数大于零余额账户用款额度下达数的,根据未下达的用款额度,借记"财政应返还额度——财政授权支付"科目,贷记"财政拨款收入"科目。

5. 下年初恢复额度

次年年初,单位根据代理银行提供的上年度注销额度恢复到账通知书作恢复额度的相关账务处理,借记本科目,贷记"财政应返还额度——财政授权支付"科目。单位收到财政部门批复的上一年未下达零余额账户用款额度,借记本科目,贷记"财政应返还额度——财政授权支付"科目。

(三)零余额账户用款额度具体业务核算

零余额账户用款额度具体业务核算如表 3.6 所示。

表 3.6 1011 零余额账户用款额度账务处理

序号	业务和事项内容		账务处理	
			财务会计	预算会计
(1)	收到额度	收到"授权支付到账通知书"	借:零余额账户用款额度 　　贷:财政拨款收入	借:资金结存——零余额账户用款额度 　　贷:财政拨款预算收入
(2)	按照规定支用额度	支付日常活动费用	借:业务活动费用/单位管理费用等 　　贷:零余额账户用款额度	借:行政支出/事业支出等 　　贷:资金结存——零余额账户用款额度
		购买库存物品或购建固定资产等	借:库存物品/固定资产/在建工程等 　　贷:零余额账户用款额度	
(3)	提现	从零余额账户提取现金	借:库存现金 　　贷:零余额账户用款额度	借:资金结存——货币资金 　　贷:资金结存——零余额账户用款额度

续表

序号	业务和事项内容		账务处理	
			财务会计	预算会计
(3)	提现	将现金退回单位零余额账户	借：零余额账户用款额度 　　贷：库存现金	借：资金结存——零余额账户用款额度 　　贷：资金结存——货币资金
(4)	因购货退回等发生国库授权支付额度退回	本年度授权支付的款项	借：零余额账户用款额度 　　贷：库存物品等	借：资金结存——零余额账户用款额度 　　贷：行政支出/事业支出等
		以前年度授权支付的款项	借：零余额账户用款额度 　　贷：库存物品/以前年度盈余调整等	借：资金结存——零余额账户用款额度 　　贷：财政拨款结转——年初余额调整/财政拨款结余——年初余额调整
(5)	年末，注销额度	根据代理银行提供的对账单注销财政授权支付额度	借：财政应返还额度——财政授权支付 　　贷：零余额账户用款额度	借：资金结存——财政应返还额度 　　贷：资金结存——零余额账户用款额度
		年度财政授权支付预算指标大于零余额账户额度下达数	借：财政应返还额度——财政授权支付 　　贷：财政拨款收入	借：资金结存——财政应返还额度 　　贷：财政拨款预算收入
(6)	下年初，恢复额度	根据代理银行提供的额度恢复到账通知书，恢复财政授权支付额度	借：零余额账户用款额度 　　贷：财政应返还额度——财政授权支付	借：资金结存——零余额账户用款额度 　　贷：资金结存——财政应返还额度
		收到财政部门批复的上年末未下达零余额账户的用款额度	借：零余额账户用款额度 　　贷：财政应返还额度——财政授权支付	借：资金结存——零余额账户用款额度 　　贷：资金结存——财政应返还额度

【例3.8】2×19年2月1日，某行政单位收到"财政授权支付额度到账通知书"，通知书上反映金额为2 000 000元。

财务会计：

借：零余额账户用款额度　　　　　　　　　　　　　　2 000 000

　　贷：财政拨款收入　　　　　　　　　　　　　　　　　2 000 000

预算会计：

借：资金结存——零余额账户用款额度　　　　　　　　2 000 000

贷：财政拨款预算收入　　　　　　　　　　　　　　　　　2 000 000

　　【例3.9】2×19年12月19日，某行政单位因购货发生2 580元财政授权支付额度退回，退回的货物是于2×19年5月30日用本年国库授权支付的款项购买的。

　　财务会计：

　　借：零余额账户用款额度　　　　　　　　　　　2 580

　　　　贷：库存物品　　　　　　　　　　　　　　　　　2 580

　　预算会计：

　　借：资金结存——零余额账户用款额度　　　　　2 580

　　　　贷：行政支出　　　　　　　　　　　　　　　　　2 580

　　若该批退回的货物是用以前年度授权支付的款项购买的，则应编制如下会计分录：

　　财务会计：

　　借：零余额账户用款额度　　　　　　　　　　　2 580

　　　　贷：库存物品　　　　　　　　　　　　　　　　　2 580

　　预算会计：

　　借：资金结存——零余额账户用款额度　　　　　2 580

　　　　贷：财政拨款结余——年初余额调整　　　　　　　2 580

　　【例3.10】年末，某事业单位本年度财政授权支付预算指标数为50 000 000元，财政授权支付实际支出数为49 800 000元。

　　财务会计：

　　借：财政应返还额度——财政授权支付　　　　　200 000

　　　　贷：财政拨款收入　　　　　　　　　　　　　　　200 000

　　预算会计：

　　借：资金结存——财政应返还额度　　　　　　　200 000

　　　　贷：财政拨款预算收入　　　　　　　　　　　　　200 000

　　【例3.11】接上例，次年年初，该事业单位收到代理银行提供的《财政授权支付额度恢复到账通知书》，恢复额度为150 000元。

　　财务会计：

　　借：零余额账户用款额度　　　　　　　　　　　150 000

　　　　贷：财政应返还额度——财政授权支付　　　　　　150 000

　　预算会计：

　　借：资金结存——零余额账户用款额度　　　　　150 000

　　　　贷：资金结存——财政应返还额度　　　　　　　　150 000

四、其他货币资金

(一)其他货币资金核算范围

其他货币资金包括外埠存款、银行本票存款、银行汇票存款、信用卡存款等。

(二)其他货币资金账务处理

1. 形成其他货币资金

单位按照有关规定需要在异地开立银行账户,将款项委托本地银行汇往异地银行开立账户时,借记本科目,贷记"银行存款"科目。将款项交存银行取得信用卡,按照交存金额,借记本科目,贷记"银行存款"科目。将款项交存银行取得银行本票、银行汇票,按照取得的银行本票、银行汇票金额,借记本科目,贷记"银行存款"科目。单位信用卡在使用过程中,需向其账户续存资金的,按照续存金额,借记本科目,贷记"银行存款"科目。

2. 发生支付

收到采购员交来的供应单位发票账单等报销凭证时,借记"库存物品"等科目,贷记本科目。使用银行本票、银行汇票购买库存物品等资产时,按照实际支付金额,借记"库存物品"等科目,贷记本科目。用信用卡购物或支付有关费用,按照实际支付金额,借记"单位管理费用""库存物品"等科目,贷记本科目。

3. 余款退回

将多余的外埠存款转回本地银行时,根据银行的收账通知,借记"银行存款"科目,贷记本科目。如有余款或因本票、汇票超过付款期限等原因而退回的款项,按照退款金额,借记"银行存款"科目,贷记本科目。单位应当加强对其他货币资金的管理,及时办理结算,对于逾期尚未办理结算的银行汇票、银行本票等,应当按照规定及时转回,并按照上述规定进行相应的账务处理。

(三)其他货币资金具体业务核算

其他货币资金具体业务核算如表3.7所示。

表3.7 1021 其他货币资金的账务处理

序号	业务和事项内容		账务处理	
			财务会计	预算会计
(1)	形成其他货币资金	取得银行本票、银行汇票、信用卡时	借:其他货币资金——银行本票存款 　　　　　　　　——银行汇票存款 　　　　　　　　——信用卡存款 贷:银行存款	——
(2)	发生支付	用银行本票、银行汇票、信用卡支付时	借:在途物品/库存物品等 　贷:其他货币资金——银行本票存款 　　　　　　　　　——银行汇票存款 　　　　　　　　　——信用卡存款	借:事业支出等[实际支付金额] 　贷:资金结存——货币资金

序号	业务和事项内容		账务处理	
			财务会计	预算会计
(3)	余款退回时	银行本票、银行汇票、信用卡的余额退回时	借：银行存款 　　贷：其他货币资金——银行本票存款 　　　　　　　　　——银行汇票存款 　　　　　　　　　——信用卡存款	——

【例 3.12】2×19 年 1 月 20 日，某事业单位将款项 50 000 元存入银行取得相应数额的银行本票。10 日后，该事业单位以该银行本票购置一批办公用品，价值 50 000 元。

(1) 取得银行本票时

财务会计：

借：其他货币资金——银行本票　　　　　　　　　　　50 000

　　贷：银行存款　　　　　　　　　　　　　　　　　　　50 000

预算会计不需要编制。

(2) 使用银行本票购买办公用品时

财务会计：

借：库存物品　　　　　　　　　　　　　　　　　　　50 000

　　贷：其他货币资金——银行本票　　　　　　　　　　　50 000

预算会计：

借：事业支出　　　　　　　　　　　　　　　　　　　50 000

　　贷：资金结存——货币资金　　　　　　　　　　　　　50 000

五、短期投资

(一)核算范围

事业单位只能用非财政资金或结余资金进行投资，主要是国债投资。

(二)账务处理

1. 取得短期投资

事业单位取得短期投资时，按照确定的投资成本，借记本科目，贷记"银行存款"等科目。收到取得投资时实际支付价款中包含的已到付息期但尚未领取的利息，按照实际收到的金额，借记"银行存款"科目，贷记本科目。

2. 短期投资持有期间收到利息

事业单位收到短期投资持有期间的利息，按照实际收到的金额，借记"银行存款"科目，贷记"投资收益"科目。

3. 出售短期投资或到期收回短期投资(国债)本息

事业单位出售短期投资或到期收回短期投资本息，按照实际收到的金额，借记"银行存款"科目，按照出售或收回短期投资的账面余额，贷记本科目，按照其差额，借记或贷记"投资收益"科目。涉及增值税业务的，还应做相应的会计处理。

(三)短期投资具体业务核算

短期投资具体业务核算如表 3.8 所示。

表 3.8　1101 短期投资的账务处理

序号	业务和事项内容		账务处理	
			财务会计	预算会计
(1)	取得短期投资	取得短期投资时	借：短期投资 　　贷：银行存款等	借：投资支出 　　贷：资金结存——货币资金
(2)		收到购买时已到付息期但尚未领取的利息时	借：银行存款 　　贷：短期投资	借：资金结存——货币资金 　　贷：投资支出
(3)	短期投资持有期间收到利息		借：银行存款 　　贷：投资收益	借：资金结存——货币资金 　　贷：投资预算收益
(4)	出售短期投资或到期收回短期投资(国债)本息		借：银行存款[实际收到的金额] 投资收益[借差] 　　贷：短期投资 　　投资收益[贷差]	借：资金结存——货币资金[实收款] 投资预算收益[实收款小于投资成本的差额] 　　贷：投资支出[出售或收回当年投资的]/ 其他结余[出售或收回以前年度投资的]/投资预算收益[实收款大于投资成本的差额]

【**例 3.13**】2×19 年 1 月 20 日，某事业单位利用闲散资金 100 000 元购买一批六个月期的国债作为短期投资，款项以银行存款支付。六个月后，该事业单位出售该项短期投资，实际收到款项 101 000 元，款项已存入银行。

(1) 取得短期投资时

财务会计：

借：短期投资　　　　　　　　　　　　　　　　　　　100 000
　　贷：银行存款　　　　　　　　　　　　　　　　　　　　100 000

预算会计：

借：投资支出　　　　　　　　　　　　　　　　　　　100 000
　　贷：资金结存——货币资金　　　　　　　　　　　　　　100 000

(2) 出售短期投资时

财务会计：

借：银行存款　　　　　　　　　　　　　　　　　　　101 000
　　贷：短期投资　　　　　　　　　　　　　　　　　　　　100 000

	投资收益	1 000

预算会计：

借：资金结存——货币资金　　　　　　101 000

　　贷：投资支出　　　　　　　　　　　100 000

　　　　投资预算收益　　　　　　　　　　1 000

六、财政应返还额度

(一)财政应返还额度的核算范围

财政应返还额度是指实行国库集中支付的单位应收财政应返还的资金额度。它包括两部分，即可以使用的以前年度财政直接支付资金额度和财政应返还的财政授权支付资金额度。

(二)财政应返还额度的账务处理

1. 在财政直接支付方式下，确认财政应返还额度

年末，单位根据本年度财政直接支付预算指标数大于当年财政直接支付实际发生数的差额，借记本科目(财政直接支付)，贷记"财政拨款收入"科目。单位使用以前年度财政直接支付额度支付款项时，借记"业务活动费用""单位管理费用"等科目，贷记本科目(财政直接支付)。

年末，根据代理银行提供的对账单作注销额度的相关账务处理，借记本科目(财政授权支付)，贷记"零余额账户用款额度"科目。

2. 在财政授权支付方式下，确认财政应返还额度

年末，单位本年度财政授权支付预算指标数大于零余额账户用款额度下达数的，根据未下达的用款额度，借记本科目(财政授权支付)，贷记"财政拨款收入"科目。

次年年初，单位根据代理银行提供的上年度注销额度恢复到账通知书作恢复额度的相关账务处理，借记"零余额账户用款额度"科目，贷记本科目(财政授权支付)。单位收到财政部门批复的上年未下达零余额账户的用款额度，借记"零余额账户用款额度"科目，贷记本科目(财政授权支付)。

(三)财政应返还额度具体业务核算

财政应返还额度具体业务核算如表 3.9 所示。

表 3.9　1201 财政应返还额度的账务处理

序号	业务和事项内容		账务处理	
			财务会计	预算会计
(1)	财政直接支付方式下，确认财政应返还额度	年末年度预算指标数与当年实际支付数的差额	借：财政应返还额度——财政直接支付 　　贷：财政拨款收入	借：资金结存——财政应返还额度 　　贷：财政拨款预算收入
		下年度使用以前年度财政直接支付额度支付款项时	借：业务活动费用/单位管理费用等 　　贷：财政应返还额度——财政直接支付	借：行政支出/事业支出等 　　贷：资金结存——财政应返还额度
(2)	财政授权支付方式下，确认财政应返还额度	年末本年度预算指标数大于额度下达数的	借：财政应返还额度——财政授权支付 　　贷：财政拨款收入	借：资金结存——财政应返还额度 　　贷：财政拨款预算收入
		年末根据代理银行提供的对账单作注销额度处理	借：财政应返还额度——财政授权支付 　　贷：零余额账户用款额度	借：资金结存——财政应返还额度 　　贷：资金结存——零余额账户用款额度
		下年年初额度恢复和下年年初收到财政部门批复的上年末未下达零余额账户用款额	借：零余额账户用款额度 　　贷：财政应返还额度——财政授权支付	借：资金结存——零余额账户用款额度 　　贷：资金结存——财政应返还额度

【例3.14】年末，某事业单位本年度财政直接支付预算指标数为 40 000 000 元，财政直接支付实际支出数为 39 800 000 元。

财务会计：

借：财政应返还额度——财政直接支付　　　　　　　　200 000

　　贷：财政拨款收入　　　　　　　　　　　　　　　　　　200 000

预算会计：

借：资金结存——财政应返还额度　　　　　　　　　　200 000

　　贷：财政拨款预算收入　　　　　　　　　　　　　　　　200 000

七、应收票据

(一)应收票据的核算范围

应收票据是事业单位专用票据，是指事业单位采用商业票据结算方式销售产品或提供劳务等经营活动而收到的商业汇票，包括银行承兑汇票和商业承兑汇票。

(二)应收票据的账务处理

1. 收到商业汇票

因销售产品、提供服务等收到商业汇票时，按照商业汇票的票面金额，借记本科目，按照确认的收入金额，贷记"经营收入"等科目。涉及增值税业务的，还应做相应的会计处理。

2. 商业汇票向银行贴现

持未到期的商业汇票向银行贴现时，按照实际收到的金额(即扣除贴现息后的净额)，借记"银行存款"科目，按照贴现金额，借记"经营费用"等科目，按照商业汇票的票面金额，贷记本科目(无追索权)或"短期借款"科目(有追索权)。附追索权的商业汇票到期未发生追索事项的，按照商业汇票的票面金额，借记"短期借款"科目，贷记本科目。

3. 商业汇票背书转让

将持有的商业汇票背书转让以取得所需物资时，按照取得物资的成本，借记"库存物品"等科目，按照商业汇票的票面金额，贷记本科目，如有差额，借记或贷记"银行存款"等科目。涉及增值税业务的，还应做相应的会计处理。

4. 商业汇票到期

商业汇票到期时，应当分别就以下情况进行处理：①收回票款时，按照实际收到的商业汇票票面金额，借记"银行存款"科目，贷记本科目。②因付款人无力支付票款，收到银行退回的商业承兑汇票、委托收款凭证、未付票款通知书或拒付款证明等，按照商业汇票的票面金额，借记"应收账款"科目，贷记本科目。

(三)应收票据具体业务核算

应收票据具体业务核算如表 3.10 所示。

表 3.10　1211 应收票据的账务处理

序号	业务和事项内容		账务处理	
			财务会计	预算会计
(1)	收到商业汇票	销售产品、提供服务等收到商业汇票时	借：应收票据 　　贷：经营收入等	——
(2)	商业汇票向银行贴现	持未到期的商业汇票向银行贴现	借：银行存款[贴现净额] 　　经营费用等[贴现利息] 　　贷：应收票据[不附追索]/ 短期借款[附追索权]	借：资金结存——货币资金 　　贷：经营预算收入等[贴现净额]
		附追索权的商业汇票到期未发生追索事项	借：短期借款 　　贷：应收票据	

续表

序号	业务和事项内容		账务处理	
			财务会计	预算会计
(3)	商业汇票背书转让	将持有的商业汇票背书转让以取得所需物资	借：库存物品等 　贷：应收票据 　　　银行存款[差额]	借：经营支出等[支付的金额] 　贷：资金结存——货币资金
(4)	商业汇票到期	商业汇票到期，收回应收票据	借：银行存款 　贷：应收票据	借：资金结存——货币资金 　贷：经营预算收入等
		商业汇票到期，付款人无力支付票款时	借：应收账款 　贷：应收票据	——

【例 3.15】某事业单位本年度发生以下会计业务。

(1) 2×19 年 5 月 20 日，销售×产品给甲公司，货已发出，价款 100 000 元，增值税 16 000 元。按合同付款约定 3 个月后付款，甲公司向该事业单位出具了一张 3 个月到期的商业承兑汇票，面值为 116 000 元。

财务会计：

借：应收票据　　　　　　　　　　　　　　　　　100 000

　　贷：经营收入　　　　　　　　　　　　　　　　100 000

　　　　应交税费——应交增值税(销项税额)　　　 16 000

预算会计不需要编制。

(2) 2×19 年 8 月 20 日，上述票据到期，收回款项 116 000 元，存入银行。

财务会计：

借：银行存款　　　　　　　　　　　　　　　　　116 000

　　贷：应收票据　　　　　　　　　　　　　　　116 000

预算会计：

借：资金结存——货币资金　　　　　　　　　　　116 000

　　贷：经营预算收入　　　　　　　　　　　　　116 000

八、应收账款

(一)应收账款的核算范围

应收账款是指事业单位因提供劳务、开展有偿服务以及销售产品、商品、提供劳务等业务而应收取的款项以及行政事业单位出租资产、出售物资等应当收取的款项。不包括借出款、备用金、应向职工收取的各种代垫款项等。

(二)应收账款的账务处理

1. 发生应收账款时

单位发生应收账款时，按照应收未收金额，借记本科目，贷记"事业收入""经营收入""租金收入""其他收入"等科目。涉及增值税业务的，还应做相应的会计处理。收回应收账款时，按照实际收到的金额，借记"银行存款"等科目，贷记本科目。

2. 收回应收账款时

(1) 单位出租资产发生应收未收租金款项时，按照应收未收金额，借记本科目，贷记"应缴财政款"科目。收回应收账款时，按照实际收到的金额，借记"银行存款"等科目，贷记本科目。

(2) 单位出售物资发生应收未收款项时，按照应收未收金额，借记本科目，贷记"应缴财政款"科目。收回应收账款时，按照实际收到的金额，借记"银行存款"等科目，贷记本科目。涉及增值税业务的，还应做相应的会计处理。

3. 逾期无法收回的应收账款

对于账龄超过规定年限(一般为 3 年或 3 年以上，下同)确认无法收回的应收账款，按照规定报经批准后予以核销。按照核销金额，借记"坏账准备"科目，贷记本科目。核销的应收账款应在备查簿中保留登记。已核销的应收账款在以后期间又收回的，按照实际收回金额，借记本科目，贷记"坏账准备"科目；同时，借记"银行存款"等科目，贷记本科目。

4. 行政单位的坏账业务

此类坏账业务是指其他应收款，采用直接核销法。

(1) 逾期无法收回的其他应收款，经批准核销时

财务会计：

借：资产处置费用——货币性资产损失核销

　　贷：其他应收款

(2) 已核销的坏账以后期间又收回时

财务会计：

借：银行存款

　　贷：其他收入

预算会计：

借：资金结存——货币资金等

　　贷：其他预算收入

(三)应收账款具体业务核算

应收账款具体业务核算如表 3.11 所示。

表 3.11　1212 应收账款的账务处理

序号	业务和事项内容		账务处理	
			财务会计	预算会计
(1)	发生应收账款时	应收账款收回后不需上缴财政	借：应收账款 　　贷：事业收入/经营收入/其他收入等	——
		应收账款收回后需上缴财政	借：应收账款 　　贷：应缴财政款	——
(2)	收回应收账款时	应收账款收回后不需上缴财政	借：银行存款等 　　贷：应收账款	借：资金结存——货币资金等 　　贷：事业预算收入/经营预算收入/其他预算收入等
		应收账款收回后需上缴财政	借：银行存款等 　　贷：应收账款	
(3)	逾期无法收回的应收账款	报批后予以核销	借：坏账准备/应缴财政款 　　贷：应收账款	——
		事业单位已核销不需上缴财政的应收账款在以后期间收回	借：应收账款 　　贷：坏账准备 借：银行存款 　　贷：应收账款	借：资金结存——货币资金 　　贷：非财政拨款结余等
		单位已核销需上缴财政的应收账款在以后期间收回	借：银行存款等 　　贷：应缴财政款	

【例 3.16】某事业单位 2×19 年度发生以下会计业务。

(1) 2×19 年 1 月 2 日，该事业单位向 A 公司提供劳务服务获得收入 200 000 元，款项未收到，该款项不需要上缴财政。

财务会计：

借：应收账款　　　　　　　　　　　　　　　　　　200 000

　　贷：经营收入　　　　　　　　　　　　　　　　　　200 000

预算会计不需要编制。

(2) 2×19 年 4 月 2 日，该事业单位发现无法完全收回 A 公司的应收账款，按规定报经批准后予以核销 20 000 元。5 月 20 日该事业单位收回 200 000 元应收账款。

4 月 2 日计提坏账准备时

财务会计：

借：坏账准备　　　　　　　　　　　　　　　　　　20 000

　　贷：应收账款　　　　　　　　　　　　　　　　　　20 000

预算会计不需要编制。

5 月 20 日收到款项时

财务会计：

借：银行存款 200 000

　　贷：坏账准备 20 000

　　　　应收账款 180 000

预算会计：

借：资金结存——货币资金 200 000

　　贷：非财政拨款结余 200 000

九、预付账款

(一)预付账款的核算范围

预付账款是指单位按照购货合同或劳务合同的规定事先预付给供应单位(或个人)的款项，以及按照合同规定向承包工程的施工企业预付的备料款和工程款。

(二)预付账款的账务处理

1. 发生预付账款时

根据购货、服务合同或协议规定预付款项时，按照预付金额，借记本科目，贷记"财政拨款收入""零余额账户用款额度""银行存款"等科目。

2. 收到所购物资或劳务，以及根据工程进度结算工程价款等时

收到所购资产或服务时，按照购入资产或服务的成本，借记"库存物品""固定资产""无形资产""业务活动费用"等相关科目，按照相关预付账款的账面余额，贷记本科目，按照实际补付的金额，贷记"财政拨款收入""零余额账户用款额度""银行存款"等科目。涉及增值税业务的，还应做相应的会计处理。

提示： 对于基本建设项目发生的预付账款，应当在基建项目明细科目下，再设置"预付备料款""预付工程款"和"其他应付款"等明细科目。

3. 预付账款退回

发生预付账款退回的，按照实际退回金额，借记"财政拨款收入""本年直接支付""财政应返还额度""以前年度直接支付""零余额账户用款额度""银行存款"等科目，贷记本科目。

4. 逾期无法收回的预付账款转为其他应收款

单位应当于每年年末，对预付账款进行全面检查。如果有确凿证据表明预付账款不再符合预付款项性质，或者因供应单位破产、撤销等原因可能无法收到所购货物、服务的，应当先将其转入其他应收款，再按照规定进行处理。将预付账款账面余额转入其他应收款时，借记"其他应收款"科目，贷记本科目。

【例 3.17】某事业单位 2×19 年度发生以下会计业务。

2×19 年 3 月 3 日，该事业单位与 C 公司签订设备采购合同，约定向 C 公司购买两台设备，价款共计 1 000 000 元，该事业单位按合同约定使用财政授权支付方式预付 30%价款，C 公司收到预付款项后发货，该事业单位收货验收合格后用银行存款支付剩余 70%价款。

(1) 预付 30%价款时

财务会计：

借：预付账款——C 公司　　　　　　　　　　　　　　300 000

　　贷：零余额账户用款额度　　　　　　　　　　　　　　300 000

预算会计：

借：事业支出　　　　　　　　　　　　　　　　　　　300 000

　　贷：资金结存——零余额账户用款额度　　　　　　　　300 000

(2) 收货验收合格后支付 70%价款时

财务会计：

借：固定资产　　　　　　　　　　　　　　　　　　1 000 000

　　贷：银行存款　　　　　　　　　　　　　　　　　　700 000

　　　　预付账款——C 公司　　　　　　　　　　　　　　300 000

预算会计：

借：事业支出　　　　　　　　　　　　　　　　　　　700 000

　　贷：资金结存——货币资金　　　　　　　　　　　　　700 000

(3) 假设，2×19 年 3 月 5 日，C 公司收到预付账款后发货，4 月 15 日，该事业单位在收到设备后，验收时发现质量不符合合同约定，将设备退回，并解除采购合同。5 月 25 日，C 公司将预付款退回。

财务会计：

借：零余额账户用款额度　　　　　　　　　　　　　　300 000

　　贷：预付账款——C 公司　　　　　　　　　　　　　　300 000

预算会计：

借：资金结存——零余额账户用款额度　　　　　　　　300 000

　　贷：事业支出　　　　　　　　　　　　　　　　　　300 000

十、应收股利

(一)应收股利的核算范围

应收股利是指事业单位取得长期股权投资时，按照支付的价款中所包含的已宣告但尚未发放的现金股利，和持有长期股权投资期间被投资单位宣告发放现金股利或利润而未发放的。

(二)应收股利的账务处理

1. 取得长期股权投资

取得长期股权投资，按照支付的价款中所包含的已宣告但尚未发放的现金股利，借记本科目，按照确定的长期股权投资成本，借记"长期股权投资"科目，按照实际支付的金额，贷记"银行存款"等科目。

收到取得投资时实际支付价款中所包含的已宣告但尚未发放的现金股利时，按照收到的金额，借记"银行存款"科目，贷记本科目。

2. 持有投资期间

长期股权投资持有期间，被投资单位宣告发放现金股利或利润的，按照应享有的份额，借记本科目，贷记"投资收益"(成本法下)或"长期股权投资"(权益法下)科目。

实际收到现金股利或利润时，按照收到的金额，借记"银行存款"等科目，贷记本科目。

【例 3.18】某事业单位在 D 公司拥有 51%的股权，有权决定 D 公司的财务和经营政策，相应的长期股权投资采用权益法核算。2×19 年 4 月 23 日，D 公司宣告发放现金股利 2 000 000 元，2×19 年 5 月 23 日，该事业单位收到 D 公司发放的现金股利 1 020 000 元(2 000 000×51%)，款项已存入银行。

(1) D 公司宣告发放现金股利时

财务会计：

借：应收股利——D 公司　　　　　　　　　　　　　　　1 020 000

　　贷：长期股权投资——损益调整　　　　　　　　　　　　　　1 020 000

预算会计不需要编制。

(2) 收到 D 公司发放现金股利时

财务会计：

借：银行存款　　　　　　　　　　　　　　　　　　　　1 020 000

　　贷：应收股利——D 公司　　　　　　　　　　　　　　　　1 020 000

预算会计：

借：资金结存——货币资金　　　　　　　　　　　　　　1 020 000

　　贷：投资预算收益　　　　　　　　　　　　　　　　　　　1 020 000

十一、应收利息

(一)应收利息的核算范围

应收利息科目核算事业单位长期债券投资应当收取的利息。因此它与应收股利的区别在于投资对象不同，一个是长期股权投资，一个是长期债券投资。但是并不是长期债券投资的利息就一定是应收利息。如果是事业单位购入的到期一次还本付息的长期债券投资持有期间的利息，应当通过"长期债券投资——应计利息"科目核算。

(二)应收利息的账务处理

1. 取得的债券投资

取得长期债券投资，按照确定的投资成本，借记"长期债券投资"科目，按照支付的价款中包含的已到付息期但尚未领取的利息，借记本科目，按照实际支付的金额，贷记"银行存款"等科目。

收到取得投资时实际支付价款中所包含的已到付息期但尚未领取的利息时，按照收到的金额，借记"银行存款"等科目，贷记本科目。

2. 持有投资期间

按期计算确认长期债券投资利息收入时，对于分期付息、一次还本的长期债券投资，按照以票面金额和票面利率计算确定的应收未收利息金额，借记本科目，贷记"投资收益"科目。

实际收到应收利息时，按照收到的金额，借记"银行存款"等科目，贷记本科目。

【例3.19】某事业单位持有一项D公司长期债券投资，2×19年4月30日，该事业单位按照债券票面金额和票面利率计算确定的应收未收利息金额为3600元。5月10日，该单位收到债券利息收入3600元。该债券为分期付息、一次还本的债券。

(1) 计算确定应收利息时

财务会计：

借：应收利息——D公司　　　　　　　　　　3 600
　　贷：投资收益　　　　　　　　　　　　　　　3 600

预算会计不需要编制。

(2) 收到D公司发放的债券利息收入时

财务会计：

借：银行存款　　　　　　　　　　　　　　　3 600
　　贷：应收利息——D公司　　　　　　　　　　3 600

预算会计：

借：资金结存——货币资金　　　　　　　　　3 600
　　贷：投资预算收益　　　　　　　　　　　　　3 600

十二、其他应收款

(一)其他应收款的核算范围

其他应收款主要核算职工预借的差旅费、已经偿还银行尚未报销的本单位公务卡欠款、拨付给内部有关部门的备用金、应向职工收取的各种垫付款项、支付的可以收回的订金或押金、应收的上级补助和附属单位上缴的款项等。

(二)其他应收款的账务处理

1. 发生暂付款项

单位发生其他各种应收及暂付款项时，按照实际发生金额，借记本科目，贷记"零余额账户用款额度""银行存款""库存现金""上级补助收入""附属单位上缴收入"等科目。

2. 发生其他各种应收款项

发生其他各种应收款项时，按照实际发生金额，借记本科目，贷记"上级补助收入""附属单位上缴收入""其他收入"等科目。涉及增值税业务的，还应做相应的会计处理。

3. 拨付给内部有关部门的备用金

财务部门核定并发放备用金时，按照实际发放金额，借记本科目，贷记"库存现金"等科目。根据报销金额用现金补足备用金定额时，借记"业务活动费用""单位管理费用"等科目，贷记"库存现金"等科目，报销数和拨补数都不再通过本科目核算。

4. 逾期无法收回的其他应收款

事业单位应当于每年年末，对其他应收款进行全面检查，如发生不能收回的迹象，应当计提坏账准备。①对于账龄超过规定年限、确认无法收回的其他应收款，按照规定报经批准后予以核销。按照核销金额，借记"坏账准备"科目，贷记本科目。核销的其他应收款应当在备查簿中保留登记。②已核销的其他应收款在以后期间又收回的，按照实际收回金额，借记本科目，贷记"坏账准备"科目；同时，借记"银行存款"等科目，贷记本科目。

行政单位应当于每年年末，对其他应收款进行全面检查。对于超过规定年限、确认无法收回的其他应收款，应当按照有关规定报经批准后予以核销。核销的其他应收款应在备查簿中保留登记。①经批准核销其他应收款时，按照核销金额，借记"资产处置费用"科目，贷记本科目。②已核销的其他应收款在以后期间又收回的，按照收回金额，借记"银行存款"等科目，贷记"其他收入"科目。

【例 3.20】2×19 年 5 月 30 日，某行政单位为职工垫付房租和水电气费 35 000 元，之后，该单位从 6 月份应付工资中扣除了该垫付款项(3600 元/人)。

(1) 垫付房租和水电气费时

财务会计：

借：其他应收款　　　　　　　　　　　　　　35 000

　　贷：银行存款　　　　　　　　　　　　　35 000

预算会计不需要编制。

(2) 从应付工资中扣除该垫付款项时

财务会计：

借：应付职工薪酬　　　　　　　　　　　　　3 600

　　贷：其他应收款　　　　　　　　　　　　3 600

预算会计：

借：行政支出   3 600

　　贷：资金结存——货币资金   3 600

十三、坏账准备

(一)坏账准备的核算范围

坏账准备是核算事业单位对收回后不需上缴财政的应收账款和其他应收款提取的坏账准备。这里应注意三点：一是仅针对事业单位，也就是说行政单位是不计提坏账准备的；二是应收账款是收回后不需要上缴财政的才计提，需要上缴的不能计提坏账准备；三是其他应收款，没有明确是不是财政资金，那么所有的其他应收款均应该计提坏账准备。

(二)坏账准备的账务处理

1. 年末全面分析不需上缴财政的应收账款和其他应收款

提取坏账准备时，借记"其他费用"科目，贷记本科目；冲减坏账准备时，借记本科目，贷记"其他费用"科目。

2. 逾期无法收回的应收账款和其他应收款

对于账龄超过规定年限并确认无法收回的应收账款、其他应收款，应当按照有关规定报经批准后，按照无法收回的金额，借记本科目，贷记"应收账款""其他应收款"科目。

已核销的应收账款、其他应收款在以后期间又收回的，按照实际收回金额，借记"应收账款""其他应收款"科目，贷记本科目；同时，借记"银行存款"等科目，贷记"应收账款""其他应收款"科目。

十四、在途物品

(一)在途物品的核算范围

在途物品是核算单位采购材料等物资时，货款已付或已开出商业汇票但尚未验收入库的在途物品的采购成本。

(二)在途物品的账务处理

1. 购入材料等物资，结算凭证收到但货未到，款已付或已开出商业汇票

单位购入材料等物品，按照确定的物品采购成本的金额，借记本科目，按照实际支付的金额，贷记"财政拨款收入""零余额账户用款额度""银行存款"等科目。涉及增值税业务的，还需进行相应的会计处理。

2.所购材料等物资到达并验收入库

所购材料等物品到达并验收入库,按照确定的库存物品成本金额,借记"库存物品"科目,按照物品采购成本金额,贷记本科目,按照入库物品达到目前场所和状态所发生的其他支出,贷记"银行存款"等科目。

(三)在途物品具体业务核算

在途物品具体业务核算如表 3.12 所示。

表 3.12 1301 在途物品的账务处理

序号	业务和事项内容	账务处理	
		财务会计	预算会计
(1)	购入材料等物资,结算凭证收到货未到,款已付或已开出商业汇票	借:在途物品 　　贷:财政拨款收入/零余额账户用款额度/银行存款/应付票据等	借:行政支出/事业支出/经营支出等 　　贷:财政拨款预算收入/资金结存
(2)	所购材料等物资到达验收入库	借:库存物品 　　贷:在途物品	——

十五、库存物品

库存物品主要核算加工物资,包括自制、委托加工、未完成的测绘、地质勘查、设计成果等。下列不属于库存物品的核算范围:随买随用的零星办公用品、受托保管和转赠物资、单位控制的政府储备物资、单位为在建工程购买和使用的材料物资等。

(一)取得库存物品

取得的库存物品,应当按照其取得时的成本入账。

(1) 外购的库存物品验收入库,按照确定的成本,借记本科目,贷记"财政拨款收入""零余额账户用款额度""银行存款""应付账款""在途物品"等科目。涉及增值税业务的,还需进行相应的会计处理。

(2) 自制的库存物品加工完成并验收入库,按照确定的成本,借记本科目,贷记"加工物品——自制物品"科目。

(3) 委托外单位加工收回的库存物品验收入库,按照确定的成本,借记本科目,贷记"加工物品——委托加工物品"等科目。

(4) 接受捐赠的库存物品验收入库,按照确定的成本,借记本科目,按照发生的相关税费、运输费等,贷记"银行存款"等科目,按照其差额,贷记"捐赠收入"科目。

(5) 无偿调入的库存物品验收入库,按照确定的成本,借记本科目,按照发生的相关税费、运输费等,贷记"银行存款"等科目,按照其差额,贷记"无偿调拨净资产"科目。

(6) 置换换入的库存物品验收入库，按照确定的成本，借记本科目，按照换出资产的账面余额，贷记相关资产科目(换出资产为固定资产、无形资产的，还应当借记"固定资产累计折旧""无形资产累计摊销"科目)，按照置换过程中发生的其他相关支出，贷记"银行存款"等科目，按照借贷方差额，借记"资产处置费用"科目或贷记"其他收入"科目。涉及补价的，分别按以下情况进行处理：①支付补价的，按照支付的补价和置换过程中发生的其他相关支出，贷记"银行存款"等科目，按照借贷方差额，借记"资产处置费用"科目或贷记"其他收入"科目。②收到补价的，按照置换过程中发生的其他相关支出，贷记"银行存款"等科目，按照补价扣减其他相关支出后的净收入，贷记"应缴财政款"科目，按照借贷方差额，借记"资产处置费用"科目或贷记"其他收入"科目。

(二)发出库存物品

(1) 按照领用、出售等发出物品的实际成本，借记"业务活动费用""单位管理费用""经营费用""加工物品"等科目，贷记本科目。

(2) 经批准对外出售的库存物品(不含可自主出售的库存物品)发出时，按照库存物品的账面余额，借记"资产处置费用"科目，贷记本科目；同时，按照收到的价款，借记"银行存款"等科目，按照处置过程中发生的相关费用，贷记"银行存款"等科目，按照其差额，贷记"应缴财政款"科目。

(3) 经批准对外捐赠的库存物品发出时，按照库存物品的账面余额和对外捐赠过程中发生的归属于捐出方的相关费用合计数，借记"资产处置费用"科目，按照库存物品账面余额，贷记本科目，按照对外捐赠过程中发生的归属于捐出方的相关费用，贷记"银行存款"等科目。

(4) 经批准无偿调出的库存物品发出时，按照库存物品的账面余额，借记"无偿调拨净资产"科目，贷记本科目；同时，按照无偿调出过程中发生的归属于调出方的相关费用，借记"资产处置费用"科目，贷记"银行存款"等科目。

(5) 经批准置换换出的库存物品，参照本科目有关置换换入库存物品的规定进行账务处理。

(三)清查盘点库存物品

单位应当定期对库存物品进行清查盘点，每年至少盘点一次。对于发生的库存物品盘盈、盘亏或者报废、毁损，应当先计入"待处理财产损溢"科目，按照规定报经批准后及时进行后续账务处理。

(1) 盘盈的库存物品，其成本按照有关凭据注明的金额确定；没有相关凭据但按照规定经过资产评估的，其成本按照评估价值确定；没有相关凭据也未经过评估的，其成本按照重置成本确定。如无法采用上述方法确定盘盈的库存物品成本的，按照名义金额入账。盘盈的库存物品，按照确定的入账成本，借记本科目，贷记"待处理财产损溢"科目。

(2) 盘亏或者毁损、报废的库存物品，按照待处理库存物品的账面余额，借记"待处理财产损溢"科目，贷记本科目。属于增值税一般纳税人的单位，若因非正常原因导致的库存物品盘亏或毁损，还应当将与该库存物品相关的增值税进项税额转出，按照其增值税进项税额，借记"待处理财产损溢"科目，贷记"应交增值税——应交税金(进项税额转出)"科目。

(四)库存物品具体业务核算

库存物品具体业务核算如表 3.13 所示。

表 3.13 1302 库存物品的账务处理

序号	业务和事项内容		账务处理	
			财务会计	预算会计

(1)	取得库存物品	外购的库存物品验收入库	借：库存物品
			  贷：财政拨款收入/财政应返还额度/零余额账户用款额度/银行存款/应付账款等
				借：行政支出/事业支出/经营支出等
				  贷：财政拨款预算收入/资金结存

		自制的库存物品加工完成、验收入库	借：库存物品——相关明细科目 贷：加工物品——自制物品	——
		委托外单位加工收回的库存物品	借：库存物品——相关明细科目 贷：加工物品——委托加工物品	——

		置换换入的库存物品	借：库存物品
			固定资产累计折旧/无形资产累计摊销
			资产处置费用[借差]
			  贷：库存物品/固定资产/无形资产等[账面余额]
			  银行存款等[其他相关支出]
			  其他收入[贷差]
				借：其他支出[实际支付的其他相关支出]
				  贷：资金结存

		涉及补价的：
		①支付补价的
			借：库存物品
			固定资产累计折旧/无形资产累计摊销
			资产处置费用[借差]
			  贷：库存物品/固定资产/无形资产等[账面余额]
			  银行存款等[其他相关支出+补价]
			  其他收入[贷差]
				借：其他支出[实际支付的补价和其他相关支出]
				  贷：资金结存

序号	业务和事项内容		账务处理	
			财务会计	预算会计
(1)	取得库存物品	②收到补价的	借：库存物品 银行存款等[补价] 固定资产累计折旧/无形资产累计摊销 资产处置费用[借差] 　贷：库存物品/固定资产/无形资产等[账面余额] 　　银行存款等[其他相关支出] 　　应缴财政款[补价-其他相关支出] 　　其他收入[贷差]	借：其他支出[其他相关支出大于收到的补价的差额] 　贷：资金结存
		接受捐赠的库存物品	借：库存物品[按照确定的成本] 　贷：银行存款等[相关税费] 　　捐赠收入	借：其他支出[实际支付的相关税费] 　贷：资金结存
		无偿调入的库存物品	借：库存物品[按照确定的成本] 　贷：银行存款等[相关税费] 　　无偿调拨净资产	借：其他支出[实际支付的相关税费] 　贷：资金结存
(2)	发出库存物品	自主出售或加工物品等领用、发出库存物品时	借：业务活动费用/单位管理费用/经营费用/加工物品等 　贷：库存物品[按照领用、发出成本]	——
		经批准对外捐赠的库存物品发出时	借：资产处置费用 　贷：库存物品[账面余额] 　　银行存款[归属于捐出方的相关费用]	借：其他支出[实际支付的相关费用] 　贷：资金结存
		经批准无偿调出的库存物品发出时	借：无偿调拨净资产 　贷：库存物品[账面余额] 借：资产处置费用 　贷：银行存款等	借：其他支出[实际支付的相关费用] 　贷：资金结存
		经批准对外出售[自主出售除外]的库存物品发出时	借：资产处置费用 　贷：库存物品[账面余额] 借：银行存款等[收到的价款] 　贷：银行存款等[发生的相关税费] 　　应缴财政款	——
(3)	库存物品定期盘点及毁损、报废	盘盈的库存物品	借：库存物品 　贷：待处理财产损溢	——
		盘亏或者毁损、报废	借：待处理财产损溢 　贷：库存物品[账面余额]	——

序号	业务和事项内容		账务处理	
			财务会计	预算会计
(3)	库存物品定期盘点及毁损、报废	一般纳税人购进的非自用材料发生盘亏或者毁损、报废的	借：待处理财产损溢 　贷：应交增值税——应交税金(进项税额转出)	——

【例3.21】2×19年，某事业单位发生以下业务。

(1) 1月1日，该单位购入一批物资用于日常办公，以银行存款支付价款20 000元，相关结算凭证已收到，但货物仍在运输途中。

财务会计：

借：在途物品　　　　　　　　　　　　　　　　　　20 000

　　贷：银行存款　　　　　　　　　　　　　　　　　　20 000

预算会计：

借：事业支出　　　　　　　　　　　　　　　　　　20 000

　　贷：资金结存——货币资金　　　　　　　　　　　　20 000

(2) 1月10日，上述所购物资到达并验收入库。

财务会计：

借：库存物品　　　　　　　　　　　　　　　　　　20 000

　　贷：在途物品　　　　　　　　　　　　　　　　　　20 000

预算会计不需要编制。

(3) 2月2日，该单位使用财政授权支付方式购买一批办公用品，支付货款30 000元，增值税4 800元，运输装卸费200元。该批办公用品已于当日收到并验收入库。

财务会计：

借：库存物品　　　　　　　　　　　　　　　　　　35 000

　　贷：零余额账户用款额度　　　　　　　　　　　　　35 000

预算会计：

借：事业支出　　　　　　　　　　　　　　　　　　35 000

　　贷：资金结存——零余额账户用款额度　　　　　　　35 000

(4) 4月5日，该单位接受ABC公司捐赠的材料一批，发票上注明价款为200 000元，以银行存款支付相关税费和运输装卸费8 000元，该材料已于当日验收入库。

财务会计：

借：库存物品　　　　　　　　　　　　　　　　　　208 000

　　贷：银行存款　　　　　　　　　　　　　　　　　　8 000

　　　　捐赠收入　　　　　　　　　　　　　　　　　　200 000

预算会计：

借：其他支出　　　　　　　　　　　　　　　　　　8 000

　　贷：资金结存——货币资金　　　　　　　　　　　　8 000

十六、加工物品

(一)加工物品的核算范围

"加工物品"科目核算单位自制或委托外单位加工的各种物品的实际成本。

(二)加工物品的账务处理

1. 自制物品

(1) 为自制物品领用材料等,按照材料成本,借记本科目(自制物品——直接材料),贷记"库存物品"科目。

(2) 专门从事物品制造的人员发生的直接人工费用,按照实际发生的金额,借记本科目(自制物品——直接人工),贷记"应付职工薪酬"科目。

(3) 为自制物品发生的其他直接费用,按照实际发生的金额,借记本科目(自制物品——其他直接费用),贷记"零余额账户用款额度""银行存款"等科目。

(4) 为自制物品发生的间接费用,按照实际发生的金额,借记本科目(自制物品——间接费用),贷记"零余额账户用款额度""银行存款""应付职工薪酬""固定资产累计折旧""无形资产累计摊销"等科目。

(5) 已经制造完成并验收入库的物品,按照所发生的实际成本(包括耗用的直接材料费用、直接人工费用、其他直接费用和分配的间接费用),借记"库存物品"科目,贷记本科目(自制物品)。

2. 委托加工物品

(1) 发给外单位加工的材料等,按照其实际成本,借记本科目(委托加工物品),贷记"库存物品"科目。

(2) 支付加工费、运输费等费用,按照实际支付的金额,借记本科目(委托加工物品),贷记"零余额账户用款额度""银行存款"等科目。涉及增值税业务的,还需进行相应的会计处理。

(3) 委托加工完成的材料等验收入库,按照加工前发出材料的成本和加工、运输成本等,借记"库存物品"等科目,贷记本科目(委托加工物品)。

(三)加工物品具体业务核算

加工物品具体业务核算如表 3.14 所示

表 3.14　1303 加工物品的账务处理

序号	业务和事项内容		账务处理	
			财务会计	预算会计
(1)	自制物品	为自制物品领用材料时	借：加工物品——自制物品(直接材料) 　　贷：库存物品(相关明细科目)	——
		专门从事物资制造的人员发生的直接人工费用	借：加工物品——自制物品(直接人工) 　　贷：应付职工薪酬	——
		为自制物品发生其他直接费用和间接费用	借：加工物品——自制物品(其他直接费用、间接费用) 　　贷：财政拨款收入/零余额账户用款额度/银行存款等	借：事业支出/经营支出等[实际支付金额] 　　贷：财政拨款预算收入/资金结存
		自制加工完成、验收入库	借：库存物品(相关明细科目) 　　贷：加工物品——自制物品(直接材料、直接人工、其他直接费用、间接费用)	——
(2)	委托加工物品	发给外单位加工的材料	借：加工物品——委托加工物品 　　贷：库存物品(相关明细科目)	——
		支付加工费用	借：加工物品——委托加工物品 　　贷：财政拨款收入/零余额账户用款额度/银行存款等	借：行政支出/事业支出/经营支出等 　　贷：财政拨款预算收入/资金结存
		委托加工完成的物品验收入库	借：库存物品(相关明细科目) 　　贷：加工物品——委托加工物品	——

十七、待摊费用

(一)待摊费用的核算范围

待摊费用包括单位已经支付，但应当由本期和以后各期分别负担的分摊期在 1 年以内(含 1 年)的各项费用，如预付航空保险费、预付租金等。需要注意的是，摊销期限在 1 年以上的租入固定资产改良支出和其他费用，应当通过"长期待摊费用"科目核算。

(二)待摊费用的账务处理

1. 发生待摊费用时

发生待摊费用时，按照实际预付的金额，借记本科目，贷记"财政拨款收入""零余额账户用款额度"“银行存款"等科目。

2. 按照受益期限分期平均摊销时

按照受益期限分期平均摊销时，按照摊销金额，借记"业务活动费用"“单位管理费用"“经营费用"等科目，贷记本科目。

3. 将摊余金额一次全部转入当期费用时

如果某项待摊费用已经不能使单位受益，应当将其摊余金额一次全部转入当期费用。按照摊销金额，借记"业务活动费用"“单位管理费用"“经营费用"等科目，贷记本科目。

【例 3.22】2×19 年 6 月 1 日，某事业单位向某农户租用一间民房作为基本建设项目管理临时办公室，当日支付了一年的房租 8 000 元。

财务会计：

借：待摊费用——基本建设某项目　　　　　　　　　　　8 000

　　贷：银行存款　　　　　　　　　　　　　　　　　　　8 000

预算会计：

借：事业支出　　　　　　　　　　　　　　　　　　　　8 000

　　贷：资金结存——货币资金　　　　　　　　　　　　　8 000

假设，该事业单位以后每月按照受益期限分期平均摊销，2×19 年 6 月 30 日，摊销时。

财务会计：

借：业务活动费用　　　　　　　　　　　　　　　　　666.67

　　贷：待摊费用　　　　　　　　　　　　　　　　　　666.67

预算会计不需要编制。

假设，2×19 年 9 月 30 日，该事业单位因项目审批情况发生变化，不再需要使用该租赁房屋。

财务会计：

借：业务活动费用　　　　　　　　　　　　　　　　　5999.99

　　贷：待摊费用　　　　　　　　　　　　　　　　　　5999.99

预算会计不需要编制。

第四节　非流动资产的会计核算

一、长期股权投资

长期股权投资是事业单位专用科目。事业单位应当严格控制对外投资，不得使用财政拨款及其结余进行对外投资，不得从事股票、期货、基金、企业债券等投资，国家另有规定的除外。事业单位以非货币性资产对外投资的，应当按照国家有关规定进行资产评估，合理确定资产价值。

(一)取得长期股权投资

长期股权投资在取得时,应当按照其实际成本作为初始投资成本。其具体规定如下。

(1) 以现金取得的长期股权投资,按照确定的投资成本,借记本科目或本科目(成本),按照支付的价款中包含的已宣告但尚未发放的现金股利,借记"应收股利"科目,按照实际支付的全部价款,贷记"银行存款"等科目。实际收到取得投资时所支付价款中包含的已宣告但尚未发放的现金股利时,借记"银行存款"科目,贷记"应收股利"科目。

(2) 以现金以外的其他资产置换取得的长期股权投资,其成本按照换出资产的评估价值加上支付的补价或减去收到的补价,加上换入长期股权投资发生的其他相关支出确定。具体参照"库存物品"科目中置换取得库存物品的相关规定进行账务处理。

(3) 以未入账的无形资产取得的长期股权投资,按照评估价值加相关税费作为投资成本,借记本科目,按照发生的相关税费,贷记"银行存款""其他应交税费"等科目,按其差额,贷记"其他收入"科目。

(4) 接受捐赠的长期股权投资,按照确定的投资成本,借记本科目或本科目(成本),按照发生的相关税费,贷记"银行存款"等科目,按照其差额,贷记"捐赠收入"科目。

(5) 无偿调入的长期股权投资,按照确定的投资成本,借记本科目或本科目(成本),按照发生的相关税费,贷记"银行存款"等科目,按照其差额,贷记"无偿调拨净资产"科目。

(二)长期股权投资持有期间

长期股权投资在持有期间,通常应当采用权益法进行核算。政府会计主体无权决定被投资单位的财务和经营政策或无权参与被投资单位的财务和经营政策决策的,应当采用成本法进行核算。

成本法是指投资按照投资成本计量的方法。权益法是指投资最初以投资成本计量,以后根据政府会计主体在被投资单位所享有的所有者权益份额的变动对投资的账面余额进行调整的方法。

1. 成本法会计核算

被投资单位宣告发放现金股利或利润时,按照应收的金额,借记"应收股利"科目,贷记"投资收益"科目。收到现金股利或利润时,按照实际收到的金额,借记"银行存款"等科目,贷记"应收股利"科目。

2. 权益法会计核算

采用权益法核算时,按照如下原则进行会计处理。

(1) 单位取得长期股权投资后,对于被投资单位所有者权益的变动,应当按照下列规定进行处理:①被投资单位实现净利润的,按照应享有的份额,借记本科目(损益调整),贷记"投资收益"科目。②被投资单位宣告分派现金股利或利润的,按照应享有的份额,借记"应收股利"科目,贷记本科目(损益调整)。③被投资单位发生除净损益和利润分配以外的所有者权益变动的,按照应享有或应分担的份额,借记或贷记"权益法调整"科目,贷记或借记本科目(其他权益变动)。

(2) 被投资单位发生净亏损的，按照应分担的份额，借记"投资收益"科目，贷记本科目(损益调整)，但以本科目的账面余额减记至零为限。发生亏损的被投资单位以后年度又实现净利润的，按照收益分享额弥补未确认的亏损分担额等后的金额，借记本科目(损益调整)，贷记"投资收益"科目。

3. 成本法与权益法的转换

单位因处置部分长期股权投资等原因而对处置后的剩余股权投资由权益法改按成本法核算的，应当按照权益法下本科目账面余额作为成本法下本科目账面余额(成本)。

其后，被投资单位宣告分派现金股利或利润时，属于单位已计入投资账面余额的部分，按照应分得的现金股利或利润份额，借记"应收股利"科目，贷记本科目。

单位因追加投资等原因对长期股权投资的核算从成本法改为权益法的，应当按照成本法下本科目账面余额与追加投资成本的合计金额，借记本科目(成本)，按照成本法下本科目账面余额，贷记本科目，按照追加投资的成本，贷记"银行存款"等科目。

(三)处置长期股权投资

(1) 按照规定报经批准出售(转让)长期股权投资时，应当区分长期股权投资取得方式分别进行账务处理。①处置以现金取得的长期股权投资，按照实际取得的价款，借记"银行存款"等科目，按照被处置长期股权投资的账面余额，贷记本科目，按照尚未领取的现金股利或利润，贷记"应收股利"科目，按照发生的相关税费等支出，贷记"银行存款"等科目，按照借贷方差额，借记或贷记"投资收益"科目。②处置以现金以外的其他资产取得的长期股权投资，按照被处置长期股权投资的账面余额，借记"资产处置费用"科目，贷记本科目；同时，按照实际取得的价款，借记"银行存款"等科目，按照尚未领取的现金股利或利润，贷记"应收股利"科目，按照发生的相关税费等支出，贷记"银行存款"等科目，按照贷方差额，贷记"应缴财政款"科目。按照规定将处置时取得的投资收益纳入本单位预算管理的，应当按照所取得价款大于被处置长期股权投资账面余额、应收股利账面余额和相关税费支出合计的差额，贷记"投资收益"科目。

(2) 因被投资单位破产清算等原因，有确凿证据表明长期股权投资发生亏损的，按照规定报经批准予以核销时，按照予以核销的长期股权投资的账面余额，借记"资产处置费用"科目，贷记本科目。

(3) 报经批准置换转出长期股权投资时，参照"库存物品"科目中置换换入库存物品的规定进行账务处理。

(4) 采用权益法核算的长期股权投资的处置，除进行上述账务处理外，还应结转原直接计入净资产的相关金额，借记或贷记"权益法调整"科目，贷记或借记"投资收益"科目。

(四)长期股权投资具体业务核算

长期股权投资具体业务核算如表 3.15 所示。

表 3.15　1501 长期股权投资的账务处理

序号	业务和事项内容		账务处理	
			财务会计	预算会计
(1)	取得长期股权投资	以现金取得的长期股权投资 收到取得投资时实际支付价款中所包含的已宣告但尚未发放的股利或利润时	借：长期股权投资——成本/长期股权投资 应收股利[宣告但尚未发放] 　贷：银行存款等	借：投资支出[实际收到的价款] 　贷：资金结存——货币资金
			借：银行存款 　贷：应收股利	借：资金结存——货币资金 　贷：投资支出等
		以现金以外的其他资产置换取得长期股权投资	参照"库存物品"科目中置换取得库存物品的账务处理	
		以未入账的无形资产取得的长期股权投资	借：长期股权投资 　贷：银行存款/其他应交税费 　　其他收入	借：其他支出[支付的相关税费] 　贷：资金结存
		接受捐赠的长期股权投资	借：长期股权投资——成本 　贷：银行存款等[相关税费] 　　捐赠收入	借：其他支出[支付的相关税费] 　贷：资金结存
		无偿调入的长期股权投资	借：长期股权投资 　贷：无偿调拨净资产 　　银行存款等[相关税费]	借：其他支出[支付的相关税费] 　贷：资金结存
(2)	持有长期股权投资期间	成本法下　被投资单位宣告发放现金股利或利润	借：应收股利 　贷：投资收益	——
		成本法下　收到被投资单位发放的现金股利时	借：银行存款 　贷：应收股利	借：资金结存 　贷：投资预算收益
		权益法下　被投资单位实现净利润的,按照其份额	借：长期股权投资——损益调整 　贷：投资收益	——
		权益法下　被投资单位发生净亏损	借：投资收益 　贷：长期股权投资——损益调整	——
		权益法下　被投资单位发生净亏损，但以后年度又实现净利润的	借：长期股权投资——损益调整 　贷：投资收益	——
		权益法下　被投资单位宣告发放现金股利或利润	借：应收股利 　贷：长期股权投资——损益调整	——

序号	业务和事项内容		账务处理	
			财务会计	预算会计
(2)	持有长期股权投资期间	被投资单位除净损益和利润分配以外的所有者权益变动时，按照其份额	借：长期股权投资——其他权益变动 贷：权益法调整 或：借：权益法调整 贷：长期股权投资——其他权益变动	——
		权益法下收到被投资单位的现金股利	借：银行存款 贷：应收股利	借：资金结存 贷：投资预算收益
		追加投资成本法改为权益法	借：长期股权投资——成本 贷：长期股权投资 银行存款等[追加投资]	借：投资支出[实际支付的金额] 贷：资金结存
		权益法改为成本法	借：长期股权投资 贷：长期股权投资——成本 长期股权投资——损益调整 长期股权投资——其他权益变动	——
(3)	出售（转让）长期股权投资	处置以现金取得的长期股权投资	借：银行存款 投资收益[借差] 贷：长期股权投资 应收股利/银行存款等 投资收益[贷差]	借：资金结存 贷：投资支出/其他结余[投资款] 投资预算收益
		处置其他资产取得的长期股权投资 — 处置净收入上缴财政的	借：资产处置费用 贷：长期股权投资 借：银行存款[实际取得价款] 贷：应收股利/银行存款/应缴财政款等	借：资金结存——货币资金 贷：投资预算收益[获得的现金股利或利润]
		处置其他资产取得的长期股权投资 — 按照规定投资收益纳入单位预算管理的	借：资产处置费用 贷：长期股权投资 借：银行存款 贷：应收股利/银行存款/投资收益 应缴财政款[贷差]	借：资金结存——货币资金[取得价款扣减投资账面余额和相关税费后的差额] 贷：投资预算收益

续表

序号	业务和事项内容		账务处理	
			财务会计	预算会计
(4)	其他方式处置长期股权投资	按照规定核销时	借：资产处置费用 　　贷：长期股权投资[账面余额]	——
		置换转出时	参照"库存物品"科目中置换取得库存物品的账务处理	
(5)	权益法下，处置时结转原直接计入净资产的相关金额		借：权益法调整 　　贷：投资收益或做相反分录	——

【例3.23】2×19年1月1日，某事业单位以银行存款1 800 000元购入A公司20%的股权，其中包含已宣告但未发放的股利30 000元。2×19年4月30日，该事业单位收到未发放股利30 000元。

(1) 2×19年1月1日购入股权时

财务会计：

借：长期股权投资——A公司　　　　　　　1 770 000

　　应收股利——A公司　　　　　　　　　　 30 000

　　贷：银行存款　　　　　　　　　　　　　　　 1 800 000

预算会计：

借：投资支出　　　　　　　　　　　　　1 800 000

　　贷：资金结存——货币资金　　　　　　　　　 1 800 000

(2) 2×19年4月30日收到未发放股利时

财务会计：

借：银行存款　　　　　　　　　　　　　　30 000

　　贷：应收股利——A公司　　　　　　　　　　　 30 000

预算会计：

借：资金结存——货币资金　　　　　　　　30 000

　　贷：投资支出　　　　　　　　　　　　　　　 30 000

【例3.24】2×18年1月1日，某事业单位以银行存款10 000 000元购入A公司30%的股权。该事业单位取得该部分股权后，有权参与A公司的相关经营和财务决策，2×18年A公司实现净利润5 000 000元。

(1) 2×18年1月1日购入股权时

财务会计：

借：长期股权投资——成本　　　　　　　10 000 000

　　贷：银行存款　　　　　　　　　　　　　　 10 000 000

预算会计：

借：投资支出　　　　　　　　　　　　　10 000 000

　　贷：资金结存——货币资金　　　　　　　　 10 000 000

(2) 2×18 年 12 月 31 日 A 公司实现净利润时

财务会计：

借：长期股权投资——损益调整　　　　　　　　　　　1 500 000
　　贷：投资收益　　　　　　　　　　　　　　　　　　　　　1 500 000

预算会计不需要编制。

假设，2×19 年 4 月 25 日，A 公司宣告发放现金股利 20 000 000 元，该事业单位按其持股比例计算可分得 600 000 元，2×19 年 6 月 25 日，收到 A 公司支付的现金股利。

(1) 2×19 年 4 月 25 日

财务会计：

借：应收股利——A 公司　　　　　　　　　　　　　　600 000
　　贷：长期股权投资——损益调整　　　　　　　　　　　　　600 000

预算会计不需要编制。

(2) 2×19 年 6 月 25 日

财务会计：

借：银行存款　　　　　　　　　　　　　　　　　　　600 000
　　贷：应收股利——A 公司　　　　　　　　　　　　　　　　600 000

预算会计：

借：资金结存——货币资金　　　　　　　　　　　　　600 000
　　贷：投资预算收益　　　　　　　　　　　　　　　　　　　600 000

假设，2×19 年，A 公司亏损 20 000 000 元。

财务会计：

借：投资收益　　　　　　　　　　　　　　　　　　　600 000
　　贷：长期股权投资——损益调整　　　　　　　　　　　　　600 000

预算会计不需要编制。

【例 3.25】2×18 年 1 月 1 日，某事业单位以银行存款 10 000 000 元购入 A 公司 10% 的股权。该事业单位取得该部分股权后，无权参与 A 公司的相关经营和财务决策，该单位对 A 公司采用成本法核算。

2×19 年 1 月 1 日，该单位又以 20 000 000 元取得 A 公司 15% 的股权，有权参与 A 公司的财务决策和经营管理。当日该单位之前对 A 公司的长期股权投资账面价值为 12 000 000 元。

(1) 2×18 年 1 月 1 日购入 10% 股权时

财务会计：

借：长期股权投资　　　　　　　　　　　　　　　　　10 000 000
　　贷：银行存款　　　　　　　　　　　　　　　　　　　　　10 000 000

预算会计：

借：投资支出　　　　　　　　　　　　　　　　　　　10 000 000
　　贷：资金结存——货币资金　　　　　　　　　　　　　　　10 000 000

(2)　2×19 年 1 月 1 日购入 15%股权时

财务会计：

借：长期股权投资——成本	32 000 000	
贷：银行存款		20 000 000
长期股权投资		12 000 000

预算会计：

借：投资支出	20 000 000	
贷：资金结存——货币资金		20 000 000

假设，2×21 年 4 月 1 日，该事业单位将持有 A 公司股权的 50%对外出售，出售以后，无法再参与 A 公司财务决策和经营管理，且该项投资不存在活跃市场，公允价值无法可靠取得，转为采用成本法核算。出售时，该项长期股权投资的账面价值为 40 000 000 元，其中投资成本 32 000 000 元，损益调整 6 000 000 元，其他权益变动 2 000 000 元。对于处置后剩余部分的投资的会计处理方法如下所述。

借：长期股权投资	20 000 000	
贷：长期股权投资——成本		16 000 000
长期股权投资——损益调整		3 000 000
长期股权投资——其他权益变动		1 000 000

【例 3.26】2×19 年 1 月 1 日，某事业单位出售持有 A 公司的全部股权。该长期股权投资原始投资额为 10 000 000 元，现账面余额 12 000 000 元，转让价格为 15 000 000 元，转让过程中发生相关税费 100 000 元，相关款项已收付。

财务会计：

借：银行存款	15 000 000	
贷：长期股权投资		12 000 000
银行存款		100 000
投资收益		2 900 000

预算会计：

借：资金结存——货币资金	14 900 000	
贷：投资预算收益		14 900 000

二、长期债券投资

(一)取得长期债券投资

取得的长期债券投资，按照确定的投资成本，借记本科目(成本)，按照支付的价款中包含的已到付息期但尚未领取的利息，借记"应收利息"科目，按照实际支付的金额，贷记"银行存款"等科目。

实际收到取得债券时所支付价款中包含的已到付息期但尚未领取的利息时，借记"银行存款"科目，贷记"应收利息"科目。

(二)长期债券投资持有期间

长期债券投资持有期间，按期以债券票面金额与票面利率计算确认利息收入时，如为到期一次还本付息的债券投资，借记本科目(应计利息)，贷记"投资收益"科目；如为分期付息、到期一次还本的债券投资，借记"应收利息"科目，贷记"投资收益"科目。

收到分期支付的利息时，按照实收的金额，借记"银行存款"等科目，贷记"应收利息"科目。

(三)到期收回长期债券投资

到期收回长期债券投资，按照实际收到的金额，借记"银行存款"科目，按照长期债券投资的账面余额，贷记本科目，按照相关应收利息金额，贷记"应收利息"科目，按照其差额，贷记"投资收益"科目。

(四)出售长期债券投资

对外出售长期债券投资，按照实际收到的金额，借记"银行存款"科目，按照长期债券投资的账面余额，贷记本科目，按照已记入"应收利息"科目但尚未收取的金额，贷记"应收利息"科目，按照其差额，贷记或借记"投资收益"科目。涉及增值税业务的，还需进行相应会计处理。

(五)长期债券投资具体业务核算

长期债券投资具体业务核算如表 3.16 所示。

表 3.16　1502 长期债券投资的账务处理

序号	业务和事项内容	账务处理	
		财务会计	预算会计
(1)	取得长期债券投资时	借：长期债券投资——成本应收利息 贷：银行存款等[实际支付价款]	借：投资支出[实际支付价款] 贷：资金结存——货币资金
	收到取得投资中包含的已到付息期但尚未领取的利息时	借：银行存款 贷：应收利息	借：资金结存——货币资金 贷：投资支出等
(2)	按期以票面金额与票面利率计算确认利息收入时	借：应收利息/长期债券投资——应计利息[到期一次还本付息] 贷：投资收益	——
	实际收到分期支付的利息时	借：银行存款 贷：应收利息	借：资金结存——货币资金 贷：投资预算收益

序号	业务和事项内容	账务处理	
		财务会计	预算会计
(3)	到期收回长期债券投资本息	借：银行存款等 　贷：长期债券投资/应收利息 　　　投资收益	借：资金结存——货币资金 　贷：投资支出/其他结余 　　　投资预算收益
(4)	对外出售长期债券投资	借：银行存款等[实际收到的款项] 　投资收益[借差] 　贷：长期债券投资[账面余额] 　　　应收利息 　　　投资收益[贷差]	借：资金结存——货币资金 　贷：投资支出/其他结余 [投资成本] 　　　投资预算收益

【例 3.27】2×19 年 1 月 1 日，某事业单位以银行存款支付 100 000 元，购入 5 年期债券，票面利率 5%，分期付息，到期还本。2×19 年 12 月 31 日，收到被投资单位发放的利息 5 000 元。

(1) 2×19 年 1 月 1 日

财务会计：

借：长期债券投资——成本　　　　　　　　　100 000

　　贷：银行存款　　　　　　　　　　　　　　　　100 000

预算会计：

借：投资支出　　　　　　　　　　　　　　　100 000

　　贷：资金结存——货币资金　　　　　　　　　　100 000

(2) 2×19 年 12 月 31 日

财务会计：

借：应收利息　　　　　　　　　　　　　　　5 000

　　贷：投资收益　　　　　　　　　　　　　　　　5 000

借：银行存款　　　　　　　　　　　　　　　5 000

　　贷：应收利息　　　　　　　　　　　　　　　　5 000

预算会计：

借：资金结存——货币资金　　　　　　　　　5 000

　　贷：投资预算收益　　　　　　　　　　　　　　5 000

假设，2×23 年 12 月 31 日，债券到期，该单位收回投资，收到 105 000 元(含一年的应收利息 5 000 元)。

财务会计：

借：应收利息　　　　　　　　　　　　　　　5 000

　　贷：投资收益　　　　　　　　　　　　　　　　5 000

借：银行存款　　　　　　　　　　　　　　　105 000

　　贷：应收利息　　　　　　　　　　　　　　　　5 000

　　　　长期债券投资　　　　　　　　　　　　　100 000

预算会计：

借：资金结存——货币资金   105 000

 贷：投资预算收益   5 000

   投资支出   100 000

假设，2×22 年 2 月 1 日，该单位将持有的该债券对外出售，转让价款 104 000 元，当时长期债券投资账面余额为 100 000 元。

财务会计：

借：银行存款   104 000

 贷：投资收益   4 000

   长期债券投资   100 000

预算会计：

借：资金结存——货币资金   104 000

 贷：投资预算收益   4 000

   投资支出   100 000

提示： 对外投资仅限于事业单位；短期投资不确认应收利息/应收股利；以前年度的投资，预算收益计入"其他结余"账户。处置以现金取得的长期股权投资的收益不上缴，处置以非现金取得的长期股权投资的收益需上缴，一是按规定纳入预算管理，二是上缴净收入。

三、固定资产

(一)固定资产的界定

界定固定资产应把握下述几点。

(1) 使用期限超过 1 年(不含 1 年)，当寿命终结时，必须废弃或进行重置的资产。

(2) 单位价值在规定的标准以上：通用设备 1000 元以上；专用设备 1500 元以上；单位价值虽未达到规定标准，但耐用时间在 1 年以上的大批同类物资。

(3) 使用过程中始终保持着实物形态，仅供单位使用，而不是供出售。

(二)固定资产的管理

固定资产管理应坚持下述原则。

(1) 履行固定资产购置的审批手续。社会集团购买力控购审批，20 座以下中型客车、小汽车等；执行政府采购制度，申请→招标采购→财政直接付款或单位付款；房屋构建物的立项审批和预算、结算、决算制度。

(2) 执行固定资产保管责任到人的制度。统一领导；单位分管领导统一组织协调、办公室总务统一管理、财务统一核算。

(三)固定资产的账务处理

1. 取得固定资产

固定资产在取得时，应当按照成本进行初始计量。

(1) 购入不需安装的固定资产验收合格时，按照确定的固定资产成本，借记本科目，贷记"财政拨款收入""零余额账户用款额度""应付账款""银行存款"等科目。购入需要安装的固定资产，在安装完毕交付使用前通过"在建工程"科目核算，安装完毕交付使用时再转入本科目。

(2) 自行建造的固定资产交付使用时，按照在建工程成本(包括该项资产至交付使用前所发生的全部必要支出)，借记本科目，贷记"在建工程"科目。为建造固定资产借入的专门借款的利息，属于建设期间发生的，计入在建工程成本；不属于建设期间发生的，计入当期费用。已交付使用但尚未办理竣工决算手续的固定资产，应当按照估计价值入账，待办理竣工决算后再按实际成本调整原来的暂估价值。

(3) 融资租赁取得的固定资产，其成本按照租赁协议或者合同确定的租赁价款、相关税费以及固定资产交付使用前所发生的可归属于该项资产的运输费、途中保险费、安装调试费等确定。定期支付租金时，按照实际支付金额，借记"长期应付款"科目，贷记"财政拨款收入""零余额账户用款额度""银行存款"等科目。

(4) 按照规定跨年度分期付款购入固定资产的账务处理，参照融资租入固定资产。

(5) 接受捐赠的固定资产，按照确定的固定资产成本，借记本科目[不需安装]或"在建工程"科目[需安装]，按照发生的相关税费、运输费等，贷记"零余额账户用款额度""银行存款"等科目，按照其差额，贷记"捐赠收入"科目。

(6) 无偿调入的固定资产，其成本按照调出方账面价值加上相关税费、运输费等确定。按照确定的固定资产成本，借记本科目[不需安装]或"在建工程"科目[需安装]，按照发生的相关税费、运输费等，贷记"零余额账户用款额度""银行存款"等科目，按照其差额，贷记"无偿调拨净资产"科目。

(7) 置换取得的固定资产，参照"库存物品"科目中置换取得库存物品的相关规定进行账务处理。其成本按照换出资产的评估价值加上支付的补价或减去收到的补价，加上换入固定资产发生的其他相关支出确定。

(8) 单位盘盈的固定资产，按规定经过资产评估的，其成本按照评估价值确定；未经资产评估的，其成本按照重置成本确定。

固定资产取得时涉及增值税业务的，还需进行相应的会计处理。

2. 与固定资产有关的后续支出

(1) 符合固定资产确认条件的后续支出。通常情况下，将固定资产转入改建、扩建时，按照固定资产的账面价值，借记"在建工程"科目，按照固定资产已计提折旧，借记"固定资产累计折旧"科目，按照固定资产的账面余额，贷记本科目。

(2) 不符合固定资产确认条件的后续支出。为保证固定资产正常使用发生的日常维修等支出，借记"业务活动费用""单位管理费用"等科目，贷记"财政拨款收入""零余额账户用款额度""银行存款"等科目。

3. 处置固定资产

按照规定报经批准处置固定资产时，应当分别按以下情况进行财务处理。

(1) 报经批准出售、转让固定资产，按照被出售、转让固定资产的账面价值，借记"资产处置费用"科目，按照固定资产已计提的折旧，借记"固定资产累计折旧"科目，按照固定资产账面余额，贷记本科目；同时，按照收到的价款，借记"银行存款"等科目，按照处置过程中发生的相关费用，贷记"银行存款"等科目，按照其差额，贷记"应缴财政款"科目。

(2) 报经批准对外捐赠固定资产时，按照固定资产已计提的折旧，借记"固定资产累计折旧"科目，按照被处置固定资产账面余额，贷记本科目，按照捐赠过程中发生的归属于捐出方的相关费用，贷记"银行存款"等科目，按照其差额，借记"资产处置费用"科目。

(3) 报经批准无偿调出固定资产时，按照固定资产已计提的折旧，借记"固定资产累计折旧"科目，按照被处置固定资产账面余额，贷记本科目，按照其差额，借记"无偿调拨净资产"科目；同时，按照无偿调出过程中发生的归属于调出方的相关费用，借记"资产处置费用"科目，贷记"银行存款"等科目。

(4) 报经批准置换换出固定资产时，参照"库存物品"中置换换入库存物品的规定进行账务处理。

固定资产处置时涉及增值税业务的，还需进行相应的会计处理。

4. 固定资产的清查盘点

单位应当定期对固定资产进行清查盘点，每年至少盘点一次。对于发生的固定资产盘盈、盘亏或毁损、报废，应当先记入"待处理财产损溢"科目，按照规定报经批准后及时进行后续账务处理。

(四)固定资产具体业务核算

固定资产具体业务核算如表 3.17 所示。

表 3.17 1601 固定资产的账务处理

序号	业务和事项内容		账务处理	
			财务会计	预算会计
(1)	固定资产取得	①外购的无须安装的固定资产	借：固定资产 　贷：财政拨款收入/零余额账户用款额度/应付账款/银行存款等	借：行政支出/事业支出/经营支出等 　贷：财政拨款预算收入/资金结存
		需要安装的固定资产先通过"在建工程"科目核算	借：在建工程 　贷：财政拨款收入/零余额账户用款额度/应付账款/银行存款等	借：行政支出/事业支出/经营支出等 　贷：财政拨款预算收入/资金结存

续表

序号	业务和事项内容		账务处理	
			财务会计	预算会计
(1)	固定资产取得	安装完工交付使用时	借：固定资产 　　贷：在建工程	——
		②自行建造的固定资产交付使用时	借：固定资产 　　贷：在建工程	——
		③融资租入(或跨年度分期付款购入)的固定资产	借：固定资产[不需安装]/在建工程[需安装] 　　贷：长期应付款 　　　　财政拨款收入/零余额账户用款额度/银行存款等	借：行政支出/事业支出/经营支出等 　　贷：财政拨款预算收入/资金结存
		④接受捐赠的固定资产	借：固定资产[不需安装]/在建工程[需安装] 　　贷：银行存款/零余额账户用款额度等捐赠收入[差额]	借：其他支出[支付的相关税费、运输费等] 　　贷：资金结存
		接受捐赠的固定资产按照名义金额入账的	借：固定资产[名义金额] 　　贷：捐赠收入 借：其他费用 　　贷：银行存款/零余额账户用款额度等	借：其他支出[支付的相关税费、运输费等] 　　贷：资金结存
		⑤无偿调入的固定资产	借：固定资产[不需安装]/在建工程[需安装] 　　贷：银行存款/零余额账户用款额度等无偿调拨净资产[差额]	借：其他支出[支付的相关税费、运输费等] 　　贷：资金结存
		⑥置换取得的固定资产	参照"库存物品"科目中置换取得库存物品的账务处理	
(2)	与固定资产有关的后续支出	符合固定资产确认条件的(增加固定资产使用效能或延长其使用年限而发生的改建、扩建等后续支出)	借：在建工程[固定资产账面价值] 　　固定资产累计折旧 　　贷：固定资产[账面余额]	——
			借：在建工程 　　贷：财政拨款收入/零余额账户用款额度/应付账款/银行存款等	借：行政支出/事业支出/经营支出等 　　贷：财政拨款预算收入/资金结存

序号	业务和事项内容		账务处理	
			财务会计	预算会计
(3)	固定资产处置	出售、转让固定资产	借：资产处置费用 　固定资产累计折旧 　贷：固定资产[账面余额]	——
			借：银行存款[处置固定资产收到的价款] 　贷：应缴财政款 　　银行存款等[发生的相关费用]	
		对外捐赠固定资产	借：资产处置费用 固定资产累计折旧 　贷：固定资产[账面余额] 　　银行存款等[归属于捐出方的相关费用]	按照对外捐赠过程中发生的归属于捐出方的相关费用 借：其他支出 　贷：资金结存
		无偿调出固定资产	借：无偿调拨净资产 　固定资产累计折旧 　贷：固定资产[账面余额]	——
		置换换出固定资产	参照"库存物品"科目中置换取得库存物品的规定进行账务处理	
(4)	固定资产定期盘点清查	盘盈的固定资产	借：固定资产 　贷：待处理财产损溢	——
		盘亏、毁损或报废的固定资产	借：待处理财产损溢[账面价值] 　固定资产累计折旧 　贷：固定资产[账面余额]	——

【例3.28】2×19年2月1日，某行政单位购入一台需要安装的电梯，电梯价款为500 000元，运输及保险费12 000元，安装费100 000元，按合同约定预留25 000元作为质量保证金，验收合格后无质量问题1年后退还。所涉及款项已通过财政直接支付方式进行支付。

(1) 购入电梯时

财务会计：

借：在建工程　　　　　　　　　　　　　　　　512 000

　贷：财政拨款收入　　　　　　　　　　　　　　487 000

　　其他应付款　　　　　　　　　　　　　　　 25 000

预算会计：

借：行政支出　　　　　　　　　　　　　　　　487 000

　贷：财政拨款预算收入　　　　　　　　　　　　487 000

(2) 安装电梯时

财务会计：

借：在建工程   100 000

  贷：财政拨款收入   100 000

预算会计：

借：行政支出   100 000

  贷：财政拨款预算收入   100 000

(3) 安装完成交付使用时

借：固定资产   612 000

  贷：在建工程   612 000

(4) 支付质保金时

财务会计：

借：其他应付款   25 000

  贷：财政拨款收入   25 000

预算会计：

借：行政支出   25 000

  贷：财政拨款预算收入   25 000

【例 3.29】2×19 年 3 月 1 日，某事业单位对所有的办公楼进行扩建，该办公楼账面余额 10 000 000 元，已提折旧 8 000 000 元，扩建施工发生各项工程费用 4 000 000 元，款项已用银行存款支付。

(1) 转入在建工程时

财务会计：

借：在建工程   2 000 000

  固定资产累计折旧   8 000 000

  贷：固定资产   10 000 000

预算会计不需要编制。

(2) 扩建支付工程费用时

财务会计：

借：在建工程   4 000 000

  贷：固定资产   4 000 000

预算会计：

借：事业支出   4 000 000

  贷：资金结存——货币资金   4 000 000

(3) 工程完工交付使用时

财务会计：

借：固定资产   6 000 000

  贷：在建工程   6 000 000

预算会计不需要编制。

【例 3.30】2×19 年 4 月 4 日，某事业单位对外出售固定资产一批，固定资产账面余额为 1 200 000 元，已计提折旧 1 100 000 元，出售固定资产收到价款 80 000 元，发生运输费 5 000 元。

财务会计：

借：资产处置费用　　　　　　　　　　　　　　　100 000
　　固定资产累计折旧　　　　　　　　　　　　 1 100 000
　　　贷：固定资产　　　　　　　　　　　　　　　　1 200 000
借：银行存款　　　　　　　　　　　　　　　　　 80 000
　　　贷：应缴财政款　　　　　　　　　　　　　　　 75 000
　　　　　银行存款　　　　　　　　　　　　　　　　 5 000

预算会计不需要编制。

假设，该单位向希望小学捐赠电脑一批，该批电脑账面余额为 200 000 元，已计提折旧 5 000 元，捐赠过程中发生运输费 3 000 元。

财务会计：

借：资产处置费用　　　　　　　　　　　　　　　198 000
　　固定资产累计折旧　　　　　　　　　　　　　 5 000
　　　贷：固定资产　　　　　　　　　　　　　　　　200 000
　　　　　银行存款　　　　　　　　　　　　　　　　 3 000

预算会计：

借：其他支出　　　　　　　　　　　　　　　　　 3 000
　　　贷：资金结存——货币资金　　　　　　　　　　 3 000

四、固定资产累计折旧

(一)固定资产的折旧政策

①折旧的计提一般应按月进行，当月增加的固定资产，当月开始计提折旧；当月减少的固定资产，当月不再计提折旧。②固定资产提足折旧后，不论能否继续使用，除规范管理外，均不再提取折旧。③提前报废的固定资产，也不再补提折旧。④融资租入固定资产，采用与自有资产一致的政策计提折旧。⑤发生后续支出延长使用年限的，重新计算折旧额。

(二)固定资产的折旧方法

1. 平均年限法

固定资产年折旧额=固定资产原值÷预计使用年限
固定资产月折旧额=固定资产年折旧额÷12(个月)
　　　　　　　　=固定资产原值÷使用总月数

2. 工作量法

单位工作量折旧额=固定资产原值÷预计总工作量
月折旧额=当月工作量×单位工作量折旧额

(三)固定资产折旧的账务处理

1. 按月计提固定资产折旧时

按月计提固定资产折旧时,按照应计提折旧金额,借记"业务活动费用""单位管理费用""经营费用""加工物品""在建工程"等科目,贷记本科目。

2. 处置固定资产时

经批准处置或处理固定资产时,按照所处置或处理固定资产的账面价值,借记"资产处置费用""无偿调拨净资产""待处理财产损溢"等科目,按照已计提折旧,借记本科目,按照固定资产的账面余额,贷记"固定资产"科目。

【例 3.31】2×19 年 1 月 1 日,某事业单位以银行存款购入一台仪器,价款为 60 000 元,计划使用 5 年,按月计提折旧。

(1) 购入仪器时

财务会计:

借:固定资产   60 000

    贷:银行存款   60 000

预算会计:

借:事业支出   60 000

    贷:资金结存——货币资金   60 000

(2) 按月计提折旧时

财务会计:

借:业务活动费用   1 000

    贷:固定资产累计折旧   1 000

预算会计不需要编制。

五、工程物资

(一)取得工程物资

购入为工程准备的物资,按照确定的物资成本,借记本科目,贷记"财政拨款收入""零余额账户用款额度""银行存款""应付账款"等科目。

(二)领用工程物资

领用工程物资,按照物资成本,借记"在建工程"科目,贷记本科目。工程完工后将领出的剩余物资退库时做相反的会计分录。

(三)剩余工程物资

工程完工后将剩余的工程物资转作本单位存货时,按照物资成本,借记"库存物品"等科目,贷记本科目。

涉及增值税业务的，还需进行相应的会计处理。

(四)工程物资具体业务核算

工程物资具体业务核算如表 3.18 所示。

表 3.18　1611 工程物资的账务处理

序号	业务和事项内容		账务处理	
			财务会计	预算会计
(1)	取得工程物资	购入工程物资	借：工程物资 　　贷：财政拨款收入/零余额账户用款额度/银行存款/应付账款/其他应付款等	借：行政支出/事业支出/经营支出等[实际支付的款项] 　　贷：财政拨款预算收入/资金结存
(2)	领用工程物资	发出工程物资	借：在建工程 　　贷：工程物资	——
(3)	剩余工程物资	剩余工程物资转为存货	借：库存物品 　　贷：工程物资	——

【例 3.32】2×19 年 1 月 31 日，某事业单位以银行存款支付 200 000 元，购入一批工程物资。

财务会计：

借：工程物资　　　　　　　　　　　　　　　　　200 000

　　贷：银行存款　　　　　　　　　　　　　　　　　200 000

预算会计：

借：事业支出　　　　　　　　　　　　　　　　　200 000

　　贷：资金结存——货币资金　　　　　　　　　　　200 000

六、在建工程

"在建工程"科目主要用来核算各单位在建的建设项目的实际成本(不再区分基本建设与非基本建设)，即新建、改建、扩建、大型修缮、技术改造、设备更新等资本性支出。各单位的基本建设投资不再按照《国有建设单位会计制度》的规定单独建账、单独核算，且在之前并入大账，进行新旧制度衔接。

(一)建筑安装工程投资

(1) 将固定资产等资产转入改建、扩建科目时，按照固定资产等资产的账面价值，借记本科目(建筑安装工程投资)，按照已计提的折旧或摊销，借记"固定资产累计折旧"等科目，按照固定资产等资产的原值，贷记"固定资产"等科目。

(2) 单位对于发包建筑安装工程，根据建筑安装工程价款结算账单与施工企业结算工程价款时，按照应承付的工程价款，借记本科目(建筑安装工程投资)，按照预付工程款余额，贷记"预付账款"科目，按照其差额，贷记"财政拨款收入""零余额账户用款额度""银行存款""应付账款"等科目。

(3) 单位自行施工的小型建筑安装工程，按照发生的各项支出金额，借记本科目(建筑安装工程投资)，贷记"工程物资""零余额账户用款额度""银行存款""应付职工薪酬"等科目。

(4) 工程竣工，办妥竣工验收交接手续交付使用时，按照建筑安装工程成本(含应分摊的待摊投资)，借记"固定资产"等科目，贷记本科目(建筑安装工程投资)。

(二)设备投资

(1) 购入设备时，按照购入成本，借记本科目(设备投资)，贷记"财政拨款收入""零余额账户用款额度""银行存款"等科目。采用预付款方式购入设备的，有关预付款的账务处理参照本科目有关"建筑安装工程投资"明细科目的规定执行。

(2) 设备安装完毕，办妥竣工验收交接手续交付使用时，按照设备投资成本(含设备安装工程成本和分摊的待摊投资)，借记"固定资产"等科目，贷记本科目(设备投资、建筑安装工程投资——安装工程)。

将不需要安装的设备和达不到固定资产标准的工具、器具交付使用时，按照相关设备、工具、器具的实际成本，借记"固定资产""库存物品"科目，贷记本科目(设备投资)。

(三)待摊投资

(1) 单位发生的构成待摊投资的各类费用，按照实际发生金额，借记本科目(待摊投资)，贷记"财政拨款收入""零余额账户用款额度""银行存款""应付利息""长期借款""其他应交税费""固定资产累计折旧""无形资产累计摊销"等科目。

(2) 对于建设过程中试生产、设备调试等产生的收入，按照取得的收入金额，借记"银行存款"等科目，按照有关规定应当冲减建设工程成本的部分，贷记本科目(待摊投资)，按照其差额贷记"应缴财政款"或"其他收入"科目。

(3) 由于自然灾害、管理不善等原因造成的单项工程或单位工程报废或毁损，扣除残料价值和过失人或保险公司等赔款后的净损失，报经批准后计入继续施工的工程成本的，按照工程成本扣除残料价值和过失人或保险公司等赔款后的净损失，借记本科目(待摊投资)，按照残料变价收入、过失人或保险公司赔款等，借记"银行存款""其他应收款"等科目，按照报废或毁损的工程成本，贷记本科目(建筑安装工程投资)。

(4) 工程交付使用时，按照合理的分配方法分配待摊投资，借记本科目(建筑安装工程投资、设备投资)，贷记本科目(待摊投资)。

(四)其他投资

(1) 单位为建设工程发生的房屋购置支出，基本畜禽、林木等的购置、饲养、培育支出，办公生活用家具、器具购置支出，软件研发和不能计入设备投资的软件购置等支出，按照实际发生金额，借记本科目(其他投资)，贷记"财政拨款收入""零余额账户用款额度"

"银行存款"等科目。

(2) 工程完成后，将形成的房屋、基本畜禽、林木等各种财产以及无形资产交付使用时，按照其实际成本，借记"固定资产""无形资产"等科目，贷记本科目(其他投资)。

(五)待核销基建支出

(1) 建设项目发生的江河清障、航道清淤、飞播造林、补助群众造林、水土保持、城市绿化等不能形成资产的各类待核销基建支出，按照实际发生金额，借记本科目(待核销基建支出)，贷记"财政拨款收入""零余额账户用款额度""银行存款"等科目。

(2) 取消建设项目发生的可行性研究费，按照实际发生金额，借记本科目(待核销基建支出)，贷记本科目(待摊投资)。

(3) 由于自然灾害等原因发生的建设项目整体报废所形成的净损失，报经批准后转入待核销基建支出科目，按照项目整体报废所形成的净损失，借记本科目(待核销基建支出)，按照报废工程回收的残料变价收入、保险公司赔款等，借记"银行存款""其他应收款"等科目，按照报废的工程成本，贷记本科目(建筑安装工程投资等)。

(4) 建设项目竣工验收交付使用时，对发生的待核销基建支出进行冲销，借记"资产处置费用"科目，贷记本科目(待核销基建支出)。

(六)基建转出投资

为建设项目配套而建成的、产权不归属本单位的专用设施，在项目竣工验收交付使用时，按照转出的专用设施的成本，借记本科目[基建转出投资]，贷记本科目[建筑安装工程投资]；同时，借记"无偿调拨净资产"科目，贷记本科目[基建转出投资]。

(七)在建工程具体业务核算

在建工程具体业务核算如表 3.19 所示。

表 3.19　1613 在建工程账务处理

序号	业务和事项内容		账务处理	
			财务会计	预算会计
(1)	建筑安装工程投资	将固定资产等转入改建、扩建时	借：在建工程——建筑安装工程投资 　　贷：固定资产等 　　　　固定资产累计折旧等	——
		发包工程预付工程款时	借：预付账款——预付工程款 　　贷：财政拨款收入/零余额账户用款额度/银行存款等	借：行政支出/事业支出等 　　贷：财政拨款预算收入/资金结存
		按照进度结算工程款时	借：在建工程——建筑安装工程投资 　　贷：预付账款——预付工程款 　　　　财政拨款收入/零余额账户用款额度/银行存款/应付账款等	借：行政支出/事业支出等[补付款项] 　　贷：财政拨款预算收入/资金结存

续表

序号	业务和事项内容		账务处理	
			财务会计	预算会计
(1)	建筑安装工程投资	自行施工小型建筑安装工程发生支出时	借：在建工程——建筑安装工程投资 　贷：工程物资/零余额账户用款额度/银行存款/应付职工薪酬等	借：行政支出/事业支出等[实际支付的款项] 　贷：资金结存等
		改扩建过程中替换(拆除)原资产某些组成部分的	借：待处理财产损溢 　贷：在建工程——建筑安装工程投资	——
		工程竣工验收交付使用时	借：固定资产等 　贷：在建工程——建筑安装工程投资	——
(2)	设备投资	购入设备时	借：在建工程——设备投资 　贷：财政拨款收入/零余额账户用款额度/应付账款/银行存款等	借：行政支出/事业支出等[实际支付的款项] 　贷：财政拨款预算收入/资金结存
		安装完毕,交付使用时	借：固定资产等 　贷：在建工程——设备投资/建筑安装工程投资——安装工程	——
		将不需要安装设备和达不到固定资产标准的工具器具交付使用时	借：固定资产/库存物资 　贷：在建工程——设备投资	——
(3)	待摊投资	发生构成待摊投资的各类费用时	借：在建工程——待摊投资 　贷：财政拨款收入/零余额账户用款额度/银行存款/应付利息/长期借款/其他应交税费/固定资产累计折旧/无形资产累计摊销等	借：行政支出/事业支出等[实际支付的款项] 　贷：财政拨款预算收入/资金结存
		对于建设过程中试生产、设备调试等产生的收入	借：银行存款等 　贷：在建工程——待摊投资[按规定冲减工程成本的部分] 　　　应缴财政款/其他收入[差额]	借：资金结存 　贷：其他预算收入
		经批准将单项工程或单位工程报废净损失计入继续施工的工程成本的	借：在建工程——待摊投资 银行存款/其他应收款等[残料变价收入、赔款等] 　贷:在建工程——建筑安装工程投资[毁损报废工程成本]	——

续表

序号	业务和事项内容		账务处理	
			财务会计	预算会计
(3)	待摊投资	工程交付使用时，按照一定的分配方法进行待摊投资分配	借：在建工程——建筑安装工程投资/设备投资 　贷：在建工程——待摊投资	——
(4)	其他投资	发生其他投资支出时	借：在建工程——其他投资 　贷：财政拨款收入/零余额账户用款额度/银行存款等	借：行政支出/事业支出等[实际支付的款项] 　贷：财政拨款预算收入/资金结存
		资产交付使用时	借：固定资产/无形资产等 　贷：在建工程——其他投资	——
(5)	基建转出投资	建造的产权不归属本单位的专用设施转出时	借：在建工程——基建转出投资 　贷：在建工程——建筑安装工程投资	——
		冲销转出的在建工程时	借：无偿调拨净资产 　贷：在建工程——基建转出投资	——
(6)	待核销基建支出	发生各类待核销基建支出时	借：在建工程——待核销基建支出 　贷：财政拨款收入/零余额账户用款额度/银行存款等	借：行政支出/事业支出[实际支付的款项] 　贷：财政拨款预算收入/资金结存
		取消的项目发生的可行性研究费	借：在建工程——待核销基建支出 　贷：在建工程——待摊投资	——
		由于自然灾害等原因发生的项目整体报废所形成的净损失	借：在建工程——待核销基建支出 　银行存款/其他应收款等 　贷：在建工程——建筑安装工程投资等	——
		经批准冲销待核销基建支出时	借：资产处置费用 　贷：在建工程——待核销基建支出	——

【例 3.33】2×19 年 1 月 31 日，某行政单位办公楼使用超过 20 年需要改建，原值 10 000 000 元，已计提以银行存款支付 8 000 000 元。改建过程中，拆除部分建筑，账面价值 1 000 000 元，并获得残值收入 100 000 元。改建过程发生改建支出 5 000 000 元，以银行存款支付。改建完成后，验收合格投入使用。

(1) 办公楼转入改建工程时

财务会计：

借：在建工程——建筑安装工程投资　　　　　　　　　　2 000 000

　　固定资产累计折旧　　　　　　　　　　　　　　　　8 000 000

贷：固定资产——办公楼   10 000 000

预算会计不需要编制。

（2）拆除部分建筑时

财务会计：

借：待处理财产损溢   1 000 000

  贷：在建工程——建筑安装工程投资   1 000 000

预算会计不需要编制。

（3）获得残值收入时

财务会计：

借：银行存款   100 000

  贷：应缴财政款   100 000

预算会计不需要编制。

（4）发生改建支出时

财务会计：

借：在建工程——建筑安装工程投资   5 000 000

  贷：银行存款   5 000 000

预算会计：

借：行政支出   5 000 000

  贷：资金结存——货币资金   5 000 000

（5）完工验收合格时

财务会计：

借：固定资产——办公楼   6 000 000

  贷：在建工程——建筑安装工程投资   6 000 000

预算会计不需要编制。

  【例 3.34】 2×19 年 2 月 3 日，某事业单位购入一台机器设备，以零余额账户用款额度支付货款 1 000 000 元，2 月 5 日以银行存款支付安装费用 200 000 元，2 月 28 日安装完毕经调试合格后交付使用。

（1）购入仪器设备时

财务会计：

借：在建工程——设备投资   1 000 000

  贷：零余额账户用款额度   1 000 000

预算会计：

借：事业支出   1 000 000

  贷：资金结存——零余额账户用款额度   1 000 000

（2）支付安装费用时

财务会计：

借：在建工程——建筑安装工程投资——安装工程   200 000

  贷：银行存款   200 000

预算会计：

借：事业支出   200 000

    贷：资金结存——货币资金   200 000

(3) 安装完毕交付时

财务会计：

借：固定资产   1 200 000

    贷：在建工程——设备投资   1 000 000

           在建工程——建筑安装工程投资——安装工程   200 000

预算会计不需要编制。

七、无形资产

无形资产是指各单位拥有的为开展业务活动、出租给他人或为管理目的而持有的且没有实物形态的可辨认的非货币性长期资产，主要包括土地使用权、专利权、非专利技术、商标权、著作权等。

(一)取得无形资产

无形资产在取得时，应当按照成本进行初始计量。

(1) 外购的无形资产，按照确定的成本(包括购买价款、相关税费以及可归属于该项资产达到预定用途前所发生的其他支出)，借记本科目，贷记"财政拨款收入""零余额账户用款额度""应付账款""银行存款"等科目。

(2) 委托软件公司开发软件，视同外购无形资产进行处理。合同中约定预付开发费用的，按照预付金额，借记"预付账款"科目，贷记"财政拨款收入""零余额账户用款额度""银行存款"等科目。

(3) 自行研究开发形成的无形资产，其支出可分为研究阶段和开发阶段。研究阶段的研究支出计入当期费用，开发阶段的开发支出分别计入两个账户：研发项目完成，达到预定用途，计入无形资产；研发项目完成，未达到预定用途，计入当期费用。按照研究开发项目进入开发阶段后至达到预定用途前所发生的支出总额，借记本科目，贷记"研发支出——开发支出"科目。自行研究开发项目尚未进入开发阶段，或者确实无法区分研究阶段支出和开发阶段支出，但按照法律程序已申请取得无形资产的，按照依法取得时发生的注册费、聘请律师费等费用，借记本科目，贷记 "财政拨款收入""零余额账户用款额度""银行存款"等科目；按照依法取得前所发生的研究开发支出，借记"业务活动费用"等科目，贷记"研发支出"科目。

(4) 接受捐赠的无形资产，按照确定的无形资产成本，借记本科目，按照发生的相关税费等，贷记"零余额账户用款额度""银行存款"等科目，按照其差额，贷记"捐赠收入"科目。

(5) 无偿调入的无形资产，按照确定的无形资产成本，借记本科目，按照发生的相关税费等，贷记"零余额账户用款额度""银行存款"等科目，按照其差额，贷记"无偿调拨净资产"科目。

(6) 置换取得的无形资产,参照"库存物品"科目中置换取得库存物品的相关规定进行账务处理。

无形资产取得时涉及增值税业务的,还需进行相应的会计处理。

(二)与无形资产有关的后续支出

(1) 符合无形资产确认条件的后续支出。为增加无形资产的使用效能对其进行升级改造或扩展其功能时,如需暂停对无形资产进行摊销的,按照无形资产的账面价值,借记"在建工程"科目,按照无形资产已摊销金额,借记"无形资产累计摊销"科目,按照无形资产的账面余额,贷记本科目。

(2) 不符合无形资产确认条件的后续支出。为保证无形资产正常使用发生的日常维护等支出,借记"业务活动费用""单位管理费用"等科目,贷记"财政拨款收入""零余额账户用款额度""银行存款"等科目。

(三)处置无形资产

按照规定报经批准处置无形资产时,应当分以下情况处理。

(1) 报经批准出售、转让无形资产,按照被出售、转让无形资产的账面价值,借记"资产处置费用"科目,按照无形资产已计提的摊销,借记"无形资产累计摊销"科目,按照无形资产账面余额,贷记本科目;同时,按照收到的价款,借记"银行存款"等科目,按照处置过程中发生的相关费用,贷记"银行存款"等科目,按照其差额,贷记"应缴财政款"[按照规定应上缴无形资产转让净收入的]或"其他收入"[按照规定将无形资产转让收入纳入本单位预算管理的]科目。

(2) 报经批准对外捐赠的无形资产,按照无形资产已计提的摊销,借记"无形资产累计摊销"科目,按照被处置无形资产账面余额,贷记本科目,按照捐赠过程中发生的归属于捐出方的相关费用,贷记"银行存款"等科目,按照其差额,借记"资产处置费用"科目。

(3) 报经批准无偿调出的无形资产,按照无形资产已计提的摊销,借记"无形资产累计摊销"科目,按照被处置无形资产账面余额,贷记本科目,按照其差额,借记"无偿调拨净资产"科目;同时,按照无偿调出过程中发生的归属于调出方的相关费用,借记"资产处置费用"科目,贷记"银行存款"等科目。

(4) 报经批准置换换出的无形资产,参照"库存物品"科目中置换换入库存物品的规定进行账务处理。

(5) 当无形资产预期不能为单位带来服务潜力或经济利益,按照规定报经批准核销时,按照待核销无形资产的账面价值,借记"资产处置费用"科目,按照已计提摊销,借记"无形资产累计摊销"科目,按照无形资产的账面余额,贷记本科目。

无形资产处置时涉及增值税业务的,还需进行相应的会计处理。

(四)无形资产的清查盘点

单位应当定期对无形资产进行清查盘点,每年至少盘点一次。如在资产清查盘点过程中发现无形资产盘盈、盘亏，参照"固定资产"科目相关规定进行账务处理。

【例 3.35】2×19 年 1 月 15 日，某事业单位购入一项专利技术，价格 800 000 元，以零余额账户用款额度支付。

财务会计：

借：无形资产   800 000

  贷：零余额账户用款额度   800 000

预算会计：

借：事业支出   800 000

  贷：资金结存——零余额账户用款额度 800 000

【例 3.36】2×19 年 2 月 1 日，某事业单位委托某软件公司开发一套财务综合管理系统，价款 200 000 元。根据合同的约定，该事业单位需向软件公司预付 40%开发费用，剩余费用完工交付使用后一次性支付。所有款项以零余额账户用款额度支付。

(1) 预付开发费用时

财务会计：

借：预付账款   80 000

  贷：零余额账户用款额度   80 000

预算会计：

借：事业支出   80 000

  贷：资金结存——零余额账户用款额度 80 000

(2) 完工交付时

财务会计：

借：无形资产   200 000

  贷：零余额账户用款额度   120 000

    预付账款   80 000

预算会计：

借：事业支出   120 000

  贷：资金结存——零余额账户用款额度 120 000

【例 3.37】2×19 年 4 月 4 日，某事业单位经批准将一项无形资产出售，该无形资产账面价值 300 000 元，已摊销 200 000 元，售价 110 000 元，转让收入纳入本单位预算。

财务会计：

借：资产处置费用   100 000

  无形资产累计摊销   200 000

  贷：无形资产   300 000

借：银行存款   110 000

  贷：其他收入   110 000

预算会计：

借：资金结存——货币资金   110 000

  贷：其他预算收入   110 000

(五)无形资产的披露

单位应当按照无形资产的类别在附注中披露与无形资产有关的下列信息：①无形资产账面余额；累计摊销额；账面价值的期初、期末数及其本期变动情况。②自行开发无形资产的名称、数量，以及账面余额和累计摊销额的变动情况。③以名义金额计量的无形资产名称、数量，以及以名义金额计量的理由。④接受捐赠、无偿调入无形资产的名称、数量等。⑤使用年限有限的无形资产，其使用年限的估计依据；使用年限不确定的无形资产，其使用年限不确定的确定依据。⑥无形资产出售、对外投资等重要资产处置的情况。

八、无形资产累计摊销

(一)按月进行无形资产摊销时

按月对无形资产进行摊销时，按照应摊销金额，借记"业务活动费用""单位管理费用""加工物品""在建工程"等科目，贷记本科目。

(二)处置无形资产时

经批准处置无形资产时，按照所处置无形资产的账面价值，借记"资产处置费用""无偿调拨净资产""待处理财产损溢"等科目，按照已计提摊销，借记本科目，按照无形资产的账面余额，贷记"无形资产"科目。

【例3.38】2×19年1月1日，某事业单位购入一项专利技术用于业务活动，价值600 000元，按规定应摊销10年。

2×19年1月31日，应计提的专利权月摊销额=600 000÷10÷12=5 000元。

财务会计：

借：业务活动费用　　　　　　　　　　　　　　　　5 000

　　贷：无形资产累计摊销　　　　　　　　　　　　　　5 000

预算会计不需要编制。

九、研发支出

(一)研究阶段

自行研究开发项目研究阶段的支出，应当先在本科目归集。然后，按照从事研究及其辅助活动人员计提的薪酬，研究活动领用的库存物品，发生的与研究活动相关的管理费、间接费和其他各项费用，借记本科目(研究支出)，贷记"应付职工薪酬""库存物品""财政拨款收入""零余额账户用款额度""固定资产累计折旧""银行存款"等科目。期(月)末，应当将本科目归集的研究阶段的支出金额转入当期费用，借记"业务活动费用"等科目，贷记本科目(研究支出)。

(二)开发阶段

自行研究开发项目开发阶段的支出，先通过本科目进行归集。然后，按照从事开发及其辅助活动人员计提的薪酬，开发活动领用的库存物品，发生的与开发活动相关的管理费、间接费和其他各项费用，借记本科目(开发支出)，贷记"应付职工薪酬""库存物品""财政拨款收入""零余额账户用款额度""固定资产累计折旧""银行存款"等科目。自行研究开发项目完成，达到预定用途形成无形资产的，按照本科目归集的开发阶段的支出金额，借记"无形资产"科目，贷记本科目(开发支出)。

单位应于每年年度终了评估研究开发项目是否能达到预定用途，如预计不能达到预定用途(如无法最终完成开发项目并形成无形资产的)，应当将已发生的开发支出金额全部转入当期费用，借记"业务活动费用"等科目，贷记本科目(开发支出)。

自行研究开发项目时涉及增值税业务的，还需进行相应的会计处理。

【例 3.39】2×19 年 1 月 4 日，某事业单位自行研究开发一套业务处理系统，在研究过程中发生应付研究人员工资薪酬 100 000 元、领用库存物品 2 000 元、以银行存款支付管理费用 5 000 元。

(1) 研究阶段支出的归集。

财务会计：

借：研发支出——研究支出	107 000	
贷：应付职工薪酬		100 000
银行存款		5 000
库存物品		2 000

预算会计：

借：事业支出	5 000	
贷：资金结存——货币资金		5 000

(2) 1 月 31 日期末转入当期费用。

借：业务活动费用	107 000	
贷：研发支出——研究支出		107 000

十、公共基础设施

公共基础设施是指政府会计主体为满足社会公共需求而控制的并直接负责维护管理、供社会公众使用的工程性公共基础设施资产，包括城市交通设施、公共照明设施、环保设施、防灾设施、健身设施、广场及公共构筑物等其他公共设施等。

(一)取得公共基础设施

公共基础设施在取得时，应当按照其成本入账。

(1) 自行建造的公共基础设施完工交付使用时，按照在建工程的成本，借记本科目，贷记"在建工程"科目。已交付使用但尚未办理竣工决算手续的公共基础设施，按照估计价值入账，待办理竣工决算后再按照实际成本调整原来的暂估价值。

(2) 接受其他单位无偿调入的公共基础设施，按照确定的成本，借记本科目，按照发生的归属于调入方的相关费用，贷记"财政拨款收入""零余额账户用款额度""银行存款"等科目，按照其差额，贷记"无偿调拨净资产"科目。

(3) 接受捐赠的公共基础设施，按照确定的成本，借记本科目，按照发生的相关费用，贷记"财政拨款收入""零余额账户用款额度""银行存款"等科目，按照其差额，贷记"捐赠收入"科目。

(4) 外购的公共基础设施，按照确定的成本，借记本科目，贷记"财政拨款收入""零余额账户用款额度""银行存款"等科目。

(5) 对于成本无法可靠取得的公共基础设施，单位应当设置备查簿进行登记，待成本能够可靠确定后按照规定及时入账。

(二)与公共基础设施有关的后续支出

将公共基础设施转入改建、扩建时，按照公共基础设施的账面价值，借记"在建工程"科目，按照公共基础设施已计提折旧，借记"公共基础设施累计折旧(摊销)"科目，按照公共基础设施的账面余额，贷记本科目。

(三)公共基础设施的处置

按照规定报经批准处置公共基础设施时，分以下情况进行处理。

(1) 报经批准对外捐赠公共基础设施，按照公共基础设施已计提的折旧或摊销，借记"公共基础设施累计折旧(摊销)"科目，按照被处置公共基础设施账面余额，贷记本科目，按照捐赠过程中发生的归属于捐出方的相关费用，贷记"银行存款"等科目，按照其差额，借记"资产处置费用"科目。

(2) 报经批准无偿调出公共基础设施，按照公共基础设施已计提的折旧或摊销，借记"公共基础设施累计折旧(摊销)"科目，按照被处置公共基础设施账面余额，贷记本科目，按照其差额，借记"无偿调拨净资产"科目；同时，按照无偿调出过程中发生的归属于调出方的相关费用，借记"资产处置费用"科目，贷记"银行存款"等科目。

(四)公共基础设施的清查盘点

单位应当定期对公共基础设施进行清查盘点。对于发生的公共基础设施盘盈、盘亏、毁损或报废，应当先记入"待处理财产损溢"科目，按照规定报经批准后及时进行后续账务处理。

(1) 盘盈的公共基础设施，其成本按照有关凭据注明的金额确定；没有相关凭据，但按照规定经过资产评估的，其成本按照评估价值确定；没有相关凭据，也未经过评估的，其成本按照重置成本确定。盘盈的公共基础设施成本无法可靠取得的，单位应当设置备查簿进行登记，待成本确定后按照规定及时入账。盘盈的公共基础设施，按照确定的入账成本，借记本科目，贷记"待处理财产损溢"科目。

(2) 盘亏、毁损或报废的公共基础设施，按照待处置公共基础设施的账面价值，借记"待处理财产损溢"科目，按照已计提折旧或摊销，借记"公共基础设施累计折旧(摊销)"

科目，按照公共基础设施的账面余额，贷记本科目。

【例 3.40】2×19 年 1 月 4 日，某行政单位自行建造一项公共基础设施，现已完工并交付使用，在建工程的成本为 1 000 000 元。

财务会计：

借：公共基础设施　　　　　　　　　　　1 000 000

　　贷：在建工程　　　　　　　　　　　1 000 000

预算会计不需要处理。

十一、公共基础设施的折旧或摊销

(一)按月计提公共基础设施折旧或摊销时

按月计提公共基础设施折旧时，按照应计提的折旧额，借记"业务活动费用"科目，贷记"公共基础设施累计折旧(摊销)"科目。

按月对确认为公共基础设施的单独计价入账的土地使用权进行摊销时，按照应计提的摊销额，借记"业务活动费用"科目，贷记"公共基础设施累计折旧(摊销)"科目。

(二)处置公共基础设施时

处置公共基础设施时，按照所处置公共基础设施的账面价值，借记"资产处置费用""无偿调拨净资产""待处理财产损溢"等科目，按照已提取的折旧和摊销，借记本科目，按照公共基础设施账面余额，贷记"公共基础设施"科目。

(三)公共基础设施累计折旧(摊销)具体业务核算

公共基础设施累计折旧(摊销)具体业务核算如表 3.20 所示。

表 3.20　1802 公共基础设施累计折旧(摊销)的账务处理

序号	业务和事项内容	账务处理	
		财务会计	预算会计
(1)	按月计提公共基础设施折旧或摊销时	借：业务活动费用 　　贷：公共基础设施累计折旧(摊销)	——
(2)	处置公共基础设施时	借：待处理财产损溢 　　公共基础设施累计折旧(摊销) 　　贷：公共基础设施[账面余额]	——

十二、政府储备物资

政府储备物资是指政府会计主体为满足实施国家安全与发展战略、进行抗灾救灾、应对公共突发事件等特定公共需求而控制的有形资产。常见的政府储备物资有战略原料、抢险救灾物资、主要农产品、医药器材、重要商品物资等。

(一)取得政府储备物资

政府储备物资取得时，应当按照其成本入账。

(1) 购入的政府储备物资验收入库，按照确定的成本，借记本科目，贷记"财政拨款收入""零余额账户用款额度""银行存款"等科目。

(2) 涉及委托加工政府储备物资业务的，相关账务处理参照"加工物品"科目。

(3) 接受捐赠的政府储备物资验收入库，按照确定的成本，借记本科目，按照单位承担的相关税费、运输费等，贷记"零余额账户用款额度""银行存款"等科目，按照其差额，贷记"捐赠收入"科目。

(4) 接受无偿调入的政府储备物资验收入库，按照确定的成本，借记本科目，按照单位承担的相关税费、运输费等，贷记"零余额账户用款额度""银行存款"等科目，按照其差额，贷记"无偿调拨净资产"科目。

(二)发出政府储备物资

政府储备物资发出时，分以下情况进行账务处理。

(1) 因动用而发出无须收回的政府储备物资的，按照发出物资的账面余额，借记"业务活动费用"科目，贷记本科目。

(2) 因动用而发出需要收回或者预期可能收回的政府储备物资的，在发出物资时，按照发出物资的账面余额，借记本科目[发出]，贷记本科目[在库]；按照规定的质量验收标准收回物资时，按照收回物资的原账面余额，借记本科目[在库]，按照未收回物资的原账面余额，借记"业务活动费用"科目，按照物资发出时登记在本科目所属"发出"明细科目中的余额，贷记本科目[发出]。

(3) 因行政管理主体变动等原因而将政府储备物资调拨给其他主体的，按照无偿调出政府储备物资的账面余额，借记"无偿调拨净资产"科目，贷记本科目。

(4) 对外销售政府储备物资并将销售收入纳入单位预算统一管理的，发出物资时，按照发出物资的账面余额，借记"业务活动费用"科目，贷记本科目；实现销售收入时，按照确认的收入金额，借记"银行存款""应收账款"等科目，贷记"事业收入"等科目。

(三)清查盘点政府储备物资

单位应当定期对政府储备物资进行清查盘点，每年至少盘点一次。对于发生的政府储备物资盘盈、盘亏或者报废、毁损，应当先记入"待处理财产损溢"科目，按照规定报经批准后及时进行后续账务处理。

(1) 盘盈的政府储备物资，按照确定的入账成本，借记本科目，贷记"待处理财产损溢"科目。

(2) 盘亏或者毁损、报废的政府储备物资，按照待处理政府储备物资的账面余额，借记"待处理财产损溢"科目，贷记本科目。

(四)政府储备物资具体业务核算

政府储备物资具体业务核算如表 3.21 所示。

表 3.21　1811 政府储备物资的账务处理

序号	业务和事项内容		账务处理	
			财务会计	预算会计
(1)	取得政府储备物资	购入的政府储备物资	借：政府储备物资 　　贷：财政拨款收入/零余额账户用款额度/应付账款/银行存款等	借：行政支出/事业支出 　　贷：财政拨款预算收入/资金结存
		接受捐赠的政府储备物资	借：政府储备物资 　　贷：捐赠收入 　　　　财政拨款收入/零余额账户用款额度/银行存款[捐入方承担的相关税费]	借：其他支出[捐入方承担的相关税费] 　　贷：财政拨款预算收入/资金结存
		无偿调入的政府储备物资	借：政府储备物资 　　贷：无偿调拨净资产 　　　　财政拨款收入/零余额账户用款额度/银行存款[调入方承担的相关税费]	借：其他支出[调入方承担的相关税费] 　　贷：财政拨款预算收入/资金结存
(2)	发出政府储备物资	动用发出无须收回的政府储备物资	借：业务活动费用 　　贷：政府储备物资[账面余额]	——
		动用发出需要收回或预期可能收回的政府储备物资	发出物资时 借：政府储备物资——发出 　　贷：政府储备物资——在库 按照规定的质量验收标准收回物资时 借：政府储备物资——在库[收回物资的账面余额] 　　业务活动费用[未收回物资的账面余额] 　　贷：政府储备物资——发出	——
		因行政管理主体变动而将政府储备物资调拨给其他主体的	借：无偿调拨净资产 　　贷：政府储备物资[账面余额]	——
		对外销售政府储备物资的 按照规定物资销售收入纳入本单位预算的	借：业务活动费用 　　贷：政府储备物资 借：银行存款/应收账款等 　　贷：事业收入等 借：业务活动费用 　　贷：银行存款等[发生的相关税费]	借：资金结存[收到的销售价款] 　　贷：事业预算收入等 借：行政支出/事业支出 　　贷：资金结存[支付的相关税费]

续表

序号	业务和事项内容		账务处理	
			财务会计	预算会计
(2)	发出政府储备物资	对外销售政府储备物资的	按照规定销售收入扣除相关税费后上交财政的	借：资产处置费用 　贷：政府储备物资 借：银行存款等[收到的销售价款] 　贷：银行存款[发生的相关税费]应缴财政款	——
(3)	政府储备物资盘盈、盘亏、报废或毁损	盘盈的政府储备物资		借：政府储备物资 　贷：待处理财产损溢	——
		盘亏、报废或毁损的政府储备物资		借：待处理财产损溢 　贷：政府储备物资	——

【例3.41】2×19年3月4日，某行政单位购入一批政府储备物资，购买价款1 000 000元，另支付运费和保险费15 000元，款项已通过财政直接支付方式支付。

财务会计：

借：政府储备物资　　　　　　　　1 015 000

　　贷：财政拨款收入　　　　　　　　　　1 015 000

预算会计：

借：行政支出　　　　　　　　　　1 015 000

　　贷：财政拨款预算收入　　　　　　　　1 015 000

十三、文化文物资产

(一)取得文物文化资产

文物文化资产在取得时，应当按照其成本入账。

(1) 外购的文物文化资产，其成本包括购买价款、相关税费以及可归属于该项资产达到预定用途前所发生的其他支出(如运输费、安装费、装卸费等)。

外购的文物文化资产，按照确定的成本，借记本科目，贷记"财政拨款收入""零余额账户用款额度""银行存款"等科目。

(2) 接受其他单位无偿调入的文物文化资产，其成本按照该项资产在调出方的账面价值加上归属于调入方的相关费用确定。

调入的文物文化资产，按照确定的成本，借记本科目，按照发生的归属于调入方的相关费用，贷记"零余额账户用款额度""银行存款"等科目，按照其差额，贷记"无偿调拨净资产"科目。

(3) 接受捐赠的文物文化资产，其成本按照有关凭据注明的金额加上相关费用确定；

没有相关凭据可供取得,但按照规定经过资产评估的,其成本按照评估价值加上相关费用确定;没有相关凭据可供取得、也未经评估的,其成本比照同类或类似资产的市场价格加上相关费用确定。

接受捐赠的文物文化资产,按照确定的成本,借记本科目,按照发生的相关税费、运输费等金额,贷记"零余额账户用款额度""银行存款"等科目,按照其差额,贷记"捐赠收入"科目。

(4) 对于成本无法可靠取得的文物文化资产,单位应当设置备查簿进行登记,待成本能够可靠确定后按照规定及时入账。

(二)与文物文化资产有关的后续支出

与文物文化资产有关的后续支出,参照"公共基础设施"科目的相关规定进行处理。

(三)处置文物文化资产

按照规定报经批准处置的文物文化资产时,应当视以下情况分别进行处理。

(1) 报经批准对外捐赠文物文化资产,按照被处置文物文化资产账面余额和捐赠过程中发生的归属于捐出方的相关费用合计数,借记"资产处置费用"科目,按照被处置文物文化资产账面余额,贷记本科目,按照捐赠过程中发生的归属于捐出方的相关费用,贷记"银行存款"等科目。

(2) 报经批准无偿调出的文物文化资产,按照被处置文物文化资产账面余额,借记"无偿调拨净资产"科目,贷记本科目;同时,按照无偿调出过程中发生的归属于调出方的相关费用,借记"资产处置费用"科目,贷记"银行存款"等科目。

(四)清查盘点文物文化资产

单位应当定期对文物文化资产进行清查盘点,每年至少盘点一次。对于发生的文物文化资产盘盈、盘亏、毁损或报废等,参照"公共基础设施"科目的相关规定进行账务处理。

【例 3.42】2×19 年 4 月 4 日,某事业单位接受捐赠一项文物文化资产,经过资产评估,评估价值为 88 880 元。接受捐赠过程中发生相关费用为 1 000 元,款项已通过零余额账户用款额度支付。

财务会计:

借:文物文化资产	89880
贷:零余额账户用款额度	1 000
捐赠收入	88 880

预算会计:

借:其他支出	1 000
贷:资金结存——零余额账户用款额度	1 000

十四、保障性住房

(一)取得保障性住房

保障性住房在取得时,应当按其成本入账。

(1) 外购的保障性住房,其成本包括购买价款、相关税费以及可归属于该项资产达到预定用途前所发生的其他支出。外购的保障性住房,按照确定的成本,借记本科目,贷记"财政拨款收入""零余额账户用款额度""银行存款"等科目。

(2) 自行建造的保障性住房交付使用时,按照在建工程成本,借记本科目,贷记"在建工程"科目。已交付使用但尚未办理竣工决算手续的保障性住房,按照估计价值入账,待办理竣工决算后再按照实际成本调整原来的暂估价值。

(3) 接受其他单位无偿调入的保障性住房,其成本按照该项资产在调出方的账面价值加上归属于调入方的相关费用确定。无偿调入的保障性住房,按照确定的成本,借记本科目,按照发生的归属于调入方的相关费用,贷记"零余额账户用款额度""银行存款"等科目,按照其差额,贷记"无偿调拨净资产"科目。

(4) 接受捐赠、融资租赁取得的保障性住房,参照"固定资产"科目的相关规定进行账务处理。

(二)与保障性住房有关的后续支出

与保障性住房有关的后续支出,参照"固定资产"科目的相关规定进行处理。

(三)出租保障性住房

按照规定出租保障性住房并将出租收入上缴同级财政,按照收取的租金金额,借记"银行存款"等科目,贷记"应缴财政款"科目。

(四)处置保障性住房

按照规定报经批准处置保障性住房,应当分以下情况进行财务处理。

(1) 报经批准无偿调出的保障性住房,按照保障性住房已计提的折旧,借记"保障性住房累计折旧"科目,按照被处置保障性住房账面余额,贷记本科目,按照其差额,借记"无偿调拨净资产"科目;同时,按照无偿调出过程中发生的归属于调出方的相关费用,借记"资产处置费用"科目,贷记"银行存款"等科目。

(2) 报经批准出售的保障性住房,按照被出售保障性住房的账面价值,借记"资产处置费用"科目,按照保障性住房已计提的折旧,借记"保障性住房累计折旧"科目,按照保障性住房账面余额,贷记本科目;同时,按照收到的价款,借记"银行存款"等科目,按照出售过程中发生的相关费用,贷记"银行存款"等科目,按照其差额,贷记"应缴财政款"科目。

(五)清查盘点保障性住房

单位应当定期对保障性住房进行清查盘点。对于发生的保障性住房盘盈、盘亏、毁损或报废等，参照"固定资产"科目的相关规定进行账务处理。

(六)保障性住房具体业务核算

保障性住房具体业务核算如表 3.22 所示。

表 3.22　1831 保障性住房的账务处理

序号	业务和事项内容		账务处理	
			财务会计	预算会计
(1)	保障性住房取得	外购的保障性住房	借：保障性住房 　贷：财政拨款收入/零余额账户用款额度/银行存款等	借：行政支出/事业支出 　贷：财政拨款预算收入/资金结存
		自行建造的保障性住房，工程完工交付使用时	借：保障性住房 　贷：在建工程	——
		无偿调入的保障性住房	借：保障性住房 　贷：银行存款/零余额账户用款额度等[发生的相关费] 　　无偿调拨净资产[差额]	借：其他支出[支付的相关税费] 　贷：资金结存等
(2)	出租保障性住房	按照收取或应收的租金金额	借：银行存款/应收账款 　贷：应缴财政款	——
(3)	处置保障性住房	出售保障性住房	借：资产处置费用 　保障性住房累计折旧 　贷：保障性住房[账面余额]	——
			借：银行存款 　贷：应缴财政款 　　银行存款等[发生的相关费用]	——
		无偿调出保障性住房	借：无偿调拨净资产 　保障性住房累计折旧 　贷：保障性住房[账面余额]	——
			借：资产处置费用 　贷：银行存款等	借：其他支出 　贷：资金结存等
(4)	保障性住房定期盘点清查	盘盈的保障性住房	借：保障性住房 　贷：待处理财产损溢	——
		盘亏、毁损或报废的保障性住房	借：待处理财产损溢[账面价值] 　保障性住房累计折旧 　贷：保障性住房[账面余额]	——

【例 3.43】2×19 年 5 月 4 日，某行政单位自行建造一栋保障性住房，该保障性住房在建造完工并交付使用时，在建工程成本为 2 000 000 元。

财务会计：

借：保障性住房　　　　　　　　　　2 000 000

　　贷：在建工程　　　　　　　　　2 000 000

预算会计不需要处理。

十五、保障性住房累计折旧

(一)按月计提保障性住房折旧时

按月计提保障性住房折旧时，按照应计提的折旧额，借记"业务活动费用"科目，贷记本科目。

(二)处置保障性住房时

报经批准处置保障性住房时，按照所处置保障性住房的账面价值，借记"资产处置费用""无偿调拨净资产""待处理财产损溢"等科目，按照已计提折旧，借记本科目，按照保障性住房的账面余额，贷记"保障性住房"科目。

(三)保障性住房累计折旧具体业务核算

保障性住房累计折旧具体业务核算如表 3.23 所示。

表 3.23　1832 保障性住房累计折旧的账务处理

序号	业务和事项内容	账务处理	
		财务会计	预算会计
(1)	按月计提保障性住房折旧时	借：业务活动费用 　　贷：保障性住房累计折旧	——
(2)	处置保障性住房时	借：待处理财产损溢/无偿调拨净资产/资产处置费用等 　　保障性住房累计折旧 　　贷：保障性住房[账面余额]	涉及资金支付的，参照"保障性住房"科目的相关账务处理

十六、受托代理资产

(一)受托转赠物资

(1) 接受委托人委托需要转赠给受赠人的物资，其成本按照有关凭据注明的金额确定。接受委托转赠的物资验收入库，按照确定的成本，借记本科目，贷记"受托代理负债"科目。

受托协议约定由受托方承担相关税费、运输费等费用的，还应当按照实际支付的相关税费、运输费等金额，借记"其他费用"科目，贷记"银行存款"等科目。

(2) 将受托转赠物资交付受赠人时，按照转赠物资的成本，借记"受托代理负债"科目，贷记本科目。

(3) 转赠物资的委托人取消了对捐赠物资的转赠要求，且不再收回捐赠物资的，应当将转赠物资转为单位的存货、固定资产等。按照转赠物资的成本，借记"受托代理负债"科目，贷记本科目；同时，借记"库存物品""固定资产"等科目，贷记"其他收入"科目。

(二)受托存储保管物资

(1) 接受委托人委托存储保管的物资，其成本按照有关凭据注明的金额确定。接受委托储存的物资验收入库，按照确定的成本，借记本科目，贷记"受托代理负债"科目。

(2) 发生由受托单位承担的与受托存储保管的物资相关的运输费、保管费等费用时，按照实际发生的费用金额，借记"其他费用"等科目，贷记"银行存款"等科目。

(3) 根据委托人要求交付或发出受托存储保管的物资时，按照发出物资的成本，借记"受托代理负债"科目，贷记本科目。

(三)罚没物资

(1) 取得罚没物资时，其成本按照有关凭据注明的金额确定。罚没物资验收(入库)，按照确定的成本，借记本科目，贷记"受托代理负债"科目。罚没物资成本无法可靠确定的，单位应当设置备查簿进行登记。

(2) 按照规定处置或移交罚没物资时，按照罚没物资的成本，借记"受托代理负债"科目，贷记本科目。处置时取得款项的，按照实际取得的款项金额，借记"银行存款"等科目，贷记"应缴财政款"等科目。

单位受托代理的其他实物资产，参照本科目有关受托转赠物资、受托存储保管物资的规定进行账务处理。

【例3.44】2×19年6月6日，某行政单位接受一批转赠物资，按照有关凭据注明的金额，该批物资的成本为1 000 000元。数日后，该行政单位按照委托人的要求，将该批物资转赠给了相关的受赠人。

(1) 收到受托转赠物资时

财务会计：

借：受托代理资产　　　　　　　　　1 000 000

　　贷：受托代理负债　　　　　　　　　1 000 000

预算会计不需要处理。

(2) 受托转赠物资交付受赠人时

财务会计：

借：受托代理负债　　　　　　　　　1 000 000

贷：受托代理资产	1 000 000

预算会计不需要处理。

十七、长期待摊费用

(一)发生长期待摊费用

发生长期待摊费用时，按照支出金额，借记本科目，贷记"财政拨款收入""零余额账户用款额度""银行存款"等科目。

(二)按期摊销或一次转销长期待摊费用剩余账面余额

按照受益期间摊销长期待摊费用时，按照摊销金额，借记"业务活动费用""单位管理费用""经营费用"等科目，贷记本科目。

如果某项长期待摊费用已经不能使单位受益，应当将其摊余金额一次全部转入当期费用。按照摊销金额，借记"业务活动费用""单位管理费用""经营费用"等科目，贷记本科目。

(三)长期待摊费用具体业务核算

长期待摊费用具体业务核算如表 3.24 所示。

表 3.24　1901 长期待摊费用的账务处理

序号	业务和事项内容	账务处理	
		财务会计	预算会计
(1)	发生长期待摊费用	借：长期待摊费用 　　贷：财政拨款收入/零余额账户用款额度/银行存款等	借：行政支出/事业支出等 　　贷：财政拨款预算收入/资金结存
(2)	按期摊销或一次转销长期待摊费用剩余账面余额	借：业务活动费用/单位管理费用/经营费用等 　　贷：长期待摊费用	——

十八、待处理财产损溢

(一)账款核对时发现的库存现金短缺或溢余

(1) 每日账款核对中发现现金短缺或溢余，如果属于现金短缺，按照实际短缺的金额，借记本科目，贷记"库存现金"科目；如果属于现金溢余，按照实际溢余的金额，借记"库存现金"科目，贷记本科目。

(2) 如为现金短缺，属于应由责任人赔偿或向有关人员追回的，借记"其他应收款"科目，贷记本科目；属于无法查明原因的，报经批准核销时，借记"资产处置费用"科目，贷记本科目。

(3) 如为现金溢余，属于应支付给有关人员或单位的，借记本科目，贷记"其他应付款"科目；属于无法查明原因的，报经批准后，借记本科目，贷记"其他收入"科目。

(二)资产清查过程中发现的盘盈、盘亏或报废、毁损

1. 盘盈的各类资产

转入待处理资产时，按照确定的成本，借记"库存物品""固定资产""无形资产""公共基础设施""政府储备物资""文物文化资产""保障性住房"等科目，贷记本科目。

按照规定报经批准后处理时，对于盘盈的流动资产，借记本科目，贷记"单位管理费用"[事业单位]或"业务活动费用"[行政单位]科目。对于盘盈的非流动资产，如属于本年度取得的，按照当年新取得的相关资产进行账务处理；如属于以前年度取得的，按照前期差错处理，借记本科目，贷记"以前年度盈余调整"科目。

2. 盘亏或者毁损、报废的各类资产

转入待处理资产时，借记本科目(待处理财产价值)[盘亏、毁损、报废固定资产、无形资产、公共基础设施、保障性住房的，还应借记"固定资产累计折旧""无形资产累计摊销""公共基础设施累计折旧(摊销)""保障性住房累计折旧"科目]，贷记"库存物品""固定资产""无形资产""公共基础设施""政府储备物资""文物文化资产""保障性住房""在建工程"等科目。涉及增值税业务的，还需进行相应的账务处理。

报经批准处理时，借记"资产处置费用"科目，贷记本科目(待处理财产价值)。

处理毁损、报废实物资产过程中取得的残值或残值变价收入、保险理赔和过失人赔偿等，借记"库存现金""银行存款""库存物品""其他应收款"等科目，贷记本科目(处理净收入)；处理毁损、报废实物资产过程中发生的相关费用，借记本科目(处理净收入)，贷记"库存现金""银行存款"等科目。

处理收支结清，如果处理收入大于相关费用的，按照处理收入减去相关费用后的净收入，借记本科目(处理净收入)，贷记"应缴财政款"等科目；如果处理收入小于相关费用的，按照相关费用减去处理收入后的净支出，借记"资产处置费用"科目，贷记本科目(处理净收入)。

【例 3.45】2×19 年，某事业单位在资产清查过程中发现一批已经毁损的库存物品。该批库存物品的账面余额为 11 000 元。该事业单位将其转入待处理财产。报经批准后，该事业单位将相应的待处理财产价值转入资产处置费用科目。该事业单位在处理该批库存物品的过程中，取得变价收入 3 300 元，发生清理费用等相关费用 500 元，实际形成处理净收入 2 800 元(3 300-500)，款项均以银行存款收付。按规定，该批库存物品的处理净收入应当上缴财政。该事业单位按规定结清该处理净收入。本题不考虑增值税业务。

(1) 将毁损的库存物品转入待处理财产时

财务会计：

借：待处理财产损溢(待处理财产价值)　　11 000

　　贷：库存物品　　　　　　　　　　　　　11 000

(2) 将待处理财产价值转入资产处置费用时

财务会计：

借：资产处置费用　　　　　　　　　　　11 000

　　贷：待处理财产损溢(待处理财产价值)　11 000

(3) 取得变价收入等处理收入时

财务会计：

借：银行存款　　　　　　　　　　　　　3 300

　　贷：待处理财产损溢(处理净收入)　　　3 300

(4) 发生清理费用等相关费用时

财务会计：

借：待处理财产损溢(处理净收入)　　　　500

　　贷：银行存款　　　　　　　　　　　　　500

(5) 结清处理净收入时

财务会计：

借：待处理财产损溢(处理净收入)　　　　2 800

　　贷：应缴财政款　　　　　　　　　　　　2 800

【课后练习与提高】

一、单项选择题

1. 以下选项中，属于非流动资产的是(　　)。

　　A. 货币资金　　　B. 固定资产　　　C. 存货　　　　　D. 短期投资

2. 以下选项中，表述正确的有(　　)。

　　A. 资产是由政府会计主体现在的经济业务或事项形成的

　　B. 资产可由政府会计主体控制，也可由其他会计主体控制

　　C. 资产能够为政府会计主体带来经济利益或服务潜力

　　D. 所谓经济利益流入，是指表现为现金及现金等价物的流入，或者现金及现金等价物流出的增加

3. 因内部职工出差等原因借出的现金的会计核算，以下选项中表述不正确的是(　　)。

　　A. 因内部职工出差等原因借出的现金，按照实际借出的现金金额，借记"其他应收款"科目，贷记本科目

　　B. 出差人员报销差旅费时，按照实际报销的金额，借记"业务活动费用""单位管理费用"等科目

C. 按照实际借出的现金金额，贷记"其他应收款"科目，按照其差额，借记或贷记本科目

D. 按照实际借出的现金金额，贷记"银行存款"科目，按照其差额，借记或贷记本科目

4. 年末，根据代理银行提供的对账单作注销额度的相关账务处理，借记"财政应返还额度——财政授权支付"科目，贷记(　　)。

A. 银行存款　　　　　　　　　　　　B. 财政拨款收入

C. 财政拨款预算收入　　　　　　　　D. 零余额账户用款额度

5. 年末，根据代理银行提供的对账单作注销额度的相关账务处理，借记(　　)，贷记"零余额账户用款额度"科目。

A. 财政拨款收入　　　　　　　　　　B. 财政应返还额度

C. 财政拨款预算收入　　　　　　　　D. 财政拨款结转

6. 单位发生应收账款时，按照应收未收金额，借记本科目，贷记(　　)。

A. 事业收入　　　B. 经营收入　　　C. 租金收入　　　　　D. 银行存款

7. 以下关于盘盈的固定资产成本确定方式，不正确的是(　　)。

A. 盘盈的固定资产，其成本按照有关凭据注明的金额确定

B. 没有相关凭据，但按照规定经过资产评估的，其成本按照评估价值确定

C. 没有相关凭据，也未经过评估的，其成本按照重置成本确定

D. 如无法采用上述方法确定盘盈固定资产成本的，可以不入账

8. 以下关于外购的文物文化资产的成本组成，不包括(　　)。

A. 购买价款　　　　　　　　　　　　B. 相关税费

C. 运输费、安装费、装卸费　　　　　D. 修缮费

9. 以下选项中不属于无形资产披露的信息是(　　)。

A. 无形资产账面余额、累计摊销额、账面价值的期初、期末数及其本期变动情况

B. 自行开发无形资产的名称、数量，以及账面余额和累计摊销额的变动情况

C. 以名义金额计量的无形资产名称、数量，以及以名义金额计量的理由

D. 无形资产的账务处理

10. 以下关于受托代理资产会计核算，不正确的是(　　)。

A. 接受委托人委托存储保管的物资，其成本按照有关凭据注明的金额确定。接受委托储存的物资验收入库，按照确定的成本，借记"受托代理资产"，贷记"受托代理负债"科目

B. 发生由受托单位承担的与受托存储保管物资相关的运输费、保管费等费用时，按照实际发生的费用金额，借记"其他费用"等科目，贷记"银行存款"等科目

C. 根据委托人要求交付或发出受托存储保管的物资时，按照发出物资的成本，借记"受托代理负债"科目，贷记"受托代理资产"

D. 根据委托人要求交付或发出受托存储保管的物资时，按照发出物资的成本，借记"受托代理负债"科目，贷记"其他货币资金"科目

二、多项选择题

1. 资产的计量属性主要包括( )。

   A. 历史成本   B. 重置成本   C. 现值   D. 公允价值

2. 以下选项中不属于流动资产的有( )。

   A. 存货   B. 固定资产   C. 政府储备物资   D. 公共基础设施

3. 以下关于自行研发阶段支出，表述正确的有( )。

   A. 自行研究开发项目研究阶段的支出，应当先在"研发支出"归集

   B. 按照从事研究及其辅助活动人员计提的薪酬，研究活动领用的库存物品，发生的与研究活动相关的管理费、间接费和其他各项费用，借记本科目(研究支出)，贷记"应付职工薪酬""库存物品""财政拨款收入""零余额账户用款额度""固定资产累计折旧""银行存款"等科目

   C. 期(月)末，应当将本科目归集的研究阶段的支出金额转入当期费用，借记"业务活动费用"等科目，贷记"研发支出(研究支出)科目

   D. 自行研究开发项目完成，达到预定用途形成无形资产的，按照本科目归集的开发阶段的支出金额，借记"无形资产"科目，贷记"财政拨款收入"科目

4. 以下选项中，属于"在建工程"明细科目的有( )。

   A. 建筑安装工程投资   B. 设备投资

   C. 待摊投资   D. 其他支出

5. 长期股权投资采用权益法核算，以下表述正确的有( )。

   A. 被投资单位实现净利润的，按照应享有的份额，借记"长期股权投资(损益调整)"科目，贷记"投资收益"科目

   B. 被投资单位宣告分派现金股利或利润的，按照应享有的份额，借记"应收股利"科目，贷记"长期股权投资(损益调整)"科目

   C. 被投资单位发生除净损益和利润分配以外的所有者权益变动的，按照应享有或应分担的份额，借记或贷记"权益法调整"科目，贷记或借记"长期股权投资(其他权益变动)"科目

   D. 被投资单位发生净亏损的，按照应分担的份额，借记"投资收益"科目，贷记"长期股权投资(损益调整)"科目，但以"长期股权投资"科目的账面余额减记至零为限

三、判断题(正确打"√"，错误打"×")

1. 行政事业单位的资产按其流动性，可分为流动资产和非流动资产。   ( )

2. 负债的计量属性包括历史成本、重置成本、现值、公允价值和名义金额。   ( )

3. "银行存款"科目核算实行国库集中支付的单位根据财政部门批复的用款计划收到和支用的零余额账户用款额度。   ( )

4. 购入需要安装的固定资产，应当先通过"在建工程"科目核算，安装完毕交付使用时再转入固定资产科目核算。   ( )

5. "待摊投资"明细科目，核算单位发生的构成建设项目实际支出的、按照规定应当分摊计入有关工程成本和设备成本的各项间接费用和税费支出。   ( )

6. 非大批量购入、单价小于 800 元的无形资产，可以于购买的当期将其成本直接计入当期费用。　　　　　　　　　　　　　　　　　　　　　　　　　　　　（　　）

7. "待处理财产损溢"期末借方余额，反映的是尚未处理完毕的各种资产的净损失。
　　　　　　　　　　　　　　　　　　　　　　　　　　　　　　　　　　　（　　）

8. 外购的库存物品验收入库，按照确定的成本，借记"存货"科目，贷记"财政拨款收入""零余额账户用款额度""银行存款""应付账款""在途物品"等科目。涉及增值税业务的，无须进行相应的账务处理。　　　　　　　　　　　　　　　　（　　）

9. 长期债券投资持有期间，按期以债券票面金额与票面利率计算确认利息收入时，如为到期一次还本付息的债券投资，借记"长期债券投资(应计利息)"科目，贷记"投资收益"科目；如为分期付息、到期一次还本的债券投资，借记"应收利息"科目，贷记"投资收益"科目。　　　　　　　　　　　　　　　　　　　　　　　　　　（　　）

10. 购入的政府储备物资验收入库，按照确定的成本，借记"工程物资"科目，贷记"财政拨款收入""零余额账户用款额度""银行存款"等科目。　　　　　　　（　　）

四、业务处理题

1. 2×19 年 2 月 9 日，某行政单位工作人员王某报销差旅费 500 元，退回现金 300 元。
要求：编制相关的会计分录。

2. 2×19 年，某事业单位发生以下业务。

(1) 1 月 1 日，该单位因开展业务活动需要领用材料一批，价值 20 000 元。

(2) 2 月 1 日，该单位向对口扶贫学校捐赠低值易耗品一批，价值 50 000 元，发生运输装卸费 1500 元，以银行存款支付。

(3) 3 月 3 日，该单位向附属小学无偿调出库存物品一批，凭据上注明金额 50 000 元，发生运输装卸费 1500 元，以银行存款支付。

(4) 4 月 4 日，该单位经主管部门批准将一批材料出售(非自主出售)给甲公司，材料成本 50 000 元，售价 60 000 元，增值税 9 600 元，款项已收到。

(5) 该单位有 a、b、c 三种材料，a 材料为非自用材料，增值税税率为 16%，6 月 30 日，进行年中存货盘点。

盘点过程中，发现 a 材料有毁损，毁损材料账面价值 1 000 元。

盘盈 b 材料，价值 6000 元。

盘点过程中，发现 c 材料短缺，短缺的 c 材料账面价值为 500 元。

要求：编制相关会计分录。

3. 2×19 年 1 月 1 日，某事业单位购入一项不需要安装的设备，价款为 100 000 元，运费 2 000 元，款项已通过银行存款支付，该项固定资产已安装完毕并交付使用。
要求：编制相关的会计分录。

4. 2×19 年 5 月 12 日，某事业单位接受某公司捐赠的一项专利技术，价值 300 000 元，支付相关税费 5 000 元。
要求：编制相关会计分录。

5. 2×19 年 3 月 4 日，该事业单位在开发过程中发生应付开发人员工资薪酬 100 000 元、领用库存物品 2 000 元、以银行存款支付管理费用 5 000 元。

要求：编制相关会计分录。

五、思考题

1. 资产的概念和构成内容是什么？

2. 如何加强行政事业单位库存现金的管理？

3. 行政事业单位的存货包括哪些内容？

4. 长期股权投资核算的成本法和权益法的主要区别有哪些？

5. 如何对固定资产进行分类、确认和计量？

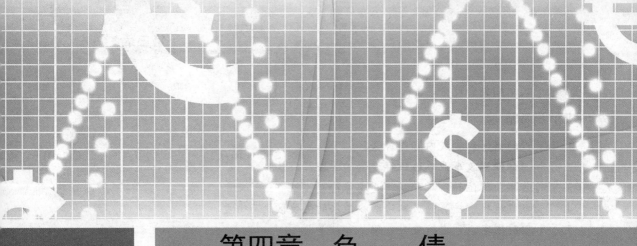

第四章 负　债

【学习目的及要求】

本章主要介绍了政府会计负债的概念、分类、确认与计量，负债的会计科目及会计核算。

通过本章的学习，了解负债的概念与分类、确认条件及计量方法，掌握负债的会计科目设置及账务处理。

第一节　负债概述

一、负债的概念

政府会计负债是指政府会计主体过去的经济业务或者事项形成的，预期会导致经济资源流出政府会计主体的现时义务。现时义务，是指政府会计主体在现行条件下已承担的义务。未来发生的经济业务或者事项形成的义务不属于现时义务，不应当确认为负债。

但政府会计主体不应当将下列与或有事项相关的义务确认为负债。

一是过去的经济业务或者事项形成的潜在义务，其存在须通过未来不确定事项的发生或不发生予以证实，未来事项是否能发生不在政府会计主体控制范围内。潜在义务是指结果取决于不确定未来事项的可能义务。二是过去的经济业务或者事项形成的现时义务，履行该义务不是很可能导致经济资源流出政府会计主体或者该义务的金额不能可靠计量。

二、负债的分类

政府会计主体的负债按照流动性，可分为流动负债和非流动负债。

流动负债是指预计在1年内(含1年)偿还的负债，包括应付及预收款项、应付职工薪酬、应缴款项等。

非流动负债是指流动负债以外的负债，包括长期应付款、应付政府债券和政府依法担保形成的债务等。

此外，政府会计主体的负债还包括由或有事项形成的预计负债和政府会计主体暂时收取暂收性负债。或有事项，是指由过去的经济业务或者事项形成的，其结果须由某些未来事项的发生或不发生才能决定的不确定事项。未来事项是否发生不在政府会计主体控制范围内。政府会计主体常见的或有事项主要包括未决诉讼或未决仲裁、对外国政府或国际经济组织的贷款担保、承诺(补贴、代偿)、自然灾害或公共事件的救助等。暂收性负债是指政府会计主体暂时收取，随后应做上缴、退回、转拨等处理的款项。暂收性负债主要包括应缴财政款和其他暂收款项。

三、负债的确认与计量

(一)负债的确认

上述负债定义的义务，在同时满足以下两个条件时，应当确认为负债。

(1) 履行该义务很可能导致含有服务潜力或者经济利益的经济资源流出政府会计主体。

(2) 该义务的金额能够可靠地计量。

(二)负债的计量

负债的计量属性主要包括历史成本、现值和公允价值。采用现值、公允价值计量的，应当保证所确定的负债金额能够持续、可靠计量。

在历史成本计量下，负债按照因承担现时义务而实际收到的款项或者资产的金额，或者承担现时义务的合同金额，或者按照为偿还负债预期需要支付的现金计量。在现值计量下，负债按照预计期限内需要偿还的未来净现金流出量的折现金额计量。在公允价值计量下，负债按照市场参与者在计量日发生的有序交易中，转移负债所需支付的价格计量。

《政府会计基本准则》第三十七条规定，政府会计主体在对负债进行计量时，一般应当采用历史成本。

四、负债的披露

符合负债定义和负债确认条件的项目，应当列入资产负债表。或有事项的负债，不列入资产负债表，但应当在报表附注中披露。或有事项相关义务包括下列三个方面的内容。

(1) 或有事项相关义务的种类及其形成原因。

(2) 经济资源流出时间和金额不确定的说明。

(3) 或有事项相关义务预计产生的财务影响，以及获得补偿的可能性。无法预计的，应当说明原因。

此外，政府会计主体还应当在附注中披露与举借债务、应付及预收款项、暂收性负债和预计负债有关的下列信息。一是各类负债的债权人、偿还期限、期初余额和期末余额；二是逾期借款或者违约政府债券的债权人、借款(债券)金额、逾期时间、利率、逾期未偿还(违约)原因和预计还款时间等；三是借款的担保方、担保方式、抵押物等；四是预计负债的形成原因以及经济资源可能流出的时间、经济资源流出的时间和金额不确定的说明，预计与负债有关的预期补偿金额和本期已确认的补偿金额。

第二节 负债类科目

政府会计负债可分为流动负债与非流动负债，共设科目16个，如表4.1所示。

表4.1 负债类科目表

负债类								
序号	科目编号	科目名称	适用范围	序号	科目编号	科目名称	适用范围
1	2001	短期借款	事业单位	9	2304	应付利息	事业单位
2	2101	应交增值税		10	2305	预收账款	事业单位
3	2102	其他应交税费		11	2307	其他应付款	
4	2103	应交财政款		12	2401	预提费用	
5	2201	应付职工薪酬		13	2501	长期借款	事业单位
6	2301	应付票据	事业单位	14	2502	长期应付款	
7	2302	应付账款		15	2601	预计负债	
8	2303	应付政府补贴款	行政单位	16	2901	受托代理负债	

一、短期借款

短期借款是事业单位专用科目。本科目核算事业单位经批准向银行或其他金融机构等借入的期限在1年内(含1年)的各种借款。

本科目应当按照债权人和借款种类进行明细核算，其期末贷方余额，反映事业单位尚未偿还的短期借款本金。

二、应交增值税

改革前是应交税费科目，改革后一分为二，分为应交增值税和其他应交税费两个科目。

本科目核算单位按照税法规定计算应交纳的增值税。

属于增值税一般纳税人的单位，应当在本科目下设置"应交税金""未交税金""预交税金""待抵扣进项税额""待认证进项税额""待转销项税额""简易计税""转让金融商品应交增值税""代扣代交增值税"等明细科目。

"应交税金"明细账内应当设置"进项税额""已交税金""转出未增值税""减免税款""销项税额""进项税额转出""转出多交增值税"等专栏。

本科目期末贷方余额，反映单位应交未交的增值税；期末如为借方余额，反映单位尚未抵扣或多交的增值税。

三、其他应交税费

本科目核算单位按照税法等规定计算应交纳的除增值税以外的各种税费，包括城市维护建设税、教育费附加、地方教育费附加、车船税、房产税、城镇土地使用税和企业所得税等。

单位代扣代缴的个人所得税，也通过本科目核算。单位应交纳的印花税不需要预提应交税费，直接通过"业务活动费用""单位管理费用""经营费用"等科目核算，不通过本科目核算。

本科目应当按照应交纳的税费种类进行明细核算。本科目期末贷方余额，反映单位应交未交的除增值税以外的税费金额；期末如为借方余额，反映单位多交纳的除增值税以外的税费金额。

四、应缴财政款

本科目核算单位取得或应收的按照规定应当上缴财政的款项，包括应缴国库的款项和应缴财政专户的款项。应缴国库的款项包括单位代收的纳入预算管理的基金、单位代收的行政性收费收入、罚没收入、无主财物变价收入、其他按预算管理规定应上缴预算的款项，如固定资产处置净收益等。

单位按照国家税法等有关规定应当缴纳的各种税费，通过"应交增值税""其他应交税费"科目核算，不通过本科目核算。

本科目应当按照应缴财政款项的类别进行明细核算。本科目期末贷方余额，反映单位应当上缴财政但尚未缴纳的款项。年终清缴后，本科目一般应无余额。

五、应付职工薪酬

本科目核算单位按照有关规定应付给职工(含长期聘用人员)以及为职工支付的各种薪酬，包括工资和津贴补贴：基本工资、国家统一规定的津贴补贴、规范津贴补贴(绩效工资)、改革性补贴；社会保险费：从工资中扣缴金额＋为职工缴纳的相应金额：基本养老保险费、职业年金、基本医疗保险费等；住房公积金：从职工工资中扣缴金额＋为职工缴纳的相应金额。

本科目应当根据国家有关规定按照"基本工资(含离退休费)""国家统一规定的津贴补贴""规范津贴补贴(绩效工资)""改革性补贴""社会保险费""住房公积金""其他个人收入"等进行明细核算。其中，"社会保险费""住房公积金"明细科目核算内容包括单位从职工工资中代扣代缴的社会保险费、住房公积金，以及单位为职工计算缴纳的社会保险费、住房公积金。

本科目期末贷方余额，反映单位应付未付的职工薪酬。

六、应付票据

应付票据是事业单位专用科目。本科目核算事业单位因购买材料、物资等而开出、承兑的商业汇票，包括银行承兑汇票和商业承兑汇票。商业承兑汇票由付款人承兑，银行承兑汇票由出票银行承兑。

本科目应当按照债权人进行明细核算。本科目期末贷方余额，反映事业单位开出、承兑的尚未到期的应付票据金额。

七、应付账款

本科目核算单位因购买物资、接受服务、开展工程建设等而应付的偿还期限在 1 年以内(含 1 年)的款项。

本科目应当按照债权人进行明细核算。对于建设项目，还应设置"应付器材款""应付工程款"等明细科目，并按照具体项目进行明细核算。

本科目期末贷方余额，反映单位尚未支付的应付账款金额。

八、应付政府补贴款

应付政府补贴款是行政单位专用科目。本科目核算负责发放政府补贴的行政单位，按照规定应当支付给政府补贴接受者的各种政府补贴款。它主要包括政策性补助，政府为了调控粮食、公交、水电等一些与国计民生紧密相关企业的产品价格，对这些企业实行政策性补助；财政扶持性补助，如科技专项拨款、高新技术产业专项补助资金、经认定的高新技术成果转化项目由政府返还项目用地的土地使用费、土地出让金等，以及国家对特定企业或特定行业在一定时期所给予的税收优惠等。

本科目应当按照应支付的政府补贴种类进行明细核算。单位还应当根据需要按照补贴接受者进行明细核算，或者建立备查簿对补贴接受者予以登记。本科目期末贷方余额，反映行政单位应付未付的政府补贴金额。

九、应付利息

应付利息是事业单位专用科目。本科目核算事业单位按照合同约定应支付的借款利息，包括短期借款、分期付息到期还本的长期借款等应支付的利息。

本科目应当按照债权人等进行明细核算。本科目期末贷方余额，反映事业单位应付未付的利息金额。

十、预收账款

预收账款是事业单位专用科目。本科目核算事业单位预先收取但尚未结算的款项。与应付账款不同，预收账款所形成的负债不是以货币资金偿付的，而应以货物或劳务偿付。

本科目应当按照债权人进行明细核算。如果事业单位预付账款业务不多，可以不设置"预收账款"科目，而直接通过"应收账款"科目进行核算。本科目期末贷方余额，反映的是事业单位预收但尚未结算的款项金额。

十一、其他应付款

本科目核算单位除应交增值税、其他应交税费、应缴财政款、应付职工薪酬、应付票据、应付账款、应付政府补贴款、应付利息、预收账款以外，其他各项偿还期限在 1 年内(含 1 年)的应付及暂收款项，如收取的押金、存入保证金、已经报销但尚未偿还银行的本单位公务卡欠款、同级政府财政部门预拨的下期预算款和没有纳入预算的暂付款项、采用实拨资金方式通过本单位转拨给下属单位的财政拨款等。

本科目应当按照其他应付款的类别以及债权人等进行明细核算。本科目期末贷方余额，反映单位尚未支付的其他应付款金额。

十二、预提费用

本科目核算单位预先提取的已经发生但尚未支付的费用，如预提租金费用、事业单位按规定从科研项目收入中提取的项目间接费用或管理费等。

事业单位按规定从科研项目收入中提取的项目间接费用或管理费，也通过本科目核算。但事业单位计提的借款利息费用，应通过"应付利息""长期借款"科目核算，不通过本科目核算。

本科目应当按照预提费用的种类进行明细核算。对于提取的项目间接费用或管理费，应当在本科目下设置"项目间接费用或管理费"明细科目，并按项目进行明细核算。本科目期末贷方余额，反映单位已预提但尚未支付的各项费用。

十三、长期借款

本科目核算事业单位经批准向银行或其他金融机构等借入的期限超过 1 年(不含 1 年)的各种借款本息。

本科目应当设置"本金"和"应计利息"明细科目，并按照贷款单位和贷款种类进行明细核算。对于建设项目的借款利息，属于工程项目建设期间发生的，计入工程成本；不属于工程项目建设期间发生的，计入当期费用。本科目期末贷方余额，反映事业单位尚未偿还的长期借款本息金额。

十四、长期应付款

本科目核算单位发生的偿还期限超过 1 年(不含 1 年)的应付款项，如以融资租赁方式取得固定资产应付的租赁费、涉及的质保金业务等。

本科目应当按照长期应付款的类别以及债权人进行明细核算。本科目期末贷方余额，反映单位尚未支付的长期应付款金额。

十五、预计负债

预计负债是指行政事业单位因或有事项所产生的现时义务而确认的负债。或有事项是指由过去的交易或者事项形成的，其结果须由某些未来事项的发生或不发生才能决定的不确定事项。常见的或有事项有未决诉讼或仲裁、债务担保、产品质量保证(含产品安全保证)、承诺、亏损合同、重组义务、环境污染整治等。

未来可能发生的事项：如自然灾害、交通事故、经营亏损等不属于预计负债。

本科目应当按照预计负债的项目进行明细核算。本科目期末贷方余额，反映单位已确认但尚未支付的预计负债金额。

十六、受托代理负债

本科目核算单位接受委托取得受托代理资产时形成的负债。

本科目的账务处理参见"受托代理资产""库存现金""银行存款"等科目。本科目期末贷方余额，反映单位尚未交付或发出受托代理资产形成的受托代理负债金额。

第三节　流动负债的会计核算

政府会计主体负债包括流动负债和非流动负债。流动负债是指预计在 1 年内(含 1 年)偿还的负债，包括短期借款、应缴财政款、应付职工薪酬、应付票据、应付账款、应付政府补贴款、应付利息、预收账款、应交增值税、其他应交税费、其他应付款、预提费用等。

一、短期借款

(一)短期借款的确认与计量

1. 短期借款的确认

短期借款是指政府会计主体向银行或其他金融机构等借入的期限在 1 年内(含 1 年)的各种借款。对于举借债务，政府会计主体应当在与债权人签订借款合同或协议并取得举借资金时确认为负债。

2. 短期借款的计量

举借债务初始确认为负债时，应当按照实际发生额计量。

对于借入款项，初始确认为负债时应当按照借款本金计量；借款本金与取得的借款资金的差额应当计入当期费用。对于发行的政府债券，初始确认为负债时应当按照债券本金计量；债券本金与发行价款的差额应当计入当期费用。

对于属于流动负债的举借债务以及属于非流动负债的分期付息、一次还本的举借债务，应当将计算确定的应付未付利息确认为流动负债，计入应付利息；对于其他举借债务，应当将计算确定的应付未付利息确认为非流动负债，计入相关非流动负债的账面余额。

政府会计主体应当将因举借债务发生的借款费用分别计入工程成本或当期费用。借款费用，是指政府会计主体因举借债务而发生的利息及其他相关费用，包括借款利息、辅助费用以及因外币借款而发生的汇兑差额等。其中，辅助费用是指政府会计主体在举借债务过程中发生的手续费、佣金等费用。

(二)短期借款的账户设置

短期借款的核实应当设置"短期借款"账户，并且按照债权人和借款种类进行明细核算。"短期借款"借方反映事业单位本期短期借款的减少，贷方反映本科短期借款的增加，期末贷方余额，反映事业单位尚未偿还的短期借款本金。

(三)短期借款的主要账务处理

①借入各种短期借款时，按照实际借入的金额，借记"银行存款"科目，贷记本科目。②银行承兑汇票到期，本单位无力支付票款的，按照应付票据的账面余额，借记"应付票据"科目，贷记本科目。③归还短期借款时，借记本科目，贷记"银行存款"科目。

(四)短期借款的具体业务核算

短期借款的具体业务核算如表 4.2 所示。

表 4.2　2001 短期借款的账务处理

序号	业务和事项内容	账务处理	
		财务会计	预算会计
(1)	借入各种短期借款	借：银行存款 　　贷：短期借款	借：资金结存——货币资金 　　贷：债务预算收入
(2)	银行承兑汇票到期，本单位无力支付票款	借：应付票据 　　贷：短期借款	借：经营支出等 　　贷：债务预算收入
(3)	归还短期借款	借：短期借款 　　贷：银行存款	借：债务还本支出 　　贷：资金结存——货币资金

【例 4.1】某事业单位为满足事业业务发展的资金需求，向开户银行取得期限为 6 个月，年利率为 6%的短期借款 100 万元。

(1) 借入时

财务会计：

借：银行存款　　　　　　　　　　　　　　　　　　1 000 000

　　贷：短期借款　　　　　　　　　　　　　　　　　　　1 000 000

预算会计：

借：资金结存——货币资金　　　　　　　　　　1 000 000

　　贷：债务预算收入　　　　　　　　　　　　　　1 000 000

(2)　到期归还本金和利息时：(借款利息 1000000×6%÷12×6=30000)

财务会计：

借：短期借款　　　　　　　　　　　　　　　　1 000 000

　　其他支出——利息支出　　　　　　　　　　　　30 000

　　贷：银行存款　　　　　　　　　　　　　　　　1 030 000

预算会计：

借：债务还本支出　　　　　　　　　　　　　　1 000 000

　　其他预算支出　　　　　　　　　　　　　　　　30 000

　　贷：资金结存——货币资金　　　　　　　　　　1 030 000

【例 4.2】某事业单位开出的商业承兑汇票 100 000 元到期，本单位无力支付票款，转为银行的短期借款。

财务会计：

借：应付票据　　　　　　　　　　　　　　　　100 000

　　贷：短期借款　　　　　　　　　　　　　　　　100 000

预算会计：

借：经营支出等　　　　　　　　　　　　　　　100 000

　　贷：债务预算收入　　　　　　　　　　　　　　100 000

二、应缴财政款

(一)应缴财政款的确认

单位按照国家税法等有关规定应当缴纳的各种税费，通过"应交增值税""其他应交税费"科目核算，不通过本科目核算。

对于应缴财政款，政府会计主体通常应当在实际收到相关款项时，按照相关规定计算确定的上缴金额予以确认。

(二)应缴财政款的账户设置

应缴财政款的核实应当设置"应缴财政款"账户进行核算，并且按照应缴财政款项的类别进行明细核算。"应缴财政款"的借方反映当期行政事业单位应缴财政款的减少，贷方反映当期应缴财政款的增加，期末贷方余额，反映单位应当上缴财政但尚未缴纳的款项。年终清缴后，本科目一般应无余额。

(三)应缴财政款的主要账务处理

(1)　单位取得或应收按照规定应缴财政的款项时，借记"银行存款""应收账款"等科目，贷记本科目。

(2) 单位处置资产取得的应上缴财政的处置净收入的账务处理，参见"待处理财产损溢"等科目。

(3) 单位上缴应缴财政的款项时，按照实际上缴的金额，借记本科目，贷记"银行存款"科目。

(四)应缴财政款的具体业务核算

应缴财政款的具体业务核算如表 4.3 所示。

表 4.3 2103 应缴财政款的账务处理

序号	业务和事项内容	账务处理	
		财务会计	预算会计
(1)	取得或应收按照规定应缴财政的款项时	借：银行存款/应收账款等 贷：应缴财政款	——
(2)	处置资产取得应上缴财政的处置净收入的	参照"待处理财产损溢"科目的相关账务处理	——
(3)	上缴财政款项时	借：应缴财政款 贷：银行存款等	——

【例 4.3】某行政单位月初收到应交国库收入 20 000 元，存入银行。

财务会计：

借：银行存款   20 000

    贷：应缴财政款   20 000

【例 4.4】月末，该行政单位上缴应缴财政。

财务会计：

借：应缴财政款   20 000

    贷：银行存款   20 000

三、应付职工薪酬

(一)应付职工薪酬的确认

应付职工薪酬是指单位按照有关规定应付给职工(含长期聘用人员)及为职工支付的各种薪酬，包括基本工资、国家统一规定的津贴补贴、规范津贴补贴(绩效工资)、改革性补贴、社会保险费(如职工基本养老保险费、职业年金、基本医疗保险费等)、住房公积金等。

应付职工薪酬应当在规定支付职工薪酬的时间确认。

政府会计主体应当根据职工提供服务的受益对象，将下列职工薪酬分情况进行处理。

(1) 应由自制物品负担的职工薪酬，计入自制物品成本。

(2) 应由工程项目负担的职工薪酬，计入工程成本或当期费用。

(3) 应由自行研发项目负担的职工薪酬，在研究阶段发生的，计入当期费用，在开发阶段发生并且最终形成无形资产的，计入无形资产成本。

(4) 政府会计主体因辞退等原因给予职工的补偿，应当于相关补偿金额报经批准时确认为负债，并计入当期费用。

(二)应付职工薪酬的账户设置

应付职工薪酬的核算应当设置"应付职工薪酬"账户进行核算，并根据国家有关规定按照"基本工资(含离退休费)""国家统一规定的津贴补贴""规范津贴补贴(绩效工资)""改革性补贴""社会保险费""住房公积金""其他个人收入"等进行明细核算。其中，"社会保险费""住房公积金"明细科目核算内容包括单位从职工工资中代扣代缴的社会保险费、住房公积金，以及单位为职工计算缴纳的社会保险费、住房公积金。

"应付职工薪酬"的借方反映当期行政事业单位应付职工薪酬的减少，贷方反映当期应付职工薪酬的增加，期末贷方余额，表示行政事业单位应付未付的职工薪酬。

政府单位应当设置"应付票据备查簿"，详细登记每一应付票据的种类、号数、出票日期、到期日、票面金额、交易合同号、收款人姓名或单位名称，以及付款日期和金额等。应付票据到期结清票款后，应当在备查簿内逐笔注销。

(三)应付职工薪酬的主要账务处理

(1) 计算确认当期应付职工薪酬(含单位为职工计算缴纳的社会保险费、住房公积金)。计提从事专业及其辅助活动人员的职工薪酬，借记"业务活动费用""单位管理费用"科目，贷记本科目。计提应由在建工程、加工物品、自行研发无形资产负担的职工薪酬，借记"在建工程""加工物品""研发支出"等科目，贷记本科目。计提从事专业及其辅助活动之外的经营活动人员的职工薪酬，借记"经营费用"科目，贷记本科目。因解除与职工的劳动关系而给予的补偿，借记"单位管理费用"等科目，贷记本科目。

(2) 向职工支付工资、津贴补贴等薪酬时，按照实际支付的金额，借记本科目，贷记"财政拨款收入""零余额账户用款额度""银行存款"等科目。

(3) 按照税法规定代扣职工个人所得税时，借记本科目(基本工资)，贷记"其他应交税费——应交个人所得税"科目。从应付职工薪酬中代扣为职工垫付的水电费、房租等费用时，按照实际扣除的金额，借记本科目(基本工资)，贷记"其他应收款"等科目。从应付职工薪酬中代扣社会保险费和住房公积金，按照代扣的金额，借记本科目(基本工资)，贷记本科目(社会保险费、住房公积金)。

(4) 按照国家有关规定缴纳职工社会保险费和住房公积金时，按照实际支付的金额，借记本科目(社会保险费、住房公积金)，贷记"财政拨款收入""零余额账户用款额度""银行存款"等科目。

(5) 从应付职工薪酬中支付的其他款项，借记本科目，贷记"零余额账户用款额度""银行存款"等科目。

(四)应付职工薪酬的具体业务核算

应付职工薪酬的具体业务核算如表4.4所示。

表4.4　2201应付职工薪酬的账务处理

序号	业务和事项内容		账务处理	
			财务会计	预算会计
(1)	计算确认当期应付职工薪酬	从事专业及其辅助活动人员的职工薪酬	借：业务活动费用/单位管理费用 　贷：应付职工薪酬	——
		应由在建工程、加工物品、自行研发无形资产负担的职工薪酬	借：在建工程/加工物品/研发支出等 　贷：应付职工薪酬	——
		从事专业及其辅助活动以外的经营活动人员的职工薪酬	借：经营费用 　贷：应付职工薪酬	——
		因解除与职工的劳动关系而给予的补偿	借：单位管理费用 　贷：应付职工薪酬	——
(2)	向职工支付工资、津贴补贴等薪酬		借：应付职工薪酬 　贷：财政拨款收入/零余额账户用款额度/银行存款等	借：行政支出/事业支出/经营支出等 　贷：财政拨款预算收入/资金结存
(3)	从职工薪酬中代扣各种款项	代扣代缴个人所得税	借：应付职工薪酬——基本工资 　贷：其他应交税费——应交个人所得税	——
		代扣社会保险费和住房公积金	借：应付职工薪酬——基本工资 　贷：应付职工薪酬——社会保险费/住房公积金	——
		代扣为职工垫付的水电费、房租等费用时	借：应付职工薪酬——基本工资 　贷：其他应收款等	——
(4)	按照规定缴纳职工社会保险费和住房公积金		借：应付职工薪酬——社会保险费/住房公积金 　贷：财政拨款收入/零余额账户用款额度/银行存款等	借：行政支出/事业支出/经营支出等 　贷：财政拨款预算收入/资金结存
(5)	从应付职工薪酬中支付的其他款项		借：应付职工薪酬 　贷：零余额账户用款额度/银行存款等	借：行政支出/事业支出/经营支出等 　贷：资金结存等

【例4.5】某行政单位2019年1月计算确认本月应付职工薪酬460 000元，其中：从事专业活动人员职工薪酬300 000元，应由在建工程负担的职工薪酬50 000元，从事专业活

动以外的经营活动人员的职工薪酬 60 000 元，因解除与职工的劳动关系而给予的补偿 50 000 元。

财务会计：

借：业务活动费用/单位管理费用   300 000

    在建工程   50 000

    经营费用   60 000

    单位管理费用   50 000

    贷：应付职工薪酬   460 000

【例 4.6】月末向职工支付职工薪酬 460 000 元。

财务会计：

借：应付职工薪酬   460 000

    贷：财政拨款收入等   460 000

预算会计：

借：行政支出/事业支出/经营支出等   460 000

    贷：财政拨款预算收入/资金结存   460 000

【例 4.7】月末代扣职工养老保险、医疗保险、失业保险等 120 000 元，住房公积金 100 000 元，个人所得税 50 000 元。代扣为职工垫付的水电费等 30 000 元。

财务会计：

借：应付职工薪酬——基本工资   50 000

    贷：其他应交税费——应交个人所得税   50 000

借：应付职工薪酬——基本工资   220 000

    贷：应付职工薪酬——社会保险费   120 000

        应付职工薪酬——住房公积金   100 000

借：应付职工薪酬——基本工资   30 000

    贷：其他应收款   30 000

【例 4.8】月末按照国家有关规定上缴职工社会保险费 120 000 元和住房公积金 100 000 元。

财务会计：

借：应付职工薪酬——社会保险费   120 000

    应付职工薪酬——住房公积金   100 000

    贷：财政拨款收入/零余额账户用款额度/银行存款   220 000

预算会计：

借：行政支出/事业支出/经营支出等   220 000

    贷：财政拨款预算收入/资金结存   220 000

四、应付票据

应付票据是指事业单位因购买材料、物资等而开出、承兑的商业汇票，包括银行承兑汇票和商业承兑汇票。按照国家有关规定，单位之间只有在商品交易的情况下，才能使用商业汇票结算。商业承兑汇票由银行以外的付款人承兑(一般付款人为承兑人)，银行承兑汇票由银行承兑。商业汇票的付款期限，最长不得超过 6 个月。

(一)应付票据的账户设置

应付票据应当设置"应付票据"账户进行核算，按照票据的类别设置银行承兑汇票和商业承兑汇票明细科目。"应付票据"借方反映当期事业单位应付票据的减少，贷方反映当期应付票据的增加，期末贷方余额，反映事业单位开出、承兑的尚未到期的应付票据金额。

(二)应付票据的主要账务处理

(1) 开出、承兑商业汇票时，借记"库存物品""固定资产"等科目，贷记本科目。涉及增值税业务的，相关账务处理参见"应交增值税"科目。

以商业汇票抵付应付账款时，借记"应付账款"科目，贷记本科目。

(2) 支付银行承兑汇票的手续费时，借记"业务活动费用""经营费用"等科目，贷记"银行存款""零余额账户用款额度"等科目。

(3) 商业汇票到期时，应当分以下情况处理。收到银行支付到期票据的付款通知时，借记本科目，贷记"银行存款"科目。银行承兑汇票到期，单位无力支付票款的，按照应付票据账面余额，借记本科目，贷记"短期借款"科目。商业承兑汇票到期，单位无力支付票款的，按照应付票据账面余额，借记本科目，贷记"应付账款"科目。

(三)应付票据的具体业务核算

应付票据的具体业务核算如表 4.5 所示。

表 4.5 2301 应付票据的账务处理

序号	业务和事项内容	账务处理	
		财务会计	预算会计
(1)	开出、承兑商业汇票	借：库存物品/固定资产等 　　贷：应付票据	——
(2)	以商业汇票抵付应付账款时	借：应付账款 　　贷：应付票据	——
(3)	支付银行承兑汇票的手续费	借：业务活动费用/经营费用等 　　贷：银行存款等	借：事业支出/经营支出 　　贷：资金结存——货币资金

续表

序号	业务和事项内容		账务处理	
			财务会计	预算会计
(4)	商业汇票到期时	收到银行支付到期票据的付款通知时	借：应付票据 　贷：银行存款	借：事业支出/经营支出 　贷：资金结存——货币资金
(5)		银行承兑汇票到期，本单位无力支付票款	借：应付票据 　贷：短期借款	借：事业支出/经营支出 　贷：债务预算收入
(6)		商业承兑汇票到期，本单位无力支付票款	借：应付票据 　贷：应付账款	——

【例 4.9】某事业单位 2019 年 1 月 1 日开出 2 个月期限的银行承兑汇票购入一批材料，价款 50 000 元，增值税 6 500 元，材料已验收入库。银行承兑手续费 2500 元。

(1) 开出银行承兑汇票时

财务会计：

借：库存物品　　　　　　　　　　　　　　50 000

　　应交增值税——进项税　　　　　　　　6 500

　　贷：应付票据——银行承兑汇票　　　　　　56 500

(2) 支付银行承兑手续费时

财务会计：

借：业务活动费用　　　　　　　　　　　　2 500

　　贷：银行存款　　　　　　　　　　　　　　2 500

预算会计：

借：经营支出　　　　　　　　　　　　　　2 500

　　贷：资金结存——货币资金　　　　　　　　2 500

(3) 票据到期还款时

财务会计：

借：应付票据　　　　　　　　　　　　　　56 500

　　贷：银行存款　　　　　　　　　　　　　　56 500

预算会计：

借：经营支出　　　　　　　　　　　　　　56 500

　　贷：资金结存——货币资金　　　　　　　　56 500

(4) 若票据到期不能支付款项时

财务会计：

借：应付票据　　　　　　　　　　　　　　56 500

　　贷：短期借款　　　　　　　　　　　　　　56 500

预算会计：

借：事业支出/经营支出　　　　　　　　　56 500

　　贷：债务预算收入　　　　　　　　　　　　56 500

五、应付账款

(一)应付账款的确认

对于应付账款，政府会计主体应当在取得资产、接受劳务，或外包工程完成规定进度时，按照应付未付款项的金额予以确认。

政府会计主体应当在支付应付款项或将预收款项确认为收入时，冲减相关负债的账面余额。

(二)应付账款的账户设置

应付账款应当设置"应付账款"账户进行核算，并且按照债权人进行明细核算。对于建设项目，还应设置"应付器材款""应付工程款"等明细科目，并按照具体项目进行明细核算。

"应付账款"科目借方反映当期行政事业单位应付账款的减少，贷方反映当期应付账款的增加，期末贷方余额，反映单位尚未支付的应付账款金额。

(三)应付账款的主要账务处理

(1) 收到所购材料、物资、设备或服务以及确认完成工程进度但尚未付款时，根据发票及账单等有关凭证，按照应付未付款项的金额，借记"库存物品""固定资产""在建工程"等科目，贷记本科目。涉及增值税业务的，相关账务处理参见"应交增值税"科目。

(2) 偿付应付账款时，按照实际支付的金额，借记本科目，贷记"财政拨款收入""零余额账户用款额度""银行存款"等科目。

(3) 开出、承兑商业汇票抵付应付账款时，借记本科目，贷记"应付票据"科目。

(4) 无法偿付或债权人豁免偿还的应付账款，应当按照规定报经批准后进行账务处理。经批准核销时，借记本科目，贷记"其他收入"科目。

核销的应付账款应在备查簿中保留登记。

(四)应付账款的具体业务核算

应付账款的具体业务核算如表 4.6 所示。

表 4.6　2302 应付账款的账务处理

序号	业务和事项内容	账务处理	
		财务会计	预算会计
(1)	购入物资、设备或服务以及完成工程进度但尚未付款	借：库存物品/固定资产/在建工程等 　贷：应付账款	——

序号	业务和事项内容	账务处理	
		财务会计	预算会计
(2)	偿付应付账款	借：应付账款 　　贷：财政拨款收入/零余额账户用款额度/银行存款等	借：行政支出/事业支出等 　　贷：财政拨款预算收入/资金结存
(3)	开出、承兑商业汇票抵付应付账款	借：应付账款 　　贷：应付票据	——
(4)	无法偿付或债权人豁免偿还的应付账款	借：应付账款 　　贷：其他收入	——

【例 4.10】某高校 2019 年 1 月 3 日购入一批图书，价值 300 000 元，已验收入库，但尚未付款。

(1) 购入时

借：固定资产——图书　　　　　　　　　　　　300 000
　　贷：应付账款　　　　　　　　　　　　　　　　300 000

(2) 支付款项时

财务会计：

借：应付账款　　　　　　　　　　　　　　　　300 000
　　贷：财政拨款收入/零余额账户用款额度/银行存款　300 000

预算会计：

借：事业支出　　　　　　　　　　　　　　　　300 000
　　贷：财政拨款预算收入/资金结存　　　　　　　300 000

(3) 到期开出一张商业承兑汇票抵付应付账款时

借：应付账款　　　　　　　　　　　　　　　　300 000
　　贷：应付票据——商业承兑汇票　　　　　　　300 000

(4) 到期无法偿付货款，经协商，债权人豁免 50 000 元

借：应付账款　　　　　　　　　　　　　　　　50 000
　　贷：其他收入　　　　　　　　　　　　　　　　50 000

六、应付政府补贴款

(一)应付政府补贴款的确认

应付政府补贴款是指负责发放政府补贴的行政单位，按照规定应当支付给政府补贴接受者的各种政府补贴款。

应付政府补贴款应当在规定发放政府补贴的时间确认。

(二)应付政府补贴款的账户设置

应付政府补贴款应当设置"应付政府补贴款"账户进行核算，并且按照应支付的政府补贴种类进行明细核算。政府单位还应当根据需要按照补贴接受者进行明细核算，或者建立备查簿对补贴接受者予以登记。

"应付政府补贴款"的借方反映当期行政单位应付政府补贴款的减少，贷方反映当期应付政府补贴款的增加，期末贷方余额，反映行政单位应付未付的政府补贴金额。

(三)应付政府补贴款的主要账务处理

(1) 发生应付政府补贴时，按照依规定计算确定的应付政府补贴金额，借记"业务活动费用"科目，贷记本科目。

(2) 支付应付政府补贴款时，按照支付金额，借记本科目，贷记"零余额账户用款额度""银行存款"等科目。

【例 4.11】某政府部门负责给当地下岗工人发放生活补贴，共计 50 000 元。

(1) 计算应付政府补贴款时

财务会计：

借：业务活动费用   50 000

  贷：应付政府补贴款   50 000

(2) 发放政府补贴款时

财务会计：

借：应付政府补贴款   50 000

  贷：零余额账户用款额度/银行存款 50 000

预算会计：

借：行政支出   50 000

  贷：资金结存   50 000

七、应付利息

(一)应付利息的确认

应付利息是指政府单位按照合同约定应支付的借款利息，包括短期借款、分期付息到期还本的长期借款等应支付的利息。

对于属于流动负债的举借债务以及属于非流动负债的分期付息、一次还本的举借债务，应当将计算确定的应付未付利息确认为流动负债，计入应付利息；对于其他举借债务，应当将计算确定的应付未付利息确认为非流动负债，计入相关非流动负债的账面余额。

(二)应付利息的账户设置

应付利息应当设置"应付利息"账户进行核算，并且按照债权人等进行明细核算。

"应付利息"的借方反映当期事业单位应付利息的减少，贷方反映当期应付利息的增加，期末贷方余额，反映事业单位应付未付的利息金额。

(三)应付利息的主要账务处理

(1) 为建造固定资产、公共基础设施等借入的专门借款的利息，属于建设期间发生的，按期计提利息费用时，按照计算确定的金额，借记"在建工程"科目，贷记本科目；不属于建设期间发生的，按期计提利息费用时，按照计算确定的金额，借记"其他费用"科目，贷记本科目。

(2) 对于其他借款，按期计提利息费用时，按照计算确定的金额，借记"其他费用"科目，贷记本科目。

(3) 实际支付应付利息时，按照支付的金额，借记本科目，贷记"银行存款"等科目。

【例 4.12】某高校由于扩建新校区借入了一笔 3 年期的长期借款，每月需要支付利息费用 20 000 元。

(1) 计提利息时

财务会计：

借：在建工程/其他费用　　　　　　　　　　　　　　　20 000

　　贷：应付利息　　　　　　　　　　　　　　　　　　20 000

(2) 支付利息时

财务会计：

借：利息费用　　　　　　　　　　　　　　　　　　　20 000

　　贷：银行存款　　　　　　　　　　　　　　　　　　20 000

预算会计：

借：其他支出　　　　　　　　　　　　　　　　　　　20 000

　　贷：资金结存——货币资金　　　　　　　　　　　　20 000

八、预收账款

(一)预收款项的确认

预收款项，是指政府会计主体按照货物、服务合同或协议以及相关规定，向接受货物或服务的主体预先收款而形成的负债。它一般包括预收的事业款、预收的定金等。在收到这笔钱时，事业服务尚未发生或合同尚未履行，因而不能作为收入入账，只能确认为一项负债，即贷记"预收账款"账户。等结算后再转为收入。预收账款的期限一般不超过 1 年，若超过 1 年则称为"递延贷项"，应单独列示在资产负债表上。

对于预收款项，政府会计主体应当在收到预收款项时，按照实际收到款项的金额予以确认。

(二)预收账款的账户设置

预收账款应当设置"预收账款"账户进行核算，并且按照债权人进行明细核算。"预收账款"借方反映当期事业单位预收账款的减少，贷方反映当期预收账款的增加，期末贷方余额，反映事业单位预收但尚未结算的款项金额。

(三)预收账款的主要账务处理

(1) 从付款方预收款项时，按照实际预收的金额，借记"银行存款"等科目，贷记本科目。

(2) 确认有关收入时，按照预收账款账面余额，借记本科目，按照应确认的收入金额，贷记"事业收入""经营收入"等科目，按照付款方补付或退回付款方的金额，借记或贷记"银行存款"等科目。涉及增值税业务的，相关账务处理参见"应交增值税"科目。

(3) 无法偿付或债权人豁免偿还的预收账款，应当按照规定报经批准后进行账务处理。经批准核销时，借记本科目，贷记"其他收入"科目。

核销的预收账款应在备查簿中保留登记。

(四)预收账款的具体业务核算

预收账款的具体业务核算如表 4.7 所示。

表 4.7　2305 预收账款的账务处理

序号	业务和事项内容	账务处理	
		财务会计	预算会计
(1)	从付款方预收款项时	借：银行存款等 　　贷：预收账款	借：资金结存——货币资金 　　贷：事业预算收入/经营预算收入等
(2)	确认有关收入时	借：预收账款 　银行存款[收到补付款] 　　贷：事业收入/经营收入等 　　　银行存款[退回预收款]	借：资金结存——货币资金 　　贷：事业预算收入/经营预算收入等[收到补付款] 　　退回预收款的金额做相反会计分录
(3)	无法偿付或债权人豁免偿还的预收账款	借：预收账款 　　贷：其他收入	——

【例 4.13】某事业单位对外提供咨询服务，金额合计 150 000 元，2×19 年 1 月 5 日从付款方预收款项 100 000 元。

(1) 预收款项时

财务会计：

借：银行存款 100 000

　　贷：预收账款 100 000

预算会计：

借：资金结存——货币资金 100 000

　　　　贷：事业预算收入/经营预算收入　　　　　　　　　　　　100 000

　　(2) 收到补付 50 000 元时

财务会计：

　　借：银行存款　　　　　　　　　　　　　　　　　　　　50 000

　　　　预收账款　　　　　　　　　　　　　　　　　　　　100 000

　　　　贷：事业收入/经营收入　　　　　　　　　　　　　　　150 000

预算会计：

　　借：资金结存——货币资金　　　　　　　　　　　　　　50 000

　　　　贷：事业预算收入/经营预算收入　　　　　　　　　　　50 000

九、应交增值税

(一)应交增值税的账户设置

　　属于增值税一般纳税人的单位，应当在本科目下设置"应交税金""未交税金""预交税金""待抵扣进项税额""待认证进项税额""待转销项税额""简易计税""转让金融商品应交增值税""代扣代交增值税"等 9 个明细科目。

　　小规模纳税人设置一个总账，应交增值税，两个明细账，转让金融商品应交增值税和代扣代缴应交增值税。

(二)应交增值税的主要账务处理

1. 单位取得资产或接受劳务等业务

　　(1) 采购等业务进项税额允许抵扣。政府单位购买用于增值税应税项目的资产或服务时，按照当月已认证的可抵扣增值税额，借记本科目(应交税金——进项税额)，按照当月未认证的可抵扣增值税额，借记本科目(待认证进项税额)，按照应付或实际支付的金额，贷记"应付账款""应付票据""银行存款""零余额账户用款额度"等科目。发生退货的，如原增值税专用发票已做认证，应根据税务机关开具的红字增值税专用发票做相反的会计分录；如原增值税专用发票未做认证，应将发票退回并做相反的会计分录。

　　(2) 采购等业务进项税额不得抵扣。政府单位购进资产或服务等，用于简易计税方法计税项目、免征增值税项目、集体福利或个人消费等，其进项税额按照现行增值税制度规定不得从销项税额中抵扣的，取得增值税专用发票时，应按照增值税发票注明的金额，借记相关成本费用或资产科目，按照待认证的增值税进项税额，借记本科目(待认证进项税额)，按照实际支付或应付的金额，贷记"银行存款""应付账款""零余额账户用款额度"等科目。经税务机关认证为不可抵扣进项税时，借记本科目(应交税金——进项税额)，贷记本科目(待认证进项税额)，同时，将进项税额转出，借记相关成本费用科目，贷记本科目(应交税金——进项税额转出)。

　　(3) 购进不动产或不动产在建工程按照规定进项税额分年抵扣。政府单位取得应税项目为不动产或者不动产在建工程，其进项税额按照现行增值税制度规定自取得之日起分两年从销项税额中抵扣的，应当按照取得成本，借记"固定资产""在建工程"等科目，按照当期可抵扣的增值税额，借记本科目(应交税金——进项税额)，按照以后期间可抵扣的增值税额，借记本科目(待抵扣进项税额)，按照应付或实际支付的金额，贷记"应付账款""应付票据""银行存款""零余额账户用款额度"等科目。尚未抵扣的进项税额待以后期间允许抵扣时，按照允许抵扣的金额，借记本科目(应交税金——进项税额)，贷记本科目(待抵扣进项税额)。

(4) 进项税额抵扣情况发生改变。政府单位因发生非正常损失或改变用途等，原已计入进项税额、待抵扣进项税额或待认证进项税额，但按照现行增值税制度规定不得从销项税额中抵扣的，借记"待处理财产损溢""固定资产""无形资产"等科目，贷记本科目(应交税金——进项税额转出)、本科目(待抵扣进项税额)或本科目(待认证进项税额)；原不得抵扣且未抵扣进项税额的固定资产、无形资产等，因改变用途等用于允许抵扣进项税额的应税项目的，应按照允许抵扣的进项税额，借记本科目(应交税金——进项税额)，贷记"固定资产""无形资产"等科目。固定资产、无形资产等经上述调整后，应按照调整后的账面价值在剩余尚可使用年限内计提折旧或摊销。

(5) 购买方作为扣缴义务人。按照现行增值税制度的规定，境外单位或个人在境内发生应税行为，在境内未设有经营机构的，以购买方为增值税扣缴义务人，借记"业务活动费用""在途物品""库存物品""工程物资""在建工程""固定资产""无形资产"等科目，按照可抵扣的增值税额，借记本科目(应交税金——进项税额)[小规模纳税人应借记相关成本费用或资产科目]，按照应付或实际支付的金额，贷记"银行存款""应付账款"等科目，按照应代扣代缴的增值税额，贷记本科目(代扣代交增值税)。

2. 单位销售资产或提供服务等业务

(1) 销售资产或提供服务业务。当单位销售货物或提供服务时，应当按照应收或已收的金额，借记"应收账款""应收票据""银行存款"等科目，按照确认的收入金额，贷记"经营收入""事业收入"等科目，按照现行增值税制度规定计算的销项税额(或采用简易计税方法计算的应纳增值税额)，贷记本科目(应交税金——销项税额) 或本科目(简易计税)[小规模纳税人应贷记本科目]。发生销售退回的，应根据按照规定开具的红字增值税专用发票做相反的会计分录。

(2) 金融商品转让按照规定以盈亏相抵后的余额作为销售额。金融商品实际转让月末，如产生转让收益，则按照应纳税额，借记"投资收益"科目，贷记本科目(转让金融商品应交增值税)；如产生转让损失，则按照可结转下月抵扣税额，借记本科目(转让金融商品应交增值税)，贷记"投资收益"科目。缴纳增值税时，应借记本科目(转让金融商品应交增值税)，贷记"银行存款"等科目。年末，本科目(转让金融商品应交增值税)如有借方余额，则借记"投资收益"科目，贷记本科目(转让金融商品应交增值税)。

3. 月末转出多交增值税和未交增值税

月度终了，单位应当将当月应交未交或多交的增值税自"应交税金"明细科目转入"未交税金"明细科目。

对于当月应交未交的增值税，借记本科目(应交税金——转出未交增值税)，贷记本科目

(未交税金);对于当月多交的增值税,借记本科目(未交税金),贷记本科目(应交税金——转出多交增值税)。

4. 交纳增值税

(1) 交纳当月应交增值税。单位交纳当月应交的增值税,借记本科目(应交税金——已交税金)[小规模纳税人借记本科目],贷记"银行存款"等科目。

(2) 交纳以前期间未交增值税。单位交纳以前期间未交的增值税,借记本科目(未交税金)[小规模纳税人借记本科目],贷记"银行存款"等科目。

(3) 预交增值税。单位预交增值税时,借记本科目(预交税金),贷记"银行存款"等科目。月末,单位应将"预交税金"明细科目余额转入"未交税金"明细科目,借记本科目(未交税金),贷记本科目(预交税金)。

(4) 减免增值税。对于当期直接减免的增值税,借记本科目(应交税金——减免税款),贷记"业务活动费用""经营费用"等科目。

按照现行增值税制度的规定,单位初次购买增值税税控系统专用设备支付的费用以及缴纳的技术维护费允许在增值税应纳税额中全额抵减的,按照规定抵减的增值税应纳税额,借记本科目(应交税金——减免税款)[小规模纳税人借记本科目],贷记"业务活动费用""经营费用"等科目。

(三)应交增值税的具体业务核算

应交增值税的具体业务核算如表 4.8 所示。

表 4.8　2101 应交增值税的账务处理

业务和事项内容			账务处理	
			财务会计	预算会计
增值税一般纳税人	购入应税资产或接受劳务	购入应税资产或服务时	借:业务活动费用/在途物品/库存物品/工程物资/在建工程/固定资产/无形资产等 应交增值税——应交税金(进项税额) 　贷:银行存款/零余额账户用款额度/应付票据/应付账款等	借:事业支出/经营支出等 　贷:资金结存等
		经税务机关认证为不可抵扣进项税时	借:应交增值税——应交税金(进项税额) 　贷:应交增值税——待认证进项税额 同时: 借:业务活动费用等 　贷:应交增值税——应交税金(进项税额转出)	——
		购进应税不动产或在建工程按规定分年抵扣进项税额的	借:固定资产/在建工程等 应交增值税——应交税金(进项税额) 　贷:银行存款/零余额账户用款额度/应付票据/应付账款等	借:事业支出/经营支出等 　贷:资金结存等

续表

业务和事项内容			账务处理	
			财务会计	预算会计
增值税一般纳税人	购入应税资产或接受劳务	尚未抵扣的进项税额以后期间抵扣时	借：应交增值税——应交税金(进项税额) 　贷：应交增值税——待抵扣进项税额	——
		购进属于增值税应税项目的资产后，发生非正常损失或改变用途	借：待处理财产损溢/固定资产/无形资产等 　贷：应交增值税——应交税金(进项税额转出)/应交增值税——待认证进项税额/应交增值税——待抵扣进项税额	——
		原不得抵扣且未抵扣进项税额用于允许抵扣进项税额的应税项目	借：应交增值税——应交税金(进项税额)[可以抵扣的进项税额] 　贷：固定资产/无形资产等	——
		购进时已计入进项税额的转用于不动产在建工程的	借：应交增值税——待抵扣进项税额 　贷：应交增值税——应交税金(进项税额)	——
		购进资产或服务时作为扣缴义务人	借：业务活动费用/在途物品/库存物品/工程物资/固定资产/无形资产等 　应交增值税——应交税金(进项税额) 　贷：银行存款[实际支付的金额]/应付账款等 　　应交增值税——代扣代交增值税	借：事业支出/经营支出等 　贷：资金结存
		实际缴纳代扣代缴增值税时	实际缴纳代扣代缴增值税时 借：应交增值税——代扣代交增值税 　贷：银行存款、零余额账户用款额度等	借：事业支出/经营支出等 　贷：资金结存
	销售应税产品或提供应税服务	销售应税产品或提供应税服务时	借：银行存款/应收账款/应收票据等[包含增值税的价款总额] 　贷：事业收入/经营收入等[扣除增值税销项税额后的价款] 　　应交增值税——应交税金(销项税额)/应交增值税——简易计税	借：资金结存 　贷：事业预算收入/经营预算收入等
		金融商品转让　产生收益	借：投资收益[按净收益计算的应纳增值税] 　贷：应交增值税——转让金融商品应交增值税	——

业务和事项内容			账务处理	
			财务会计	预算会计
增值税一般纳税人	销售应税产品或提供应税服务	金融商品转让	产生损失	借：应交增值税——转让金融商品应交增值税 　贷：投资收益	——
			交纳增值税时	借：应交增值税——转让金融商品应交增值税 　贷：银行存款等	借：投资预算收益等 　贷：资金结存
			年末，如有借方余额	借：投资收益 　贷：应交增值税——转让金融商品应交增值税	——
	月末转出多交和未交增值税	月末转出本月未交增值税		借：应交增值税——应交税金(转出未交增值税) 　贷：应交增值税——未交税金	——
		月末转出本月多交增值税		借：应交增值税——未交税金 　贷：应交增值税——应交税金(转出多交增值税)	——
	缴纳增值税	本月缴纳本月增值税时		借：应交增值税——应交税金(已交税金) 　贷：银行存款/零余额账户用款额度等	借：事业支出/经营支出等 　贷：资金结存
		本月缴纳以前期间未交增值税		借：应交增值税——未交税金 　贷：银行存款/零余额账户用款额度等	借：事业支出/经营支出等 　贷：资金结存
		按规定预缴增值税		预缴时： 借：应交增值税——预交税金 　贷：银行存款/零余额账户用款额度等 月末： 借：应交增值税——未交税金 　贷：应交增值税——预交税金	借：事业支出/经营支出等 　贷：资金结存
		当期直接减免的增值税应纳税额		借：应交增值税——应交税金(减免税款) 　贷：业务活动费用/经营费用等	——

业务和事项内容			账务处理	
			财务会计	预算会计
增值税小规模纳税人	购入应税资产或服务	购入应税资产或服务时	借：业务活动费用/在途物品/库存物品等[按价税合计金额] 　　贷：银行存款/应付票据/应付账款等	借：事业支出/经营支出等 　　贷：资金结存
	销售应税资产或提供应税服务	销售资产或提供服务	借：银行存款/应收账款/应收票据[包含增值税的价款总额] 　　贷：事业收入/经营收入等[扣除增值税金额后的价款] 　　　　应交增值税	借：资金结存 　　贷：事业预算收入/经营预算收入等
		金融商品转让 产生收益	借：投资收益[按净收益计算的应纳增值税] 　　贷：应交增值税——转让金融商品应交增值税	——
		金融商品转让 产生损失	借：应交增值税——转让金融商品应交增值税 　　贷：投资收益	——
		金融商品转让 实际缴纳时	参见一般纳税人的账务处理	——
	缴纳增值税时		借：应交增值税 　　贷：银行存款等	借：事业支出/经营支出等 　　贷：资金结存
	减免增值税		借：应交增值税 　　贷：业务活动费用/经营费用等	——

【例 4.14】某事业单位购进一批材料，价值 100 000 元，增值税税额 13 000 元，款项由财政直接支付。

(1) 购进时

财务会计：

借：库存物品　　　　　　　　　　　　　　　　　　　100 000

　　应交增值税——应交税费(进项税额)　　　　　　　13 000

　　　贷：财政拨款收入　　　　　　　　　　　　　　　　113 000

预算会计：

借：事业支出　　　　　　　　　　　　　　　　　　　113 000

　　贷：资金结存　　　　　　　　　　　　　　　　　　113 000

(2) 购进的材料转用在建工程，进项税不允许抵扣

借：业务活动费用等　　　　　　　　　　　　　　　　13 000

　　贷：应交增值税——应交税金(进项税额转出)　　　　13 000

【例 4.15】某事业性质的研究院对外提供咨询服务，服务金额 1 000 000 元，增值税税

额 130 000 元。

(1) 收取服务款项时

财务会计：

借：银行存款   1 130 000

    贷：事业收入/经营收入   1 000 000

        应交增值税——应交税金(销项税额)   130 000

预算会计：

借：资金结存   1 130 000

    贷：事业预算收入/经营预算收入   1 130 000

(2) 缴纳增值税时

财务会计：

借：应交增值税——应交税金(已交税额)   130 000

    贷：银行存款   130 000

预算会计：

借：事业支出/经营支出   130 000

    贷：资金结存   130 000

十、其他应交税费

(一)其他应交税费的确认

其他应交税费是指行政事业单位按照税法等规定计算应交纳的除增值税以外的各种税费，包括城市维护建设税、教育费附加、地方教育费附加、车船税、房产税、城镇土地使用税和企业所得税等。

对于其他应交税费，政府会计主体应当在发生应税事项导致承担纳税义务时，按照税法等规定计算的应交税费金额予以确认。

(二)其他应交税费的账户设置

其他应交税费应当设置"其他应交税费"账户进行核算，并且按照应交纳的税费种类进行明细核算。借方反映当期其他应交税费的减少，贷方反映当期其他应交税费的增加，期末贷方余额，反映单位应交未交的除增值税以外的税费金额；期末如为借方余额，反映的是单位多交纳的除增值税以外的税费金额。

政府单位代扣代缴的个人所得税，也通过本科目核算。

政府单位应交纳的印花税不需要预提应交税费，直接通过"业务活动费用""单位管理费用""经营费用"等科目核算，不通过本科目核算。

(三)其他应交税费的主要账务处理

(1) 发生城市维护建设税、教育费附加、地方教育费附加、车船税、房产税、城镇土地使用税等纳税义务的，按照税法规定计算的应缴税费金额，借记"业务活动费用""单位管理费用""经营费用"等科目,贷记本科目(应交城市维护建设税、应交教育费附加、应交地方教育费附加、应交车船税、应交房产税、应交城镇土地使用等)。

(2) 按照税法规定计算应代扣代缴职工(含长期聘用人员)的个人所得税,借记"应付职工薪酬"科目,贷记本科目(应交个人所得税)。

按照税法规定计算应代扣代缴支付给职工(含长期聘用人员)以外人员劳务费的个人所得税,借记"业务活动费用""单位管理费用" 等科目,贷记本科目(应交个人所得税)。

(3) 发生企业所得税纳税义务的,按照税法规定计算的应交所得税额,借记"所得税费用"科目,贷记本科目(单位应交所得税)。

(4) 单位实际交纳上述各种税费时,借记本科目(应交城市维护建设税、应交教育费附加、应交地方教育费附加、应交车船税、应交房产税、应交城镇土地使用税、应交个人所得税、单位应交所得税等),贷记"财政拨款收入""零余额账户用款额度""银行存款" 等科目。

【例 4.16】某行政单位按照税法规定计算的应交车船税 20 000 元。

(1) 计算应缴时

财务会计:

借:业务活动费用/单位管理费用/经营费用　　　　　20 000
　　贷:其他应交税费——应交车船税　　　　　　20 000

(2) 实际上缴时

财务会计:

借:其他应交税费——应交车船税　　　　　　20 000
　　贷:银行存款　　　　　　　　　　　　20 000

预算会计:

借:事业支出/经营支出等　　　　　　　　20 000
　　贷:资金结存　　　　　　　　　　　20 000

【例 4.17】某行政单位计算应代扣代缴职工的个人所得税 500 000 元。

(1) 计算应缴时

财务会计:

借:应付职工薪酬　　　　　　　　　　　500 000
　　贷:其他应交税费——应交个人所得税　　　500 000

(2) 实际上缴时

财务会计:

借:其他应交税费——应交个人所得税　　　500 000
　　贷:财政拨款收入/零余额账户用款额度/银行存款　　500 000

预算会计:

借:行政支出/事业支出/经营支出　　　　　500 000
　　贷:财政拨款预算收入/资金结存　　　　500 000

【例 4.18】某行政单位按照税法规定计算应交企业所得税 600 000 元。

(1) 计算应缴时

财务会计:

借：所得税费用   600 000

    贷：其他应交税费——单位应交所得税   600 000

(2) 实际上缴时：

财务会计：

借：其他应交税费——单位应交所得税   600 000

    贷：银行存款   600 000

预算会计：

借：非财政拨款结余   600 000

    贷：资金结存   600 000

十一、预提费用

预提费用是指政府单位预先提取的已经发生但尚未支付的费用，如预提租金费用等。

(一)预提费用的账户设置

预提费用应当设置"预提费用"账户进行核算，并且按照预提费用的种类进行明细核算。对于提取的项目间接费用或管理费，应当在本科目下设置"项目间接费用或管理费"明细科目，并按项目进行明细核算。期末贷方余额，反映单位已预提但尚未支付的各项费用。

事业单位按规定从科研项目收入中提取的项目间接费用或管理费，也通过本科目核算。

事业单位计提的借款利息费用，通过"应付利息""长期借款"科目核算，不通过本科目核算。

(二)预提费用的主要账务处理

(1) 项目间接费用或管理费。按规定从科研项目收入中提取项目间接费用或管理费时，按照提取的金额，借记"单位管理费用"科目，贷记本科目(项目间接费用或管理费)。

实际使用计提项目间接费用或管理费时，按照实际支付的金额，借记本科目(项目间接费用或管理费)，贷记"银行存款""库存现金"等科目。

(2) 其他预提费用。按期预提租金等费用时，按照预提的金额，借记"业务活动费用""单位管理费用""经营费用"等科目，贷记本科目。

实际支付款项时，按照支付金额，借记本科目，贷记"零余额账户用款额度""银行存款"等科目。

【例4.19】某行政单位按规定计提项目间接费用1 000 000元。

(1) 预提时

财务会计：

借：单位管理费用   1 000 000

    贷：预提费用——项目间接费用   1 000 000

预算会计：

借：非财政拨款结转——间接项目费用　　　　1 000 000

　　贷：非财政拨款结余——间接项目费用　　　　1 000 000

(2) 实际使用时

财务会计：

借：预提费用——项目间接费用　　　　1 000 000

　　贷：银行存款/库存现金　　　　1 000 000

预算会计：

借：事业支出　　　　1 000 000

　　贷：资金结存　　　　1 000 000

提示：　非财政拨款结转是核算单位除财政拨款收支、经营收支以外各项非同级财政拨款专项资金的调整、结转和滚存情况。非财政拨款结余是核算单位历年滚存的非限定用途的非同级财政拨款结余资金，主要为非财政拨款结余扣除结余分配后滚存的金额。

十二、其他应付款

(一)其他应付款的确认

对于其他应付未付款项，政府会计主体应当在有关政策已明确其承担支出责任，或者其他情况下相关义务满足负债的定义和确认条件时，按照确定应承担的负债金额予以确认。

(二)其他应付款的账户设置

其他应付款应当设置"其他应付款"账户进行核算，并且按照其他应付款的类别以及债权人等进行明细核算。"其他应付款"借方反映当期行政事业单位其他应付款的减少，贷方反映当期其他应付款的增加，期末贷方余额，反映单位尚未支付的其他应付款金额。

同级政府财政部门预拨的下期预算款和没有纳入预算的暂付款项，以及采用实拨资金方式通过本单位转拨给下属单位的财政拨款，也通过本科目核算。

(三)其他应付款的主要账务处理

(1) 发生其他应付及暂收款项时，借记"银行存款"等科目，贷记本科目。

支付(或退回)其他应付及暂收款项时，借记本科目，贷记"银行存款"等科目。

将暂收款项转为收入时，借记本科目，贷记"事业收入"等科目。

(2) 收到同级政府财政部门预拨的下期预算款和没有纳入预算的暂付款项，按照实际收到的金额，借记"银行存款"等科目，贷记本科目；待到下一预算期或批准纳入预算时，借记本科目，贷记"财政拨款收入"科目。

采用实拨资金方式通过本单位转拨给下属单位的财政拨款，按照实际收到的金额，借记"银行存款"科目，贷记本科目；向下属单位转拨财政拨款时，按照转拨的金额，借记本科目，贷记"银行存款"科目。

(3) 本单位公务卡持卡人报销时，按照审核报销的金额，借记"业务活动费用""单位管理费用"等科目，贷记本科目；偿还公务卡欠款时，借记本科目，贷记"零余额账户用款额度"等科目。

(4) 涉及质保金形成其他应付款的，相关账务处理参见"固定资产"科目。

(5) 无法偿付或债权人豁免偿还的其他应付款项，应当按照规定报经批准后进行账务处理。经批准核销时，借记本科目，贷记"其他收入"科目。

核销的其他应付款应在备查簿中保留登记。

(四)其他应付款的具体业务核算

其他应付款的具体业务核算如表4.9所示。

表4.9　2307 其他应付款的账务处理

序号	业务和事项内容		账务处理	
			财务会计	预算会计
(1)	发生暂收款项	取得暂收款项时	借：银行存款等 　贷：其他应付款	——
		确认收入时	借：其他应付款 　贷：事业收入等	借：资金结存 　贷：事业预算收入等
		退回(转拨)暂收款时	借：其他应付款 　贷：银行存款等	——
(2)	收到同级财政部门预拨的下期预算款和没有纳入预算的暂付款项	按照实际收到的金额	借：借：银行存款等 　贷：其他应付款	借：行政支出/事业支出/经营支出等 　贷：资金结存
		待到下一预算期或批准纳入预算时	借：其他应付款 　贷：财政拨款收入	借：资金结存 　贷：财政拨款预算收入
(3)	发生其他应付义务	确认其他应付款项时	借：业务活动费用/单位管理费用等 　贷：其他应付款	——
		支付其他应付款项	借：其他应付款 　贷：银行存款等	借：行政支出/事业支出等 　贷：资金结存
(4)	无法偿付或债权人豁免偿还的其他应付款项		借：其他应付款 　贷：其他收入	

【例4.20】某行政单位取得暂收款 10 000 元。

(1) 取得时

财务会计：

借：银行存款	10 000	
贷：其他应付款		10 000

（2）确认为收入时

财务会计：

| 借：其他应付款 | 10 000 | |
| 贷：事业收入 | | 10 000 |

预算会计：

| 借：资金结存 | 10 000 | |
| 贷：事业预算收入 | | 10 000 |

【例 4.21】 某行政单位收到同级财政部门预拨的下期预收款 800 000 元。

（1）按照实际收到的金额时

财务会计：

| 借：银行存款 | 800 000 | |
| 贷：其他应付款 | | 800 000 |

（2）待到下一预算期或批准纳入预算时

财务会计：

| 借：其他应付款 | 800 000 | |
| 贷：财政拨款收入 | | 800 000 |

预算会计：

| 借：资金结存 | 800 000 | |
| 贷：财政拨款预算收入 | | 800 000 |

【例 4.22】 某行政单位确认其他应付款 50 000 元。

（1）确认时

财务会计：

| 借：业务活动费用/单位管理费用 | 50 000 | |
| 贷：其他应付款 | | 50 000 |

（2）支付时

财务会计：

| 借：其他应付款 | 50 000 | |
| 贷：银行存款 | | 50 000 |

预算会计：

| 借：行政支出/事业支出 | 50 000 | |
| 贷：资金结存 | | 50 000 |

第四节 非流动负债的会计核算

非流动负债是指政府会计中流动负债以外的负债，包括长期借款、长期应付款、应付政府债券和政府依法担保形成的债务等。

一、长期借款

长期借款是指事业单位经批准向银行或其他金融机构等借入的期限超过 1 年(不含 1 年)的各种借款本息。

(一)长期借款账户的设置

长期借款应当设置"长期借款"账户并且应当设置"本金"和"应计利息"明细科目，并按照贷款单位和贷款种类进行明细核算。对于建设项目借款，还应按照具体项目进行明细核算。"长期借款"借方反映当期事业单位长期借款的减少，贷方反映当期长期借款的增加，期末贷方余额，反映事业单位尚未偿还的长期借款本息金额。

(二)长期借款的主要账务处理

(1) 借入各项长期借款时，按照实际借入的金额，借记"银行存款"科目，贷记本科目(本金)。

(2) 为建造固定资产、公共基础设施等应支付的专门借款利息，按期计提利息时，分以下情况进行财务处理。属于工程项目建设期间发生的利息，计入工程成本，按照计算确定的应支付的利息金额，借记"在建工程"科目，贷记"应付利息"科目。属于工程项目完工交付使用后发生的利息，计入当期费用，按照计算确定的应支付的利息金额，借记"其他费用"科目，贷记"应付利息"科目。

(3) 按期计提其他长期借款的利息时，按照计算确定的应支付的利息金额，借记"其他费用"科目，贷记"应付利息"科目[分期付息、到期还本借款的利息]或本科目(应计利息)[到期一次还本付息借款的利息]。

(4) 到期归还长期借款本金、利息时，借记本科目(本金、应计利息)，贷记"银行存款"科目。

(三)长期借款的具体业务核算

长期借款的具体业务核算如表 4.10 所示。

表 4.10　2501 长期借款的账务处理

序号	业务和事项内容	账务处理	
		财务会计	预算会计
(1)	借入各项长期借款时	借：银行存款 　　贷：长期借款——本金	借：资金结存——货币资金 　　贷：债务预算收入[本金]

续表

序号	业务和事项内容		账务处理	
			财务会计	预算会计
(2)	为购建固定资产、公共基础设施等应支付的专门借款利息	属于工程项目建设期间发生的	借：在建工程 　　贷：应付利息[分期付息、到期还本] 　　　　长期借款——应计利息[到期一次还本付息]	——
		属于工程项目完工交付使用后发生的	借：其他费用 　　贷：应付利息[分期付息、到期还本] 　　　　长期借款——应计利息[到期一次还本付息]	——
		实际支付利息时	借：应付利息 　　贷：银行存款等	借：其他支出 　　贷：资金结存
(3)	其他长期借款利息	计提利息时	借：其他费用 　　贷：应付利息[分期付息、到期还本] 　　　　长期借款——应计利息[到期一次还本付息]	——
		分期实际支付利息时	借：应付利息 　　贷：银行存款等	借：其他支出 　　贷：资金结存
(4)	归还长期借款本息		借：长期借款——本金 　　　　——应计利息[到期一次还本付息] 　　贷：银行存款	借：债务还本支出[本金] 　　贷：资金结存 或 借：其他支出[利息] 　　贷：资金结存

【例4.23】某行政单位于2019年1月1日向银行借入5年期的长期借款1 000 000元，年利率6%，按年支付利息，到期一次还本。

(1) 2019年1月1日，取得长期借款时

财务会计：

借：银行存款　　　　　　　　　　　　　　1 000 000

　　贷：长期借款——本金　　　　　　　　　　　1 000 000

预算会计：

借：资金结存——货币资金　　　　　　　　1 000 000

　　贷：债务预算收入(本金)　　　　　　　　　　1 000 000

(2) 2019年12月31日，支付全年利息时：(利息=1 000 000×6%=60 000元)

财务会计：

借：应付利息   60 000

    贷：银行存款   60 000

预算会计：

借：其他支出   60 000

    贷：资金结存——货币资金   60 000

(3) 2024 年 12 月 31 日，长期借款到期归还本金及利息时

财务会计：

借：长期借款——本金   1 000 000

    ——应计利息(一年的利息)   60 000

    贷：银行存款   1 060 000

预算会计：

借：债务还本支出   1 000 000

    贷：资金结存   1 000 000

借：其他支出   60 000

    贷：资金结存   60 000

【例 4.24】某行政单位计算为购建固定资产、公共基础设施等应支付的专门借款利息，属于工程项目建设期间发生的金额为 200 000 元。

财务会计：

借：在建工程   200 000

    贷：应付利息(分期付息、到期还本)   200 000

    或长期借款——应计利息(到期一次还本付息)

二、长期应付款

长期应付款是指行政事业单位发生的偿还期限超过 1 年(不含 1 年)的应付款项，如以融资租赁方式取得固定资产应付的租赁费、以分期付款方式购入固定资产发生的应付账款等。

(一)长期应付款的账户设置

长期应付款应当设置"长期应付款"账户，并且按照长期应付款的类别以及债权人进行明细核算。借方反映当期单位长期应付款的减少，贷方反映当期长期应付款的增加，期末贷方余额，反映单位尚未支付的长期应付款金额。

(二)长期应付款的主要账务处理

(1) 发生长期应付款时，借记"固定资产""在建工程"等科目，贷记本科目。

(2) 支付长期应付款时，按照实际支付的金额，借记本科目，贷记"财政拨款收入""零余额账户用款额度""银行存款"等科目。涉及增值税业务的，相关账务处理参见"应交增值税"科目。

(3) 无法偿付或债权人豁免偿还的长期应付款，应当按照规定报经批准后进行账务处

理。经批准核销时，借记本科目，贷记"其他收入"科目。

核销的长期应付款应在备查簿中保留登记。

(4) 涉及质保金形成长期应付款的，相关账务处理参见"固定资产"科目。

(三)长期应付款的具体业务核算

长期应付款的具体业务核算如表 4.11 所示。

表 4.11　2502 长期应付款的账务处理

序号	业务和事项内容	账务处理	
		财务会计	预算会计
(1)	发生长期应付款时	借：固定资产/在建工程等 　　贷：长期应付款	——
(2)	支付长期应付款	借：长期应付款 　　贷：财政拨款收入/零余额账户用款额度/银行存款	借：行政支出/事业支出/经营支出等 　　贷：财政拨款预算收入/资金结存
(3)	无法偿付或债权人豁免偿还的长期应付款	借：长期应付款 　　贷：其他收入	——

【例 4.25】某行政单位一次性发生办公楼修缮费 900 000 元，分三年支付，于每年年末以财政授权方式支付，不考虑相关税费。

(1) 费用发生时

财务会计：

借：在建工程　　　　　　　　　　　900 000

　　贷：长期应付款　　　　　　　　　 900 000

(2) 每年年末支付时

财务会计：

借：长期应付款　　　　　　　　　　300 000

　　贷：零余额账户用款额度　　　　　 300 000

预算会计：

借：行政支出　　　　　　　　　　　300 000

　　贷：财政拨款预算收入　　　　　　 300 000

三、预计负债

(一)预计负债的确认与计量

1. 预计负债的确认

根据或有事项准则的规定，与或有事项相关的义务同时符合以下三个条件的，应将其确认为负债。一是该义务是企业承担的现时义务；二是该义务的履行很可能导致经济利益流出企业，这里的"很可能"指发生的可能性为"大于 50%，但小于或等于 95%"；三是该义务的金额能够可靠地计量。

2. 预计负债的计量

预计负债应当按照履行相关现时义务所需支出的最佳估计数进行初始计量。

所需支出存在一个连续范围，且在该范围内各种结果发生的可能性是相同的，最佳估计数应当按照该范围内的中间值确定。

在其他情形下，最佳估计数应当分下列情况进行确定。①或有事项涉及单个项目的，按照最可能发生金额确定；②或有事项涉及多个项目的，按照各种可能结果及相关概率计算确定。

(二)预计负债的账户设置

预计负债应当设置"预计负债"账户进行核算，并且按照预计负债的项目进行明细核算。该科目的借方反映当期预计负债的减少，贷方反映当期预计负债的增加，期末贷方余额，反映的是单位已确认但尚未支付的预计负债金额。

(三)预计负债的主要账务处理

(1) 确认预计负债时，按照预计的金额，借记"业务活动费用""经营费用""其他费用"等科目，贷记本科目。

(2) 实际偿付预计负债时，按照偿付的金额，借记本科目，贷记"银行存款""零余额账户用款额度"等科目。

(3) 根据确凿证据需要对已确认的预计负债账面余额进行调整的，按照调整增加的金额，借记有关科目，贷记本科目；按照调整减少的金额，借记本科目，贷记有关科目。

【例 4.26】某行政单位确认预计负债 200 000 元。

(1) 确认时

财务会计：

借：业务活动经费/经营费用/其他费用　　　　　200 000

　　贷：预计负债　　　　　　　　　　　　　　　　200 000

(2) 实际偿付时

财务会计：

借：预计负债　　　　　　　　　　　　　　　　200 000

　　贷：银行存款　　　　　　　　　　　　　　　　200 000

预算会计：

借：事业支出/经营支出/其他支出　　　　　　　200 000

　　贷：资金结存　　　　　　　　　　　　　　　　200 000

四、受托代理负债

设置"受托代理负债"账户是为了核算行政事业单位接受委托，取得受托管理资产时形成的负债。期末贷方余额，反映行政事业单位尚未清偿的受托代理负债。本账户应当按照委托人等进行明细核算；属于指定转赠物资和资金的，还应当按照指定受赠人进行明细核算。

受托代理负债应当在行政事业单位收到受托代理资产并产生受托代理义务时确认。

本账户的账务处理参见本章的"受托代理资产""库存现金""银行存款"等账户核算。

【课后练习与提高】

一、单项选择题

1. 政府会计主体的负债按照( )可分为流动负债和非流动负债。

    A. 金额大小   B. 流动性   C. 偿还时间   D. 风险程度

2. 以下会计科目不属于政府会计负债类的是( )。

    A. 短期借款   B. 应交财政款

    C. 应付政府补贴款   D. 财政应返还额度

3. 应缴财政款的核实应当设置( )账户进行核算，并且按照应缴财政款项的类别进行明细核算。

    A. 应缴财政款   B. 应交增值税

    C. 其他应交税费   D. 零余额账户用款额度

4. 政府单位应当设置( )，详细登记每一应付票据的种类、号数、出票日期、到期日、票面金额、交易合同号、收款人姓名或单位名称，以及付款日期和金额等。

    A. 应收票据备查簿   B. 应付票据备查簿

    C. 应付账款备查簿   D. 应收账款备查簿

5. ( )是指核算事业单位因购买材料、物资等而开出、承兑的商业汇票，包括银行承兑汇票和商业承兑汇票。

    A. 应付票据   B. 应收票据   C. 支付票据   D. 银行汇票

6. 应付政府补贴款科目期末( )余额，反映行政单位应付未付的政府补贴金额。

    A. 借方   B. 贷方   C. 无余额   D. 借方或贷方不确定

7. 为建造固定资产、公共基础设施等借入的专门借款的利息，属于建设期间发生的，按期计提利息费用时，按照计算确定的金额，借记( )科目。

    A. 在建工程   B. 其他费用   C. 财务费用   D. 固定资产

8. ( )专栏，记录单位购进货物、加工修理修配劳务、服务、无形资产或不动产而支付或负担的、准予从当期销项税额中抵扣的增值税额。

A. 进项税额　　　B. 销项税额　　　C. 已交税金　　　D. 进项税额转出

9. 政府单位代扣代缴的个人所得税，通过( )科目核算。

A. 其他应交税费　　　　　　　　B. 应交税费

C. 其他应交款　　　　　　　　　D. 应付职工薪酬

10. 长期应付款是指政府单位发生的偿还期限超过 1 年(不含 1 年)的应付款项，如( )等。

A. 以融资租赁方式取得固定资产应付的租赁

B. 以经营租赁方式取得固定资产应付的租赁

C. 长期银行贷款

D. 购进货物长期未付款

二、多项选择题

1. 流动负债是指预计在 1 年内(含 1 年)偿还的负债，包括( )。

A. 短期借款　　　　　　　　　B. 应付短期政府债券

C. 应付及预收款项　　　　　　　D. 应缴款项

2. 以下会计科目属于政府会计负债类的是( )。

A. 应交财政款　　B. 预收账款　　C. 应付职工薪酬　　D. 资金结存

3. 政府单位按照国家税法等有关规定应当缴纳的各种税费，通过( )科目核算。

A. 应交增值税　　　　　　　　B. 其他应交税费

C. 应缴财政款　　　　　　　　D. 预付账款

4. 应付职工薪酬指政府单位按照有关规定应付给职工(含长期聘用人员)以及为职工支付的各种薪酬，包括( )等。

A. 基本工资　　　B. 住房公积金　　C. 职业年金　　　D. 基本医疗保险费

5. 关于应付政府补贴款的核算，以下说法正确的有( )。

A. 应当设置"应付政府补贴款"账户进行核算

B. 按照应支付的政府补贴种类进行明细核算

C. 政府单位还应当根据需要按照补贴接受者进行明细核算

D. 建立备查簿对补贴接受者予以登记

6. 政府单位为建造固定资产、公共基础设施等借入的专门借款的利息，应计入( )等科目。

A. 在建工程　　B. 其他费用　　　C. 财务费用　　　D. 其他支出

7. 属于增值税一般纳税人的单位，应当在本科目下设置( )等明细科目。

A. 应交税金　　B. 未交税金　　C. 预交税金　　　D. 待抵扣进项税额

8. 其他应交税费是指政府单位按照税法等规定计算应交纳的除增值税以外的各种税费，包括( )等。

A. 车船税　　　B. 房产税　　　C. 企业所得税　　D. 城市维护建设税

9. 预计负债是指政府单位对因或有事项所产生的现时义务而确认的负债，主要包括( )

A. 未决诉讼或未决仲裁

B. 对外国政府或国际经济组织的贷款担保承诺(补贴、代偿)

C. 自然灾害救助

D. 公共事件的救助

10. 支付长期应付款时，按照实际支付的金额，贷记(　　　)科目。

A. 财政拨款收入 　　　　　　 B. 零余额账户用款额度

C. 银行存款 　　　　　　　　 D. 应交增值税

三、判断题(正确打"√"，错误打"×")

1. 事业单位借入的款项，必须按照国家的有关政策使用，不能够盗用名义，用于违背国家政策的事项。　　　　　　　　　　　　　　　　　　　　　　　( )

2. 应交财政专户是指行政事业单位按规定代收的应上缴财政专户的预算外资金。

( )

3. 罚没收入属于应缴国库款。　　　　　　　　　　　　　　　　　　　　　( )

4. 行政事业单位不用缴纳增值税。　　　　　　　　　　　　　　　　　　　( )

5. 行政事业单位不需要缴纳职工基本养老保险费和职业年金。　　　　　　　( )

6. 行政事业单位核销的应付账款应在备查簿中保留登记。　　　　　　　　　( )

7. 已报销但尚未偿还银行的本单位公务卡欠款在"其他应付款"科目进行核算。( )

8. 行政事业单位的应付政府补贴款应当在规定发放政府补贴的时间进行确认。( )

9. 事业单位按照合同约定应支付的借款利息在"应付利息"科目进行核算。　( )

10. 预收账款所形成的负债不是以货币偿付的，而是以货物偿付的。　　　　 ( )

四、业务处理题

根据以下业务编制相关会计分录。

1. 某事业单位为满足事业业务的资金需要，从开户银行借入 1 000 000 元，借款期限 1 年，年利率 5%。

2. 某行政单位将办公车辆出售，取得净收入 150 000 元，作为上缴应缴财政的款项。

3. 某行政单位本月向职工支付职工薪酬 6 000 000 元。在工资中代扣职工养老保险、医疗保险、失业保险等 600 000 元，住房公积金 1 200 000 元，个人所得税 600 000 元。代扣为职工垫付的水电费等 80 000 元。

4. 某行政单位支付银行承兑汇票的手续费 1 000 元。月末支付到期商业汇票，金额为 1 160 000 元。

5. 某行政单位购入一批图书，价值 200 000 元，已验收入库，但尚未付款。一个月后付款。

6. 某行政单位采用财政授权支付方式给当地的低保户居民发放政府补贴款 512 600 元。

7. 某行政单位借入 8 年期长期借款 10 000 000 元。合同约定利率为 3.6%。

8. 某行政单位购进办公用电脑一批，金额为 300 000 元，增值税税额 48 000 元。

9. 某行政单位按照税法规定计算并且缴纳应交车船税 60 000 元。

10. 某行政单位以分期付款方式购入一台仪器设备，总价款800 000元，分4年支付，每年年末用财政授权支付方式进行支付。(暂不考虑相关税费)

五、思考题

1. 负债的确认条件与计量规则是什么？
2. 流动负债包括哪些内容？有何特征？
3. 非流动负债包括哪些内容？有何特征？
4. 应交增值税与其他应交税费有何区别？分别核算什么内容？
5. 事业单位专有负债包括哪些？
6. 什么叫预计负债？预计负债是怎样形成的？

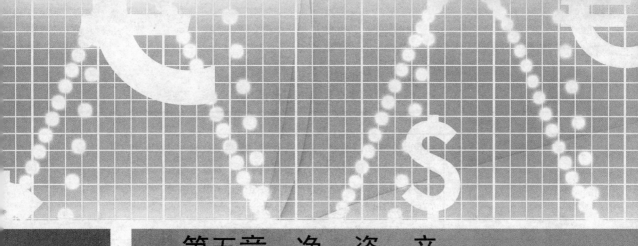

第五章 净 资 产

【学习目的及要求】

本章主要介绍政府会计业务中净资产的概念与分类；净资产相关科目的核算方法及账务处理。通过本章的学习，了解净资产和预算结余在基本概念、具体种类、确认和计量方法方面的区别和联系，掌握净资产相关科目的内容及核算方法，掌握行政事业单位涉及净资产具体业务的会计处理。

第一节　净资产概述

一、净资产的概念

一般意义上的净资产是指各单位所拥有的，并可以自由支配的各项资产。政府会计主体净资产是指政府会计主体资产扣除负债后的余额，反映国家和行政事业单位的资产所有权。净资产项目应当列入资产负债表。

二、净资产的计量

(1) 单位的净资产取决于资产和负债的金额。

(2) 年终，净资产的总额为累计盈余、专用基金和权益法调整余额汇总数。

(3) 行政事业单位资产和负债计量的基础是权责发生制。

三、净资产的分类

与企业的所有者权益相比，政府会计主体持有的金融工具相对较为单一，因此行政事业单位持有的金融负债与权益工具的区分较为简单。行政事业单位净资产类的会计科目可分为基金类和损益分配类。基金类会计科目有累计盈余、专用基金和权益法调整；损益类会计科目有本期盈余、本年盈余分配、无偿调拨净资产和以前年度盈余调整。各类净资产的详细介绍如表 5.1 所示。

表 5.1 净资产分类

净资产类型	内　容	其　他
累计盈余	单位历年实现的盈余扣除盈余分配后滚存的金额，以及因无偿调入调出资产产生的净资产变动额、因以前年度盈余调整产生的净资产变动额，以及按照规定上缴、缴回、单位间调剂结转结余资金产生的净资产变动额	
专用基金	单位按照规定提取或购置的具有专门用途的净资产	
权益法调整	事业单位持有的长期股权投资采用权益法核算时，按照被投资单位除净损益和利润分配以外的所有者权益变动份额调整长期股权投资账面余额并计入净资产的金额	
本期盈余	单位本期各项收入、费用相抵后的余额	期末无余额
本年盈余分配	单位本年度盈余的分配情况和结果	期末无余额
无偿调拨净资产	单位无偿调入或调出非现金资产所引起的净资产变动金额	期末无余额
以前年度盈余调整	单位本年度发生的调整以前年度盈余事项产生的净资产金额的变动。包括本年度发生的重要前期差错更正涉及调整以前年期末无余额度盈余的事项	期末无余额

其中本期盈余、本年盈余分配、无偿调拨净资产、以前年度盈余调整年末无余额，净资产的总额为累计盈余、专用基金和权益法调整余额汇总数。

第二节　净资产类科目

现行政府会计共设净资产类科目 7 个，如表 5.2 所示。

表 5.2 净资产类科目表

净资产类							
序号	编号	名称	适用范围	序号	编号	名称	适用范围
1	3001	累计盈余	通用	5	3302	本年盈余分配	通用
2	3101	专用基金	事业单位	6	3401	无偿调拨净资产	通用
3	3201	权益法调整	事业单位	7	3501	以前年度盈余调整	通用
4	3301	本期盈余	通用				

一、"累计盈余"科目

"累计盈余"科目核算单位历年实现的盈余扣除盈余分配后滚存的金额，以及因无偿调入调出资产产生的净资产变动额。按照规定上缴、缴回、单位间调剂结转结余资金产生的净资产变动额，以及对以前年度盈余的调整金额，也通过本科目核算。

本科目期末余额，反映单位未分配盈余(或未弥补亏损)的累计数以及截至上年末无偿调拨净资产变动的累计数。本科目年末余额，反映单位未分配盈余(或未弥补亏损)以及无偿调拨净资产变动的累计数。

二、"专用基金"科目

此科目为事业单位专用科目。

"专用基金"科目核算事业单位按照规定提取或设置的具有专门用途的净资产，主要包括按一定收入比例提取、其他规定转入的修购基金、非财政拨款结余提取、其他规定提取的职工福利基金、未纳入公费医疗经费开支的单位、收入提取的医疗基金及有关规定提取或设置其他专用基金。

该科目应当按照专用基金的类别进行明细核算。该科目期末为贷方余额，反映事业单位累计提取或设置的尚未使用的专用基金。

三、"权益法调整"科目

此科目为事业单位专用科目。

"权益法调整"科目核算事业单位持有的长期股权投资采用权益法核算时，按照被投资单位除净损益和利润分配以外的所有者权益变动份额调整长期股权投资账面余额而计入净资产的金额。

账务处理一般集中在年末进行。如遇长期股权投资需处置时，根据处置净损益则可随时调整账务。

该科目应当按照被投资单位进行明细核算。该科目期末余额，反映事业单位在被投资单位除净损益和利润分配以外的所有者权益变动中累积享有(或分担)的份额。

四、"本期盈余"科目

"本期盈余"科目核算单位本期各项收入、费用相抵后的余额。"本期盈余"科目的账务处理一般集中期末、年末进行。本科目期末如为贷方余额，反映单位自年初至当期期末累计实现的盈余；如为借方余额，反映单位自年初至当期期末累计发生的亏损。

年末结账后，本科目应无余额。

五、"本年盈余分配"科目

"本年盈余分配"科目核算单位本年度盈余分配的事项和结果。该项业务的账务处理集中在年末进行。年末结账后，本科目应无余额。

六、"无偿调拨净资产"科目

"无偿调拨净资产"科目核算单位无偿调入或调出非现金资产所引起的净资产变动金额。年末结账后，本科目应无余额。

七、"以前年度盈余调整"科目

"以前年度盈余调整"科目核算单位本年度发生的调整以前年度盈余的事项，包括本年度发生的重要前期差错更正以及涉及调整以前年度盈余的其他事项等。

本科目结转后应无余额。

第三节 净资产的会计核算

一、累计盈余

"累计盈余"科目核算单位历年实现的盈余扣除盈余分配后滚存的金额，以及因无偿调入调出资产产生的净资产变动额。按照规定上缴、缴回、单位间调剂结转结余资金产生的净资产变动额，以及对以前年度盈余的调整金额，也通过本科目核算。

(一)累计盈余的主要账务处理

(1) 年末，将"本年盈余分配"科目的余额转入累计盈余，借记或贷记"本年盈余分配"科目，贷记或借记本科目。

(2) 年末，将"无偿调拨净资产"科目的余额转入累计盈余，借记或贷记"无偿调拨净资产"科目，贷记或借记本科目。

(3) 按照规定上缴财政拨款结转结余、缴回非财政拨款结转资金、向其他单位调出财政拨款结转资金时，按照实际上缴、缴回、调出金额，借记本科目，贷记"财政应返还额度""零余额账户用款额度""银行存款"等科目。

按照规定从其他单位调入财政拨款结转资金时，按照实际调入金额，借记"零余额账户用款额度""银行存款"等科目，贷记本科目。

(4) 将"以前年度盈余调整"科目的余额转入本科目，借记或贷记"以前年度盈余调整"科目，贷记或借记本科目。

(5) 按照规定使用专用基金购置固定资产、无形资产的，按照固定资产、无形资产成本金额，借记"固定资产""无形资产"科目，贷记"银行存款"等科目；同时，按照专用基金使用金额，借记"专用基金"科目，贷记本科目。

(二)累计盈余的具体业务核算

累计盈余的具体业务核算如表 5.3 所示。

表 5.3　3001 累计盈余的账务处理

序号	业务和事项内容	账务处理	
		财务会计	预算会计
(1)	年末，将"本年盈余分配"科目余额转入	借：本年盈余分配 　　贷：累计盈余 或做相反会计分录	——
(2)	年末，将"无偿调拨净资产"科目余额转入	借：无偿调拨净资产 　　贷：累计盈余 或做相反会计分录	——
(3)	按照规定上缴财政拨款结转结余、缴回非财政拨款结转资金、向其他单位调出财政拨款结转资金时	借：累计盈余 　　贷：财政应返还额度/零余额账户用款额度/银行存款等	参照"财政拨款结转""财政拨款结余""非财政拨款结转"等科目进行账务处理
	按照规定从其他单位调入财政拨款结转资金时	借：零余额账户用款额度/银行存款等 　　贷：累计盈余	借：资金结存——零余额账户用款额度/货币资金 　　贷：财政拨款结转——归集调入
(4)	将"以前年度盈余调整"科目的余额转入	借：以前年度盈余调整 　　贷：累计盈余 或做相反会计分录	——
(5)	使用专用基金购置固定资产、无形资产的	相关账务处理参见"专用基金"科目	

【例 5.1】某行政单位在 2019 年度发生以下与净资产相关的业务。

(1) 12 月 31 日本年盈余分配科目余额 50 000 元。

(2) 12 月 31 日无偿调拨净资产科目余额 120 000 元。

(3) 12 月 31 日以前年度盈余调整科目余额 300 000 元。

(4) 12 月 31 日使用从非财政拨款结余或经营结余中提取的专用固定资产专用基金购置固定资产 80 000 元。

该行政单位在 2019 年应做会计分录如下。

(1) 年末将本年盈余分配科目余额转入

借：本年盈余分配　　　　　　　　50 000

　　贷：累计盈余　　　　　　　　　50 000

(2) 年末将无偿调拨净资产科目余额转入

借：无偿调拨净资产　　　　　　　120 000

　　　贷：累计盈余　　　　　　　　　　　120 000
　　(3) 年末结转以前年度盈余调整科目余额
　　借：以前年度盈余调整　　　　　300 000
　　　贷：累计盈余　　　　　　　　　　300 000
　　(4) 年末使用专用基金购置固定资产
　　财务会计：
　　借：固定资产　　　　　　　　　　80 000
　　　贷：银行存款　　　　　　　　　　　80 000
　　借：专用基金　　　　　　　　　　80 000
　　　贷：累计盈余　　　　　　　　　　　80 000
　　预算会计：
　　借：专用结余　　　　　　　　　　80 000
　　　贷：资金结存　　　　　　　　　　　80 000

二、专用基金

　　"专用基金"科目是核算事业单位按照规定提取或设置的具有专门用途的净资产，主要包括职工福利基金、科技成果转换基金等。

(一)专用资金的特点

　　(1) 专用基金的来源有专门规定，即根据一定的比例或数额提取。
　　(2) 规定有专门的用途和使用范围，除财务制度规定可以允许合并使用外，一般不得相互占用、挪用。
　　(3) 专用基金的使用属于一次性消耗，没有循环周转，不能通过专用基金支出直接取得补偿。

(二)专用基金管理的原则

　　(1) 先提后用。即各项专用基金必须根据规定的开源渠道，在取得资金以后才能安排使用。
　　(2) 专设账户。即各项专用基金应单独设账户进行管理和核算。
　　(3) 专款专用。即各种专用基金都要按规定用途和使用范围安排开支，支出不得超出资金规模，保证基金使用合理、合法。

(三)专用基金的主要账务处理

　　(1) 年末，根据有关规定从本年度非财政拨款结余或经营结余中提取专用基金的，按照预算会计下计算的提取金额，借记"本年盈余分配"科目，贷记本科目。
　　(2) 根据有关规定从收入中提取专用基金并计入费用的，一般按照预算会计下基于预算收入计算提取的金额，借记"业务活动费用"等科目，贷记本科目。国家另有规定的，从其规定。

在事业单位的专用基金中，各项基金的提取比例和管理办法，国家有统一规定的，按照统一规定执行；没有统一规定的，由主管部门会同同级财政部门确定。在实务中，专用基金的提取比例通常较低。例如，医院财务制度规定，医院累计提取的医疗风险基金比例不应超过当年医疗收入的 1‰～3‰。

(3) 根据有关规定设置的其他专用基金，按照实际收到的基金金额，借记"银行存款"等科目，贷记本科目。

(4) 按照规定使用提取的专用基金时，借记本科目，贷记"银行存款"等科目。使用提取的专用基金购置固定资产、无形资产的，按照固定资产、无形资产成本金额，借记"固定资产""无形资产"科目，贷记"银行存款"等科目；同时，按照专用基金使用金额，借记本科目，贷记"累计盈余"科目。

(四)专用基金的具体业务核算

专用基金的具体业务核算如表 5.4 所示。

表 5.4 3101 专用基金的账务处理

序号	业务和事项内容	账务处理	
		财务会计	预算会计
(1)	年末，按照规定从本年度非财政拨款结余或经营结余中提取专用基金的	借：本年盈余分配 　　贷：专用基金[按照预算会计下计算的提取金额]	借：非财政拨款结余分配 　　贷：专用结余
(2)	根据规定从收入中提取专用基金并计入费用的	借：业务活动费用等 　　贷：专用基金[一般按照预算收入计算提取的金额]	——
(3)	根据有关规定设置的其他专用基金	借：银行存款等 　　贷：专用基金	——
(4)	按照规定使用专用基金时	借：专用基金 　　贷：银行存款等 如果购置固定资产、无形资产的： 借：固定资产/无形资产 　　贷：银行存款等 借：专用基金 　　贷：累计盈余	使用从收入中提取并列入费用的专用基金： 借：事业支出等 　　贷：资金结存 使用从非财政拨款结余或经营结余中提取的专用基金： 借：专用结余 　　贷：资金结存——货币资金

【例 5.2】某事业单位在 2019 年年末根据有关规定从本年度非财政拨款结余中提取专用基金 38000 元。该事业单位应编制如下会计分录。

借：本年盈余分配　　　　　　　　　　38 000

　　贷：专用基金　　　　　　　　　　　　38 000

【例 5.3】某事业单位在 2019 年根据有关规定从事业收入中提取专用基金 5700 元并计入业务活动费用。该事业单位应编制如下会计分录。

借：业务活动费用　　　　　　　　　　　　　5 700
　　贷：专用基金　　　　　　　　　　　　　　5 700

【例 5.4】某事业单位按照规定使用提取的专用基金 6700 元，款项通过银行存款支付。本次使用提取的专用基金，属于费用性支出，不是用于购置固定资产或无形资产。该事业单位应编制如下会计分录。

借：专用基金　　　　　　　　　　　　　　　6 700
　　贷：银行存款　　　　　　　　　　　　　　6 700

三、权益法调整

"权益法调整"科目核算事业单位持有的长期股权投资采用权益法核算时，按照被投资单位除净损益和利润分配以外的所有者权益变动份额调整长期股权投资账面余额而计入净资产的金额。

(一)权益法调整的主要账务处理

1. 资产负债表日的账项调整

按照被投资企业除净损益和利润分配以外的所有者权益增加时，根据变动所占的份额，借记"长期股权投资——其他权益变动"科目，贷记"权益法调整"科目。按照被投资企业除净损益和利润分配以外的所有者权益减少时，根据变动所占的份额，借记"权益法调整"科目，贷记"长期股权投资——其他权益变动"科目。

2. 处置长期股权投资

采用权益法核算的长期股权投资，因被投资单位除净损益和利润分配以外的所有者权益变动而将应享有(或应分担)的份额计入单位净资产的，处置该项投资时，按照原计入净资产的相应部分金额，借记或贷记本科目，贷记或借记"投资收益"科目。

(二)权益法调整的具体业务核算

权益法调整的具体业务核算如表 5.5 所示。

表 5.5　3201 权益法调整的账务处理

序号	业务和事项内容		账务处理	
			财务会计	预算会计
(1)	资产负债表日	按照被投资单位除净损益和利润分配以外的所有者权益变动的份额(增加)	借：长期股权投资——其他权益变动 　　贷：权益法调整	——

序号	业务和事项内容		账务处理	
			财务会计	预算会计
(1)	资产负债表日	按照被投资单位除净损益和利润分配以外的所有者权益变动的份额(减少)	借：权益法调整 　　贷：长期股权投资——其他权益变动	——
(2)	长期股权投资处置时	权益法调整科目为借方余额	借：投资收益 　　贷：权益法调整	——
		权益法调整科目为贷方余额	借：权益法调整 　　贷：投资收益	

【例5.5】某事业单位在2018年12月31日被投资单位实现净利润200 000元，该投资单位为事业单位在以前年度以一台固定资产出资联合其他单位共同设立，并持有该被投资单位70%的股权，采用权益法进行后续核算。2018年12月31日除净损益和利润分配以外的被投资单位所有者权益变动为10 000元。

财务会计：

借：长期股权投资——损益调整　　　　　　　　140 000

　　长期股权投资——其他权益变动　　　　　　　7 000

　　贷：投资收益　　　　　　　　　　　　　　　140 000

　　　　权益法调整　　　　　　　　　　　　　　　7 000

2019年5月31日处置所持该项投资长期股权投资的20%；该长期股权投资的账面余额为2 000 000元，其中损益调整为500 000元，所有者权益变动为50 000元，处置收入为6 000 000元。不考虑相关税费，无已宣告尚未发放的股利。处置净收入纳入单位预算管理。

财务会计：

借：资产处置费用　　　　　　　　　　　　　　400 000

　　贷：长期股权投资——成本　　　　　　　　　290 000

　　　　长期股权投资——损益调整　　　　　　　100 000

　　　　长期股权投资——所有者权益变动　　　　 10 000

借：银行存款　　　　　　　　　　　　　　　6 000 000

　　贷：投资收益　　　　　　　　　　　　　　2 000 000

　　　　应缴财政款　　　　　　　　　　　　　4 000 000

借：权益法调整　　　　　　　　　　　　　　　 10 000

　　贷：投资收益　　　　　　　　　　　　　　　 10 000

预算会计：

借：资金结存　　　　　　　　　　　　　　　2 000 000

　　贷：投资预算收入　　　　　　　　　　　　2 000 000

【例5.6】某事业单位持有A公司30%的股份，相应的长期股权投资采用权益法核算。某日，该事业单位经批准转让持有的A公司全部30%的股份，获得转让收入540 000元，款项已存入银行。股份转让日，该事业单位采用权益法核算的相应长期股权投资的成本数额为 510 000 元,损益调整借方余额为 21 000 元,其他权益变动借方余额为 6 000 元,转让收益为 3 000 元。

(1) 转让股份时

借:银行存款　　　　　　　　　　　　540 000

　　贷:长期股权投资——成本　　　　　　　510 000

　　　　　　　　　　——损益调整　　　　　21 000

　　　　　　　　　　——其他权益变动　　　6 000

　　　　投资收益　　　　　　　　　　　　3 000

(2) 转出权益法调整时

借:权益法调整　　　　　　　　　　　　6 000

　　贷:投资收益　　　　　　　　　　　　6 000

权益法调整转出投资收益后,经"本期盈余""本年盈余分配"科目过渡,最终转入累计盈余。

四、本期盈余

"本期盈余"科目核算单位本期各项收入、费用相抵后的余额。

(一)本期盈余的主要账务处理

(1) 期末,将各类收入科目的本期发生额转入本期盈余,借记"财政拨款收入""事业收入""上级补助收入""附属单位上缴收入""经营收入""非同级财政拨款收入""投资收益""捐赠收入""利息收入""租金收入""其他收入"科目,贷记本科目;将各类费用科目本期发生额转入本期盈余,借记本科目,贷记"业务活动费用""单位管理费用""经营费用""所得税费用""资产处置费用""上缴上级费用""对附属单位补助费用""其他费用"科目。

(2) 年末,完成上述结转后,将本科目余额转入"本年盈余分配"科目,借记或贷记本科目,贷记或借记"本年盈余分配"科目。

(二)本期盈余的具体业务核算

本期盈余的具体业务核算如表 5.6 所示。

表 5.6　3301 本期盈余的账务处理

序号	业务和事项内容		账务处理	
			财务会计	预算会计
(1)	期末结转	结转收入	借:财政拨款收入/事业收入/上级补助收入/附属单位上缴收入/经营收入/非同级财政拨款收入/投资收益/捐赠收入/利息收入/租金收入/其他收入 　　贷:本期盈余 投资收益为发生额借方净额时,做相反会计分录	——

续表

序号	业务和事项内容		账务处理	
			财务会计	预算会计
(1)	期末结转	结转费用	借：本期盈余 　　贷：业务活动费用/单位管理费用/经营费用/ 资产处置费用/上缴上级费用/对附属单位补助费 用/所得税费用/其他费用	——
(2)	年末结转	本期盈余科目 为贷方余额时	借：本期盈余 　　贷：本年盈余分配	——
		本期盈余科目 为借方余额时	借：本年盈余分配 　　贷：本期盈余	——

【例5.7】某行政单位在2019年发生以下业务。

(1) 11月30日，财政拨款收入科目余额9 000元，事业收入科目余额4 000元，上级补助收入科目余额6 000元，附属单位上缴收入科目余额15 000元，经营收入科目余额7 800元，投资收益科目余额4 000元，其他收入科目余额2 500元。

(2) 11月30日，业务活动费用科目余额4 500元，单位管理费用科目余额2 500元，经营费用科目余额2 000元，资产处置费用科目余额1 000元，所得税费用科目余额6 000元，其他费用科目余额3 000元。

(3) 12月31日结转本期盈余科目余额为15 000元。

该行政单位应做会计分录如下。

(1) 期末结转收入

借：财政拨款收入　　　　　　　　9 000

　　事业收入　　　　　　　　　　4 000

　　上级补助收入　　　　　　　　6 000

　　附属单位上缴收入　　　　　 15 000

　　经营收入　　　　　　　　　　7 800

　　投资收益　　　　　　　　　　4 000

　　其他收入　　　　　　　　　　2 500

　　　贷：本期盈余　　　　　　　　　48 300

(2) 期末结转费用

借：本期盈余　　　　　　　　　 19 000

　　货：业务活动费用　　　　　　　　4 500

　　　　单位管理费用　　　　　　　　2 500

　　　　经营费用　　　　　　　　　　2 000

　　　　资产处置费用　　　　　　　　1 000

　　　　所得税费用　　　　　　　　　6 000

　　　　其他费用　　　　　　　　　　3 000

(3) 结转本期盈余科科目余额

借：本期盈余　　　　　　　　　　　　29 300

　　贷：本年盈余分配　　　　　　　　　　　　　29 300

五、本年盈余分配

"本年盈余分配"科目核算单位本年度盈余分配的事项和结果。

(一)本年盈余分配的主要账务处理

(1) 年末，将"本期盈余"科目余额转入本科目，借记或贷记"本期盈余"科目，贷记或借记本科目。

(2) 年末，根据有关规定从本年度非财政拨款结余或经营结余中提取专用基金的，按照预算会计下计算的提取金额，借记本科目，贷记"专用基金"科目。

(3) 年末，按照规定完成上述(1)、(2)处理后，将本科目余额转入累计盈余，借记或贷记本科目，贷记或借记"累计盈余"科目。

(二)本年盈余分配的具体业务核算

本年盈余分配的具体业务核算如表 5.7 所示。

表 5.7　3302 本年盈余分配的账务处理

序号	业务和事项内容		账务处理	
			财务会计	预算会计
(1)	年末，将本期盈余科目余额转入	本期盈余科目为贷方余额时	借：本期盈余 　　贷：本年盈余分配	——
		本期盈余科目为借方余额时	借：本年盈余分配 　　贷：本期盈余	——
(2)	年末，按照有关规定提取专用基金	按照预算会计下计算的提取金额	借：本年盈余分配 　　贷：专用基金	借：非财政拨款结余分配 贷：专用结余
(3)	年末，将本科目余额转入累计盈余	本科目为贷方余额时	借：本年盈余分配 　　贷：累计盈余	——
		本科目为借方余额时	借：累计盈余 　　贷：本年盈余分配	——

【例 5.8】某行政单位 2019 年 12 月 31 日本期盈余科目贷方余额为 29 300 元，按预算会计下计算提取专用基金 8 000 元，年末本年盈余分配科目余额为 40 000 元。

(1) 转入本期盈余科目余额

借：本期盈余　　　　　　　　　　　　29 300

　　贷：本年盈余分配　　　　　　　　　　　　　29 300

(2) 提取专用基金时

借：本年盈余分配   8 000

  贷：专用基金   8 000

借：非财政拨款结余分配   8 000

  贷：专用结余   8 000

(3) 结转本年盈余分配科目余额时

借：本年盈余分配   21 300

  贷：累计盈余   21 300

六、无偿调拨净资产

"无偿调拨净资产"科目核算单位无偿调入或调出非现金资产所引起的净资产变动金额。

(一)无偿调拨净资产的主要账务处理

(1) 按照规定取得无偿调入的存货、长期股权投资、固定资产、无形资产、公共基础设施、政府储备物资、文物文化资产、保障性住房等，按照确定的成本，借记"库存物品""长期股权投资""固定资产""无形资产""公共基础设施""政府储备物资""文物文化资产""保障性住房"等科目，按照调入过程中发生的归属于调入方的相关费用，贷记"零余额账户用款额度""银行存款"等科目，按照其差额，贷记本科目。

(2) 按照规定经批准无偿调出的存货、长期股权投资、固定资产、无形资产、公共基础设施、政府储备物资、文物文化资产、保障性住房等，按照调出资产的账面余额或账面价值，借记本科目，按照固定资产累计折旧、无形资产累计摊销、公共基础设施累计折旧或摊销、保障性住房累计折旧的金额，借记"固定资产累计折旧""无形资产累计摊销""公共基础设施累计折旧(摊销)"" 保障性住房累计折旧"科目，按照调出资产的账面余额，贷记"库存物品""长期股权投资""固定资产""无形资产""公共基础设施""政府储备物资""文物文化资产""保障性住房"等科目；同时，按照调出过程中发生的归属于调出方的相关费用，借记"资产处置费用"科目，贷记"零余额账户用款额度""银行存款"等科目。

(3) 年末，将本科目余额转入累计盈余，借记或贷记本科目，贷记或借记"累计盈余"科目。

(二)无偿调拨净资产的具体业务核算

无偿调拨净资产的具体业务核算如表 5.8 所示。

表 5.8　3401 无偿调拨净资产的账务处理

序号	业务和事项内容	账务处理	
		财务会计	预算会计
(1)	取得无偿调入的资产时	借：库存物品/固定资产/无形资产/长期股权投资/公共基础设施/政府储备物资/保障性住房等 　贷：无偿调拨净资产 　　零余额账户用款额度/银行存款等[发生的归属于调入方的相关费用]	借：其他支出[发生的归属于调入方的相关费用] 　贷：资金结存等
(2)	经批准无偿调出资产时	借：无偿调拨净资产 固定资产累计折旧/无形资产累计摊销/公共基础设施累计折旧(摊销)/保障性住房累计折旧 　贷：库存物品/固定资产/无形资产/长期股权投资/公共基础设施/政府储备物资等[账面余额] 借：资产处置费用 　贷：银行存款/零余额账户用款额度等[发生的归属于调出方的相关费用]	借：其他支出[发生的归属于调出方的相关费用] 　贷：资金结存等
(3)	年末，将本科目余额转入累计盈余	科目为贷方余额时：借：无偿调拨净资产 　贷：累计盈余	——
		科目为借方余额时：借：累计盈余 　贷：无偿调拨净资产	——

【例 5.9】某事业单位 2019 年 12 月无偿调入一批存货 10 000 元，固定资产 10 000 元，长期股权投资 10 000 元，政府储备物资 10 000 元，保障性住房 10 000 元；12 月经批准无偿调出无形资产原价 22 000 元，已计提摊销 2 000 元，无偿调出长期股权投资 5 000 元，无偿调出保障性住房原价 10 000 元，已计提折旧 1 000 元；无偿调入资产发生处置费用 1 000 元，无偿调出资产发生处置费用 1 000 元。

(1) 取得无偿调入的净资产时

财务会计：

借：库存物品　　　　　　　　　　　　10 000
　　固定资产　　　　　　　　　　　　10 000
　　长期股权投资　　　　　　　　　　10 000
　　政府储备物资保障性住房　　　　　10 000
　　贷：无偿调拨净资产　　　　　　　　　　49 000
　　　　银行存款　　　　　　　　　　　　　 1 000

预算会计账务处理如下：

借：其他支出　　　　　　　　　　　　 1 000
　　贷：资金结存　　　　　　　　　　　　　 1 000

(2) 无偿调出净资产时

财务会计：

借：无偿调拨净资产　　　　　　　　34 000

　　无形资产累计摊销　　　　　　　　2 000

　　保障性住房累计折旧　　　　　　　1 000

　　　贷：无形资产　　　　　　　　　　　22 000

　　　　　长期股权投资　　　　　　　　　5 000

　　　　　保障性住房　　　　　　　　　　10 000

借：资产处置费用　　　　　　　　　1 000

　　　贷：银行存款　　　　　　　　　　　1 000

预算会计：

借：其他支出　　　　　　　　　　　1 000

　　　贷：资金结存　　　　　　　　　　　1 000

(3) 结转无偿调拨净资产科目余额

借：无偿调拨净资产　　　　　　　　15 000

　　　贷：累计盈余　　　　　　　　　　　15 000

七、以前年度盈余调整

"以前年度盈余调整"科目核算单位本年度发生的调整以前年度盈余的事项，包括本年度发生的重要前期差错更正涉及调整以前年度盈余的事项。

(一)以前年度盈余调整的主要账务处理

(1) 调整增加以前年度收入时，按照调整增加的金额，借记有关科目，贷记本科目。调整减少的，做相反会计分录。

(2) 调整增加以前年度费用时，按照调整增加的金额，借记本科目，贷记有关科目。调整减少的，做相反会计分录。

(3) 盘盈的各种非流动资产，报经批准后处理时，借记"待处理财产损溢"科目，贷记本科目。

(4) 结转"以前年度盈余调整"账户余额时，应将本科目的余额转入累计盈余，借记或贷记"累计盈余"科目，贷记或借记本科目。

(二)以前年度盈余调整的具体业务核算

以前年度盈余调整的具体业务核算如表 5.9 所示。

表 5.9　3501 以前年度盈余调整账务处理

序号	业务和事项内容		账务处理	
			财务会计	预算会计
(1)	调整以前年度收入	增加以前年度收入时	借：有关资产或负债科目 　贷：以前年度盈余调整	按照实际收到的金额 借：资金结存 　贷：财政拨款结转/财政拨款结余/非财政拨款结转/非财政拨款结余(年初余额调整)
		减少以前年度收入时	借：以前年度盈余调整 　贷：有关资产或负债科目	按照实际支付的金额 借：财政拨款结转/财政拨款结余/非财政拨款结转/非财政拨款结余(年初余额调整) 　贷：资金结存
(2)	调整以前年度费用	增加以前年度费用时	借：以前年度盈余调整 　贷：有关资产或负债科目	按照实际支付的金额 借：财政拨款结转/财政拨款结余/非财政拨款结转/非财政拨款结余(年初余额调整) 　贷：资金结存
		减少以前年度费用时	借：有关资产或负债科目 　贷：以前年度盈余调整	按照实际收到的金额 借：资金结存 　贷：财政拨款结转/财政拨款结余/非财政拨款结转/非财政拨款结余(年初余额调整)
(3)	盘盈非流动资产	报经批准处理时	借：待处理财产损溢 　贷：以前年度盈余调整	——
(4)	将本科目余额转入累计盈余	本科目为借方余额时	借：累计盈余 　贷：以前年度盈余调整	——
		本科目为贷方余额时	借：以前年度盈余调整 　贷：累计盈余	——

　　【例 5.10】2020 年 9 月税务局在对某单位进行日常检查时，发现该单位 2015 年度 1 月将已购入的一批已达到固定资产标准的办公设备记入"管理费用"账户，金额达到 1 200 000元。另外 2019 年 10 月有一笔预收账款 100 000 元，付款方已经收到商品，并达到收入确认条件，当年没有确认收入。不考虑相关税费。

　　(1)　调整 2019 年 1 月凭证

　　借：固定资产——办公设备　　　　　　　　 1 200 000
　　　　贷：以前年度损益调整　　　　　　　　　　　 1 200 000

　　(2)　补提 11 个月折扣(残值率为 0，按照直线法，预计使用年限为 10 年)

　　借：以前年度损益调整　　　　　　　　　　 110 000
　　　　贷：累计折旧　　　　　　　　　　　　　　　 110 000

(3) 调整 2019 年收入

借：预收账款　　　　　　　　　　　　　100 000

　　贷：以前年度损益调整　　　　　　　　　　　100 000

(4) 结转损益调整

借：以前年度损益调整　　　　　　　　　100 000

　　贷：累计盈余　　　　　　　　　　　　　　　100 000

【例 5.11】某事业单位盘盈一项固定资产，确定的成本为 5800 元。经核实，该项固定资产为以前年度取得，取得时未予入账。按照规定报经批准后，该项盘盈的固定资产作为重要前期差错更正处理。

(1) 盘盈固定资产时

借：固定资产　　　　　　　　　　　　　5 800

　　贷：待处理财产损溢　　　　　　　　　　　　5 800

(2) 报经批准后处理时

借：待处理财产损溢　　　　　　　　　　5 800

　　贷：以前年度盈余调整　　　　　　　　　　　5 800

(3) 将"以前年度盈余调整"科目余额转入累计盈余时

借：以前年度盈余调整　　　　　　　　　5 800

　　贷：累计盈余　　　　　　　　　　　　　　　5 800

【课后练习与提高】

一、单项选择题

1.　"累计盈余"科目的对应科目不包括(　　)。

　　A. 本年盈余分配　　　　　　　　B. 无偿调拨净资产

　　C. 财政应返还额度　　　　　　　D. 本期盈余

2.　经财政部门批准对财政拨款结余资金改变用途，调整用于本单位的基本支出或其他未完成项目支出时，借记"财政拨款结余"科目，贷记(　　)科目。

　　A. 财政拨款收入　　　　　　　　B. 财政拨款结转

　　C. 财政拨款预算收入　　　　　　D. 以前年度盈余调整

3.　行政单位和事业单位共用的会计科目是(　　)。

　　A. 专用结余　　　　　　　　　　B. 专用基金

　　C. 非财政拨款结余分配　　　　　D. 其他结余

4.　行政事业单位"资金结存"总账科目的明细账科目不包括(　　)。

　　A. 零余额账户用款额度　　　　　B. 货币资金

　　C. 财政应返还额度　　　　　　　D. 固定资产

5.　"非财政拨款结转"总账科目的明细科目不包括(　　)。

　　A. 缴回资金　　　　　　　　　　B. 累计结转

　　C. 本年收支结转　　　　　　　　D. 归集上缴

二、多项选择题

1. 行政单位的净资产不包括(　　)。
   A. 累计盈余　　　　　　　　B. 专用基金　　　　　　C. 权益法调整
   D. 本期盈余　　　　　　　　E. 无偿调拨净资产
2. "专用基金"科目的对应科目可以有(　　)。
   A. 本年盈余分配　　　　　　B. 业务活动费用　　　　C. 累计盈余
   D. 银行存款　　　　　　　　E. 资金结存
3. 行政事业单位按照规定上缴财政拨款结转结余时，可能使用的会计科目包括(　　)。
   A. 累计盈余　　　　　　　　B. 财政应返还额度　　　C. 资金结存
   D. 财政拨款结转　　　　　　E. 财政拨款结余
4. 只有事业单位使用、行政单位不使用的会计科目包括(　　)。
   A. 非财政拨款结余分配　　　B. 财政拨款结转　　　　C. 非财政拨款结转
   D. 专用结余　　　　　　　　E. 经营结余
5. "财政拨款结转"总账科目的明细账科目包括(　　)。
   A. 年初余额调整　　　　　　B. 归集调入　　　　　　C. 归集调出
   D. 单位内部调剂　　　　　　E. 本年收支结转

三、判断题(正确打"√"，错误打"×")

1. 专用基金的借方余额反映的是事业单位累计提取或设置的尚未使用的专用基金。
   (　　)
2. 事业单位自年初至当期期末累计实现的盈余反映在本期盈余科目的借方余额中。(　　)
3. 用于固定资产修缮和购置的基金是一般基金。　　　　　　　　　　　　　(　　)
4. 事业单位非财政拨款结余或经营结余如果发生亏损，不能再提取职工福利基金。(　　)
5. 所有事业单位提取医疗风险基金的比例没有限制，由单位自行规定。　　　(　　)
6. 年度终了，事业单位应将实现的经营结余或亏损全数转入"本年盈余分配"科目，结转后本科目应无余额。　　　　　　　　　　　　　　　　　　　　　　　　　(　　)
7. 事业单位盘盈非流动资产，报经批准后处理时，借记"以前年度盈余调整"科目，贷记"待处理财产损溢"科目。　　　　　　　　　　　　　　　　　　　　　　　(　　)
8. "无偿调拨净资产"科目核算单位无偿调入或调出现金资产所引起的净资产变动金额。　　　　　　　　　　　　　　　　　　　　　　　　　　　　　　　　　　(　　)
9. 新制度"累计盈余"科目余额包含了原账的"财政拨款结转""财政拨款结余""其他资金结转结余"科目的余额内容。　　　　　　　　　　　　　　　　　　　　(　　)
10. 行政事业单位损益类会计科目有本期盈余、本年盈余分配、无偿调拨净资产和以前年度盈余调整。　　　　　　　　　　　　　　　　　　　　　　　　　　　　(　　)

四、业务处理题

1. 目的：练习行政单位净资产的核算。
   资料：某行政单位有关资料如下。

(1) 2018 年 11 月 30 日，"本期盈余"科目贷方余额 1 710 000 元，同年 12 月各项收入和费用发生额如下：

收入科目名称	12 月发生额(元)	费用科目名称	12 月发生额(元)
财政拨款收入	710 000	业务活动费用	850 000
非同级财政拨款收入	150 000	资产处置费用	10 000
捐赠收入	500 000	其他费用	10 000
利息收入	50 000		
租金收入	20 000		
其他收入	60 000	合计	

(2) 2018 年 12 月 31 日，"无偿调拨净资产"科目贷方余额 500 000 元，"以前年度盈余调整"科目贷方余额 200 000 元。

要求：根据上述资料

① 结转 12 月各项收入和费用。

② 年末，结转"本期盈余"科目余额。

③ 年末，结转"本年盈余分配"科目余额。

④ 年末，结转"无偿调拨净资产"科目贷方余额。

⑤ 年末，结转"以前年度盈余调整"科目贷方余额。

⑥ 计算"累计盈余"科目年末余额。

2. 目的：练习行政事业单位累计盈余的核算

资料：某行政单位 2018 年发生如下经济业务。

(1) 按照规定向其他单位调出财政拨款结转资金 15 000 元，相应调减财政应返还额度。

(2) 年末，"本年盈余分配"科目借方余额为 6 500 元，将其转入"累计盈余"科目。

(3) 年末，"无偿调拨净资产"科目贷方余额为 96 000 元，将其转入"累计盈余"科目。

要求：根据以上经济业务，为该行政单位编制有关的会计分录。

五、思考题

1. 什么是行政事业单位？我国行政事业单位具体包括哪些？

2. 什么是行政事业单位的净资产？主要包括哪些种类？

3. 政府会计中净资产的核算基础是什么？

4. 政府会计中财务会计与预算会计的区别是什么？

5. 什么是累计盈余？它的核算内容包括哪些？

6. 什么是专用基金？它的核算内容包括哪些？

7. 什么是权益法调整？它的核算内容包括哪些？

8. 什么是本期盈余？它的核算内容包括哪些？

9. 什么是本年盈余分配？它的核算内容包括哪些？

10. 什么是无偿调拨净资产？它的核算内容包括哪些？

11. 什么是以前年度盈余调整？它的核算内容包括哪些？

12. 新旧会计制度下如何进行净资产科目的衔接？

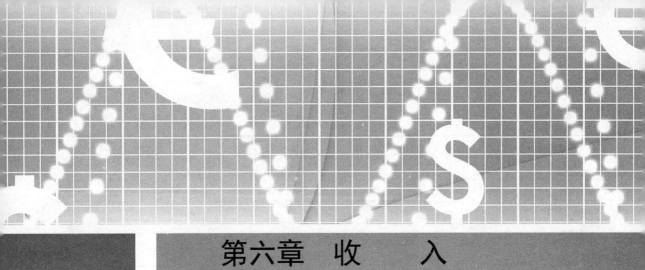

第六章 收 入

【学习目的及要求】

本章主要介绍收入的概念、分类，收入类科目及会计核算，事业单位专有收入的会计核算等内容。

通过本章的学习，理解收入的概念，熟悉收入的分类，掌握设置的收入类科目及会计核算，掌握事业单位专有收入的会计核算。

第一节 收 入 概 述

一、收入的含义

(一)收入的概念及确认条件

收入是指报告期内导致政府会计主体净资产增加的、含有服务潜力或者经济利益的经济资源的流入。

收入的确认应当同时满足以下条件：①与收入相关的含有服务潜力或者经济利益的经济资源很可能流入政府会计主体；②含有服务潜力或者经济利益的经济资源流入会导致政府会计主体资产增加或者负债减少；③流入金额能够可靠地计量。

(二)财务会计要素的收入与预算会计要素的预算收入的区别

财务会计的收入是指报告期内导致政府会计主体净资产增加的、含有服务潜力或者经济利益的经济资源的流入。收入以权责发生制为基础。预算会计的预算收入是指政府会计主体在预算年度内依法取得的并纳入预算管理的现金流入。预算收入以收付实现制为基础，一般在实际收到时予以确认，以实际收到的金额计量。

在实务中，预算收入与收入确认不一致的情形可分为两类：第一类为确认收入但不同时确认预算收入；第二类为确认预算收入但不同时确认收入。

(1) 确认收入但不同时确认预算收入的业务发生了在权责发生制下应确认的收入，但没有发生纳入部门预算管理的现金流入，如应收款项确认的收入、预收账款确认的收入、接受非货币性资产捐赠确认的收入等。

(2) 确认预算收入但不同时确认收入的业务发生了纳入预算管理的现金流入，在权责发生制下并不将其确认为收入，如收到应收款项确认的预算收入、收到预收账款确认的预算收入以及取得借款确认的预算收入等。

二、收入的分类

行政、事业单位使用的收入项目可以按照以下标准分类。

(一)行政、事业单位共有的收入项目

行政、事业单位共有的收入项目分别是财政拨款收入、非同级财政拨款收入、租金收入、捐赠收入、利息收入、其他收入。

财政拨款收入是指单位从同级政府财政部门取得的各类财政拨款。

非同级财政拨款收入是指单位从非同级政府财政部门取得的经费拨款，包括从同级政府其他部门取得的横向转拨财政款、从上级或下级政府财政部门取得的经费拨款等。

租金收入是指单位经批准利用国有资产出租取得并按照规定纳入本单位预算管理的租金收入。

捐赠收入是指单位接受其他单位或者个人捐赠取得的收入。

利息收入是指单位取得的银行存款利息收入。

其他收入是指单位取得的除财政拨款收入、事业收入、上级补助收入、附属单位上缴收入、经营收入、非同级财政拨款收入、投资收益、捐赠收入、利息收入、租金收入以外的各项收入，包括现金盘盈收入、按照规定纳入单位预算管理的科技成果转化收入、行政单位收回已核销的其他应收款、无法偿付的应付及预收款项、置换换出资产评估增值等。

(二)事业单位特有的收入项目

事业单位特有的收入项目分别是事业收入、上级补助收入、附属单位上缴收入、经营收入、投资收益。

事业收入是指事业单位开展专业业务活动及其辅助活动实现的收入，不包括从同级政府财政部门取得的各类财政拨款。

上级补助收入是指事业单位从主管部门和上级单位取得的非财政拨款收入。

附属单位上缴收入是指事业单位取得的附属独立核算单位按照有关规定上缴的收入。

经营收入是指事业单位在专业业务活动及其辅助活动之外开展非独立核算经营活动取得的收入。

投资收益是指事业单位股权投资和债券投资所实现的收益或发生的损失。

(三)事业单位"财政拨款收入""事业收入"和"非同级财政拨款收入"核算范围的区别

实务中，在确定"财政拨款收入""事业收入"和"非同级财政拨款收入"科目的核算范围时，不能仅依据收入来源主体，还需要从业务实质进行判断。

(1)　"财政拨款收入"科目核算单位从同级政府财政部门取得的各类财政拨款。单位在收到来自同级政府财政部门的拨款时，应当判断其是否符合纳入单位当期财政拨款收入的标准。以下两种特殊情形需要注意：①同级政府财政部门预拨的下期预算款和没有纳入预算的暂付款项，虽然拨款来自同级政府财政部门，但其不属于单位当期的预算拨款。因此，在收到时，不能确认为财政拨款收入，应通过"其他应付款"科目核算。在进入对应的下一预算期或批准纳入预算时，再将其确认为财政拨款收入，借记"其他应付款"科目，贷记"财政拨款收入"科目。②同级政府财政部门采用实拨资金方式通过本单位转拨给下属单位的财政拨款，不属于单位的预算收入。因此，不能确认为财政拨款收入，应通过"其他应付款"科目核算。

(2)　"事业收入"科目核算事业单位开展专业业务活动及其辅助活动实现的收入。需要注意的是，其不包括从同级政府财政部门取得的各类财政拨款，但包括因开展专业业务活动及其辅助活动从非同级政府财政部门取得的经费，具体核算为：①同级政府财政部门的财政拨款中用于事业单位开展专业业务活动及其辅助活动的部分，通过"财政拨款收入"科目核算，不通过"事业收入"科目核算。②因开展专业业务活动及其辅助活动从非同级政府财政部门取得的经费，应当计入单位事业收入，在"事业收入"科目下设置"非同级财政拨款"明细科目进行核算。③"非同级财政拨款收入"科目核算单位从非同级政府财政部门取得的经费拨款，但如上所述，不包括事业单位因开展专业业务活动及其辅助活动从非同级政府财政部门取得的经费，其应当计入事业单位的事业收入科目。这要求事业单位对于来自非同级财政部门的拨款，应该根据性质进行辨识与核算。

第二节　收入类科目

改革后的政府会计共设收入类科目 11 个，如表 6.1 所示。

表 6.1　收入类科目表

收入类							
序号	编号	名称	适用范围	序号	编号	名称	适用范围
1	4001	财政拨款收入	行政单位	2	4101	事业收入	事业单位
3	4201	上级补助收入	事业单位	4	4301	附属单位上缴收入	事业单位
5	4401	经营收入	事业单位	6	4601	非同级财政拨款收入	行政单位
7	4602	投资收益	事业单位	8	4603	捐赠收入	
9	4604	利息收入		10	4605	租金收入	
11	4609	其他收入					

一、"财政拨款收入"科目

"财政拨款收入"是核算本科目单位从同级政府财政部门取得的各类财政拨款。财政拨款收入主要用于基本支出和项目支出，如图 6.1 所示。同级政府财政部门预拨的下期预算款和没有纳入预算的暂付款项，以及采用实拨资金方式通过本单位转拨给下属单位的财政拨款，通过"其他应付款"科目核算，不通过该科目核算。

该科目可按照一般公共预算财政拨款、政府性基金预算财政拨款等拨款种类进行明细核算。期末结转后，该科目应无余额。

二、"事业收入"科目

"事业收入"是科目核算事业单位开展专业业务活动及其辅助活动实现的收入，不包括从同级政府财政部门取得的各类财政拨款。

该科目应当按照事业收入的类别、来源等进行明细核算。对于因开展科研及其辅助活动从非同级政府财政部门取得的经费拨款，应当在该科目下单设"非同级财政拨款"明细科目进行核算。期末结转后，该科目应无余额。

三、"上级补助收入"科目

上级补助收入是指单位从主管部门或上级单位取得的非财政补助资金。该项资金包括专项资金和非专项资金。专项资金是上级单位拨入的用于完成特定任务的款项。专项资金收入应当专款专用、单独核算，并按规定向上级单位报送专项资金使用情况。项目完成后，应当报送专项资金支出决算和使用效果的书面报告，接受上级单位的检查、验收。当年未完成的项目结转下年继续使用，已经完成项目结余的资金，按规定缴回原拨款单位或留归单位的累计结余。非专项资金是上级单位拨入的用于维持日常运行和维持日常工作任务的款项。非专项资金无限定用途，年终结余的资金可以转入事业结余进行分配。

该科目应当按照发放补助单位、补助项目等进行明细核算。期末结转后，该科目应无余额。

四、"附属单位上缴收入"科目

附属单位是指事业单位内部设立的，实行"独立核算"的下级单位，与上级单位存在一定的体制关系。"附属单位上缴收入"科目核算事业单位取得的附属独立核算单位按照有关规定上缴的收入。

事业单位与附属单位之间的往来款项，不通过"附属单位上缴收入"科目核算。该科目应当按照附属单位、缴款项目等进行明细核算。期末结转后，该科目应无余额。

五、"经营收入"科目

"经营收入"科目核算事业单位在专业业务活动及其辅助活动之外开展非独立核算经营活动取得的收入。一般包括服务收入、销售收入、租赁收入以及其他经营收入等。

经营收入属于事业单位非财政、非专项资金收入，必须同时具备以下两个特征：(1)必须是经营活动的收入而不是专业活动收入。(2)必须是附属的非独立核算单位，而不是独立核算单位。

该科目应当按照经营活动类别、项目和收入来源等进行明细核算。期末结转后，该科目应无余额。

六、"非同级财政拨款收入"科目

"非同级财政拨款收入"科目核算单位从非同级政府财政部门取得的经费拨款，包括从同级政府其他部门取得的横向转拨财政款、从上级或下级政府财政部门取得的经费拨款等。

事业单位因开展科研及其辅助活动从非同级政府财政部门取得的经费拨款，应当通过"事业收入——非同级财政拨款"科目核算，不通过该科目核算。该科目应当按照本级横向转拨财政款和非本级财政拨款进行明细核算，并按照收入来源进行明细核算。期末结转后，该科目应无余额。

七、"投资收益"科目

"投资收益"科目核算事业单位股权投资和债券投资所实现的收益或发生的损失。该科目应当按照投资的种类等进行明细核算。期末结转后，该科目应无余额。

八、"捐赠收入"科目

"捐赠收入"科目核算单位接受其他单位或者个人捐赠取得的收入。该科目应当按照捐赠资产的用途和捐赠单位等进行明细核算。期末结转后，该科目应无余额。

九、"利息收入"科目

"利息收入"科目核算单位取得的银行存款利息收入。期末结转后，该科目应无余额。

十、"租金收入"科目

"租金收入"科目核算单位经批准利用国有资产出租取得并按照规定纳入本单位预算管理的租金收入。该科目应当按照出租国有资产类别和收入来源等进行明细核算。期末结转后，该科目应无余额。

十一、"其他收入"科目

"其他收入"科目核算单位取得的除财政拨款收入、事业收入、上级补助收入、附属单位上缴收入、经营收入、非同级财政拨款收入、投资收益、捐赠收入、利息收入、租金收入以外的各项收入，包括现金盘盈收入、按照规定纳入单位预算管理的科技成果转化收入、行政单位收回已核销的其他应收款、无法偿付的应付及预收款项、置换换出资产评估增值等。

该科目应当按照其他收入的类别、来源等进行明细核算。期末结转后，该科目应无余额。

第三节　收入的会计核算

按照平行记账的原理，收入等各类业务凡涉及纳入部门预算管理的现金收支的业务，在进行财务会计核算的同时应进行预算会计核算。不涉及纳入预算管理现金收支的资产业务只需进行财务会计核算。而财务会计的收入类科目与预算会计的预算收入类科目存在对应关系，具体如表 6.2 所示。

表 6.2　收入类会计科目与预算收入科目对照表

财务会计			预算会计		
科目编号	科目名称	适用范围	科目编号	科目名称	适用范围
	收入类			预算收入类	
4001	财政拨款收入		6001	财政拨款预算收入	
4101	事业收入	事业	6101	事业预算收入	事业
4201	上级补助收入	事业	6201	上级补助预算收入	事业
4301	附属单位上缴收入	事业	6301	附属单位上缴收入	事业
4401	经营收入	事业	6401	经营预算收入	事业
4601	非同级财政拨款收入		6601	非同级财政拨款预算收入	
4602	投资收益	事业	6602	投资预算收益	事业
4603	捐赠收入				
4604	利息收入		6609	其他预算收入	
4605	租金收入				
4609	其他收入				

一、财政拨款收入

财政拨款收入是单位从同级政府财政部门取得的各类财政拨款。按照拨款的来源，财政拨款收入可分为一般公共预算财政拨款和政府性基金预算财政拨款。财政拨款是政府单位最主要的收入来源，也是政府单位开展业务活动的基本财力保障。

(一)财政拨款收入的管理

1. 按核定预算和用款计划申请取得

各单位应根据核定的预算编制季度分月制订用款计划(包括基本支出和项目支出)，经同级财政部门或上级单位核定后分月获取财政拨款收入。申请时，应分款、项填写《预算经费请拨单》。

2. 按规定用途申请取得

应按核定的预算用途使用。其中，未经财政部门批准，不得擅自改变用途。在使用财政补助时，应按计划控制用款，不得随意改变资金用途；款、项用途如需调整，应填写"科目流用申请书"，报经财政部门批准后使用。

3. 按预算级次申请取得

各单位应按规定的预算级次和经费领报关系向上级主管部门或同级财政部门申请取得财政拨款收入。同级主管部门之间原则上不得发生经费领拨关系。

4. 按规定的财政资金支付方式申请取得

各单位在确定年度预算和分月用款计划时应确定财政资金的支付方式及其支付金额。其中，实行国库集中支付改革的单位，通过财政直接支付方式和财政授权支付方式获取财政拨款收入；尚未实行国库集中支付改革的单位，通过财政实拨资金的方式获取财政拨款收入。

(二)财政拨款收入的确认

1. 财政直接支付方式

财政直接支付程序一般适用于大额的、重要的经常性的支出，比如工资支出、工程采购支出、物品和服务采购支出等。单位应于收到财政国库支付执行机构委托代理银行转来的《财政直接支付入账通知书》时，按入账通知书中标明的金额确认收入。

2. 财政授权支付方式

财政授权支付程序适用于未纳入财政直接支付的财政性资金和零星支出。各单位应于收到零余额账户代理银行盖章的《授权支付到账通知书》时，按到账通知书标明的额度确认收入。

3. 财政实拨资金方式

财政部门在审核单位支出后，应按季分月将资金直接拨入单位开户银行的指定账户上。各单位应在收到开户银行转来的收款通知时确认收入。

4. 对于年终结余形成的财政拨款收入

各单位应根据对账确认两个结余，即直接支付指标结余和授权支付指标结余。直接支付指标结余是指本年度财政直接支付预算指标与当年财政直接支付实际支出数之间的差额；授权支付指标结余是指本年度财政授权支付预算指标与当年零余额账户用款额度下达数之间的差额。

(三)财政拨款收入的具体业务核算

"财政拨款收入"科目的主要核算见表6.3。

表6.3　4001 财政拨款收入的账务处理

序号	业务和事项内容		账务处理	
			财务会计	预算会计
(1)	收到拨款	财政直接支付方式下	借：库存物品/固定资产/业务活动费用/单位管理费用/应付职工薪酬等 　　贷：财政拨款收入	借：行政支出/事业支出等 　　贷：财政拨款预算收入
		财政授权支付方式下	借：零余额账户用款额度 　　贷：财政拨款收入	借：资金结存——零余额账户用款额度 　　贷：财政拨款预算收入
		其他方式下	借：银行存款等 　　贷：财政拨款收入	借：资金结存——货币资金 　　贷：财政拨款预算收入
(2)	年末确认拨款差额	根据年度财政直接支付预算指标数与当年财政直接支付实际支付数的差额	借：财政应返还额度——财政直接支付 　　贷：财政拨款收入	借：资金结存——财政应返还额度 　　贷：财政拨款预算收入
		本年度财政授权支付预算指标数大于零余额账户用款额度下达数的差额	借：财政应返还额度——财政授权支付 　　贷：财政拨款收入	借：资金结存——财政应返还额度 　　贷：财政拨款预算收入
(3)	因差错更正或购货退回等发生的国库直接支付款项退回的	属于本年度支付的款项	借：财政拨款收入 　　贷：业务活动费用/库存物品等	借：财政拨款预算收入 　　贷：行政支出/事业支出等
		属于以前年度支付的款项(财政拨款结转资金)	借：财政应返还额度——财政直接支付 　　贷：以前年度盈余调整/库存物品等	借：资金结存——财政应返还额度 　　贷：财政拨款结转——年初余额调整
		属于以前年度支付的款项(财政拨款结余资金)		借：资金结存——财政应返还额度 　　贷：财政拨款结余——年初余额调整
(4)	期末/年末结转		借：财政拨款收入 　　贷：本期盈余	借：财政拨款预算收入 　　贷：财政拨款结转——本年收支结转

1. 财政直接支付方式收到财政拨款收入

在财政直接支付方式下，根据收到的"财政直接支付入账通知书"及相关原始凭证，按照通知书中的直接支付入账金额，借记"库存物品""固定资产""业务活动费用""单位管理费用""应付职工薪酬"等科目，贷记"财政拨款收入"科目。涉及增值税业务的，相关账务处理参见"应交增值税"科目。

年末，根据本年度财政直接支付预算指标数与当年财政直接支付实际支付数的差额，借记"财政应返还额度——财政直接支付"科目，贷记"财政拨款收入"科目。

【例 6.1】 2019 年 3 月 2 日，其行政单位收到财政直接支付入账通知书，其中包括财政部门为行政部门支付的 143 000 元日常行政活动经费，7 000 元为开展某项专业业务活动所发生的费用。

财务会计：

借：业务活动费用　　　　　　　　　　　　　　　　　150 000
　　贷：财政拨款收入　　　　　　　　　　　　　　　　　　150 000

预算会计：

借：行政支出　　　　　　　　　　　　　　　　　　　150 000
　　贷：财政拨款预算收入　　　　　　　　　　　　　　　　150 000

【例 6.2】 2019 年年末，某行政单位本年度财政直接支付预算指标数 2 000 000 元，当年财政实际支付数 1 900 000 元，年末把差额确认为当期收入。

财务会计：

借：财政应返还额度——财政直接支付　　　　　　　　100 000
　　贷：财政拨款收入　　　　　　　　　　　　　　　　　　100 000

预算会计：

借：资金结存——财政应返还额度　　　　　　　　　　100 000
　　贷：财政拨款预算收入　　　　　　　　　　　　　　　　100 000

2. 财政授权支付方式收到财政拨款收入

在财政授权支付方式下，根据收到的"财政授权支付额度到账通知书"，按照通知书中的授权支付额度，借记"零余额账户用款额度"科目，贷记"财政拨款收入"科目。

年末，本年度财政授权支付预算指标数大于零余额账户用款额度下达数的，根据未下达的用款额度，借记"财政应返还额度——财政授权支付"科目，贷记"财政拨款收入"科目。

【例 6.3】某行政单位 2019 年 3 月 1 日收到财政授权支付额度到账通知书，收到财政拨款 300 000 元。

财务会计：

借：零余额账户用款额度　　　　　　　　　　　　　　300 000
　　贷：财政拨款收入　　　　　　　　　　　　　　　　　　300 000

预算会计：

借：资金结存——零余额账户用款额度　　　　　　　　300 000
　　贷：财政拨款预算收入　　　　　　　　　　　　　　　　300 000

【例6.4】2019年年末，某行政单位本年度财政授权支付预算指标数2 500 000元，当年零余额账户用款额度下达数2 300 000元，年末把差额确认为当期收入。

财务会计：

借：财政应返还额度——财政授权支付　　　　　　　　　200 000

　　贷：财政拨款收入　　　　　　　　　　　　　　　　　　　　200 000

预算会计：

借：资金结存——财政应返还额度　　　　　　　　　　　200 000

　　贷：财政拨款预算收入　　　　　　　　　　　　　　　　　　200 000

3. 其他方式收到财政拨款收入

在其他方式下收到财政拨款收入时，按照实际收到的金额，借记"银行存款"等科目，贷记"财政拨款收入"科目。

【例6.5】某乡镇2019年2月4日收到总预算拨冬春中央自然灾害救助款200 000元。

财务会计：

借：银行存款　　　　　　　　　　　　　　　　　　　　200 000

　　贷：财政拨款收入——公共财政预算拨款　　　　　　　　　　200 000

预算会计：

借：资金结存——货币资金　　　　　　　　　　　　　　200 000

　　贷：财政拨款预算收入　　　　　　　　　　　　　　　　　　200 000

4. 发生国库直接支付款项退回

因差错更正或购货退回等发生国库直接支付款项退回的，属于以前年度支付的款项，按照退回金额，借记"财政应返还额度——财政直接支付"科目，贷记"以前年度盈余调整""库存物品"等科目；属于本年度支付的款项，按照退回金额，借记"财政拨款收入"科目，贷记"业务活动费用""库存物品"等科目。

【例6.6】2019年年末，某事业单位使用财政专项资金购入一批用于专业业务活动的材料，材料款以财政直接支付方式支付。2020年3月，单位发现此批购入的部分材料存在质量问题，其中价值3000元的材料于2019年年末领用，价值4000元的材料还在仓库里。单位将此部分存在质量问题的材料退回给供货商，供货商退回相应的国库直接支付款项7 000元。

财务会计：

借：财政应返还额度——财政直接支付　　　　　　　　　7 000

　　贷：库存物品　　　　　　　　　　　　　　　　　　　　　　4 000

　　　　以前年度盈余调整　　　　　　　　　　　　　　　　　　3 000

预算会计：

借：资金结存——财政应返还额度　　　　　　　　　　　7 000

　　贷：财政拨款结转——年初余额调整　　　　　　　　　　　　7 000

5. 期末结转

期末，将本科目本期发生额转入本期盈余，借记"财政拨款收入"科目，贷记"本期盈余"科目。

【例 6.7】2019 年 5 月 31 日，某行政单位的"财政拨款收入"账户贷方发生额 10 000 000 元，期末结转。

财务会计：

借：财政拨款收入   10 000 000

  贷：本期盈余   10 000 000

预算会计：

借：财政拨款预算收入   10 000 000

  贷：财政拨款结转——本年收支结转   10 000 000

二、非同级财政拨款收入

非同级财政拨款收入是单位从非同级政府财政部门取得的经费拨款，包括从同级政府其他部门取得的横向转拨财政款、从上级或下级政府财政部门取得的经费拨款等。事业单位因开展科研及其辅助活动从非同级政府财政部门取得的经费拨款，应当通过"事业收入——非同级财政拨款"科目核算，不通过本科目核算。"非同级财政拨款收入"科目的主要核算见表 6.4。

表 6.4 4601 非同级财政拨款收入的账务处理

序号	业务和事项内容		账务处理	
			财务会计	预算会计

(1)	确认收入时	按照应收或实际收到的金额	借：其他应收款/银行存款等
			  贷：非同级财政拨款收入
				借：资金结存——货币资金[按照实际收到的金额]
				  贷：非同级财政拨款预算收入

(2)	收到应收的款项时	按照实际收到的金额	借：银行存款 贷：其他应收款	

(3)	期末/年末结转	专项资金	借：非同级财政拨款收入
			  贷：本期盈余
				借：非同级财政拨款预算收入
				  贷：非财政拨款结转——本年收支结转

		非专项资金		借：非同级财政拨款预算收入 贷：其他结余

(一)确认非同级财政拨款收入

确认非同级财政拨款收入时，按照应收或实际收到的金额，借记"其他应收款""银行存款"等科目，贷记本科目。

【例 6.8】某行政单位 2019 年 4 月 8 日收到上级政府财政部门的经费拨款 200 000 元。

财务会计：

借：银行存款　　　　　　　　　　　200 000
　　贷：非同级财政拨款收入　　　　　　200 000
　　预算会计：
借：资金结存——货币资金　　　　　200 000
　　贷：非同级财政拨款预算收入　　　　200 000

(二)期末结转

期末，将本科目本期发生额转入本期盈余，借记"非同级财政拨款收入"科目，贷记"本期盈余"科目。

【例6.9】2019年5月31日，某行政单位的"非同级财政拨款收入"账户贷方发生额1 000 000元，其中专项资金收入700 000元，非专项资金300 000元，期末结转。

财务会计：
借：非同级财政拨款收入　　　　　　1 000 000
　　贷：本期盈余　　　　　　　　　　　1 000 000
预算会计：
借：非同级财政拨款预算收入　　　　1 000 000
　　贷：非财政拨款结转——本年收支结转　700 000
　　　　其他结余　　　　　　　　　　　300 000

三、租金收入

租金收入是单位经批准利用国有资产出租取得并按照规定纳入本单位预算管理的租金收入。

(一)确认国有资产出租收入

国有资产出租收入，应当在租赁期内各个期间按照直线法予以确认。

(1) 采用预收租金方式的，预收租金时，按照收到的金额，借记"银行存款"等科目，贷记"预收账款"科目；分期确认租金收入时，按照各期租金金额，借记"预收账款"科目，贷记"租金收入"科目。

(2) 采用后付租金方式的，每期确认租金收入时，按照各期租金金额，借记"应收账款"科目，贷记"租金收入"科目；收到租金时，按照实际收到的金额，借记"银行存款"等科目，贷记"应收账款"科目。

(3) 采用分期收取租金方式的，每期收取租金时，按照租金金额，借记"银行存款"等科目，贷记"租金收入"科目。

涉及增值税业务的，相关账务处理参见"应交增值税"科目。

【例6.10】某单位经批准将一栋闲置房屋出租，租期5年，月租金60 000元(不含税价)，假定适用的增值税征收率为5%。

(1) 采用预收租金方式

每年 1 月预收年租金时

财务会计：

借：银行存款		756 000
贷：预收账款		756 000

预算会计：

借：资金结存——货币资金		720 000
贷：其他预算收入		720 000

每月确认租金收入时

财务会计：

借：预收账款		63 000
贷：租金收入		60 000
应交增值税		3 000

每月确认租金收入时，不涉及资金收付的，不做预算会计处理。

(2) 采用后付租金方式

每月确认租金收入

财务会计：

借：应收账款		63 000
贷：租金收入		60 000
应交增值税		3 000

每月确认租金收入时，不涉及资金收付的，不做预算会计处理。

年末收到年租金时

财务会计：

借：银行存款		756 000
贷：应收账款		756 000

预算会计：

借：资金结存——货币资金		720 000
贷：其他预算收入		720 000

(3) 采用分期收取租金方式

财务会计：

借：银行存款		63 000
贷：租金收入		60 000
应交增值税		3 000

预算会计：

借：资金结存——货币资金		60 000
贷：其他预算收入		60 000

(二)期末结转

期末，将本科目本期发生额转入本期盈余，借记"租金收入"科目，贷记"本期盈余"

科目。

【例 6.11】2019 年 5 月 31 日，某单位的"租金收入"账户贷方发生额 100 000 元，期末结转。

财务会计：

借：租金收入　　　　　　　　　　　　　　　　100 000

　　贷：本期盈余　　　　　　　　　　　　　　　　　100 000

预算会计：

借：其他预算收入——租金收入　　　　　　　　　100 000

　　贷：其他结余　　　　　　　　　　　　　　　　　100 000

四、捐赠收入

捐赠收入是单位接受其他单位或者个人捐赠取得的收入。行政事业单位接受的捐赠资产形式多样，既可能是现金或银行存款，也可能是存货、固定资产等非现金资产。

单位在取得不同形式的捐赠资产时，账务处理存在差异，具体如下所述。

(一)接受捐赠的货币资金

单位在接受捐赠的现金或银行存款等货币资金时，需要同时在财务会计和预算会计中进行平行记账。在财务会计中，单位应按照实际收到的金额，借记"库存现金""银行存款"等科目，贷记"捐赠收入"科目；在预算会计中，单位应按照实际收到的金额，借记"资金结存"科目，贷记"其他预算收入"科目。

【例 6.12】2019 年 5 月 11 日，某高校接受校友捐赠的货币资金 20 000 000 元，已存入银行。

财务会计：

借：银行存款　　　　　　　　　　　　20 000 000

　　贷：捐赠收入　　　　　　　　　　　　　20 000 000

预算会计：

借：资金结存——货币资金　　　　20 000 000

　　贷：其他预算收入　　　　　　　　　　　20 000 000

(二)接受捐赠的非现金资产

单位在接受捐赠的存货、固定资产等非现金资产时，财务会计的账务处理方式为：对于接受捐赠的存货、固定资产等非现金资产，单位应当按照确定的成本，借记"库存物品""固定资产"等科目，按照支付的相关税费、运输费等，贷记"银行存款"等科目，并按照两者之间的差额，贷记"捐赠收入"科目。单位无法确定所接受捐赠资产的成本，将捐赠资产按名义金额入账的，借记"库存物品""固定资产"等科目，贷记"捐赠收入"科目；如果单位在接受捐赠过程中支付了相关税费、运输费等，应按照实际支付的金额，借记"其他费用"科目，贷记"银行存款"等科目。预算会计的账务处理方式为：如果单位在接受捐赠过程中支付了相关税费、运输费等，应按照实际支付的金额，借记"其他支出"科目，贷记"资金结存"科目。如果单位未发生相关税费、运输费等支出，则不需要在预算会计中进行核算。

【例 6.13】2019 年 5 月 12 日，某高校校庆接受企业捐赠的存货物资，有关凭据上注明该批物资价值 10 000 000 元，该校在取得该批存货时用银行存款支付运输费 10 000 元，并已将存货验收入库。

财务会计：

借：库存物品   10 010 000

    贷：捐赠收入   10 000 000

        银行存款   10 000

预算会计：

借：其他支出   10 000

    贷：资金结存——货币资金   10 000

(三)期末结转

期末，将本科目本期发生额转入本期盈余，借记"捐赠收入"科目，贷记"本期盈余"科目。

【例 6.14】2019 年 5 月 31 日，某单位的"捐赠收入"账户贷方发生额 50 000 元，其中专项资金收入 30 000 元，非专项资金收入 20 000 元，期末结转。

财务会计：

借：捐赠收入   50 000

    贷：本期盈余   50 000

预算会计：

借：其他预算收入——捐赠收入   50 000

    贷：非财政拨款结转——本年收支结转   30 000

        其他结余   20 000

五、利息收入

利息收入是单位取得的银行存款利息收入。

(一)取得利息收入

取得银行存款利息时，按照实际收到的金额，借记"银行存款"科目，贷记"利息收入"科目。

【例 6.15】2019 年 6 月 30 日，某单位银行存款账户孳生利息 1 000 元。

财务会计：

借：银行存款   1 000

    贷：利息收入   1 000

预算会计：

借：资金结存——货币资金　　　　　　　　　　　　　　　1 000

　　贷：其他预算收入　　　　　　　　　　　　　　　　　　　1 000

(二)期末结转

期末，将本科目本期发生额转入本期盈余，借记"利息收入"科目，贷记"本期盈余"科目。

【例6.16】2019年5月31日，某单位的"利息收入"账户贷方发生额10 000元，期末结转。

财务会计：

借：利息收入　　　　　　　　　　　　　　　　　　　　　10 000

　　贷：本期盈余　　　　　　　　　　　　　　　　　　　　　10 000

预算会计：

借：其他预算收入——利息收入　　　　　　　　　　　　　10 000

　　贷：其他结余　　　　　　　　　　　　　　　　　　　　　10 000

六、其他收入

其他收入是单位取得的除财政拨款收入、事业收入、上级补助收入、附属单位上缴收入、经营收入、非同级财政拨款收入、投资收益、捐赠收入、利息收入、租金收入以外的各项收入，包括现金盘盈收入、按照规定纳入单位预算管理的科技成果转化收入、行政单位收回已核销的其他应收款、无法偿付的应付及预收款项、置换换出资产评估增值等。

(一)现金盘盈收入

每日现金账款核对中发现的现金溢余，属于无法查明原因的部分，报经批准后，借记"待处理财产损溢"科目，贷记"其他收入"科目。

【例6.17】2019年3月25日，某医院在现金账款核对时，发现溢余现金100元，无法查明原因，报经批准转入"其他收入"。

(1) 溢余现金转入待处理财产损溢

财务会计：

借：库存现金　　　　　　　　　　　　　　　　　　　　　　100

　　贷：待处理财产损溢　　　　　　　　　　　　　　　　　　　100

预算会计：

借：资金结存——货币资金　　　　　　　　　　　　　　　　100

　　贷：其他预算收入　　　　　　　　　　　　　　　　　　　　100

(2) 溢余现金报经批准处理

财务会计：

借：待处理财产损溢　　　　　　　　　　　　　　　　　　　100

    贷：其他收入   100

单位不做预算会计账务处理。

(二)科技成果转化收入

单位科技成果转化所取得的收入，按照规定留归本单位的，应将所取得收入扣除相关费用之后的净收益，借记"银行存款"等科目，贷记"其他收入"科目。

【例 6.18】某科研单位取得科技成果转化收入 100 000 元，扣除相关费用 10 000 元后，存入银行。

财务会计：

借：银行存款   90 000

    贷：其他收入   90 000

预算会计：

借：资金结存——货币资金   90 000

    贷：其他预算收入   90 000

(三)收回已核销的其他应收款

行政单位已核销的其他应收款在以后期间收回的，按照实际收回的金额，借记"银行存款"等科目，贷记"其他收入"科目。

【例 6.19】某行政单位收回已核销的其他应收款 100 000 元，存入银行。

财务会计：

借：银行存款   100 000

    贷：其他收入   100 000

预算会计：

借：资金结存——货币资金   100 000

    贷：其他预算收入   100 000

(四)无法偿付的应付及预收款项

无法偿付或债权人豁免偿还的应付账款、预收账款、其他应付款及长期应付款，借记"应付账款""预收账款""其他应付款""长期应付款"等科目，贷记"其他收入"科目。

【例 6.20】某行政单位得到债权人豁免偿还应付账款 10 000 元。

财务会计：

借：应付账款   10 000

    贷：其他收入   10 000

不涉及资金收付，因此不做预算会计处理。

(五)期末结转

期末，将本科目本期发生额转入本期盈余，借记"其他收入"科目，贷记"本期盈余"

科目。

【例 6.21】2019 年 5 月 31 日，某单位的"其他收入"账户贷方发生额 200 000 元，其中专项资金收入 100 000 元，非专项资金收入 100 000 元，期末结转。

财务会计：

借：其他收入	200 000	
贷：本期盈余		200 000

预算会计：

借：其他预算收入	200 000	
贷：非财政拨款结转——本年收支结转		100 000
其他结余		100 000

第四节 事业单位专有收入的会计核算

一、事业收入

事业收入是事业单位为了保证业务活动的需要，通过开展专业活动及辅助活动向社会提供服务时，按国家规定标准向服务对象收取的费用。事业单位由于业务特点不同，收入内容也存在差异。例如，高等学校的事业收入主要包括教育事业收入和科研事业收入；科学事业单位的事业收入主要包括科研收入、技术收入、学术活动收入、科普活动收入、试制产品收入等。

根据《事业单位财务规则》的规定，事业单位确认事业收入时，应注意两点：第一，事业单位按规定应上缴财政预算的资金和应缴财政专户的预算外资金不计入事业收入科目。第二，从财政专户核拨的预算外资金和部分经财政部门核准不上缴财政专户管理的预算外资金，应计入事业收入科目。

"事业收入"科目的主要核算见表 6.5。

表 6.5 4101 事业收入的账务处理

序号	业务和事项内容		账务处理	
			财务会计	预算会计
(1)	采用财政专户返还方式	实际收到或应收应上缴财政专户的事业收入时	借：银行存款/应收账款等 　　贷：应缴财政款	——
		向财政专户上缴款项时	借：应缴财政款 　　贷：银行存款等	——
		收到从财政专户返还的款项时	借：银行存款等 　　贷：事业收入	借：资金结存——货币资金 　　贷：事业预算收入

序号	业务和事项内容		账务处理	
			财务会计	预算会计
(2)	采用预收款方式	实际收到款项时	借：银行存款等 　　贷：预收账款	借：资金结存——货币资金 　　贷：事业预算收入
		按合同完成进度确认收入时	借：预收账款 　　贷：事业收入	——
(3)	采用应收款方式	根据合同完成进度计算本期应收的款项	借：应收账款 　　贷：事业收入	——
		实际收到款项时	借：银行存款等 　　贷：应收账款	借：资金结存——货币资金 　　贷：事业预算收入
(4)	其他方式下		借：银行存款/库存现金等 　　贷：事业收入	借：资金结存——货币资金 　　贷：事业预算收入
(5)	期末/年末结转	专项资金收入	借：事业收入 　　贷：本期盈余	借：事业预算收入 　　贷：非财政拨款结转——本年收支结转
		非专项资金收入		借：事业预算收入 　　贷：其他结余

(一)采用财政专户返还方式管理的事业收入

(1) 实现应上缴财政专户的事业收入时，按照实际收到或应收的金额，借记"银行存款""应收账款"等科目，贷记"应缴财政款"科目。

(2) 向财政专户上缴款项时，按照实际上缴的款项金额，借记"应缴财政款"科目，贷记"银行存款"等科目。

(3) 收到从财政专户返还的事业收入时，按照实际收到的返还金额，借记"银行存款"等科目，贷记"事业收入"科目。

【例6.22】某高校取得学费收入500 000元，采用财政专户返还方式管理。另取得科研收入50 000元，不考虑增值税。两项收入均已存入银行。

财务会计：

借：银行存款　　　　　　　　　　　　　　　　　　　550 000

　　贷：应缴财政款　　　　　　　　　　　　　　　　　500 000

　　　　事业收入　　　　　　　　　　　　　　　　　　 50 000

预算会计：

借：资金结存——货币资金　　　　　　　　　　　　　　50 000

　　贷：事业预算收入　　　　　　　　　　　　　　　　　50 000

【例6.23】将上例中的学费500 000元上缴财政专户。

财务会计：

借：应缴财政款 500 000

　　贷：银行存款 500 000

【例6.24】某高校收到从财政专户返还的学费收入500 000元。

财务会计：

借：银行存款 500 000

　　贷：事业收入 500 000

预算会计：

借：资金结存——货币资金 500 000

　　贷：事业预算收入 500 000

(二)采用预收款方式确认的事业收入

(1) 实际收到预收款项时，按照收到的款项金额，借记"银行存款"等科目，贷记"预收账款"科目。

(2) 以合同完成进度确认事业收入时，按照基于合同完成进度计算的金额，借记"预收账款"科目，贷记"事业收入"科目。

【例6.25】某科研事业单位收到银行通知，预收其他单位的科研活动经费100 000元。

财务会计：

借：银行存款 100 000

　　贷：预收账款 100 000

预算会计：

借：资金结存——货币资金 100 000

　　贷：事业预算收入 100 000

【例6.26】某科研事业单位将按照合同完成进度计算的金额50 000元确认为收入。

财务会计：

借：预收账款 50 000

　　贷：事业收入 50 000

单位不需要作预算会计处理。

(三)用应收款方式确认的事业收入

(1) 根据合同完成进度计算本期应收的款项，借记"应收账款"科目，贷记"事业收入"科目。

(2) 实际收到款项时，借记"银行存款"等科目，贷记"应收账款"科目。

【例6.27】某高校按照与某企业集团签订的培训合同完成进度，确认本期应收金额50 000元。

财务会计：

借：应收账款 50 000

　　贷：事业收入 50 000

单位不需要做预算会计处理。

【例 6.28】某高校实际收到某企业集团的银行转账 50 000 元。

财务会计：

借：银行存款   50 000

  贷：应收账款   50 000

预算会计：

借：资金结存——货币资金   100 000

  贷：事业预算收入   100 000

(四)其他方式下确认的事业收入

其他方式下确认的事业收入，按照实际收到的金额，借记"银行存款""库存现金"等科目，贷记"事业收入"科目。

上述(二)(三)中涉及增值税业务的，相关账务处理参见"应交增值税"科目。

(五)期末结转

期末，将本科目本期发生额转入本期盈余，借记"事业收入"科目，贷记"本期盈余"科目。

【例 6.29】2019 年 5 月 31 日，某事业单位的"事业收入"账户贷方发生额 600 000 元，其中，专项资金收入 500 000 元，非专项资金收入 100 000 元，期末结转。

财务会计：

借：事业收入   600 000

  贷：本期盈余   600 000

预算会计：

借：事业预算收入   600 000

  贷：非财政拨款结转——本年收支结转   500 000

    其他结余   100 000

二、上级补助收入

上级补助收入是事业单位从主管部门和上级单位取得的非财政拨款收入。

(一)确认上级补助收入

确认上级补助收入时，按照应收或实际收到的金额，借记"其他应收款""银行存款"等科目，贷记"上级补助收入"科目。

(二)实际收到上级补助收入

实际收到应收的上级补助款时，按照实际收到的金额，借记"银行存款"等科目，贷记"其他应收款"科目。

【例6.30】某事业单位收到上级单位拨入的非财政资金补助款200 000元。

财务会计：

借：银行存款 200 000

　　贷：上级补助收入 200 000

预算会计：

借：资金结存——货币资金 200 000

　　贷：上级补助预算收入 200 000

(三)期末结转

期末，将本科目本期发生额转入本期盈余，借记"上级补助收入"科目，贷记"本期盈余"科目。

【例6.31】2019年5月31日，某单位的"上级补助收入"账户贷方发生额500 000元，其中专项资金收入400 000元，非专项资金收入100 000元，期末结转。

财务会计：

借：上级补助收入 500 000

　　贷：本期盈余 500 000

预算会计：

借：上级补助预算收入 500 000

　　贷：非财政拨款结转——本年收支结转 400 000

　　　　其他结余 100 000

三、附属单位上缴收入

附属单位上缴收入科目是用于核算事业单位取得的附属独立核算单位按照有关规定上缴的收入的科目。

(一)确认附属单位上缴收入

确认附属单位上缴收入时，按照应收或收到的金额，借记"其他应收款""银行存款"等科目，贷记"附属单位上缴收入"科目。

(二)实际收到附属单位上缴款

实际收到应收附属单位上缴款时，按照实际收到的金额，借记"银行存款"等科目，贷记"其他应收款"科目。

【例6.32】某事业单位确认应收附属单位上缴收入20 000元。

(1) 确认附属单位上缴收入时

财务会计：

借：其他应收款 20 000

　　贷：附属单位上缴收入 20 000

确认附属单位上缴收入时，没有涉及资金收付的，不做预算会计处理。

(2) 实际收到应收附属单位上缴款时

财务会计：

借：银行存款 20 000
　　贷：附属单位上缴收入 20 000

预算会计：

借：资金结存——货币资金 20 000
　　贷：附属单位上缴预算收入 20 000

(三)期末结转

期末，将本科目本期发生额转入本期盈余，借记"附属单位上缴收入"科目，贷记"本期盈余"科目。

【例 6.33】2019 年 5 月 31 日，某单位的"附属单位上缴收入"账户贷方发生额 350 000 元，其中专项资金收入 250 000 元，非专项资金收入 100 000 元期末结转。

财务会计：

借：附属单位上缴收入 350 000
　　贷：本期盈余 350 000

预算会计：

借：附属单位上缴预算收入 350 000
　　贷：非财政拨款结转——本年收支结转 250 000
　　　　其他结余 100 000

四、经营收入

经营收入是事业单位在专业业务活动及其辅助活动之外开展非独立核算经营活动取得的收入。事业单位附属非独立核算单位经营收入的确认，一般采用权责发生制原则。

"经营收入"科目的主要核算见表 6.6。

表 6.6　4401 经营收入的账务处理

序号	业务和事项内容		账务处理	
			财务会计	预算会计
(1)	确认经营收入	按照确定的收入金额	借：银行存款/应收账款/应收票据等 　　贷：经营收入	借：资金结存——货币资金[按照实际收到的金额] 　　贷：经营预算收入
(2)	收到应收的款项时	按照实际收到的金额	借：银行存款等 　　贷：应收账款/应收票据	
(3)	期末/年末结转		借：经营收入 　　贷：本期盈余	借：经营预算收入 　　贷：经营结余

(一)实现经营收入

经营收入应当在提供服务或发出存货，同时收讫价款或者取得索取价款的凭据时，按照实际收到或应收的金额予以确认，借记"银行存款""应收账款""应收票据"等科目，贷记"经营收入"科目。涉及增值税业务的，相关账务处理参见"应交增值税"科目。

【例 6.34】某事业单位下设非独立核算部门(小规模纳税人)，销售产品取得收入 10 000 元(不含税)，增值税征收率 3%，款项已存入银行。

财务会计：

借：银行存款   10 300

  贷：经营收入   10 000

    应交增值税   300

预算会计：

借：资金结存——货币资金   10 000

  贷：经营预算收入   10 000

(二)期末结转

期末，将本科目本期发生额转入本期盈余，借记"经营收入"科目，贷记"本期盈余"科目。

【例 6.35】2019 年 5 月 31 日，某单位的"经营收入"账户贷方发生额 400 000 元，期末结转。

财务会计：

借：经营收入   400 000

  贷：本期盈余   400 000

预算会计：

借：经营预算收入   400 000

  贷：经营结余   400 000

五、投资收益

投资收益是事业单位股权投资和债券投资所实现的收益或发生的损失。

(一)投资收益的确认

1. 投资持有期间利息/股利的确认

①短期投资利息。实际收到时确认为投资收益；②长期债券投资利息。按期预计利息并确认为投资收益；③成本法核算的长期股权投资的股利或利润。被投资单位宣告分派时确认应收股利和投资收益。

2. 权益法核算的长期股权投资

被投资单位实现净损益时，按照应享有或应分担的份额，确认投资收益或投资损失。

(二)投资收益的核算

"投资收益"科目的主要核算见表 6.7。

表 6.7　4602 投资收益的账务处理

序号	业务和事项内容		账务处理	
			财务会计	预算会计
(1)	出售或到期收回短期债券本息		借：银行存款 　　投资收益[借差] 　　　贷：短期投资(成本) 　　　　　投资收益(贷差)	借：资金结存——货币资金[按照实际收到的金额] 　　投资预算收益(借差) 　　　贷：投资支出/其他结余 　　　　　投资预算收益(贷差)
(2)	持有的分期付息、一次还本的长期债券投资	确认应收未收利息	借：应收利息 　　贷：投资收益	——
		实际收到利息时	借：银行存款 　　贷：应收利息	借：资金结存——货币资金 　　贷：投资预算收益
(3)	持有一次还本付息的长期债券投资	计算应收未收利息增加长期债券投资的账面余额	借：长期债券投资——应计利息 　　贷：投资收益	——
(4)	出售长期债券投资或到期收回长期债券投资本息		借：银行存款 　　投资收益[借差] 　　　贷：长期债券投资 　　　　　应收利息 　　　　　投资收益[贷差]	借：资金结存——货币资金[按照实际收到的金额] 　　投资预算收益(借差) 　　　贷：投资支出/其他结余 　　　　　投资预算收益(贷差)
(5)	成本法下长期股权投资持有期间，被投资单位宣告分派利润或股利	宣告分派的利润或股利中属于单位应享有的份额	借：应收股利 　　贷：投资收益	——
		取得分派的利润或股利，按照实际收到的金额	借：银行存款 　　贷：应收股利	借：资金结存——货币资金 　　贷：投资预算收益
(6)	采用权益法核算的长期股权投资持有期间	按照应享有或应分担的被投资单位实现的净损益的份额	借：长期股权投资——损益调整 　　贷：投资收益 借：投资收益 　　贷：长期股权投资——损益调整	——
		收到被投资单位发放的现金股利	借：银行存款 　　贷：应收股利	借：资金结存——货币资金 　　贷：投资预算收益

续表

序号	业务和事项内容		账务处理	
			财务会计	预算会计
(6)	采用权益法核算的长期股权投资持有期间	被投资单位发生净亏损，但以后年度又实现净利润的	借：长期股权投资——损益调整 　贷：投资收益	——
(7)	期末/年末结转	投资收益为贷方余额时	借：投资收益 　贷：本期盈余	借：投资预算收益 　贷：其他结余
		投资收益为借方余额时	借：本期盈余 　贷：投资收益	借：其他结余 　贷：投资预算收益

1. 收到短期投资持有期间的利息

收到短期投资持有期间的利息，按照实际收到的金额，借记"银行存款"科目，贷记"投资收益"科目。

【例 6.36】2019 年 1 月 1 日，某事业单位购入将于一年内到期的国债，国债面值 100 000 元，年利率 4%，每半年付息。单位实际支付价款 102 000 元，支付价款中包含已到期尚未领取的利息 2000 元，款项以银行存款支付。1 月 3 日，单位收到包括在投资支付价款中已到期尚未领取的利息 2000 元。7 月 3 日，单位收到 2019 年上半年利息 2000 元，按照规定将投资收益纳入单位预算管理。

(1) 1 月 1 日取得短期投资时

财务会：

借：短期投资　　　　　　　　　　　　　　　　　　　　102 000

　　贷：银行存款　　　　　　　　　　　　　　　　　　　102 000

预算会计：

借：投资支出　　　　　　　　　　　　　　　　　　　　102 000

　　贷：资金结存　　　　　　　　　　　　　　　　　　　102 000

(2) 1 月 3 日，收到包含在投资支付价款中已到期尚未领取的利息时

财务会计：

借：银行存款　　　　　　　　　　　　　　　　　　　　　2 000

　　贷：短期投资　　　　　　　　　　　　　　　　　　　　2 000

预算会计：

借：资金结存　　　　　　　　　　　　　　　　　　　　　2 000

　　贷：投资支出　　　　　　　　　　　　　　　　　　　　2 000

(3) 7 月 3 日，收到 2019 年上半年利息时

财务会计：

借：银行存款　　　　　　　　　　　　　　　　　　　　　2 000

　　贷：投资收益　　　　　　　　　　　　　　　　　　　　2 000

预算会计：

借：资金结存——货币资金   2 000

 贷：投资预算收益   2 000

2. 出售或到期收回短期债券本息

财务会计中，出售或到期收回短期债券本息，按照实际收到的金额，借记"银行存款"科目，按照出售或收回短期投资的成本，贷记"短期投资"科目，按照其差额，贷记或借记"投资收益"科目。涉及增值税业务的，相关账务处理参见"应交增值税"科目。

预算会计中，如果是出售或到期收回本年度取得的短期投资，按照实际收到的金额，借记"资金结存"科目，按照初始投资成本，贷记"投资支出"科目，按照其差额，借记或贷记"投资预算收益"科目；如果是出售或到期收回以前年度取得的短期投资，按照实际收到的金额，借记"资金结存"科目，按照初始投资成本，贷记"其他结余"科目，按照其差额，借记或贷记"投资预算收益"科目。

【例6.37】2019年3月，某事业单位取得面值为100 000元的一年期国债，年利率4%，到期一次还本付息，以银行存款支付购买价款100 000元。次年3月，国债到期，该事业单位取得本息104 000元，按照规定将投资收益纳入单位预算管理。

到期收回投资时

财务会计：

借：银行存款   104 000

 贷：短期投资   100 000

  投资收益   4 000

预算会计：

借：资金结存 ——货币资金   104 000

 贷：其他结余   100 000

  投资预算收益   4 000

3. 持有的分期付息、一次还本的长期债券投资的利息确认

持有的分期付息、一次还本的长期债券投资，在按期确认利息收入时，按照计算确定的应收未收利息，借记"应收利息"科目，贷记本科目；持有的到期一次还本付息的债券投资，按期确认利息收入时，按照计算确定的应收未收利息，借记"长期债券投资——应计利息"科目，贷记"投资收益"科目。

4. 出售长期债券投资或到期收回长期债券投资本息

出售长期债券投资或到期收回长期债券投资本息，按照实际收到的金额，借记"银行存款"等科目，按照债券初始投资成本和已计未收利息金额，贷记"长期债券投资——成本、应计利息"科目 (到期一次还本付息债券)或"长期债券投资""应收利息"科目(分期付息债券)，按照其差额，贷记或借记"投资收益"科目。涉及增值税业务的，相关账务处理参见"应交增值税"科目。

5. **长期股权投资持有期间的损益处理**

(1) 采用成本法核算的长期股权投资,在持有期间被投资单位宣告分派现金股利或利润时,按照宣告分派的现金股利或利润中属于单位应享有的份额,借记"应收股利"科目,贷记"投资收益"科目。

(2) 采用权益法核算的长期股权投资,在持有期间按照应享有或应分担的被投资单位实现的净损益的份额,借记或贷记"长期股权投资——损益调整"科目,贷记或借记"投资收益"科目。

被投资单位发生净亏损,但以后年度又实现净利润的,单位在其收益分享额弥补未确认的亏损分担额后,恢复确认投资收益,借记"长期股权投资——损益调整"科目,贷记"投资收益"科目。

6. **长期股权投资处置损益的处理**

(1) 处置以现金取得的长期股权投资时,应将实际收到的价款扣除长期股权投资账面余额、尚未领取的现金股利或利润以及支付的相关税费后的差额确认为投资收益,财务会计具体分录如下。

借:银行存款(实际取得价款)

　　投资收益(借差)

　　贷:长期股权投资(账面余额)

　　　　应收股利(尚未领取的现金股利或利润)

　　　　银行存款等(支付的相关税费)

　　　　投资收益(贷差)

【例 6.38】2019 年 5 月 8 日,某事业单位对外转让一项股权投资(该投资为 2017 年以银行存款出资取得),实际收到价款 1 000 000 元,该长期股权投资账面余额为 600 000 元,尚未领取现金股利 100 000 元,用银行存款支付相关税费 30 000 元。

财务会计账务处理如下:

借:银行存款	1 000 000
贷:长期股权投资	600 000
应收股利	100 000
银行存款	30 000
投资收益	270 000

预算会计账务处理如下:

借:资金结存——货币资金	270 000
贷:投资预算收益	270 000

(2) 处置以现金以外的其他资产取得的长期股权投资时,实行"收支两条线",一方面将处置的长期股权投资的账面余额计入资产处置费用;另一方面需要区分将处置净收入上缴财政或将投资收益纳入单位预算管理两种情况进行账务处理。

① 处置净收入上缴财政的,将处置的长期股权投资的账面余额计入资产处置费用,并将实际收到的价款扣除尚未领取的现金股利或利润以及支付的相关税费后的净收入确认为应缴财政款,财务会计具体分录如下。

借：资产处置费用

  贷：长期股权投资(账面余额)

借：银行存款(实际取得价款)

  贷：应收股利(尚未领取的现金股利或利润)

   银行存款等(支付的相关税费)

   应缴财政款(贷差)

② 投资收益纳入单位预算管理的，将处置的长期股权投资的账面余额计入资产处置费用，并将实际收到的价款扣除长期股权投资的账面余额、尚未领取的现金股利或利润以及支付的相关税费后的差额确认为单位的投资收益，分录贷差(即为长期股权投资的账面余额)确认为应缴财政款，财务会计具体分录如下。

借：资产处置费用

  贷：长期股权投资(账面余额)

借：银行存款(实际取得价款)

  贷：应收股利(尚未领取的现金股利或利润)

   银行存款等(支付的相关税费)

   投资收益(取得价款扣减投资账面余额、应收股利和相关税费后的差额)

   应缴财政款(贷差)

【例 6.39】 2019 年 5 月 10 日，某事业单位对外转让一项股权投资(该投资为 2017 年以设备出资取得)，实际收到价款 1 000 000 元，该长期股权投资账面余额为 600 000 元，尚未领取现金股利 100 000 元，用银行存款支付相关税费 30 000 元。按照规定，该股权投资的处置净收入应上缴财政。

财务会计：

借：资产处置费用	600 000	
贷：长期股权投资		600 000
借：银行存款	1 000 000	
贷：应收股利		100 000
银行存款		30 000
应缴财政款		870 000

【例 6.40】 2019 年 5 月 5 日，某事业单位对外转让一项股权投资(该投资为 2016 年以设备出资取得)，实际收到价款 1 000 000 元，该长期股权投资账面余额为 600 000 元，尚未领取现金股利 100 000 元，用银行存款支付相关税费 30 000 元。按照规定，该单位将投资收益纳入单位预算管理。

财务会计：

借：资产处置费用	600 000	
贷：长期股权投资		600 000
借：银行存款	1 000 000	
贷：应收股利		100 000
银行存款		30 000
投资收益		270 000

应缴财政款   600 000
预算会计：
   借：资金结存——货币资金   270 000
      贷：投资预算收益   270 000

7. 期末结转

期末，将本科目本期发生额转入本期盈余，借记或贷记"投资收益"科目，贷记或借记"本期盈余"科目。

【例 6.41】2019 年 5 月 31 日，单位的"投资收益"账户贷方发生额 300 000 元，期末结转。

财务会计：
   借：投资收益   300 000
      贷：本期盈余   300 000

【课后练习与提高】

一、单项选择题

1. 从同级政府财政部门取得的各类财政拨款，在财政直接支付方式下，贷记(   )
   A. 财政拨款收入   B. 零余额账户用款额度
   C. 财政拨款预算收入   D. 财政应返还额度

2. 从同级政府财政部门取得的各类财政拨款，在财政授权支付方式下，贷记(   )
   A. 财政拨款收入   B. 零余额账户用款额度
   C. 财政拨款预算收入   D. 财政应返还额度

3. 期末，收入类科目的本期发生额要转入(   )
   A. 本年利润   B. 本期结余   C. 本期盈余   D. 专用基金结余

4. 单位科技成果转化所取得的收入，贷记(   )
   A. 事业收入   B. 财政拨款收入   C. 经营收入   D. 其他收入

5. 行政单位购货发生国库直接支付款项退回的，属于本年度支付的款项，借记(   )
   A. 财政拨款收入   B. 业务活动费用
   C. 库存商品   D. 财政应返还额度

二、多项选择题

1. 不纳入预算管理的现金收支业务包括(   )
   A. 应缴财政款业务   B. 货币资金形式受托代理资产业务
   C. 暂收款业务   D. 附属单位上缴收入

2. 确认为收入但不同时确认为预算收入的业务有(   )
   A. 应收款项确认的收入   B. 预收账款确认的收入
   C. 应收款项确认的预算收入   D. 接受非货币性资产捐赠确认的收入

3. 确认为预算收入但不同时确认为收入的业务有(　　)

A. 应收款项确认的收入　　　　　　B. 收到预收账款确认的预算收入

C. 应收款项确认的预算收入　　　　D. 取得借款确认的预算收入

4. 收入的确认应当同时满足以下条件(　　)

A. 与收入相关的含有服务潜力或者经济利益的经济资源很可能流入政府会计主体

B. 含有服务潜力或者经济利益的经济资源流出导致政府会计主体资产增加

C. 含有服务潜力或者经济利益的经济资源流出导致政府会计主体负债减少

D. 流入金额能够可靠地计量

5. 其他收入包括(　　)

A. 捐赠收入　　　　　　　　　　　B. 现金盘盈收入

C. 租金收入　　　　　　　　　　　D. 置换换出资产评估增值

6. 预算会计的"其他预算收入"核算的收入包括(　　)

A. 投资收益　　　B. 利息收入　　　C. 租金收入　　　D. 捐赠收入

7. 事业单位特有的收入项目有(　　)

A. 投资收益　　　B. 事业收入　　　C. 经营收入　　　D. 租金收入

8. 行政、事业单位共有的收入项目有(　　)

A. 财政拨款收入　　　　　　　　　B. 非同级财政拨款收入

C. 经营收入　　　　　　　　　　　D. 投资收益

9. 财政直接支付方式下,根据收到的"财政直接支付入账通知书"及相关原始凭证,按照通知书中的直接支付入账金额,可以借记(　　)等科目。

A. 库存商品　　　B. 业务活动费用　C. 固定资产　　　D. 单位管理费用

10. 行政事业单位接受的捐赠资产形式多样,可以是(　　)等非现金资产。

A. 库存现金　　　B. 库存商品　　　C. 银行存款　　　D. 固定资产

三、判断题(正确打"√",错误打"×")

1. 政府会计的现金收支业务都需要进行预算会计核算。　　　　　　　　　　(　　)

2. 高校收到应上缴财政的学费时需要纳入预算收入核算。　　　　　　　　　(　　)

3. 其他收入包括现金盘盈收入、按照规定纳入单位预算管理的科技成果转化收入、行政单位收回已核销的其他应收款、无法偿付的应付及预收款项、置换换出资产评估增值等。　　　　　　　　　　　　　　　　　　　　　　　　　　　　(　　)

4. 收入与预算收入都以权责发生制为基础。　　　　　　　　　　　　　　　(　　)

5. "非同级财政拨款收入"科目核算单位从非同级政府财政部门取得的经费拨款,包括从同级政府其他部门取得的横向转拨财政款、从上级或下级政府财政部门取得的经费拨款等。　　　　　　　　　　　　　　　　　　　　　　　　　　　　(　　)

6. 事业单位因开展科研及其辅助活动从非同级政府财政部门取得的经费拨款,应当通过"非同级财政拨款收入"科目核算。　　　　　　　　　　　　　　　　(　　)

7. 国有资产出租收入,应在租赁期内各个期间按照直线法予以确认。　　　　(　　)

8. 事业单位因代行政府职能而收取的款项形成事业单位财政专户返还收入。　(　　)

9. 上级补助收入是事业单位从主管部门和上级单位取得的财政拨款收入。　　(　　)

10. 经营收入是事业单位在专业业务活动及其辅助活动之外开展独立核算经营活动取得的收入。（　　）

四、业务处理题

1. 2019 年 10 月 20 日财政对某高校 9 月的学费、住宿费等 4000 万元下达国库支付指标，并批复财政零余额账户用款额度 4000 万元。

要求：编制相关会计分录。

2. 2019 年 5 月，某事业单位委托某软件开发公司开发内部控制系统，合同总价款为 100 万元，按照合同约定，签订合同后先预付 30 万元，采用财政直接支付方式支付。2019 年 10 月，该系统开发完成并交付使用，采用财政直接支付方式支付剩余价款 70 万元。

要求：编制预付开发费用、开发完成支付剩余价款的会计分录。

3. 2019 年 6 月，某事业单位对内部控制系统进行日常维护，使用财政直接支付方式支付维护费用 3 000 元。编制会计分录。

4. 某事业单位收到银行通知，申请财政专户核拨的基本经费 50 000 元已到账。此款项是事业单位上缴的检测服务收费。编制会计分录。

5. 某行政单位收到财政直接支付入账通知书，为开展专业业务活动所发生的日常行政活动经费 150 000。编制会计分录。

6. 某行政单位收到财政授权支付额度到账通知书，收到财政拨款 200 000 元。编制会计分录。

7. 某事业单位下设非独立核算部门(一般纳税人)，提供服务取得收入 10 000 元(不含税)，增值税税率 9%，款项已存入银行。编制会计分录。

8. 某事业单位对外转让一项股权投资，实际收到价款 1 000 000 元，该长期股权投资账面余额为 700 000 元，用银行存款支付相关税费 50 000 元。按照规定，该单位将投资收益纳入单位预算管理。

9. 某高校校庆接受校友捐赠的存货物资，有关凭证上注明该批物资价值 1 000 000 元，已将存货验收入库。

五、思考题

1. 哪些属于事业单位专有收入？有何特征？

2. 什么是同级财政拨款收入？如何确认和计量？

3. 非同级财政拨款和同级财政拨款有什么区别？

4. 补助收入和上缴收入有什么区别？

5. 事业单位的投资收益包括哪些？如何确认和计量？

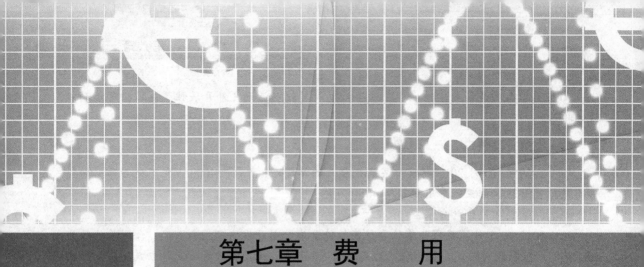

第七章　费　用

【学习目的及要求】

本章主要介绍费用的概念、分类，费用类科目及会计核算，事业单位专有费用的会计核算等内容。

通过本章的学习，理解费用的概念，熟悉费用的分类，掌握设置的费用类科目及会计核算，掌握事业单位专有费用的会计核算。

第一节　费　用　概　述

一、费用的含义

(一)费用的概念及确认条件

费用是指报告期内导致政府会计主体净资产减少的、含有服务潜力或者经济利益的经济资源的流出。

费用的确认应当同时满足下列 3 个条件：①与费用相关的含有服务潜力或者经济利益的经济资源很可能流出政府会计主体。②含有服务潜力或者经济利益的经济资源流出会导致政府会计主体资产减少或者负债增加。③流出金额能够可靠地计量。

(二)财务会计要素中费用与预算会计要素中预算支出的区别

政府财务会计中的费用是指报告期内导致政府会计主体净资产减少的、含有服务潜力或者经济利益的经济资源的流出。费用以权责发生制为基础。预算会计的预算支出是指政府会计主体在预算年度内依法发生并纳入预算管理的现金流出。预算支出以收付实现制为基础，一般在实际支付时予以确认，以实际支付的金额计量。

在实务中，费用与预算支出确认不一致的情形可分为两类：第一类为确认费用但不同时确认预算支出；第二类为确认预算支出但不同时确认费用。

(1) 确认费用但不同时确认预算支出的业务发生了权责发生制下应确认的费用，但没有发生纳入部门预算管理的现金流出，如发出存货、政府储备物资等确认的费用、计提的折旧费用和摊销费用、确认的资产处置费用(处置资产价值)、应付款项确认的费用、预付账款确认的费用等。

(2) 确认预算支出但不同时确认费用的业务发生了纳入部门预算管理的现金流出，但在权责发生制下并不能将其确认为费用，如支付应付款项的支出、支付预付账款的支出、为取得存货、政府储备物资等计入物资成本的支出、为购建固定资产等的资本性支出、偿还借款本金支出等。

二、费用的分类

按照行政、事业单位使用的费用项目分类，可分为行政、事业单位共有的费用项目和事业单位特有的费用项目。

(一)行政、事业单位共有的费用项目

行政、事业单位共有的费用项目分别是业务活动费用、资产处置费用和其他费用。

业务活动费用是指单位为实现其职能目标，依法履职或开展专项业务活动及其辅助活动所发生的各项费用。资产处置费用是指单位经批准处置资产时，例如无偿调拨、出售、出让、转让、置换、对外捐赠资产等发生的费用。其他费用是指除业务活动费用、单位管理费用、经营费用、资产处置费用、上缴上级费用、附属单位补助费用、所得税费用以外的各项费用，包括利息费用、坏账损失、罚没支出、现金资产捐赠支出以及相关税费、运输费等。

(二)事业单位特有的费用项目

事业单位特有的费用项目分别是单位管理费用、经营费用、上缴上级费用、对附属单位补助费用、所得税费用等。

单位管理费用是指事业单位本级行政及后勤管理部门开展管理活动发生的各项费用。经营费用是指事业单位在专项业务活动及其辅助活动之外开展非独立核算经营活动发生的各项费用。上缴上级费用是指事业单位按照财政部门和主管部门的规定上缴上级单位款项发生的费用。对附属单位补助费用是指事业单位用财政拨款收入之外的收入对附属单位补助发生的费用。所得税费用是指有企业所得税缴纳义务的事业单位按规定缴纳企业所得税所形成的费用。

第二节　费用类科目

改革后的政府会计共设费用类科目 8 个，如表 7.1 所示。

表 7.1　费用类科目表

费用类							
序号	编号	名称	适用范围	序号	编号	名称	适用范围
1	5001	业务活动费用		2	5101	单位管理费用	事业单位
3	5201	经营费用	事业单位	4	5301	资产处置费用	
5	5401	上缴上级费用	事业单位	6	5501	对附属单位补助费用	事业单位
7	5801	所得税费用	事业单位	8	5901	其他费用	

一、"业务活动费用"科目

"业务活动费用"科目核算单位为实现其职能目标,依法履职或开展专业业务活动及其辅助活动所发生的各项费用。

该科目应当按照项目、服务或者业务类别、支付对象等进行明细核算。为了满足成本核算需要,本科目下还可按照"工资福利费用""商品和服务费用""对个人和家庭的补助费用""对企业补助费用""固定资产折旧费""无形资产摊销费""公共基础设施折旧(摊销)费""保障性住房折旧费""计提专用基金"等成本项目设置明细科目,归集能够直接计入业务活动或采用一定方法计算后计入业务活动的费用。期末结转后,该科目应无余额。

二、"单位管理费用"科目

"单位管理费用"科目核算事业单位本级行政及后勤管理部门开展管理活动发生的各项费用,包括单位行政及后勤管理部门发生的人员经费、公用经费、资产折旧(摊销)等费用,以及由单位统一负担的离退休人员经费、工会经费、诉讼费、中介费等。

该科目应当按照项目、费用类别、支付对象等进行明细核算。为了满足成本核算需要,该科目下还可按照"工资福利费用""商品和服务费用""对个人和家庭的补助费用""固定资产折旧费""无形资产摊销费"等成本项目设置明细科目,归集能够直接计入单位管理活动或采用一定方法计算后计入单位管理活动的费用。期末结转后,该科目应无余额。

三、"经营费用"科目

"经营费用"科目核算事业单位在专业业务活动及其辅助活动之外开展非独立核算经营活动发生的各项费用。

该科目应当按照经营活动类别、项目、支付对象等进行明细核算。为了满足成本核算需要,该科目下还可按照"工资福利费用""商品和服务费用""对个人和家庭的补助费用""固定资产折旧费""无形资产摊销费"等成本项目设置明细科目,归集能够直接计入单位经营活动或采用一定方法计算后计入单位经营活动的费用。期末结转后，该科目应无余额。

四、"资产处置费用"科目

"资产处置费用"科目核算单位经批准处置资产时发生的费用，包括转销的被处置资产价值，以及在处置过程中发生的相关费用或者处置收入小于相关费用形成的净支出。资产处置的形式按照规定包括无偿调拨、出售、出让、转让、置换、对外捐赠、报废、毁损以及货币性资产损失核销等。

单位在资产清查中查明的资产盘亏、毁损以及资产报废等，应当先通过"待处理财产损溢"科目进行核算，再将处理资产价值和处理净支出计入该科目。期末结转后，该科目应无余额。

五、"上缴上级费用"科目

"上缴上级费用"科目核算事业单位按照财政部门和主管部门的规定上缴上级单位款项发生的费用。该科目应当按照收缴款项单位、缴款项目等进行明细核算。期末结转后，该科目应无余额。

六、"对附属单位补助费用"科目

"对附属单位补助费用"科目核算事业单位用财政拨款收入之外的收入对附属单位补助发生的费用。该科目应当按照接受补助单位、补助项目等进行明细核算。期末结转后，该科目应无余额。

七、"所得税费用"科目

"所得税费用"科目核算有企业所得税缴纳义务的事业单位按规定缴纳企业所得税所形成的费用。期末结转后，该科目应无余额。

八、"其他费用"科目

"其他费用"科目核算单位发生的除业务活动费用、单位管理费用、经营费用、资产处置费用、上缴上级费用、附属单位补助费用、所得税费用以外的各项费用，包括利息费用、坏账损失、罚没支出、现金资产捐赠支出以及相关税费、运输费等。

该科目应当按照其他费用的类别等进行明细核算。如果单位发生的利息费用较多，可以单独设置"利息费用"科目。期末结转后，该科目应无余额。

第三节　费用的会计核算

按照平行记账的原理，费用等各类业务凡涉及纳入部门预算管理的现金收支业务，在进行财务会计核算的同时应进行预算会计核算。不涉及纳入预算管理现金收支的资产业务只需进行财务会计核算。而财务会计的费用类科目与预算会计的预算支出类科目存在对应关系，具体见表7.2所示。

表7.2　费用类科目与预算支出类科目对照表

财务会计			预算会计		
科目编号	科目名称	适用范围	科目编号	科目名称	适用范围
	费用类			支出类	
5001	业务活动费用		7101	行政支出	行政
			7102	事业支出	事业
5101	单位管理费用	事业	7102	事业支出	事业
5201	经营费用	事业	7301	经营支出	事业
5301	资产处置费用	事业	7901	其他支出	事业
5401	上缴上级费用		7401	上缴上级支出	
5501	对附属单位补助费用	事业	7501	对附属单位补助支出	事业
5901	其他费用		7901	其他支出	
5801	所得税费用	事业	8202	非财政拨款结余——累计结余	

一、业务活动费用

业务活动费用是单位为实现其职能目标，依法履职或开展专业业务活动及其辅助活动所发生的各项费用。

"业务活动费用"科目的主要核算见表7.3。

表7.3　5001业务活动费用的账务处理

序号	业务和事项内容		账务处理	
			财务会计	预算会计
(1)	人员计提并支付职工薪酬	计提时，按照计算的金额	借：业务活动费用 　　贷：应付职工薪酬	——

序号	业务和事项内容		账务处理	
			财务会计	预算会计
(1)	人员计提并支付职工薪酬	实际支付给职工并代扣个人所得税时	借：应付职工薪酬 　　贷：财政拨款收入/零余额账户用款额度/银行存款等 　　　　其他应交税费——应交个人所得税	借：行政支出/事业支出[按照支付给个人部分] 　　贷：财政拨款预算收入/资金结存
		实际缴纳税款时	借：其他应交税费——应交个人所得税 　　贷：银行存款/零余额账户用款额度等	借：行政支出/事业支出[按照实际缴纳额] 　　贷：资金结存等
(2)	发生的外部人员劳务费	计提时，按照计算的金额	借：业务活动费用 　　贷：其他应付款	——
		实际支付并代扣个人所得税时	借：其他应付款 　　贷：财政拨款收入/零余额账户用款额度/银行存款等 　　　　其他应交税费——应交个人所得税	借：行政支出/事业支出[按照支付给个人部分] 　　贷：财政拨款预算收入/资金结存
		实际缴纳税款时	借：其他应交税费——应交个人所得税 　　贷：银行存款/零余额账户用款额度等	借：行政支出/事业支出[按照实际缴纳额] 　　贷：资金结存等
(3)	发生的预付款项	预付账款　支付款项时	借：预付账款 　　贷：财政拨款收入/零余额账户用款额度/银行存款等	借：行政支出/事业支出 　　贷：财政拨款预算收入/资金结存
		预付账款　结算时	借：业务活动费用 　　贷：预付账款 　　　　财政拨款收入/零余额账户用款额度/银行存款等[补付金额]	借：行政支出/事业支出 　　贷：财政拨款预算收入/资金结存[补付金额]
		暂付款项　支付款项时	借：其他应收款 　　贷：银行存款	——
		暂付款项　结算或报销时	借：业务活动费用 　　贷：其他应收款	借：行政支出/事业支出 　　贷：资金结存等

序号	业务和事项内容		账务处理	
			财务会计	预算会计
(4)	购买资产或支付在建工程款等	按照实际支付或应付的价款	借：库存物品/固定资产/无形资产/在建工程等 　贷：财政拨款收入/零余额账户用款额度/银行存款/应付账款等	借：行政支出/事业支出 　贷：财政拨款预算收入/资金结存
(5)	领用库存物品	按照领用库存物品的成本	借：业务活动费用 　贷：库存物品等	——
(6)	计提折旧和摊销	按照计提的折旧、摊销额	借：业务活动费用 　贷：固定资产累计折旧/无形资产累计摊销/公共基础设施累计折旧(摊销)/保障性住房累计折旧	——
(7)	为履职或开展业务活动发生的税金及附加	确认其他应交税费时	借：业务活动费用 　贷：其他应交税费	——
		支付其他应交税费时	借：其他应交税费 　贷：银行存款等	借：行政支出/事业支出 　贷：资金结存等
(8)	为履职或开展业务活动发生其他各项费用		借：业务活动费用 　贷：财政拨款收入/零余额账户用款额度/银行存款/应付账款/其他应付款等	借：行政支出/事业支出[按照实际支付的金额] 　贷：财政拨款预算收入/资金结存
(9)	计提专用基金	从收入中按照一定比例提取基金并计入费用	借：业务活动费用 　贷：专用基金	——
(10)	购货退回等	当年发生的	借：财政拨款收入/零余额账户用款额度/银行存款/应收账款等 　贷：库存物品/业务活动费用	借：财政拨款预算收入/资金结存 　贷：行政支出/事业支出
(11)	期末/年末结转		借：本期盈余 　贷：业务活动费用	借：财政拨款结转——本年收支结转[财政拨款支出] 非财政拨款结转——本年收支结转[非同级财政专项资金支出] 其他结余[非同级财政、非专项资金支出] 　贷：行政支出/事业支出

(一)为履职或开展业务活动人员计提的薪酬

此类费用按照计算确定的金额,借记"业务活动费用"科目,贷记"应付职工薪酬"科目。

【例7.1】2019 年 1 月,某行政单位计提职工工资,工资总额 200 000 元,统发时代扣个人住房公积金 24 000 元、养老保险 16 000 元、职业年金 8 000 元、个人所得税 10 000 元。当月直接支付缴纳单位负担的职工基本养老保险 40 000 元和住房公积金 24 000 元。

(1) 计提 1 月工资

财务会计:

借:业务活动费用——工资福利费用　　　　　　200 000

　　贷:应付职工薪酬 ——工资　　　　　　　　　　200 000

因未发生预算资金支出,所以不涉及预算会计账务处理。

(2) 单位计提代扣个人负担的各项费用

财务会计:

借:应付职工薪酬——工资　　　　　　　　　　58 000

　　贷:应付职工薪酬——社会保险费　　　　24 000(16 000+8 000)

　　　　　　　　　　——住房公积金　　　　24 000

　　　　其他应交税费——应交个人所得税　　10 000

因未发生预算资金支出,所以不涉及预算会计账务处理。

(3) 通过直接支付方式向职工支付工资

财务会计:

借:应付职工薪酬——工资　　　　　　　　　　142 000

　　贷:财政拨款收入　　　　　　　　　　　　142 000

预算会计:

借:行政支出——财政拨款支出——基本工资　　142 000

　　贷:财政拨款预算收入——基本支出——人员经费　142 000

(4) 计提当月单位应负担的职工养老保险和住房公积金

财务会计:

借:业务活动费用——工资福利费用　　　　　　64 000

　　贷:应付职工薪酬——社会保险费　　　　　40 000

　　　　　　　　　　——住房公积金　　　　　24 000

因未发生预算资金支出,所以不涉及预算会计财务处理

(5) 上缴养老保险、住房公积金单位和个人部分、职业年金个人部分及个人所得税

财务会计:

借:应付职工薪酬——社保保险费　　　　　　　64 000

　　　　　　　　——住房公积金　　　　　　　48 000

　　　其他应交税费——应交个人所得税　　　　10 000

　　贷:财政拨款收入　　　　　　　　　　　　122 000

预算会计:

借: 行政支出——财政拨款支出　　　　　　　　　　　　122 000

　　贷: 财政拨款预算收入——基本支出——人员经费　　　122 000

(二)为履职或开展业务活动领用库存物品,以及动用发出相关政府储备物资

按照领用库存物品或发出相关政府储备物资的账面余额,借记"业务活动费用"科目,贷记"库存物品""政府储备物资"科目。

【例 7.2】某事业单位领用开展专业业务活动的包装物,领用的包装物账面余额为 2 000元。单位对包装物采用五五摊销法进行摊销。

(1) 领用时

财务会计:

借: 业务活动费用　　　　　　　　　　　　　　　　　　1 000

　　贷: 库存物品　　　　　　　　　　　　　　　　　　　1 000

由于不涉及纳入单位预算管理的现金收支,预算会计不进行账务处理。

(2) 包装物使用完时

财务会计:

借: 业务活动费用　　　　　　　　　　　　　　　　　　1 000

　　贷: 库存物品　　　　　　　　　　　　　　　　　　　1 000

由于不涉及纳入单位预算管理的现金收支,预算会计不进行账务处理。

(三)为履职或开展业务活动所使用的固定资产、无形资产以及为所控制的公共基础设施、保障性住房计提的折旧、摊销

按照计提金额,借记"业务活动费用"科目,贷记"固定资产累计折旧""无形资产累计摊销""公共基础设施累计折旧(摊销)""保障性住房累计折旧"科目。

【例 7.3】2019 年 5 月,某单位计提本月的公共基础设施折旧费 20 000 元。

财务会计:

借: 业务活动费用　　　　　　　　　　　　　　　　　　20 000

　　贷: 公共基础设施累计折旧　　　　　　　　　　　　　20 000

由于没有发生现金流出,所以预算会计不需进行账务处理。

(四)为履职或开展业务活动发生的税费

为履职或开展业务活动发生的城市维护建设税、教育费附加、地方教育费附加、车船税、房产税、城镇土地使用税等,按照计算确定应交纳的金额,借记"业务活动费用"科目,贷记"其他应交税费"等科目。

【例 7.4】2019 年 6 月,某单位开展业务活动应计城市维护建设税 700 元、地方教育费附加 300 元。

(1) 确认应交税费

财务会计:

借：业务活动费用　　　　　　　　　　　　　　　　　　　　　1 000
　　贷：其他应交税费——应交城市维护建设税　　　　　　　　　700
　　　　　　　　　　　——应交教育费附加　　　　　　　　　　300

由于没有发生现金流出，所以预算会计不进行账务处理。

(2) 缴纳应交税费

财务会计：

借：其他应交税费——应交城市维护建设税　　　　　　　　　　700
　　　　　　　　　　——应交教育费附加　　　　　　　　　　　300
　　贷：银行存款　　　　　　　　　　　　　　　　　　　　　1 000

预算会计：

借：行政支出　　　　　　　　　　　　　　　　　　　　　　　1 000
　　贷：资金结存——货币资金　　　　　　　　　　　　　　　　1 000

(五)期末结转

期末，将本科目本期发生额转入本期盈余，借记"本期盈余"科目，贷记"业务活动费用"科目。

【例 7.5】2019 年 5 月 31 日，某行政单位的"业务活动费用"账户借方发生额 10 000 000 元，期末结转。其中：财政拨款支出 8 000 000 元，非同级财政专项资金支出 1 000 000 元，非同级财政、非专项资金支出 1 000 000 元。

财务会计：

借：本期盈余　　　　　　　　　　　　　　　　　　　　10 000 000
　　贷：业务活动费用　　　　　　　　　　　　　　　　　　10 000 000

预算会计：

借：财政拨款结转——本年收支结转(财政拨款支出)　　　　 8 000 000
　　非财政拨款结转——本年收支结转(非同级财政专项资金支出) 1 000 000
　　其他结余(非同级财政、非专项资金支出)　　　　　　　 1 000 000
　　贷：行政支出　　　　　　　　　　　　　　　　　　　10 000 000

二、资产处置费用

资产处置费用是单位经批准处置资产时发生的费用，包括转销的被处置资产价值，以及在处置过程中发生的相关费用或者处置收入小于相关费用形成的净支出。资产处置的形式按照规定包括无偿调拨、出售、出让、转让、置换、对外捐赠、报废、毁损以及货币性资产损失核销等。

"资产处置费用"科目的主要核算见表 7.4。

表 7.4　5301 资产处置费用的账务处理

序号	业务和事项内容		账务处理	
			财务会计	预算会计
(1)	不通过"待处理财产损溢"科目核算的资产处置	转销被处置资产账面价值	借：资产处置费用 　　固定资产累计折旧/无形资产累计摊销/公共基础设施累计折旧(摊销)/保障性住房累计折旧 　　贷：库存物品/固定资产/无形资产/公共基础设施/政府储备物资/文物文化资产/保障性住房//其他应收款[行政单位]	——
		处置资产过程中仅发生相关费用的	借：资产处置费用 　　贷：银行存款/库存现金等	借：其他支出 　　贷：资金结存
		处置资产过程中取得收入的	借：库存现金/银行存款等[取得的价款] 　　贷：银行存款/库存现金等[支付的相关费用] 　　　　应缴财政款	——
(2)	通过"待处理财产损溢"科目核算的资产处置	现金短缺，无法查明原因的，报经批准核销时	借：资产处置费用 　　贷：处理财产损溢	——
		盘亏、毁损、报废的资产 / 经批准处理时	借：资产处置费用 　　贷：处理财产损溢——待处理财产价值	——
		处理费用大于收入的	借：资产处置费用 　　贷：处理财产损溢——处理净收入	借：其他支出 　　贷：资金结存
(3)	期末结转		借：本期盈余 　　贷：资产处置费用	——

(一)不通过"待处理财产损溢"科目核算的资产处置

(1) 按照规定报经批准处置资产时，按照处置资产的账面价值，借记"资产处置费用"科目，如果处置固定资产、无形资产、公共基础设施、保障性住房的，还应借记"固定资产累计折旧""无形资产累计摊销""公共基础设施累计折旧(摊销)""保障性住房累计折旧"科目，按照处置资产的账面余额，贷记"库存物品""固定资产""无形资产""公共基础设施""政府储备物资""文物文化资产""保障性住房""其他应收款""在建工程"等科目。

(2) 处置资产过程中仅发生相关费用的，按照实际发生金额，借记"资产处置费用"

科目，贷记"银行存款""库存现金"等科目。

(3) 处置资产过程中取得收入的，按照取得的价款，借记"库存现金""银行存款"等科目，按照处置资产过程中发生的相关费用，贷记"银行存款""库存现金"等科目，按照其差额，借记"资产处置费用"科目或贷记"应缴财政款"等科目。

涉及增值税业务的，相关账务处理参见"应交增值税"科目。

【例7.6】某单位经批准对外出售一批低值易耗品，该批低值易耗品的账面余额为10 000元，出售价款为12 000元，款项已收到。单位以银行存款支付因出售发生的相关税费200元。物资出售净收入需要上缴财政。

财务会计：

借：资产处置费用 10 000
　　贷：库存物品 10 000
借：银行存款 12 000
　　贷：银行存款 200
　　　　应缴财政款 11 800

预算会计中，资产处置净收入11 800元应上缴财政，不涉及纳入部门预算管理的现金收支，因此预算会计不进行账务处理。

(二)通过"待处理财产损溢"科目核算的资产处置

(1) 单位账款核对中发现的现金短缺，属于无法查明原因的，报经批准核销时，借记"资产处置费用"科目，贷记"待处理财产损溢"科目。

(2) 单位应当定期对库存物品、固定资产进行清查盘点，每年至少盘点一次。发生库存物品、固定资产盘亏或毁损、报废时，财务会计的核算内容主要包括对盘亏或毁损、报废的库存物品、固定资产账面价值转出的账务处理，以及对处置过程中发生的相关收入、赔偿、费用等的账务处理；预算会计中，仅对处置过程中发生的处理净支出进行账务处理。

对盘亏或毁损、报废的库存物品、固定资产账面价值转出的账务处理因其不涉及纳入部门预算管理的现金收支业务，因此，仅在财务会计中核算，预算会计中不进行核算。

【例7.7】某单位年底资产清查时，发现库存物品、固定资产盘亏，盘亏固定资产原值200 000元，已计提折旧150 000元，盘亏库存物品账面余额10 000元，其购进时增值税进项税额为1 300元。

财务会计：

借：待处理财产损溢 61 300
　　固定资产累计折旧 150 000
　　贷：固定资产 200 000
　　　　库存物品 10 000
　　　　应交增值税——应交税金(进项税额转出) 1 300
借：资产处置费用 61 300
　　贷：待处理财产损溢 61 300

单位不需要进行预算会计核算。

【例 7.8】 某单位发生固定资产报废，报废的固定资产原值 200 000 元，已计提折旧 100 000 元，以银行存款方式取得保险理赔 50 000 元，发生相关处置费用 10 000 元，用现金支付。

(1) 对报废资产账面价值的账务处理

借：待处理财产损溢	100 000	
固定资产累计折旧	100 000	
贷：固定资产		200 000
借：资产处置费用	100 000	
贷：待处理财产损溢		100 000

(2) 对处置过程中发生的相关赔偿、费用的账务处理

借：银行存款	50 000	
贷：待处理财产损溢		50 000
借：待处理财产损溢	10 000	
贷：库存现金		10 000
借：待处理财产损溢	40 000	
贷：应缴财政款		40 000

单位不需要进行预算会计核算。

(三)期末结转

期末，将本科目本期发生额转入本期盈余，借记"本期盈余"科目，贷记"资产处置费用"科目。

【例 7.9】 2019 年 5 月 31 日，单位的"资产处置费用"账户借方发生额 100 000 元，期末结转。

财务会计：

借：本期盈余	100 000	
贷：资产处置费用		100 000

三、其他费用

其他费用是单位发生的除业务活动费用、单位管理费用、经营费用、资产处置费用、上缴上级费用、附属单位补助费用、所得税费用以外的各项费用，包括利息费用、坏账损失、罚没支出、现金资产捐赠支出以及相关税费、运输费等。

"其他费用"科目的主要核算见表 7.5。

表 7.5　5901 其他费用的账务处理

序号	业务和事项内容		账务处理	
			财务会计	预算会计
(1)	利息费用	计算确定借款利息费用时	借：其他费用/在建工程 　　贷：应付利息/长期借款 　　——应计利息	——
		实际支付利息时	借：应付利息等 　　贷：银行存款等	借：其他支出 　　贷：资金结存——货币资金
(2)	现金资产对外捐赠	按照实际捐赠的金额	借：其他费用 　　贷：银行存款/库存现金等	借：其他支出 　　贷：资金结存——货币资金
(3)	坏账损失	按照规定对应收账款和其他应收款计提坏账准备	借：其他费用 　　贷：坏账准备	——
		冲减多提的坏账准备时	借：坏账准备 　　贷：其他费用	——
(4)	罚没支出	按照实际发生金额	借：其他费用 　　贷：银行存款/库存现金/其他应付款	借：其他支出 　　贷：资金结存——货币资金[实际支付金额]
(5)	其他相关税费、运输费等		借：其他费用 　　贷：零余额账户用款额度/银行存款等	借：其他支出 　　贷：资金结存
(6)	期末/年末结转		借：本期盈余 　　贷：其他费用	借：其他结余[非财政、非专项资金支出] 非财政拨款结转——本年收支结转[非财政专项资金支出] 财政拨款结转——本年收支结转[财政拨款支出] 　　贷：其他支出

(一)利息费用

借款利息是指单位向银行或其他机构借入资金发生的利息，包括短期借款和长期借款利息。对借款利息的核算主要包括计提利息和支付利息业务的核算。

进行计提借款利息的账务处理时，需要对以下两个方面作出判断。一是判断利息是费用化还是资本化，资本化的金额，计入工程成本，借记"在建工程"等科目；不属于建设期间发生的,按期计提的利息应予以费用化,按照计算确定的金额,计入当期费用,借记"其他费用"科目。二是判断应支付利息的核算科目,以确定分录的贷方科目。短期借款和分期付息到期还本的长期借款计提的利息属于流动负债,通过"应付利息"科目核算。到期一次还本付息的长期借款计提的利息在长期借款到期时才予以支付,属于非流动负债,通过"长期借款——应计利息"科目核算。

实际支付利息费用时,按照支付的金额,借记"应付利息"或"长期借款——应计利息"科目,贷记"银行存款"等科目。

【例 7.10】2019 年年初,某高校建设新校区向中国银行借入 3 年期的到期一次还本付息的长期借款,2019 年年底计提长期借款利息 200 000 元。

(1) 分期计提利息费用

财务会计:

借:在建工程   200 000

  贷:长期借款——应计利息   200 000

计提利息不做预算会计处理。

(2) 实际支付利息费用

借:长期借款——应计利息   200 000

  贷:银行存款   200 000

预算会计:

借:其他支出   200 000

  贷:资金结存——货币资金   200 000

(二)坏账损失

计提坏账准备时应注意以下 6 个方面。

(1) 需要计提坏账准备的政府会计主体。《政府会计制度》规定,只有事业单位需要计提坏账准备,行政单位不需要计提坏账准备。

(2) 计提坏账准备的对象。根据《政府会计制度》规定,事业单位应该计提坏账准备的对象包括两个:收回后不需上缴财政的应收账款以及其他应收款。

(3) 计提坏账准备的时点。事业单位应该在每年年末进行坏账准备计提工作。

(4) 计提坏账准备的方法。《政府会计制度》规定,事业单位计提坏账准备可以采用的方法包括应收款项余额百分比法、账龄分析法、个别认定法等。坏账准备计提方法一经确定,不得随意变更。如需变更,应当按照规定报经批准,并在财务报表附注中予以说明。

(5) 坏账准备明细科目的设置。《政府会计制度》规定,坏账准备科目应当分别按应收账款和其他应收款进行明细核算。

【例 7.11】2019 年 12 月 31 日,某事业单位计提坏账准备 20 000 元。

财务会计:

借:其他费用   20 000

  贷:坏账准备   20 000

计提坏账准备不需要做预算会计处理。

【例 7.12】2019 年 12 月 31 日，某事业单位冲销多提坏账准备 2 000 元。

财务会计：

借：坏账准备 2 000

　　贷：其他费用 2 000

冲减坏账准备不需要做预算会计处理。

(三)罚没支出

单位发生罚没支出的，按照实际缴纳或应当缴纳的金额，借记"其他费用"科目，贷记"银行存款""库存现金""其他应付款"等科目。

【例 7.13】某单位银行存款缴纳罚没支出 30 000 元。

财务会计：

借：其他费用 30 000

　　贷：银行存款 30 000

预算会计：

借：其他支出 30 000

　　贷：资金结存——货币资金 30 000

(四)现金资产捐赠

单位对外捐赠现金资产的，按照实际捐赠的金额，借记"其他费用"科目，贷记"银行存款""库存现金"等科目。

【例 7.14】某高校现金捐赠对口扶贫的小学 50 000 元。

财务会计：

借：其他费用 50 000

　　贷：库存现金 50 000

预算会计：

借：其他支出 50 000

　　贷：资金结存——货币资金 50 000

(五)其他相关费用

单位接受捐赠(或无偿调入)以名义金额计量的存货、固定资产、无形资产，以及成本无法可靠取得的公共基础设施、文物文化资产等发生的相关税费、运输费等，按照实际支付的金额，借记"其他费用"科目，贷记"财政拨款收入""零余额账户用款额度""银行存款""库存现金"等科目。

单位发生的与受托代理资产相关的税费、运输费、保管费等，按照实际支付或应付的金额，借记"其他费用"科目，贷记"零余额账户用款额度""银行存款""库存现金""其他应付款"等科目。

【例 7.15】某行政单位接受受托代理资产时，发生运输费 5 000 元，财政授权支付。

财务会计：

借：其他费用   5 000

   贷：零余额账户用款额度   5 000

预算会计：

借：行政支出   5 000

   贷：资金结存——零余额账户用款额度   5 000

(六)期末结转

期末，将本科目本期发生额转入本期盈余，借记"本期盈余"科目，贷记"其他费用"科目。

【例 7.16】2019 年 5 月 31 日，某单位的"其他费用"账户借方发生额 400 000 元，期末结转。其中：财政拨款支出 250 000 元，非同级财政专项资金支出 100 000 元，非同级财政、非专项资金支出 50 000 元。

财务会计：

借：本期盈余   400 000

   贷：其他费用   400 000

预算会计：

借：财政拨款结转——本年收支结转(财政拨款支出)   250 000

     非财政拨款结转——本年收支结转(非同级财政专项资金支出)   100 000

     其他结余(非同级财政、非专项资金支出)   50 000

   贷：其他支出   400 000

第四节　事业单位专有费用的会计核算

一、单位管理费用

单位管理费用是事业单位本级行政及后勤管理部门开展管理活动发生的各项费用，包括单位行政及后勤管理部门发生的人员经费、公用经费、资产折旧(摊销)等费用，以及由单位统一负担的离退休人员经费、工会经费、诉讼费、中介费等。

"单位管理费用"科目的主要核算见表 7.6。

表 7.6　5101 单位管理费用的账务处理

序号	业务和事项内容		账务处理	
			财务会计	预算会计
(1)	管理活动人员职工薪酬	计提时，按照计算的金额	借：单位管理费用 　　贷：应付职工薪酬	——

序号	业务和事项内容		账务处理	
			财务会计	预算会计
(1)	管理活动人员职工薪酬	实际支付给职工并代扣个人所得税时	借：应付职工薪酬 　　贷：财政拨款收入/零余额账户用款额度/银行存款等 　　　其他应交税费——应交个人所得税	借：事业支出[按照支付给个人部分] 　　贷：财政拨款预算收入/资金结存
		实际缴纳税款时	借：其他应交税费——应交个人所得税 　　贷：银行存款/零余额账户用款额度等	借：事业支出[按照实际缴纳额] 　　贷：资金结存等
(2)	开展管理活动的外部人员劳务费	计提时，按照计算的金额	借：单位管理费用 　　贷：其他应付款	——
		实际支付并代扣个人所得税时	借：其他应付款 　　贷：财政拨款收入/零余额账户用款额度/银行存款等 　　　其他应交税费——应交个人所得税	借：事业支出[按照支付给个人部分] 　　贷：财政拨款预算收入/资金结存
		实际缴纳税款时	借：其他应交税费——应交个人所得税 　　贷：银行存款/零余额账户用款额度等	借：事业支出[按照实际缴纳额] 　　贷：资金结存等
(3)	开展管理活动发生的预付款项	预付账款　支付款项时	借：预付账款 　　贷：财政拨款收入/零余额账户用款额度/银行存款等	借：事业支出 　　贷：财政拨款预算收入/资金结存
		预付账款　结算时	借：单位管理费用 　　贷：预付账款 　　　财政拨款收入/零余额账户用款额度/银行存款等[补付金额]	借：事业支出 　　贷：财政拨款预算收入/资金结存[补付金额]
		暂付款项　支付款项时	借：其他应收款 　　贷：银行存款等	——
		暂付款项　结算或报销时	借：单位管理费用 　　贷：其他应收款	借：事业支出 　　贷：资金结存等
(4)	发生的其他与管理活动相关的各项费用		借：单位管理费用 　　贷：财政拨款收入/零余额账户用款额度/银行存款/应付账款等	借：事业支出[按照实际支付的金额] 　　贷：财政拨款预算收入/资金结存

续表

序号	业务和事项内容		账务处理	
			财务会计	预算会计
(5)	为开展管理活动购买资产或支付在建工程	按照实际支付或应付的款项	借：库存物品/固定资产/无形资产/在建工程等 　　贷：财政拨款收入/零余额账户用款额度/银行存款/应付账款	借：事业支出[按照实际支付的价款] 　　贷：财政拨款预算收入/资金结存
(6)	计提的固定资产、无形资产的折旧、摊销	按照计提的折旧、摊销额	借：单位管理费用 　　贷：固定资产累计折旧/无形资产累计摊销	——
(7)	开展管理活动内部领用库存物品	按照领用库存物品的成本	借：单位管理费用 　　贷：库存物品	——
(8)	开展管理活动发生应负担的税金及附加时	按照计算确定应缴纳的金额	借：单位管理费用 　　贷：其他应交税费	——
		实际缴纳时	借：其他应交税费 　　贷：银行存款等	借：事业支出 　　贷：资金结存等
(9)	购货退回等	当年发生的	借：财政拨款收入/零余额账户用款额度/银行存款/应收账款等 　　贷：库存物品/单位管理费用	借：财政拨款预算收入/资金结存 　　贷：事业支出
(10)	期末/年末结转		借：本期盈余 　　贷：单位管理费用	借：财政拨款结转——本年收支结转[财政拨款支出] 非财政拨款结转——本年收支结转[非同级财政专项资金支出] 其他结余[非同级财政、非专项资金支出] 　　贷：事业支出

(一)为管理活动人员计提的薪酬

为管理活动人员计提的薪酬，按照计算确定的金额，借记"单位管理费用"科目，贷记"应付职工薪酬"科目。

【例 7.17】2019 年 2 月，某事业单位以财政授权方式发放本级行政人员工资总额500 000 元，其中基本工资 200 000 元，绩效工资 300 000 元，单位代扣个人养老保险 40 000元、住房公积金 60 000 元、垫付水电费 10 000 元。另外当月授权支付缴纳单位负担的基本养老保险 100 000 元、住房公积金 60 000 元。

(1) 计提 2 月工资

财务会计：

借：单位管理费用——工资福利费用	500 000	
贷：应付职工薪酬——基本工资		200 000
——绩效工资		300 000

不涉及预算会计账务处理。

(2) 计提代扣个人负担的各项税费(假设全部从绩效工资指标中代扣)

财务会计：

借：应付职工薪酬——绩效工资	110 000	
贷：应付职工薪酬——社会保险费		40 000
——住房公积金		60 000
其他应收款——水电费		10 000

不涉及预算会计账务处理。

(3) 通过授权支付方式向职工支付薪酬(即扣下代扣部分的实发工资)

财务会计：

借：应付职工薪酬——基本工资	200 000	
——绩效工资	190 000	
贷：零余额账户用款额度		390 000

预算会计：

借：事业支出——财政拨款支出——基本工资	200 000	
——绩效工资	190 000	
贷：资金结存-零余额账户用款额度		390 000

(4) 计提当月单位应负担的职工养老保险和住房公积金

财务会计：

借：单位管理费用——工资福利费用	160 000	
贷：应付职工薪酬——社会保险费		100 000
——住房公积金		60 000

不涉及预算会计财务处理。

(5) 缴纳养老保险、住房公积金单位和个人部分

财务会计：

借：应付职工薪酬——社会保险费	140 000	
——住房公积金	120 000	
贷：零余额账户用款额度		260 000

预算会计：

借：事业支出——财政拨款支出——基本养老保险缴费	100 000	
——住房公积金	60 000	
——绩效工资	100 000	
贷：资金结存——零余额账户用款额度		260 000

(二)为开展管理活动发生的外部人员劳务费

为开展管理活动发生的外部人员劳务费按照计算确定的费用金额，借记"单位管理费用"科目，按照代扣代缴个人所得税的金额，贷记"其他应交税费——应交个人所得税"科目，按照扣税后应付或实际支付的金额，贷记"其他应付款""财政拨款收入""零余额账户用款额度""银行存款"等科目。

【例 7.18】2019 年 3 月 10 日，某事业单位为开展管理活动发生的计提外部人员劳务费 100 000 元。3 月 15 日通过银行存款实际支付，并代扣个人所得税 16 000 元。

(1) 计提劳务费

财务会计：

借：单位管理费用   100 000

  贷：其他应付款   100 000

不涉及预算会计账务处理。

(2) 实际支付，并代扣个人所得税

财务会计：

借：其他应付款   100 000

  贷：其他应交税费——应交个人所得税   16 000

    银行存款   84 000

预算会计：

借：事业支出   84 000

  贷：资金结存——货币资金   84 000

(3) 实际缴纳税款

财务会计：

借：其他应交税费——应交个人所得税   16 000

  贷：银行存款   16 000

预算会计：

借：事业支出   84 000

  贷：资金结存——货币资金   84 000

(三)开展管理活动内部领用库存物品

开展管理活动内部领用库存物品按照领用物品实际成本，借记"单位管理费用"科目，贷记"库存物品"科目。

【例 7.19】2019 年 2 月 5 日，某事业单位为开展管理活动领用包装物一批，成本 5 000 元。

财务会计：

借：单位管理费用   5 000

  贷：库存商品   5 000

预算会计不做账务处理。

(四)开展管理活动所使用的固定资产、无形资产计提的折旧、摊销

开展管理活动所使用的固定资产、无形资产计提的折旧、摊销按照应提折旧、摊销额，借记"单位管理费用"科目，贷记"固定资产累计折旧""无形资产累计摊销"科目。

【例 7.20】某事业单位 2018 年 3 月计提固定资产累计折旧 6 000 元。

财务会计：

借：单位管理费用　　　　　　　　　　　　　　　　　　　　　　　6 000
　　贷：固定资产累计折旧　　　　　　　　　　　　　　　　　　　　　　6 000

预算会计不做账务处理。

(五)为开展管理活动发生的税费

为开展管理活动发生的城市维护建设税、教育费附加、地方教育费附加、车船税、房产税、城镇土地使用税等，按照计算确定应交纳的金额，借记"单位管理费用"科目，贷记"其他应交税费"等科目。

【例 7.21】2019 年 5 月，某事业单位开展业务活动应计城市维护建设税 1 400 元、地方教育费附加 600 元。

(1) 确认应交税费

财务会计：

借：单位管理费用　　　　　　　　　　　　　　　　　　　　　　　2 000
　　贷：其他应交税费——应交城市维护建设税　　　　　　　　　　　　1 400
　　　　　　　　　　——应交教育费附加　　　　　　　　　　　　　　600

由于没有发生现金流出，因此预算会计不进行账务处理。

(2) 缴纳应交税费

财务会计：

借：其他应交税费——应交城市维护建设税　　　　　　　　　　　　1 400
　　　　　　　　　——应交教育费附加　　　　　　　　　　　　　　600
　　贷：银行存款　　　　　　　　　　　　　　　　　　　　　　　　2 000

预算会计：

借：事业支出　　　　　　　　　　　　　　　　　　　　　　　　　2 000
　　贷：资金结存——货币资金　　　　　　　　　　　　　　　　　　　2 000

(六)为开展管理活动发生的其他各项费用

为开展管理活动发生的其他各项费用按照费用确认金额，借记"单位管理费用"科目，贷记"财政拨款收入""零余额账户用款额度""银行存款""其他应付款""其他应收款"等科目。

【例 7.22】2019 年 1 月 10 日，某事业单位使用收到的财政批复的 2018 年年末下达零余额账户用款额度支付办公费用 20 000 元。

财务会计：

借：单位管理费用　　　　　　　　　　　　　　　　　　　　　　　20 000

贷：零余额账户用款额度   20 000

预算会计：

借：事业支出   20 000

    贷：资金结存——零余额账户用款额度   20 000

【例 7.23】2019 年 1 月 10 日，某高校财务人员外出参加培训学习，报销差旅费 8 000 元，公务卡支付。

财务会计：

借：单位管理费用   8 000

    贷：银行存款   8 000

预算会计：

借：事业支出   8 000

    贷：资金结存——货币资金   8 000

(七)发生当年购货退回等业务

如果发生当年购货退回等业务，对于已计入本年单位管理费用的，按照收回或应收的金额，借记"财政拨款收入""零余额账户用款额度""银行存款""其他应收款"等科目，贷记"单位管理费用"科目。

【例 7.24】2019 年 3 月 9 日，某事业单位购入的一批已计入费用的办公品 2 000 元，在使用过程中发现存在质量问题，经与供货商协商，供货商同意全额退货。

财务会计：

借：银行存款   2 000

    贷：单位管理费用   2 000

预算会计：

借：资金结存——货币资金   2 000

    贷：事业支出   2 000

(八)期末结转

期末，将本科目本期发生额转入本期盈余，借记"本期盈余"科目，贷记"单位管理费用"科目。

【例 7.25】2019 年 5 月 31 日，某事业单位的"单位管理费用"账户借方发生额 10 000 000 元，期末结转。其中：财政拨款支出 7 000 000 元，非同级财政专项资金支出 2 000 000 元，非同级财政、非专项资金支出 1 000 000 元。

财务会计：

借：本期盈余   10 000 000

    贷：单位管理费用   10 000 000

预算会计：

借：财政拨款结转——本年收支结转(财政拨款支出)   7 000 000

    非财政拨款结转——本年收支结转(非同级财政专项资金支出) 2 000 000

其他结余(非同级财政、非专项资金支出)	1 000 000
贷:事业支出	10 000 000

二、经营费用

经营费用是事业单位在专项业务活动及其辅助活动之外开展非独立核算经营活动发生的各项费用。

"经营费用"科目的主要核算见表 7.7。

表 7.7 5201 经营费用的账务处理

序号	业务和事项内容		账务处理	
			财务会计	预算会计
(1)	为经营活动人员计提并支付职工薪酬	计提时,按照计算的金额	借:经营费用 　　贷:应付职工薪酬	——
		实际支付给职工并代扣个人所得税时	借:应付职工薪酬 　　贷:银行存款等 　　　　其他应交税费——应交个人所得税	借:经营支出[按照支付给个人部分] 　　贷:资金结存——货币资金
		实际缴纳税款时	借:其他应交税费——应交个人所得税 　　贷:银行存款等	借:经营支出[按照实际缴纳额] 　　贷:资金结存——货币资金
(2)	购买资产或支付在建工程款	按照实际支付或应付的金额	借:库存物品/固定资产/无形资产/在建工程 　　贷:银行存款/应付账款等	借:经营支出 　　贷:资金结存——货币资金[按照实际支付金额]
(3)	领用材料或出售物品等	按照实际成本	借:经营费用 　　贷:库存物品等	——
(4)	开展经营活动发生的预付款项	预付时,按照预付的金额	借:预付账款 　　贷:银行存款等	借:经营支出 　　贷:资金结存——货币资金
		结算时	借:经营费用 　　贷:预付账款 　　银行存款等[补付金额]	借:经营支出 　　贷:资金结存——货币资金[补付金额]
(5)	固定资产、无形资产的折旧摊销	按照计提的折旧、摊销额	借:经营费用 　　贷:固定资产累计折旧/无形资产累计摊销	——

序号	业务和事项内容		账务处理	
			财务会计	预算会计
(6)	开展经营活动发生应负担的税金及附加时	计算确定的缴纳金额	借：经营费用 　贷：其他应交税费	——
		实际缴纳时	借：其他应交税费 　贷：银行存款等	借：经营支出 　贷：资金结存——货币资金
(7)	开展经营活动发生其他各项费用		借：经营费用 　贷：银行存款/应付账款等	借：经营支出[按照实际支付金额] 　贷：资金结存——货币资金
(8)	计提专用基金	从预算收入中按照一定比例提取基金并计入费用	借：经营费用 　贷：专用基金	——
(9)	购货退回等	当年发生的	借：银行存款/应收账款等 　贷：库存物品/经营费用	借：资金结存——货币资金[按照实际收到金额] 　贷：经营支出
(10)	期末/年末结转		借：本期盈余 　贷：经营费用	借：经营结余 　贷：经营支出

(一)为经营活动人员计提的薪酬

为经营活动人员计提的薪酬，按照计算确定的金额，借记"经营费用"科目，贷记"应付职工薪酬"科目。

【例7.26】2019年2月，某高校下属非独立核算酒店计提职工工资，工资总额200 000元，其中基本工资150 000元、津贴补贴50 000元。单位代扣个人养老保险16 000元、个人所得税10 000元，单位负担的基本养老保险40 000元。

(1) 计提2月工资

财务会计：

借：经营费用——工资福利费用　　　　　　　　　　　　　　　200 000
　　贷：应付职工薪酬——基本工资　　　　　　　　　　　　　　150 000
　　　　　　　　　　　——津贴补贴　　　　　　　　　　　　　　50 000

不涉及预算会计账务处理。

(2) 计提代扣个人负担的各项税费(假设全部从基本工资指标中代扣)

财务会计：

借：应付职工薪酬——基本工资　　　　　　　　　　　　　　　　26 000
　　贷：应付职工薪酬——社会保险费　　　　　　　　　　　　　　16 000
　　　　其他应交税费——应交个人所得税　　　　　　　　　　　　10 000

因未发生预算资金支出，所以不涉及预算会计账务处理。

(3) 向职工支付工资

财务会计：

借：应付职工薪酬——基本工资　　　　　　　　　　124 000

　　　　　　　　——津贴补贴　　　　　　　　　　50 000

　　贷：银行存款　　　　　　　　　　　　　　　　　　174 000

预算会计：

借：经营支出　　　　　　　　　　　　　　　　　　174 000

　　贷：资金结存——货币资金　　　　　　　　　　　　174 000

(4) 计提当月单位应负担的职工养老保险

财务会计：

借：经营费用——工资福利费用　　　　　　　　　　40 000

　　贷：应付职工薪酬——社会保险费　　　　　　　　　40 000

因未发生预算资金支出，所以不涉及预算会计财务处理。

(5) 上缴养老保险及个人所得税。

财务会计：

借：应付职工薪酬——社保保险费　　　　　　　　　56 000

　　其他应交税费——应交个人所得税　　　　　　　10 000

　　贷：银行存款　　　　　　　　　　　　　　　　　　66 000

预算会计：

借：经营支出　　　　　　　　　　　　　　　　　　66 000

　　贷：资金结存——货币资金费　　　　　　　　　　　66 000

(二)开展经营活动领用或发出库存物品

开展经营活动领用或发出库存物品，按照领用物品实际成本，借记"经营费用"科目，贷记"库存物品"科目。

【例 7.27】某事业单位为开展经营活动领用库存物品，领用物品的账面余额为 1 500 元。

财务会计：

借：经营费用　　　　　　　　　　　　　　　　　　1 500

　　贷：库存物品　　　　　　　　　　　　　　　　　　1 500

(三)为经营活动所使用固定资产、无形资产计提的折旧、摊销

为经营活动所使用固定资产、无形资产计提的折旧、摊销，按照应提折旧、摊销额，借记"经营费用"科目，贷记"固定资产累计折旧""无形资产累计摊销"科目。

【例 7.28】2019 年 2 月，某事业单位非独立核算车队计提运输车辆固定资产累计折旧 4 000 元。

财务会计：

借：经营费用　　　　　　　　　　　　　　　　　　4 000

贷：固定资产累计折旧   4 000

(四)开展经营活动发生的税费

开展经营活动发生城市维护建设税、教育费附加、地方教育费附加、车船税、房产税、城镇土地使用税等，按照计算确定应交纳的金额，借记"经营费用"科目，贷记"其他应交税费"等科目。

【例 7.29】2019 年 1 月，某事业单位非独立核算车队计算、缴纳运输车辆车船税 1 000 元。

(1) 计算纳税金额

财务会计：

借：经营费用   1 000

　　贷：其他应交税费——应交车船税   1 000

(2) 实际缴纳

财务会计：

借：其他应交税费——应交车船税   1 000

　　贷：银行存款   1 000

预算会计：

借：经营支出   1 000

　　贷：资金结存——货币资金   1 000

(五)期末结转

期末，将本科目本期发生额转入本期盈余，借记"本期盈余"科目，贷记"经营费用"科目。

【例 7.30】2019 年 5 月 31 日，单位的"经营费用"账户借方发生额 500 000 元，期末结转。

财务会计：

借：本期盈余   500 000

　　贷：经营费用   500 000

预算会计：

借：经营结余   500 000

　　贷：经营支出   500 000

三、上缴上级费用

上缴上级费用是事业单位按照财政部门和主管部门的规定上缴上级单位款项发生的费用。

"上缴上级费用"科目的主要核算见表 7.8。

表 7.8　5401 上缴上级费用的账务处理

序号	业务和事项内容	账务处理	
		财务会计	预算会计
(1)	按照实际上缴的金额或者按照规定计算出应当上缴的金额	借：上缴上级费用 　　贷：银行存款/其他应付款等	借：上缴上级支出[实际上缴的金额] 　　贷：资金结存——货币资金
(2)	实际上缴应缴的金额	借：其他应付款 　　贷：银行存款等	——
(3)	期末/年末结转	借：本期盈余 　　贷：上缴上级费用	借：其他结余 　　贷：上缴上级支出

(一)单位发生上缴上级支出

如果单位发生上缴上级支出，按照实际上缴的金额或者按照规定计算出应当上缴上级单位的金额，借记"上缴上级费用"科目，贷记"银行存款""其他应付款"等科目。

【例 7.31】2019 年 4 月 18 日，某事业单位按规定计算应当上缴上级单位费用 50 000 元。

(1) 计算应上缴金额

财务会计：

借：上缴上级费用　　　　　　　　　　　　　　　　50 000

　　贷：其他应付款　　　　　　　　　　　　　　　　50 000

(2) 实际上缴

财务会计：

借：其他应付款　　　　　　　　　　　　　　　　　50 000

　　贷：银行存款　　　　　　　　　　　　　　　　　50 000

预算会计：

借：上缴上级支出　　　　　　　　　　　　　　　　50 000

　　贷：资金结存——货币资金　　　　　　　　　　　50 000

(二)期末结转

期末，将本科目本期发生额转入本期盈余，借记"本期盈余"科目，贷记"上缴上级费用"科目。

【例 7.32】2019 年 5 月 31 日，单位的"上缴上级费用"账户借方发生额 100 000 元，期末结转。

财务会计：

借：本期盈余　　　　　　　　　　　　　　　　　100 000

　　贷：上缴上级费用　　　　　　　　　　　　　　　100 000

预算会计：

借：其他结余　　　　　　　　　　　　　　　　　100 000

	贷：上缴上级支出		100 000

四、对附属单位补助费用

对附属单位补助费用是事业单位用财政拨款收入之外的收入对附属单位补助发生的费用。

"对附属单位补助费用"科目的主要核算见表7.9。

表 7.9　5501 对附属单位补助费用的账务处理

序号	业务和事项内容	账务处理	
		财务会计	预算会计
(1)	按照实际补助的金额或者按照规定计算出应当补助的金额	借：对附属单位补助费用 　贷：银行存款/其他应付款等	借：对附属单位补助支出[实际补助的金额] 　贷：资金结存——货币资金
(2)	实际支出应补助的金额	借：其他应付款 　贷：银行存款等	
(3)	期末/年末结转	借：本期盈余 　贷：对附属单位补助费用	借：其他结余 　贷：对附属单位补助支出

(一)发生对附属单位补助支出

单位发生对附属单位补助支出的，按照实际补助的金额或者按照规定计算出应当对附属单位补助的金额，借记"对附属单位补助费用"科目，贷记"银行存款""其他应付款"等科目。

【例 7.33】2019 年 4 月 7 日，某事业单位支付对附属单位补助发生的费用 50 000 元。

财务会计：

借：对附属单位补助费用　　　　　　　　　　　　　　50 000

　　贷：银行存款　　　　　　　　　　　　　　　　　　50 000

预算会计：

借：对附属单位补助支出　　　　　　　　　　　　　　50 000

　　贷：资金结存——货币资金　　　　　　　　　　　　50 000

(二)期末结转

期末，将本科目本期发生额转入本期盈余，借记"本期盈余"科目，贷记"对附属单位补助费用"科目。

【例 7.34】2019 年 5 月 31 日，单位的"对附属单位补助费用"账户借方发生额 600 000 元，期末结转。

财务会计：

借：本期盈余   600 000

  贷：对附属单位补助费用   600 000

预算会计：

借：其他结余   600 000

  贷：对附属单位补助支出   600 000

五、所得税费用

所得税费用是有企业所得税缴纳义务的事业单位按规定缴纳企业所得税所形成的费用。"所得税费用"科目的主要核算见表 7.10。

表 7.10   5801 所得税费用的账务处理

序号	业务和事项内容		账务处理	
			财务会计	预算会计
(1)	发生企业所得税纳税义务	按照税法规定计算应交税金数额	借：所得税费用 贷：其他应交税费——单位应交所得税	——

(2)		实际缴纳时	借：其他应交税费——单位应交所得税
			  贷：银行存款等
				借：非财政拨款结余——累计结余
				  贷：资金结存——货币资金

(3)	年末结转		借：本期盈余 贷：所得税费用	——

(一)发生企业所得税纳税义务

如果单位发生企业所得税纳税义务，应按照税法规定计算的应交税金数额，借记本科目，贷记"其他应交税费——单位应交所得税"科目。实际缴纳时，按照缴纳金额，借记"其他应交税费——单位应交所得税"科目，贷记"银行存款"科目。

【例 7.35】2019 年 5 月，某事业单位下属酒店汇算清缴企业所得税 250 000 元。

财务会计：

借：所得税费用   250 000

  贷：其他应交税费——单位应交所得税   250 000

【例 7.36】2019 年 6 月，某事业单位下属酒店缴纳 2018 年企业所得税 250 000 元。

财务会计：

借：其他应交税费——单位应交所得税   250 000

  贷：银行存款   250 000

预算会计：

借：非财政拨款结余——累计结余   250 000

  贷：资金结存——货币资金   250 000

(二)期末结转

期末,将本科目本期发生额转入本期盈余,借记"本期盈余"科目,贷记"所得税费用"科目。

【例 7.37】2019 年 5 月 31 日,单位的"所得税费用"账户借方发生额 550 000 元,期末结转。

财务会计:

借:本期盈余　　　　　　　　　　　　　　　　550 000

　　贷:所得税费用　　　　　　　　　　　　　　550 000

【课后练习与提高】

一、单项选择题

1. 医院为医务人员计提的薪酬应计入(　　)。

A. 业务活动费用　　　　　　　　　　B. 单位管理费用

C. 经营费用　　　　　　　　　　　　D. 其他费用

2. 高校为后勤人员计提的薪酬应计入(　　)。

A. 业务活动费用　　　　　　　　　　B. 单位管理费用

C. 经营费用　　　　　　　　　　　　D. 其他费用

3. 某事业单位从事非独立核算经营活动人员计提的薪酬应计入(　　)。

A. 业务活动费用　　　　　　　　　　B. 单位管理费用

C. 经营费用　　　　　　　　　　　　D. 其他费用

4. 下列不属于其他费用的是(　　)。

A. 附属单位补助费用　　　　　　　　B. 罚没支出

C. 坏账损失　　　　　　　　　　　　D. 现金资产捐赠支出

5. 如果在资产处置过程中处理收入大于相关费用的,财务会计应按照处理收入减去相关费用后的净收入,借记"待处理财产损溢"科目,贷记(　　)等科目。

A. 资产处置费用　　　　　　　　　　B. 应缴财政款

C. 营业外收入　　　　　　　　　　　D. 财政拨款收入

二、多项选择题

1. 行政、事业单位都使用的费用项目是(　　)。

A. 业务活动费用　　　　　　　　　　B. 单位管理费用

C. 资产处置费用　　　　　　　　　　D. 其他费用

2. 确认为费用但不同时确认为预算支出的业务有(　　)。

A. 发出存货　　　　　　　　　　　　B. 计提折旧

C. 应付账款确认的费用　　　　　　　D. 预付账款确认的费用

3. 确认为预算支出但不同时确认为费用的业务有(　　)。

A. 支付应付款项支出　　　　　　　　B. 计提摊销

C. 偿还借款本金支出　　　　　D. 预付账款确认的费用

4. 只有事业单位使用的费用项目包括(　　)。

    A. 业务活动费用　　　　　　　B. 单位管理费用

    C. 经营费用　　　　　　　　　D. 上缴上级费用

5. 其他费用包括(　　)。

    A. 所得税费用　　B. 利息费用　　C. 坏账损失　　D. 资产处置费用

6. "业务活动费用"对应的预算支出科目是(　　)。

    A. 行政支出　　B. 事业支出　　C. 经营支出　　D. 其他支出

7. 资产处置的形式包括(　　)。

    A. 出售　　　　B. 出让　　　　C. 毁损　　　　D. 对外捐赠

8. 对借款利息的计提,贷记(　　)。

    A. 利息费用　　B. 应付利息　　C. 银行存款　　D. 长期借款——应计利息

9. 费用的确认应当同时满足以下条件(　　)。

    A. 与费用相关的含有服务潜力或者经济利益的经济资源很可能流出政府会计主体

    B. 含有服务潜力或者经济利益的经济资源流出导致政府会计主体资产减少

    C. 含有服务潜力或者经济利益的经济资源流出导致政府会计主体负债增加

    D. 流出金额能够可靠地计量

10. 行政单位的业务活动费用包括(　　)。

    A. 工资福利费用　　　　　　　B. 商品和服务费用

    C. 固定资产折旧费　　　　　　D. 计提专用基金

三、判断题(正确打"√",错误打"×")

1. 政府会计的费用和预算支出都以收付实现制为基础。　　　　　　　　　(　　)

2. 经营费用是事业单位本级行政及后勤管理部门开展管理活动发生的各项费用。

                                                            (　　)

3. 资产处置的形式按照规定包括无偿调拨、出售、出让、转让、置换、对外捐赠、报废、毁损以及货币性资产损失核销等。　　　　　　　　　　　　　　(　　)

4. 其他费用包括所得税费用、利息费用、坏账损失、罚没支出、现金资产捐赠支出以及相关税费、运输费等。　　　　　　　　　　　　　　　　　　　(　　)

5. 只有事业单位需要计提坏账准备,行政单位不需要计提坏账准备。　　(　　)

6. 《政府会计制度》规定了期末计提坏账准备的计算公式,公式原理是期末在坏账准备科目当期余额的基础上,将其余额调整为单位期末应计提的坏账准备金额。　(　　)

7. 单位账款核对中发现的现金短缺,属于无法查明原因的,报经批准核销时,借记"其他费用"科目,贷记"待处理财产损溢"科目。　　　　　　　　　　　(　　)

8. "经营费用"科目核算事业单位在专业业务活动及其辅助活动之外开展独立核算经营活动发生的各项费用。　　　　　　　　　　　　　　　　　　　(　　)

9. "业务活动费用"科目对应的预算会计科目是"行政支出"。　　　　(　　)

10. "单位管理费用"科目对应的预算会计科目是"事业支出"。　　　(　　)

四、业务处理题

1. 2019 年 2 月，某行政单位通过直接支付发放职工工资，工资总额 18 万元，其中基本工资 10 万元、津贴补贴 8 万元，统发时代扣个人住房公积金 2.16 万元、养老保险 1.44 万元、职业年金 0.72 万元、个人所得税 1 万元。当月直接缴纳单位负担的职工基本养老保险 3.6 万元和住房公积金 2.16 万元(假设职工年金实行记账式，职工退休后单位部分由财政清算)。

要求：做出计提工资、代扣款项、支付工资的会计分录。

2. 2019 年 1 月，某医院计提本月医院应为职工缴存的住房公积金 55 万元，其中医护人员 50 万元，财务人员 5 万元。医院从应付职工薪酬中代扣职工个人应缴存的住房公积金 55 万元。2019 年 2 月，医院向住房公积金中心缴纳单位职工的住房公积金共计 110 万元，其中，以财政直接支付方式支付 20 万元，以银行存款支付 90 万元。

要求：编制医院计提为职工缴存的住房公积金、代扣职工个人应缴存的住房公积金、向住房公积金中心缴纳住房公积金的会计分录。

3. 某民政部门发生应付政府补贴业务，按照规定计算本月应发放生活补助收入为 100 000 元。此后，该行政单位通过单位的零余额账户支付了以上应付政府补贴款项。

要求：编制发生应付政府补贴款、支付应付政府补贴款的会计分录。

4. 某高校专项项目发放 5 名专家合计 10 000 元劳务费，代扣个人所得税 1 200 元，用银行存款支付.

要求：编制相关会计分录。

5. 2019 年 4 月 20 日，某事业单位为开展管理活动发生的支付外部人员劳务费 10 000 元，代扣个人所得税 800 元，通过银行存款支付。

要求：编制相关会计分录。

6. 2019 年 6 月 20 日，某事业单位下属非独立核算经营单位确认缴纳房产税 10 800 元，通过银行存款缴纳。

要求：编制相关会计分录。

7. 某事业单位为经营活动购买的材料因质量不合格发生当年退货，退货金额 1 000 元。该材料已经计入营业费用，退货金额尚未收到。

要求：编制相关会计分录。

8. 某单位经批准向希望小学捐赠了一批物资，该批物资账面余额为 50 000 元，捐赠过程中以银行存款支付了相关税费 500 元。

要求：编制相关会计分录。

9. 单位用无形资产置换换入固定资产，无形资产账面价值 10 万元，累计摊销 3 万元，无形资产评估价值为 5 万元，收到补价 2 万元，发生其他相关支出 1 万元。

要求：编制相关会计分录。

五、思考题

1. 财务会计的费用与预算会计的预算支出有何区别？
2. 费用如何分类、确认与计量？
3. 上缴上级费用与对附属单位补助费用有何区别？
4. 事业单位专有费用包括哪些？如何进行核算？
5. 经营费用包括哪些？如何进行核算？

第八章 预 算 收 入

【学习目的及要求】

本章主要介绍预算收入的确认和管理规定，包括预算收入的科目、财政拨款预算收入、非同级财政拨款预算收入、其他预算收入和事业预算收入、经营预算收入、投资预算收益、上级补助预算收入、附属单位上缴预算收入和债务预算收入等内容。

通过本章的学习，了解我国预算收入的确认和管理，熟悉预算收入会计科目，掌握预算收入的核算，特别是事业单位专有预算收入的会计核算。

第一节 预算收入概述

一、预算收入的概念

预算收入是指政府会计主体在预算年度内依法取得并纳入预算管理的现金流入。

二、预算收入的确认

预算收入是指政府会计主体在预算年度内依法取得的并纳入预算管理的现金流入。预算收入一般在实际收到时予以确认，以实际收到的金额进行计量。预算收入采用收付实现制核算。

三、预算收入的管理

加强行政事业单位收入的管理，对于提高财政资金的使用效益，保护社会公众的基本权益具有非常重要的意义。根据《事业单位财务规则》《行政单位财务规则》所规定的行政事业单位收入管理的内容主要包括以下几点。

(1) 加强收入的预算管理。行政事业单位应当将各项收入，包括财政拨款预算收入、非同级财政拨款预算收入、其他预算收入和事业预算收入、经营预算收入、投资预算收益、上级补助预算收入、附属单位上缴预算收入和债务预算收入等，全部纳入单位预算，进行统一核算，统一管理。

(2) 保证收入的合法性与合理性。行政事业单位的各项收入应当依法取得，符合国家有关法律、法规和规则制度的规定。各收费项目、收费范围和收费标准必须按照法定程序审批，取得收费许可后方可实施。

(3) 及时上缴各项财政收入。行政单位依法取得的应当上缴财政的罚没收入、行政事业性收费、政府性基金、国有资产处置和出租出借收入等，事业单位对按照规定上缴国库或者财政专户的资金不属于行政事业单位的收入，应当按照国库集中收缴的有关规定及时足额上缴，不得隐瞒、滞留、截留、挪用和坐支。

(4) 注意核算范围和期末结转方向。预算收入必须掌握核算范围、核算要求、最后结转，在大的会计科目体系下，每个科目的核算范围一定要了解清楚。比如说财政拨款收入核算范围就看同级的还是非同级的，同级财政拨的就是同级财政。核算要求是明细科目核算还是明细核算还是辅助核算，注意会计主要科目的归属。

(5) 区分事业单位和行政单位。相对财务会计，核算预算会计收入主要有 9 个会计科目，财政拨款预算收入、非同级财政拨款预算收入和其他预算收入这三个会计科目，属于行政单位和事业单位共用的会计科目；事业预算收入、上级补助预算收入、附属单位上缴预算收入、经营预算收入、债务预算收入、债务还本支出以及投资预算收益则通常在事业单位的预算会计核算中使用。

第二节 预算收入类科目

本章节主要涉及预算收入类科目，改革后的政府会计共设收入类科目 9 个，其中"债务预算收入"是新增科目。具体如表 8.1 所示。

表 8.1 预算收入(和结余)类科目表

序号	编码	名称	适用范围
(一)预算收入类			
1	6001	财政拨款预算收入	行政事业
2	6101	事业预算收入	事业单位
3	6201	上级补助预算收入	事业单位
4	6301	附属单位上缴预算收入	事业单位
5	6401	经营预算收入	事业单位
6	6501	债务预算收入	事业单位
7	6601	非同级财政拨款预算收入	行政事业
8	6602	投资预算收益	事业单位
9	6609	其他预算收入	行政事业

一、"财政拨款预算收入"科目

"财政拨款预算收入"科目核算单位从同级政府财政部门取得的各类财政拨款。本科目应当设置"基本支出"和"项目支出"两个明细科目，并按照《政府收支分类科目》中"支出功能分类科目"的项级科目进行明细核算；同时，在"基本支出"明细科目下按照"人员经费"和"日常公用经费"进行明细核算，在"项目支出"明细科目下按照具体项目进行明细核算。

有一般公共预算财政拨款、政府性基金预算财政拨款等两种或两种以上财政拨款的单位，还应当按照财政拨款的种类进行明细核算。本科目年末结转后应无余额。

二、"事业预算收入"科目

事业单位应当设置"事业预算收入"科目核算事业单位开展专业业务活动及其辅助活动取得的现金流入。事业单位因开展科研及其辅助活动从非同级政府财政部门取得的经费拨款，也通过本科目核算。本科目应当按照事业预算收入类别、项目、来源、《政府收支分类科目》中"支出功能分类科目"的项级科目等进行明细核算。

对于因开展科研及其辅助活动从非同级政府财政部门取得的经费拨款，应当在本科目下单设"非同级财政拨款"明细科目进行明细核算；事业预算收入中如有专项资金收入，还应按照具体项目进行明细核算。本科目年末结转后应无余额。

三、"上级补助预算收入"科目

事业单位应当设置"上级补助预算"科目核算事业单位从主管部门和上级单位取得的非财政补助现金流入。本科目应当按照发放补助单位、补助项目、《政府收支分类科目》中"支出功能分类科目"的项级科目等进行明细核算。

上级补助预算收入中如有专项资金收入，还应按照具体项目进行明细核算。本科目年末结转后应无余额。期末结转后，该科目无余额。

四、"附属单位上缴预算收入"科目

事业单位应当设置"附属单位上缴预算收入"科目核算事业单位取得附属独立核算单位根据有关规定上缴的现金流入。本科目应当按照附属单位、缴款项目、《政府收支分类科目》中"支出功能分类科目"的项级科目等进行明细核算。

附属单位上缴预算收入中如有专项资金收入，还应按照具体项目进行明细核算。本科目年末结转后应无余额。

五、"财政拨款预算收入"科目

单位应当设置"财政拨款预算收入"科目,核算单位从同级政府财政部门取得的各类财政拨款。本科目应当设置"基本支出"和"项目支出"两个明细科目,并按照《政府收支分类科目》中"支出功能分类科目"的项级科目进行明细核算;同时,在"基本支出"明细科目下按照"人员经费"和"日常公用经费"进行明细核算,在"项目支出"明细科目下按照具体项目进行明细核算。

有一般公共预算财政拨款、政府性基金预算财政拨款等两种或两种以上财政拨款的单位,还应当按照财政拨款的种类进行明细核算。本科目年末结转后应无余额。

六、"债务预算收入"科目

事业单位应当设置"债务预算收入"科目核算事业单位按照规定从银行和其他金融机构等借入的、纳入部门预算管理的、不以财政资金作为偿还来源的债务本金。本科目应当按照贷款单位、贷款种类、《政府收支分类科目》中"支出功能分类科目"的项级科目等进行明细核算。

债务预算收入中如有专项资金收入,还应按照具体项目进行明细核算。本科目年末结转后应无余额。

七、"非同级财政拨款预算收入"科目

事业单位应当设置"上级补助预算"科目核算事业单位从主管部门和上级单位取得的非财政补助现金流入。本科目应当按照发放补助单位、补助项目、《政府收支分类科目》中"支出功能分类科目"的项级科目等进行明细核算。

上级补助预算收入中如有专项资金收入,还应按照具体项目进行明细核算。本科目年末结转后应无余额。

八、"投资预算收益"科目

事业单位应当设置"投资预算收益"科目核算事业单位取得的按照规定纳入部门预算管理的属于投资收益性质的现金流入,包括股权投资收益、出售或收回债券投资所取得的收益和债券投资利息收入。

本科目应当按照《政府收支分类科目》中"支出功能分类科目"的项级科目等进行明细核算。本科目年末结转后应无余额。

九、"其他预算收入"科目

单位应当设置"其他预算收入"科目核算单位除财政拨款预算收入、事业预算收入、上级补助预算收入、附属单位上缴预算收入、经营预算收入、债务预算收入、非同级财政拨款预算收入、投资预算收益之外的纳入部门预算管理的现金流入，包括捐赠预算收入、利息预算收入、租金预算收入、现金盘盈收入等。本科目应当按照其他收入类别、《政府收支分类科目》中"支出功能分类科目"的项级科目等进行明细核算。

其他预算收入中如有专项资金收入，还应按照具体项目进行明细核算。单位发生的捐赠预算收入、利息预算收入、租金预算收入金额较大或业务较多的，可单独设置"6603 捐赠预算收入""6604 利息预算收入""6605 租金预算收入"等科目。

本科目年末结转后应无余额。

第三节　预算收入的会计核算

一、财政拨款预算收入

(一)财政拨款预算收入分类

财政拨款预算收入是各单位从同级财政部门取得的各类财政拨款。按使用范围可分为：①基本支出。行政事业单位为了保障正常运转、完成日常工作任务而从同级财政部门取得的拨款，包括人员经费和日常公用经费。②项目支出。行政事业单位为了完成特定工作任务和事业发展目标，在基本支出拨款之外从同级财政部门取得的补助款项。

(二)财政拨款预算收入确认

1. 财政直接支付方式

财政直接支付程序一般适用于大额的、重要的经常性的支出，比如工资支出、工程采购支出、物品和服务采购支出等。单位应于收到财政国库支付执行机构委托代理银行转来的《财政直接支付入账通知书》时，按入账通知书中标明的金额确认收入。

2. 财政授权支付方式

财政授权支付程序适用于未纳入财政直接支付的财政性资金和零星支出。各单位应于收到零余额账户代理银行盖章的《授权支付到账通知书》时，按到账通知书标明的额度确认收入。

3. 财政实拨资金方式

财政部门在审核完单位支出后，按季分月将资金直接拨入行政事业单位开户银行的指定账户上。单位应在收到开户银行转来的收款通知时确认收入。

4. 对于年终结余形成的财政拨款预算收入

各单位应在年终，通过对账确认当年形成的结余数额。这种结余包括本年度财政直接支付预算指标与当年财政直接支付实际支出数的差额(结余)；本年度财政授权支付预算指标与当年零余额账户用款额度下达数的差额(结余)。

(三)财政拨款预算收入账户设置

单位应当设置"财政拨款预算收入"科目，核算单位从同级政府财政部门取得的各类财政拨款。本科目应当设置"基本支出"和"项目支出"两个明细科目，并按照《政府收支分类科目》中"支出功能分类科目"的项级科目进行明细核算；同时，在"基本支出"明细科目下按照"人员经费"和"日常公用经费"进行明细核算，在"项目支出"明细科目下按照具体项目进行明细核算。有一般公共预算财政拨款、政府性基金预算财政拨款等两种或两种以上财政拨款的单位，还应当按照财政拨款的种类进行明细核算。本科目年末结转后应无余额。

(四)财政拨款预算收入的主要账务处理

(1) 财政直接支付方式下，单位应根据收到的"财政直接支付入账通知书"及相关原始凭证，按照通知书中的直接支付金额，借记"行政支出""事业支出"等科目，贷记本科目。年末，根据本年度财政直接支付预算指标数与当年财政直接支付实际支出数的差额，借记"资金结存——财政应返还额度"科目，贷记本科目。

(2) 财政授权支付方式下，单位应根据收到的"财政授权支付额度到账通知书"，按照通知书中的授权支付额度，借记"资金结存——零余额账户用款额度"科目，贷记本科目。年末，单位本年度财政授权支付预算指标数大于零余额账户用款额度下达数的，按照两者差额，借记"资金结存——财政应返还额度"科目，贷记本科目。

(3) 实拨资金支付方式下，单位应根据银行的到账通知书，借记"资金结存——货币资金"科目，贷记本科目，同时，财务会计借记"银行存款"科目，贷记"财政拨款收入"科目。

(4) 其他方式下，单位按照本期预算收到财政拨款预算收入时，按照实际收到的金额，借记"资金结存——货币资金"科目，贷记本科目。单位收到下期预算的财政预拨款时，应当在下个预算期，按照预收的金额，借记"资金结存——货币资金"科目，贷记本科目。

(5) 年末，确认拨款结余指标，财政直接支付方式下借记"资金结存——财政应返还额度"科目，贷记"财政拨款预算收入"科目，财务会计借记"财政应返还额度——财政直接支付"科目，贷记"财政拨款收入"科目。财政授权支付方式下，借记"资金结存——财政应返还额度"科目，贷记"财政拨款预算收入"科目，财务会计借记"财政应返还额度——财政授权支付"科目，贷记"财政拨款收入"科目。

(6) 因差错更正、购货退回等发生国库直接支付款项退回的，属于本年度支付的款项，按照退回金额，借记本科目，贷记"行政支出""事业支出"等科目。年末，将本科目本年发生额转入财政拨款结转，借记本科目，贷记"财政拨款结转——本年收支结转"科目。

(7) 期末/年末转账时，借记"财政拨款预算收入"科目，贷记"财政拨款结转——本年收支结转"科目,财务会计借记"财政拨款收入"科目,贷记"本期盈余"科目。

(五)具体业务核算

财政拨款预算收入的具体业务核算如表8.2所示。

表8.2 6001财政拨款预算收入的账务处理

序号	业务和事项内容		账务处理	
			财务会计	预算会计
(1)	取得财政拨款收入	直接支付方式	借:库存物品/业务活动费用等 贷:财政拨款收入	借:行政/事业支出等 贷:财政拨款预算收入
		授权支付方式	借:零余额账户用款额度 贷:财政拨款收入	借:资金结存——零余额账户用款额度 贷:财政拨款预算收入
		其他支付方式	借:银行存款 贷:财政拨款收入	借:资金结存——货币资金 贷:财政拨款预算收入
(2)	取得差错更正、退货收入	直接支付方式:属于本年支付的款项	借:财政拨款收入 贷:库存物品/业务活动费用等	借:财政拨款预算收入 贷:行政/事业支出等
		直接支付方式:以前年度支付的款项	借:财政返还额度——财政直接支付 贷:以前年度盈余调整/库存物品等	借:资金结存——财政应返还额度 贷:财政拨款结转/结余——年初额度调整
		授权支付方式:属于本年支付的款项	借:零余额账户用款额度 贷:库存物品/业务活动费用等	借:资金结存——零余额账户用款额度 贷:行政/事业支出等
		授权支付方式:以前年度支付的款项	借:零余额账户用款额度 贷:以前年度盈余调整/库存物品等	借:资金结存——零余额账户用款额度 贷:财政拨款结转/结余——年初额度调整
(3)	期末确认拨款差额	财政直接支付预算指标大于实际直接支付数	借:财政应返还额度——财政直接支付 贷:财政拨款收入	借:资金结存——财政应返还额度 贷:财政拨款预算收入
		财政授权支付额度大于零余额账户额度	借:财政应返还额度——财政授权支付 贷:财政拨款收入	借:资金结存——财政应返还额度 贷:财政拨款预算收入
(4)	期末结转	——	借:财政拨款收入 贷:本期盈余	借:财政拨款收入 贷:财政拨款结转——本年收支结转

【例 8.1】 某行政单位 2×19 年 6 月 1 日收到财政授权支付额度到账通知书，收到财政拨款 450 000 元。

预算会计：

借：资金结存——零余额账户用款额度 450 000
　　贷：财政拨款预算收入 450 000

财务会计：

借：零余额账户用款额度 450 000
　　贷：财政拨款收入 450 000

6 月 12 日，收到财政部门委托其代理银行转来的财政直接支付入账通知书，其中包含财政部门为行政部门支付 250 000 元的日常行政活动经费，7 000 元的为开展某项专业业务活动所发生的费用。收到财政直接支付入账通知书时账务处理如下所述。

预算会计：

借：行政支出 257 000
　　贷：财政拨款预算收入——基本支出拨款(日常公用经费) 257 000

财务会计：

借：业务活动费用 257 000
　　贷：财政拨款收入——基本支出拨款(日常公用经费) 257 000

【例 8.2】 2×19 年 6 月 15 日，某事业单位通过财政直接支付本单位职工薪酬 400 000 元，为开展管理活动发生的外部人员劳务费 30 000 元。本单位职工的薪酬包括业务人员工资 300 000 元和行政及后勤人员工资 130 000 元。

预算会计：

借：事业支出 430 000
　　贷：财政拨款预算收入 430 000

财务会计：

借：业务活动费用 300 000
　　单位管理费用 130 000
　　贷：财政拨款收入 430 000

【例 8.3】 2×19 年 2 月 5 日，有两批材料因质量问题退回，均为财政直接支付。其中一批是当年 1 月购买的，金额为 1 000 000 元，另一笔是去年购买的，金额为 500 000 元。

预算会计：

借：财政预算拨款收入——财政直接支付 1 000 000
　　贷：行政支出——财政资金支出——基本支出
　　　　　　　　　　　　　　——商品和服务支出 1 000 000

财务会计：

借：财政拨款收入——财政直接支付 1 000 000
　　贷：库存物品 1 000 000

预算会计：

借：财政资金结存——财政应返还额度 500 000
　　贷：财政拨款结转——年初余额调整 500 000

财务会计：

借：财政应返还额度——财政直接支付   500 000

    贷：库存物品   500 000

二、非同级财政拨款预算收入

(一)科目设置

单位应当设置"非同级财政拨款预算收入"科目核算单位从非同级政府财政部门取得的财政拨款，包括本级横向转拨财政款和非本级财政拨款。对于因开展科研及其辅助活动从非同级政府财政部门取得的经费拨款，应当通过"事业预算收入——非同级财政拨款"科目进行核算，不通过本科目核算。本科目应当按照非同级财政拨款预算收入的类别、来源、《政府收支分类科目》中"支出功能分类科目"的项级科目等进行明细核算。非同级财政拨款预算收入中如有专项资金收入，还应按照具体项目进行明细核算。本科目年末结转后应无余额。

(二)非同级财政拨款预算收入的主要账务处理

1. 实际收到时

取得非同级财政拨款预算收入时，按照实际收到的金额，借记"资金结存——货币资金"科目，贷记本科目。财务会计确认收入时，借记"其他应收款"科目，贷记"非同级财政拨款收入"科目，按照实际收到的金额，借记"银行存款"科目，贷记"其他应收款"等科目。

2. 期末转账时

年末，将本科目本年发生额中的专项资金收入转入非财政拨款结转时，借记本科目下各专项资金收入明细科目，贷记"非财政拨款结转——本年收支结转"科目；将本科目本年发生额中的非专项资金收入转入其他结余时，借记本科目下各非专项资金收入明细科目，贷记"其他结余"科目。

【例8.4】2019年6月4日某事业单位收到非同级财政拨款260 000元，款项已经到账。

借：资金结存——货币资金   260 000

    贷：非同级财政拨款预算收入   260 000

借：银行存款   260 000

    贷：非同级财政拨款收入   260 000

同时，需要按"支出功能分类"的要求进行明细核算。

【例8.5】某单位年终进行结账，"非同级财政拨款收入"科目贷方余额为900 000元，其中，专项资金收入为300 000元，非专项资金收入为600 000元。

财务会计：

借：非同级财政拨款收入   900 000

    贷：本期盈余   900 000

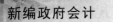

预算会计：

借：非同级财政拨款预算收入　　　　　　　　　　　900 000

　　贷：非财政拨款结转——本年收支结转　　　　　　300 000

　　　　其他结余　　　　　　　　　　　　　　　　600 000

三、其他预算收入

(一)科目设置

单位应当设置"其他预算收入"科目核算单位除财政拨款预算收入、事业预算收入、上级补助预算收入、附属单位上缴预算收入、经营预算收入、债务预算收入、非同级财政拨款预算收入、投资预算收益之外的纳入部门预算管理的现金流入，包括捐赠预算收入、利息预算收入、租金预算收入、现金盘盈收入等。本科目应当按照其他收入类别、《政府收支分类科目》中"支出功能分类科目"的项级科目等进行明细核算。其他预算收入中如有专项资金收入，还应按照具体项目进行明细核算。单位发生的捐赠预算收入、利息预算收入、租金预算收入金额较大或业务较多的，可单独设置"6603 捐赠预算收入""6604 利息预算收入""6605 租金预算收入"等科目。本科目年末结转后应无余额。

(二)其他预算收入的主要账务处理

1. 接受的捐赠收入

接受捐赠现金资产，按照实际收到的金额，借记"资金结存——货币资金"科目，贷记"其他预算收入——捐赠收入"科目。同时，财务会计借记"银行存款"科目，贷记"捐赠收入"科目。如果接受的是非现金资产捐赠收入，借记"其他支出"(实付相关税费)科目，贷记"资金结存——货币资金"科目，同时，财务会计借记"库存物品/固定资产"等科目，贷记"银行存款"(实付相关税费)、"捐赠收入"科目。

2. 取得的利息收入

实际收到利息时，借记"资金结存——货币资金"科目，贷记"其他预算收入——利息收入"科目。同时，财务会计借记"银行存款"科目，贷记"利息收入"科目。

3. 取得的租金收入

收到租金时，借记"资金结存——货币资金"科目，贷记"其他预算收入——租金收入"科目。同时，财务会计确认时借记"应收账款/其他应收款"等科目，贷记"租金收入"科目，收到时借记"银行存款"科目，贷记"应收账款/其他应收款"等科目。

4. 取得的其他收入

单位实际收到其他收入时，借记"资金结存——货币资金"科目，贷记"其他预算收入——其他收入"科目。财务会计应分门别类地加以核算。

5. 现金盘盈

每日现金账款核对中如发现现金溢余，按照溢余的现金金额，借记"资金结存——货币资金"科目，贷记本科目。经核实，属于应支付给有关个人和单位的部分，按照实际支付的金额，借记本科目，贷记"资金结存——货币资金"科目。

单位收到其他预算收入时，按照收到的金额，借记"资金结存——货币资金"科目，贷记本科目。

(三)具体业务核算

其他预算收入的具体业务核算如表 8.3 所示。

表 8.3　6609 其他预算收入的账务处理

业　务		计　量	财务会计处理	预算会计处理
接受捐赠现金资产、收到银行存款利息、收到资产承租人支付的租金		按实际收到的金额	借：银行存款/库存现金 　　贷：捐赠收入/利息收入/应收账款/其他应收款	借：资金结存——货币资金 　　贷：其他预算收入
现金盘盈	无法查明原因	按实际盘盈的金额	借：库存现金 　　贷：待处理财产损溢 借：待处理财产损溢 　　贷：其他收入	借：资金结存——货币资金 　　贷：其他预算收入
	应支付给有关单位		借：库存现金 　　贷：待处理财产损溢 借：待处理财产损溢 　　贷：其他应付款	借：其他预算收入 　　贷：资金结存——货币资金
其他收入		按照收到的金额	借：银行存款等 　　贷：其他收入	借：资金结存——货币资金 　　贷：其他预算收入

年末，将本科目本年发生额中的专项资金收入转入非财政拨款结转时，借记本科目下各专项资金收入明细科目，贷记"非财政拨款结转——本年收支结转"科目；将本科目本年发生额中的非专项资金收入转入其他结余，借记本科目下各非专项资金收入明细科目，贷记"其他结余"科目。

【例 8.6】某高校 50 周年校庆，接受校友捐赠 3 000 000 元。

财务会计：

借：银行存款	3 000 000	
贷：捐赠收入		3 000 000

预算会计：

借：资金结存——货币资金	3 000 000	
贷：其他预算收入——收入		3 000 000

【例8.7】某事业单位有银行存款 10 000 000 元，本年取得利息收入 600 000 元。

财务会计：

借：银行存款	600 000
贷：利息收入	600 000

预算会计：

借：资金结存——货币资金	600 000
贷：其他预算收入——利息收入	600 000

【例8.8】某行政单位出租公有闲置用房，取得租金收入 20 000 元。

财务会计：

借：银行存款	20 000
贷：租金收入	20 000

预算会计：

借：资金结存——货币资金	20 000
贷：其他预算收入——租金收入	20 000

【例8.9】某单位年终进行结账时，"其他收入"科目贷方余额为 900 000 元，其中，专项资金收入为 400 000 元，非专项资金收入为 500 000 元。

财务会计：

借：其他收入	900 000
贷：本期盈余	900 000

预算会计：

借：其他预算收入	900 000
贷：非财政拨款结转——本年收支结转	400 000
其他结余	500 000

第四节　事业单位专有预算收入的会计核算

一、事业预算收入

(一)科目设置

事业单位应当设置"事业预算收入"科目核算事业单位开展专业业务活动及其辅助活动取得的现金流入。事业单位因开展科研及其辅助活动从非同级政府财政部门取得的经费拨款，也通过本科目核算。本科目应当按照事业预算收入类别、项目、来源、《政府收支分类科目》中"支出功能分类科目"的项级科目等进行明细核算。对于因开展科研及其辅助活动从非同级政府财政部门取得的经费拨款，应当在本科目下单设"非同级财政拨款"明细科目进行明细核算；事业预算收入中如有专项资金收入，还应按照具体项目进行明细核算。本科目年末结转后应无余额。

(二)事业预算收入的主要账务处理

(1) 收到从财政专户返还的款项时,按照实际收到的返还金额,借记"资金结存——货币资金"科目,贷记"事业预算收入"科目。财务会计借记"银行存款"科目,贷记"事业收入"科目。

(2) 在预收款方式下收到款项时,按照实际收到的金额,借记"资金结存——货币资金"科目,贷记"事业预算收入"科目。财务会计借记"银行存款"科目,贷记"预收账款"科目,或按合同完工进度确认收入时,借"预收账款"科目,贷"事业收入"科目。

(3) 在应收款方式下收到款项时,按照实际收到的金额,借记"资金结存——货币资金"科目,贷记"事业预算收入"科目。财务会计借记"银行存款"科目,贷记"应收账款"科目,或按合同完工进度确认收入时,借记"应收账款"科目,贷记"事业收入"科目。

(4) 在其他方式下收到款项时,按照实际收到的金额,借记"资金结存——货币资金"科目,贷记"事业预算收入"科目。财务会计借记"银行存款"科目,贷记"事业收入"科目。

(5) 期末结转时,将本科目本年发生额中的专项资金收入转入非财政拨款结转时,借记本科目下各专项资金收入明细科目,贷记"非财政拨款结转——本年收支结转"科目;将本科目本年发生额中的非专项资金收入转入其他结余时,借记本科目下各非专项资金收入明细科目,贷记"其他结余"科目。

(三)具体业务核算

事业预算收入的具体业务核算如表 8.4 所示。

表 8.4　6101 事业预算收入的账务处理

序号	业务和事项内容		账务处理	
			财务会计	预算会计
(1)	采用财政专户返还方式管理的事业收入,收到财政专户返还款项		借:银行存款等 　贷:事业收入	借:资金结存——货币资金 　贷:事业预算收入
(2)	其他事业收入,实际收到款项时		借:银行存款等 　贷:预算账款/应收账款等	借:资金结存——货币资金 　贷:事业预算收入
(3)	期末结转	(1)专项资金	借:非同级财政拨款收入 　贷:本期盈余	借:事业预算收入 　贷:非财政拨款结转——本年收支结转
		(2)非专项资金	借:非同级财政拨款收入 　贷:本期盈余	借:事业预算收入 　贷:其他结余

【例 8.10】某事业单位开展专业业务活动收到事业服务费 45 000 元,款项已经存入银行账户。此款项纳入财政专户管理,按规定需要全额上缴财政专户。

借：银行存款   45 000

    贷：应缴财政款   45 000

【例 8.11】 某事业单位收到银行通知，申请财政专户核拨的基本经费 37 000 元已经到账。此款项是事业单位上缴的检测服务收费。

预算会计：

借：资金结存   37 000

    贷：事业预算收入——检测业务——××收费项目   37 000

财务会计：

借：银行存款   37 000

    贷：事业收入——检测业务——××收费项目   37 000

二、经营预算收入

(一)科目设置

事业单位应当设置"经营预算收入"科目核算事业单位在专业业务活动及其辅助活动之外开展非独立核算经营活动取得的现金流入。本科目核算事业单位在专业业务活动及辅助活动之外开展非独立核算经营活动取得的收入。经营收入是一种有偿收入，以提供各项服务或商品为前提，是事业单位在经营活动中通过收费等方式取得的。事业单位的主营业务活动是专业业务活动，在专业业务活动及辅助活动以外开展各项业务活动即为经营活动。事业单位开展经营活动的目的是通过经营活动获取一定的收入，以弥补事业经费的不足。

事业单位经营收入的确认有两个条件：一是经营收入是事业单位在专业业务活动及辅助活动之外取得的收入；二是经营收入是事业单位非独立核算单位取得的收入。一个收入事项同时具备以上两个条件方能确认为经营收入。

本科目应当按照经营活动类别、项目、《政府收支分类科目》中"支出功能分类科目"的项级科目等进行明细核算。本科目年末结转后应无余额。

(二)经营预算收入的主要账务处理

(1) 实现经营收入时，按照确定的收入金额，借记"银行存款""应收账款""应收票据"等科目，贷记本科目。涉及增值税业务的，相关账务处理参见"应交增值税"科目。

(2) 收到经营预算收入时，按照实际收到的金额，借记"资金结存——货币资金"科目，贷记本科目。年末，将本科目本年发生额转入经营结余时，借记本科目，贷记"经营结余"科目。

(三)具体业务核算

经营预算收入的具体业务核算如表 8.5 所示。

表 8.5　6401 经营预算收入的账务处理

序号	业务和事项内容	账务处理	
		财务会计	预算会计
(1)	实现经营收入时	借：银行存款 　　贷：应收账款等	借：资金结存——货币资金 　　贷：经营预算收入
(2)	材料验收入库	借：经营收入 　　贷：本期盈余	借：经营预算收入 　　贷：经营结余

【例 8.12】某事业单位附属的服务部提供打印服务应收取打印费 2 000 元，实际收到 1 600 元，款项已经存入银行。

财务会计：

借：银行存款   1 600

　　应收账款   400

　　贷：经营收入——打印服务   2 000

预算会计：

借：资金结存——货币资金   1 600

　　贷：经营预算收入——打印服务   1 600

【例 8.13】某事业单位年终进行结账时，"经营收入"科目贷方余额为 300 000 元。

财务会计：

借：经营收入   300 000

　　贷：本期盈余   300 000

预算会计：

借：经营预算收入   300 000

　　贷：经营结余   300 000

三、投资预算收益

(一)科目设置

事业单位应当设置"投资预算收益"科目核算事业单位取得的按照规定纳入部门预算管理的属于投资收益性质的现金流入，包括股权投资收益、出售或收回债券投资所取得的收益和债券投资利息收入。本科目应当按照《政府收支分类科目》中"支出功能分类科目"的项级科目等进行明细核算。本科目年末结转后应无余额。

(二)投资预算收益的主要账务处理

(1) 持有的短期投资以及分期付息、一次还本的长期债券投资收到利息时，按照实际收到的金额，借记"资金结存——货币资金"科目，贷记本科目。持有长期股权投资取得被投资单位分派的现金股利或利润时，按照实际收到的金额，借记"资金结存——货币资金"科目，贷记本科目。

(2) 持有一次还本付息的长期债券利息时，预算会计无须进行账务处理，财务会计借记"长期债券投资——应计利息"科目，贷记"投资收益"科目。

(3) 出售或到期收回本年度取得的短期、长期债券时，按照实际取得的价款或实际收到的本息金额，借记"资金结存——货币资金"科目，按照取得债券时"投资支出"科目的发生额，贷记"投资支出"科目，按照其差额，贷记或借记本科目。

(4) 出售或到期收回以前年度取得的短期、长期债券时，按照实际取得的价款或实际收到的本息金额，借记"资金结存——货币资金"科目，按照取得债券时"投资支出"科目的发生额，贷记"其他结余"科目，按照其差额，贷记或借记本科目。出售、转让以货币资金取得的长期股权投资的，其账务处理参照出售或到期收回债券投资。

(5) 成本法下，长期股权投资持有期间，被投资单位宣告分派利润或股利时，借记"资金结存——货币资金"(利息收到时)科目，贷记"投资预算收益"科目，财务会计在宣告发放股利时，借记"应收股利"科目，贷记"投资收益"科目，实际收到股利时，借记"银行存款"科目，贷记"应收股利"科目。

(6) 权益法下，长期股权投资持有期间，被投资单位实现了利润或发生了亏损时，借记"资金结存——货币资金"(利息收到时)科目，贷记"投资预算收益"科目，财务会计分两种情况，实现净利润时，借记"长期股权投资——损益调整"科目，贷记"投资收益"科目，如果发生净亏损则应做相反的会计分录。

(7) 期末/年末转账时，如果投资收益为贷方余额，则借记"投资预算收益"科目，贷记"其他结余"科目，财务会计借记"投资收益"科目，贷记"本期盈余"科目；如果投资收益为借方余额，则应做相反的会计分录。

(三)具体业务核算

投资预算收益的具体业务核算如表 8.6 所示。

表 8.6　6602 投资预算收益的账务处理

序号	业务和事项内容		账务处理	
			财务会计	预算会计
(1)	持有投资期间收到的股息/利息		借：银行存款(实际收到金额) 　贷：应收利息/应收股利/投资收益	借：资金结存——货币资金 　贷：投资预算收益
(2)	出售或到期收回投资收益	当期取得的短期、长期投资	借：银行存款(实际收到金额) 　贷：投资收益(差额，也可能在借方) 　　短期投资等(账面余额)	借：资金结存——货币资金(实际收到金额) 　贷：投资预算收益(差额) 　　投资支出(账面余额)
		以前年度取得的短期、长期投资	借：银行存款(实际收到金额) 　贷：投资收益(差额，也可能在借方) 　　短期投资等(账面余额)	借：资金结存——货币资金(实际收到金额) 　贷：投资预算收益(差额) 　　其他结余(账面余额)

【例 8.14】某事业单位 2018 年发生如下业务。

(1) 3 月 1 日,某事业单位将单位闲置资金 300 000 元,用于购买三年期国债,该国债每年付息一次,到期还本,准备持有至到期。

借:投资支出	300 000	
贷:资金结存——货币资金		300 000
借:长期债券投资	300 000	
贷:银行存款		300 000

(2) 12 月 31 日,该事业单位的全资子公司实现利润 1 200 000 元。

借:长期股权投资——损益调整	1 200 000	
贷:投资收益		1 200 000

(3) 次年 3 月 2 日,该事业单位的全资子公司宣告并发放股息分红 700 000 元。

借:资金结存——货币资金	700 000	
贷:投资预算收益		700 000
借:应收股利	700 000	
贷:长期股权投资——损益调整		700 000
借:银行存款	700 000	
贷:应收股利		700 000

【例 8.15】某事业单位一项长期股权投资按权益法核算,年底被投资单位实现净利润 60 000 元,按投资份额计算,属于该事业单位享有的被投资单位净利润为 30 000 元。

财务会计:

借:长期股权投资——损益调整	30 000	
贷:投资收益		30 000

被投资单位次年 3 月宣告分配股利 20 000 元,属于本单位享有的股利份额为 12 000 元,股利尚未收到。

财务会计:

借:应收股利	12 000	
贷:长期股权投资——损益调整		12 000

【例 8.16】某事业单位年终进行结账时,"投资收益"科目贷方余额为 950 000 元。

财务会计:

借:投资收益	950 000	
贷:本期盈余		950 000

预算会计:

借:投资预算收益	950 000	
贷:其他结余		950 000

四、上级补助预算收入

(一)科目设置

事业单位应当设置"上级补助预算"科目核算事业单位从主管部门和上级单位取得的

非财政补助现金流入。本科目核算事业单位从主管部门和上级单位取得的非财政补助拨款收入。上级补助收入是事业单位收到主管部门或上级单位拨入的非财政补助资金。根据事业单位的管理体制，每个事业单位均有主管部门或上级单位，主管部门或是上级单位可以利用其自身的收入或集中的收入，对所属事业单位给予补助，以调剂事业单位的资金余缺。本科目应当按照发放补助单位、补助项目、《政府收支分类科目》中"支出功能分类科目"的项级科目等进行明细核算。上级补助预算收入中如有专项资金收入，还应按照具体项目进行明细核算。本科目年末结转后应无余额。

(二)上级补助预算收入的主要账务处理

1. 收到上级补助时

上级补助收入不同于财政拨款收入，上级补助收入并非来源于财政部门，也不是财政部门安排的财政预算资金，而是由主管部门或上级单位拨入的非财政性资金。上级补助收入并不是事业单位的常规收入，主管部门或上级单位一般根据自身的资金情况和事业单位的需要进行拨付。收到上级补助预算收入时，应按照实际收到的金额，借记"资金结存——货币资金"科目，贷记本科目。财务会计借记"银行存款"科目，贷记"上级补助收入"科目。

2. 期末转账时

年末，将本科目本年度发生额中的专项资金收入转入非财政拨款结转时，借记本科目下各专项资金收入明细科目，贷记"非财政拨款结转——本年收支结转"科目；将本科目本年发生额中的非专项资金收入转入其他结余时，借记本科目下各非专项资金收入明细科目，贷记"其他结余"科目。

【例8.17】某事业单位收到主管部门拨来的补助款400 000元，款项已经到账。此款项是上级单位用其所集中的款项对附属单位基本支出进行的调剂。

财务会计：

借：银行存款	400 000
贷：上级补助收入——主管部门	400 000

预算会计：

借：资金结存——货币资金	400 000
贷：上级补助预算收入	400 000

【例8.18】年终，某事业单位结转"上级补助收入"科目，其中专项资金600 000元，非专项资金300 000元。

财务会计：

借：上级补助收入	900 000
贷：本期盈余	900 000

预算会计：

借：上级补助预算收入	900 000
贷：非财政拨款结转——本年收支结转	600 000
其他结余	300 000

五、附属单位上缴预算收入

(一)科目设置

所谓附属单位是指事业单位内部设立的，实行独立核算的下级单位，与上级单位存在一定的体制关系。附属单位缴款是事业单位收到的附属单位上缴的款项，事业单位与附属单位之间的往来款项，不通过"附属单位上缴收入"科目核算，事业单位对外投资获得的投资收益也不通过"附属单位上缴收入"科目核算。

事业单位应当设置"附属单位上缴预算收入"科目核算事业单位取得的附属独立核算单位根据有关规定上缴的现金流入。本科目核算事业单位取得的附属独立核算单位按照规定标准或比例缴纳的各项收入。事业单位一般下设一些独立核算的附属单位，这些单位按规定应当上缴一定的收入，形成事业单位的附属单位上缴收入。本科目应当按照附属单位、缴款项目、《政府收支分类科目》中"支出功能分类科目"的项级科目等进行明细核算。附属单位上缴预算收入中如有专项资金收入，还应按照具体项目进行明细核算。本科目年末结转后应无余额。

(二)附属单位上缴预算收入的主要账务处理

1. 收到附属单位上缴收入时

收到附属单位缴来款项时，按照实际收到的金额，借记"资金结存——货币资金"科目，贷记本科目。财务会计按照应收或实际收到的金额，借记"其他应收款/银行存款"等科目，贷记"附属单位上缴收入"科目。

2. 期末转账时

年末，将本科目本年度发生额中的专项资金收入转入非财政拨款结转时，借记本科目下各专项资金收入明细科目，贷记"非财政拨款结转——本年收支结转"科目；将本科目本年度发生额中的非专项资金收入转入其他结余时，借记本科目下各非专项资金收入明细科目，贷记"其他结余"科目。

【例 8.19】某事业单位下属的招待所为独立核算的附属单位。按事业单位与招待所签订的收入分配办法规定，2013 年招待所应缴纳分成款 60 000 元，事业单位已收到招待所上缴的款项。

财务会计：

借：银行存款	60 000	
贷：附属单位上缴收入		60 000

预算会计：

借：资金结存——货币资金	60 000	
贷：附属单位上缴预算收入		60 000

【例 8.20】某事业单位年终进行结账，"附属单位上缴收入"科目贷方余额为 900 000元，均为专项资金收入。

财务会计：

借：附属单位上缴收入　　　　　　　　　　　　　　900 000

　　贷：本期盈余　　　　　　　　　　　　　　　　　　900 000

预算会计：

借：附属单位上缴预算收入　　　　　　　　　　　　900 000

　　贷：非财政拨款结转——本年收支结转　　　　　　900 000

六、债务预算收入

(一)科目设置

事业单位应当设置"债务预算收入"科目核算事业单位按照规定从银行和其他金融机构等借入的、纳入部门预算管理的、不以财政资金作为偿还来源的债务本金。本科目应当按照贷款单位、贷款种类、《政府收支分类科目》中"支出功能分类科目"的项级科目等进行明细核算。债务预算收入中如有专项资金收入，还应按照具体项目进行明细核算。本科目年末结转后应无余额。

(二)债务预算收入的主要账务处理

1. 短期借款业务

借入各项短期借款时，按照实际借入的金额，借记"资金结存——货币资金"科目，贷记本科目。财务会计借记"银行存款"科目，贷记"短期借款"科目。归还借款本金时，借记"债务还本支出"科目，贷记"资金结存——货币资金"科目，财务会计借记"短期借款"科目，贷记"银行存款"科目。

2. 长期借款业务

借入各项长期借款时，按照实际借入的金额，借记"资金结存——货币资金"科目，贷记本科目。财务会计借记"银行存款"科目，贷记"长期借款"科目。归还借款本金时，借记"债务还本支出"科目，贷记"资金结存——货币资金"科目，财务会计借记"长期借款——本金、利息"科目，贷记"银行存款"科目。

3. 期末转账时

年末，将本科目本年发生额中的专项资金收入转入非财政拨款结转时，借记本科目下各专项资金收入明细科目，贷记"非财政拨款结转——本年收支结转"科目；将本科目本年发生额中的非专项资金收入转入其他结余时，借记本科目下各非专项资金收入明细科目，贷记"其他结余"科目。

(三)具体业务核算

债务预算收入的具体业务核算如表 8.7 所示。

表 8.7　6501 债务预算收入的账务处理

序号	业务和事项内容		账务处理	
			财务会计	预算会计
(1)	收到短期或长期借款		借：银行存款等 　　贷：短期借款/长期借款——本金	借：资金结存——货币资金 　　贷：债务预算收入
(2)	期末结转	(1)专项资金	——	借：债务预算收入 　　贷：非财政拨款结转——本年收支结转
		(2)非专项资金	——	借：债务预算收入 　　贷：其他结余

【例 8.21】2019 年，某事业单位发生如下经济业务。

(1) 1 月 1 日，经审批借入银行款项 100 万元，款项已到银行，期限 3 个月。

财务会计：

借：银行存款　　　　　　　　　　　　　　　　　　　1 000 000

　　贷：短期借款　　　　　　　　　　　　　　　　　　　1 000 000

预算会计：

借：资金结存——货币资金　　　　　　　　　　　　　1 000 000

　　贷：债务预算收入　　　　　　　　　　　　　　　　　1 000 000

(2) 3 月 31 日，归还银行借款 100 万元。

财务会计：

借：短期借款　　　　　　　　　　　　　　　　　　　1 000 000

　　贷：银行存款　　　　　　　　　　　　　　　　　　　1 000 000

预算会计：

借：债务还本支出　　　　　　　　　　　　　　　　　1 000 000

　　贷：资金结存——货币资金　　　　　　　　　　　　　1 000 000

(3) 4 月 1 日，借入银行款项 200 万元，期限 2 年。

财务会计：

借：银行存款　　　　　　　　　　　　　　　　　　　2 00 0000

　　贷：长期借款——本金　　　　　　　　　　　　　　　2 000 000

预算会计：

借：资金结存——货币资金　　　　　　　　　　　　　2 000 000

　　贷：债务预算收入　　　　　　　　　　　　　　　　　2 000 000

(4) 2 年后，归还借款 200 万元。

财务会计：

借：长期借款——本金　　　　　　　　　　　　　　　2 000 000

　　贷：银行存款　　　　　　　　　　　　　　　　　　　2 000 000

预算会计：

借：债务还本支出 2 000 000

　　贷：资金结存——货币资金 2 000 000

(5) 年末业务处理。债务预算收入本年发生额中的专项资金收入 300 万元转入非财政拨款结转。

财务会计不需处理。

预算会计：

借：债务预算收入 3 000 000

　　贷：非财政拨款结转——本年收支结转 3 000 000

(6) 年末业务处理。债务预算收入本年发生额中的非专项资金收入 400 万元转入其他结余。

财务会计不需处理。

预算会计：

借：债务预算收入 4 000 000

　　贷：其他结余 4 000 000

【课后练习与提高】

一、单项选择题

1. 根据《事业单位财务规则》《行政单位财务规则》的要求，对行政事业单位收入管理的主要内容不包括(　　)。

　　A. 加强收入的预算管理　　　　　　B. 保证收入的合法性与合理性

　　C. 保护社会公众的基本权益　　　　D. 及时上缴各项财政收入

2. 财政直接支付方式下，单位根据收到的"财政直接支付入账通知书"及相关原始凭证，按照通知书中的直接支付金额，借记"行政支出""事业支出"等科目，贷记(　　)科目。

　　A. 财政拨款收入　　　　　　　　　B. 财政拨款预算收入

　　C. 零余额账户用款额度　　　　　　D. 资金结存

3. 因差错更正、购货退回等发生国库直接支付款项退回的，属于本年度支付的款项，按照退回金额，借记(　　)，贷记"行政支出""事业支出"等科目。

　　A. 零余额账户用款额度　　　　　　B. 零余额账户用款额度

　　C. 财政拨款收入　　　　　　　　　D. 财政拨款预算收入

4. 事业单位应当设置(　　)科目核算事业单位在专业业务活动及其辅助活动之外开展非独立核算经营活动取得的现金流入。

　　A. 债务预算收入　　　　　　　　　B. 经营预算收入

　　C. 事业预算收入　　　　　　　　　D. 租金预算收入

5. 某事业单位收到非同级财政拨款 400 000 元，款项已经到账，这对企业账户产生的影响是(　　)。

A. 资金结存的贷方增加 400 000

B. 非同级财政拨款预算收入的贷方增加 400 000

C. 非同级财政拨款预算收入的借方增加 400 000

D. 非同级财政拨款预算收入的贷方减少 400 000

6. 事业单位因开展科研及其辅助活动从非同级政府财政部门取得的经费拨款,通过( )科目核算。

    A. 事业预算收入　　　　　　　　B. 其他预算收入

    C. 财政拨款预算收入　　　　　　D. 财政拨款收入

7. 事业单位应当设置"投资预算收益"科目核算事业单位取得的按照规定纳入部门预算管理的属于投资收益性质的现金流入,不包括( )。

    A. 股权投资收益

    B. 出售或收回债券投资所取得的收益

    C. 事业单位在专业业务活动及其辅助活动之外开展非独立核算经营活动取得的现金流入

    D. 债券投资利息收入

8. 有关事业单位上级补助预算收入会计处理不正确的是( )。

    A. 收到上级补助预算收入时,按照实际收到的金额,借记"资金结存——货币资金"科目,贷记本科目

    B. 年末,将本科目本年发生额中的专项资金收入转入非财政拨款结转,借记本科目下各专项资金收入明细科目,贷记"非财政拨款结转——本年收支结转"科目

    C. 将本科目本年发生额中的非专项资金收入转入其他结余,借记本科目下各非专项资金收入明细科目,贷记"其他结余"科目

    D. 以上都不对

9. 12月31日,某事业单位收到下属独立核算的附属单位上缴分成款 600 000 元,以下会计处理正确的( )。

    A. 借:资金结存　　　　　　　　　　　　　　60 000

        贷:附属单位上缴预算收入　　　　　　　　　　60 000

    B. 借:银行存款　　　　　　　　　　　　　600 000

        贷:附属单位上缴收入　　　　　　　　　　　600 000

    C. 借:资金结存　　　　　　　　　　　　　600 000

        贷:上级补助预算收入　　　　　　　　　　　600 000

    D. 借:银行存款　　　　　　　　　　　　　　60 000

        贷:附属单位上缴收入　　　　　　　　　　　　60 000

10. 借入各项短期或长期借款时,按照实际借入的金额,借记"资金结存——货币资金"科目,贷记( )。

    A. 债务预算收入　　　　　　　　B. 上级补助预算收入

    C. 附属单位上缴预算收入　　　　D. 财政拨款预算收入

二、多项选择题

1. 根据《事业单位财务规则》《行政单位财务规则》的要求，对行政事业单位收入管理的内容主要包括(　　)。

　　A. 加强收入的预算管理。行政事业单位应当将各项收入全部纳入单位预算，统一核算，统一管理。

　　B. 保证收入的合法性与合理性。

　　C. 及时上缴各项财政收入

　　D. 以上都正确

2. 单位设置"财政拨款预算收入"科目时，核算单位从同级政府财政部门取得的各类财政拨款。本科目应当设置两个明细科目，分别是(　　)。

　　A. 基本支出　　　B. 人员经费　　　C. 项目支出　　　D. 日常公用经费

3. 单位应当设置"非同级财政拨款预算收入"科目核算单位从非同级政府财政部门取得的财政拨款，包括(　　)。

　　A. 财政拨款预算收入　　　　　　B. 本级横向转拨财政款

　　C. 财政拨款收入　　　　　　　　D. 非本级财政拨款

4. 单位纳入部门预算管理的现金流入，包括(　　)。

　　A. 捐赠预算收入　　　　　　　　B. 利息预算收入

　　C. 租金预算收入　　　　　　　　D. 现金盘盈收入

5. 事业单位应当设置"投资预算收益"科目核算事业单位取得的按照规定纳入部门预算管理的属于投资收益性质的现金流入，包括(　　)。

　　A. 股权投资收益　　　　　　　　B. 出售或收回债券投资所取得的收益

　　C. 债券投资利息收入　　　　　　D. 以上都不是

6. 预算收入核算包括(　　)。

　　A. 财政拨款预算收入　　　　　　B. 非同级财政拨款预算收入

　　C. 上级补助预算收入　　　　　　D. 债务预算收入

7. 上级补助收入期末结转包括哪些资金结转(　　)。

　　A. 专项资金　　　B. 自有资金　　　C. 非专项资金　　　D. 其他资金

8. 事业单位收到银行通知，申请财政专户核拨的基本经费 50 000 元已经到账。此款项是事业单位上缴的检测服务收费。预算会计做账的时候会用哪些会计科目(　　)。

　　A. 资金结存　　　B. 事业预算收入　　C. 银行存款　　　D. 事业收入

9. 其他预算收入会计处理过程中碰到现金盘盈的状况，应该按照(　　)分别进行预算核算。

　　A. 盘盈金额　　　　　　　　　　B. 无法查明原因

　　C. 应支付给有关单位　　　　　　D. 应支付给有关个人

10. "其他预算收入"科目核算包括(　　)等收入。

　　A. 投资预算收益　　　　　　　　B. 利息预算收入

　　C. 经营预算收入　　　　　　　　D. 租金预算收入

三、判断题(正确打"√"，错误打"×")

1. 预算收入是指政府会计主体在预算年度内依法取得的并纳入预算管理的现金流出。　　　　　　　　　　　　　　　　　　　　　　　　　　　　　　(　　)

2. 单位应当设置"财政拨款预算收入"科目，核算单位从上级政府财政部门取得的各类财政拨款。　　　　　　　　　　　　　　　　　　　　　　　　　　　(　　)

3. 年末，单位本年度财政授权支付预算指标数只能等于零余额账户用款额度无差额的下达数。　　　　　　　　　　　　　　　　　　　　　　　　　　　　　(　　)

4. 因差错更正、购货退回等发生国库直接支付款项退回的，属于本年度支付的款项，按照退回金额，借记"财政拨款预算收入"科目，贷记"行政支出""事业支出"等科目。
　　　　　　　　　　　　　　　　　　　　　　　　　　　　　　　(　　)

5. 对于因开展科研及其辅助活动从非同级政府财政部门取得的经费拨款，应当通过"事业预算收入——非同级财政拨款"科目进行核算，不通过"非同级财政拨款预算收入"科目核算。　　　　　　　　　　　　　　　　　　　　　　　　　(　　)

6. 事业单位应当设置"事业预算收入"科目核算事业单位开展专业业务活动及其辅助活动取得的现金流入。　　　　　　　　　　　　　　　　　　　　　　　(　　)

7. 事业单位应当设置"上级补助预算"科目核算事业单位从主管部门和下级单位取得的非财政补助现金流入。　　　　　　　　　　　　　　　　　　　　　(　　)

8. "债务预算收入"科目核算行政单位按照规定从银行和其他金融机构等借入的、纳入部门预算管理的、不以财政资金作为偿还来源的债务本金。　　　　　　(　　)

9. 预算收入一般在实际收到时予以确认，以实际收到的金额计量。　(　　)

10. 年末，单位本年度财政授权支付预算指标数大于零余额账户用款额度下达数的，按照两者差额，借记"财政拨款预算收入"科目，贷记"资金结存——财政应返还额度"科目。　　　　　　　　　　　　　　　　　　　　　　　　　　　　(　　)

四、业务处理题

1. 某行政单位收到财政部门委托其代理银行转来的"财政直接支付入账通知书"，其中包含财政部门为行政部门支付 100 000 元的日常行政活动经费，200 000 元的在职人员工资，70 000 元的为开展某项专业业务活动所发生的费用。请写出相关的账务处理会计分录。

2. 某行政单位本年度财政直接支付的基本支出拨款预算指标数为 800 000 元，而当年财政直接支付实际支出数为 730 000 元，年末确定该行政单位应收财政返还的资金额度为 70 000 元。请写出相关的账务处理会计分录。

3. 某行政单位本年度发生了一笔由购货退回引起的国库直接支付款项退回的业务，经相关人员查证，属于本年度支付的款项，退货物品的金额为 30 000 元。请写出相关的账务处理会计分录。

4. 某行政单位年终进行结账时，"财政拨款收入"科目贷方余额为 5 900 000 元。请写出相关的账务处理会计分录。

5. 某事业单位 7 月初开展了一项鉴证服务，服务费 10 000 元，预计 2 个月完成，7月初预收了 10 000 元的款项，7 月底按照服务完成进度确认了一半的事业收入。请写出相关的账务处理会计分录。

6. 某行政单位本年度取得财政授权支付方式下的预算收入为 5 000 000 元。请写出相关的账务处理会计分录。

7. 某事业单位销售科研产品一批，单价 250 元，共 800 件，共计 200 000 元，增值税额 34 000 元，款已收到。请写出相关的账务处理会计分录。

8. 某事业单位年终进行结账时，"事业收入"科目贷方余额为 7 900 000 元，均为专项资金收入。请写出相关的账务处理会计分录。

9. 某单位年终进行结账时，"其他收入"科目贷方余额为 900 000 元，其中，专项资金收入为 500 000 元，非专项资金收入为 400 000 元。请写出相关的账务处理会计分录。

10. 某事业单位一项短期国债投资到期兑付，其收到国债投资本息 61 200 元，其中短期投资成本为 60 000 元，利息 1 200 元。请写出相关的账务处理会计分录。

五、思考题

1. 我国的政府会计预算收入包括哪些类型？与改革前的预算收入核算相较，有哪些主要变化？

2. 谈谈我国政府会计改革对预算收入会计核算的影响有哪些？请比较我国政府会计改革前后的核算方法有何差异。

3. 我国事业单位专有预算收入有哪些类型？各有什么特点？

4. 我国事业单位如何进行事业预算收入核算？有哪些注意事项？

5. 我国事业单位如何记录上级补助预算收入和附属单位上缴预算收入？两者有什么区别和联系？

第九章　预算支出

【学习目的及要求】

本章主要介绍预算支出的确认和管理规定，预算支出的科目，行政支出会计核算，包括科目设置，行政支出的主要账务处理，事业单位专有预算支出会计核算，包括事业支出、经营支出、上缴上级支出、对附属单位补助支出、投资支出和债务还本支出，以及其他支出的科目设置和会计核算等主要内容。

通过本章的学习，了解我国预算支出的确认和管理，熟悉预算支出会计科目，掌握预算支出的核算，特别是事业单位专有预算支出的会计核算。

第一节　预算支出概述

一、预算支出的概念

预算支出是指政府会计主体在预算年度内依法发生的并纳入预算管理的现金流出。

二、预算支出的确认

预算支出是指政府会计主体在预算年度内依法发生并纳入预算管理的现金流出。预算支出一般在实际支付时予以确认，以实际支付的金额计量。

三、预算支出的内容及管理

(一)行政单位预算支出的内容

行政单位预算支出是指行政单位为保障机构正常运转和完成工作任务所发生的资金耗费和损失，包括基本支出和项目支出。①基本支出是指行政单位为保障机构正常运转和完成日常工作任务发生的支出，包括人员支出和公用支出。②项目支出是指行政单位为完成特定的工作任务，在基本支出之外发生的支出。

(二)行政单位预算支出的管理

行政单位预算支出管理包括下述各点。

(1) 行政单位应当将各项支出全部纳入单位预算。各项支出由单位财务部门按照批准的预算和有关规定审核办理。

(2) 行政单位的支出应当严格执行国家规定的开支范围及标准，建立健全支出管理制度，对节约潜力大、管理薄弱的支出进行重点管理和控制。

(3) 行政单位从财政部门或者上级预算单位获取的项目资金，应当按照批准的项目和用途使用，专款专用、单独核算，并按照规定向同级财政部门或者上级预算单位报告资金使用情况，接受财政部门和上级预算单位的检查和监督。项目完成后，行政单位应当向同级财政部门或者上级预算单位报送项目支出决算和使用效果的书面报告。

(4) 行政单位应当严格执行国库集中支付制度和政府采购制度等规定。

(5) 行政单位应加强支出资金的绩效管理，提高资金的使用效益。

(6) 行政单位应当依法加强各类票据管理，确保票据来源合法、内容真实、使用正确，不得使用虚假票据。

(三)事业单位预算支出的内容

事业单位预算支出是指事业单位开展业务及其他活动发生的资金耗费和损失，包括事业支出、经营支出、对附属单位补助支出、上缴上级支出和其他支出。

(1) 事业支出，即事业单位开展专业业务活动及其辅助活动发生的基本支出和项目支出。基本支出是指事业单位为了保障其正常运转、完成日常工作任务而发生的人员支出和公用支出。项目支出是指事业单位为了完成特定工作任务和事业发展目标，在基本支出之外发生的支出。

(2) 经营支出，即事业单位在专业业务活动及其辅助活动之外开展非独立核算经营活动发生的支出。

(3) 对附属单位补助支出，即事业单位用财政补助收入之外的收入对附属单位补助发生的支出。

(4) 上缴上级支出，即事业单位按照财政部门和主管部门的规定上缴上级单位的支出。

(5) 其他支出，即本条上述规定范围以外的各项支出，包括利息支出、捐赠支出等。

(四)事业单位预算支出的管理

(1) 事业单位应当将各项支出全部纳入单位预算，建立健全各项支出管理制度。

(2) 事业单位的支出应当严格执行国家有关财务规章制度规定的开支范围及开支标准。国家有关财务规章制度没有统一规定的，由事业单位规定，报主管部门和财政部门备案。事业单位的规定违反法律制度和国家政策的，主管部门和财政部门应当责令改正。

(3) 事业单位从财政部门或者主管部门取得的有指定项目和用途的专项资金，应当专款专用、单独核算，并按照规定向财政部门或者主管部门报送专项资金使用情况。项目完成后，事业单位应当向财政部门或者主管部门报送项目支出决算和使用效果的书面报告，接受财政部门或者主管部门的检查、验收。

（4）事业单位在开展非独立核算经营活动中，应当正确归集实际发生的各项费用数；不能归集的，应当按照规定的比例合理分摊。经营支出应当与经营收入配比。

（5）事业单位应当加强经济核算，可以根据开展业务活动及其他活动的实际需要，实行内部成本核算办法。

第二节　预算支出类科目

本节主要涉及预算支出类科目，具体如表9.1所示，其中"债务还本支出"和"投资支出"是新增科目。

表9.1　预算支出(和结余)类科目表

序号	编码	名称	适用范围
		(一)预算支出类	
1	7101	行政支出	行政单位
2	7201	事业支出	事业单位
3	7301	经营支出	事业单位
4	7401	上缴上级支出	事业单位
5	7501	对附属单位补助支出	事业单位
6	7601	投资支出	事业单位
7	7701	债务还本支出	事业单位
8	7902	其他支出	行政事业

一、"行政支出"科目

行政单位应当设置"行政支出"科目核算行政单位履行职责实际发生的各项现金流出。本科目应当分别按照"财政拨款支出""非财政专项资金支出"和"其他资金支出"，"基本支出"和"项目支出"等进行明细核算，并按照《政府收支分类科目》中"支出功能分类科目"的项级科目进行明细核算；"基本支出"和"项目支出"明细科目下应当按照《政府收支分类科目》中"部门预算支出经济分类科目"的款级科目进行明细核算，同时在"项目支出"明细科目下按照具体项目进行明细核算。

有一般公共预算财政拨款、政府性基金预算财政拨款等两种或两种以上财政拨款的行政单位，还应当在"财政拨款支出"明细科目下按照财政拨款的种类进行明细核算。对于预付款项，可通过在本科目下设置"待处理"明细科目进行核算，待确认具体支出项目后再转入本科目下相关明细科目。同时，行政单位应设置"财政拨款支出备查簿"，逐项登记每一项财政拨款支出的具体情况，并反映每个会计期末的财政拨款结余情况。

年末结账前，应将本科目"待处理"明细科目余额全部转入本科目下相关明细科目。本科目年末结转后应无余额。

二、"事业支出"科目

事业单位支出是指事业单位开展业务及其他活动而发生的资金耗费和现金流出。事业单位的支出包括事业支出、对附属单位补助支出、上缴上级支出、经营支出和其他支出等。

事业单位应当设置"事业支出"科目核算事业单位开展专业业务活动及其辅助活动实际发生的各项现金流出。单位发生教育、科研、医疗、行政管理、后勤保障等活动的，可在本科目下设置相应的明细科目进行核算，或单设"7201 教育支出""7202 科研支出""7203 医疗支出""7204 行政管理支出""7205 后勤保障支出"等一级会计科目进行核算。本科目应当分别按照"财政拨款支出""非财政专项资金支出"和"其他资金支出"，"基本支出"和"项目支出"等进行明细核算，并按照《政府收支分类科目》中"支出功能分类科目"的项级科目进行明细核算；"基本支出"和"项目支出"明细科目下应当按照《政府收支分类科目》中"部门预算支出经济分类科目"的款级科目进行明细核算，同时在"项目支出"明细科目下按照具体项目进行明细核算。

有一般公共预算财政拨款、政府性基金预算财政拨款等两种或两种以上财政拨款的事业单位，还应当在"财政拨款支出"明细科目下按照财政拨款的种类进行明细核算。对于预付款项，可通过在本科目下设置"待处理"明细科目进行明细核算，待确认具体支出项目后再转入本科目下相关明细科目。

年末结账前，应将本科目"待处理"明细科目余额全部转入本科目下相关明细科目。本科目年末结转后应无余额。

三、"经营支出"科目

事业单位应当设置"经营支出"科目核算事业单位在专业业务活动及其辅助活动之外开展非独立核算经营活动实际发生的各项现金流出。本科目应当按照经营活动类别、项目、《政府收支分类科目》中"支出功能分类科目"的项级科目和"部门预算支出经济分类科目"的款级科目等进行明细核算。

对于预付款项，可通过在本科目下设置"待处理"明细科目进行明细核算，待确认具体支出项目后再转入本科目下相关明细科目。

年末结账前，应将本科目"待处理"明细科目余额全部转入本科目下相关明细科目。本科目年末结转后应无余额。

四、"上缴上级支出"科目

事业单位应当设置"上缴上级支出"科目核算事业单位按照财政部门和主管部门的规定上缴上级单位款项发生的现金流出。本科目应当按照收缴款项单位、缴款项目、《政府收支分类科目》中"支出功能分类科目"的项级科目和"部门预算支出经济分类科目"的款级科目等进行明细核算。

本科目年末结转后应无余额。

五、"对附属单位补助支出"科目

事业单位应当设置"上缴上级支出"科目核算事业单位按照财政部门和主管部门的规定上缴上级单位款项发生的现金流出。本科目应当按照收缴款项单位、缴款项目、《政府收支分类科目》中"支出功能分类科目"的项级科目和"部门预算支出经济分类科目"的款级科目等进行明细核算。本科目年末结转后应无余额。

六、"投资支出"科目

投资支出是事业单位以货币资金对外投资发生的现金流出。事业单位应当设置"投资支出"科目核算事业单位以货币资金对外投资发生的现金流出。本科目应当按照投资类型、投资对象、《政府收支分类科目》中"支出功能分类科目"的项级科目和"部门预算支出经济分类科目"的款级科目等进行明细核算。本科目年末结转后应无余额。

七、"债务还本支出"科目

事业单位应当设置"债务还本支出"科目核算事业单位偿还自身承担的纳入预算管理的从金融机构举借的债务本金的现金流出。本科目应当按照贷款单位、贷款种类、《政府收支分类科目》中"支出功能分类科目"的项级科目和"部门预算支出经济分类科目"的款级科目等进行明细核算。本科目年末结转后应无余额。

八、"其他支出"科目

其他支出是各单位除行政支出、事业支出、经营支出、上缴上级支出、对附属单位补助支出、投资支出、债务还本支出以外的各项现金流出。包括利息支出、对外捐赠现金支出、现金盘亏损失、接受捐赠(调入)和对外捐赠(调出)非现金资产发生的税费支出、资产置换过程中发生的相关税费支出、罚没支出等。

单位应当设置"其他支出"科目核算。本科目应当按照其他支出的类别，"财政拨款支出""非财政专项资金支出"和"其他资金支出"，《政府收支分类科目》中"支出功能分类科目"的项级科目和"部门预算支出经济分类科目"的款级科目等进行明细核算。其他支出中如有专项资金支出，还应按照具体项目进行明细核算。

有一般公共预算财政拨款、政府性基金预算财政拨款等两种或两种以上财政拨款的事业单位，还应当在"财政拨款支出"明细科目下按照财政拨款的种类进行明细核算。单位发生利息支出、捐赠支出等其他支出金额较大或业务较多的，可单独设置"7902 利息支出""7903 捐赠支出"等科目。本科目年末结转后应无余额。

第三节 行政支出的会计核算

一、行政支出科目设置

行政单位应当设置"行政支出"科目核算行政单位履行其职责实际发生的各项现金流出。本科目应当分别按照"财政拨款支出""非财政专项资金支出"和"其他资金支出","基本支出"和"项目支出"等进行明细核算,并按照《政府收支分类科目》中"支出功能分类科目"的项级科目进行明细核算;"基本支出"和"项目支出"明细科目下应当按照《政府收支分类科目》中"部门预算支出经济分类科目"的款级科目进行明细核算,同时在"项目支出"明细科目下按照具体项目进行明细核算。

有一般公共预算财政拨款、政府性基金预算财政拨款等两种或两种以上财政拨款的行政单位,还应当在"财政拨款支出"明细科目下按照财政拨款的种类进行明细核算。

对于预付款项,可通过在本科目下设置"待处理"明细科目进行核算,待确认具体支出项目后再转入本科目下相关明细科目。

年末结账前,应将本科目"待处理"明细科目余额全部转入本科目下相关明细科目。本科目年末结转后应无余额。

二、行政支出的主要账务处理

(一)支付单位职工薪酬与外部人员劳务费

向单位职工个人与外部人员个人支付薪酬时,按照实际支付的金额,借记本科目,贷记"财政拨款预算收入""资金结存"科目。按照规定代扣代缴个人所得税以及代扣代缴或为职工缴纳职工社会保险费、住房公积金等时,按照实际缴纳的金额,借记本科目,贷记"财政拨款预算收入""资金结存"科目。

(二)为购买存货、固定资产、无形资产等以及在建工程支付相关款项

按照实际支付的金额,借记本科目,贷记"财政拨款预算收入""资金结存"科目。

(三)发生预付账款

单位发生预付账款时,应按照实际支付的金额,借记本科目,贷记"财政拨款预算收入""资金结存"科目。对于暂付款项,在支付款项时可不做预算会计处理,待结算或报销时,按照结算或报销的金额,借记本科目,贷记"资金结存"科目。

(四)发生其他各项支出

单位发生其他各项支出时,应按照实际支付的金额,借记本科目,贷记"财政拨款预

算收入""资金结存"科目。

(五)因购货退回等发生款项退回，或者发生差错更正

因购货退回等发生款项退回，或者发生差错更正时，如属于当年支出收回的，按照收回或更正金额，借记"财政拨款预算收入""资金结存"科目，贷记本科目。

(六)期末，将本科目本期发生额转入本期盈余

年末，将本科目本年度发生额中的财政拨款支出转入财政拨款结转时，借记"财政拨款结转——本年收支结转"科目，贷记本科目下各财政拨款支出明细科目；将本科目本年度发生额中的非财政专项资金支出转入非财政拨款结转时，借记"非财政拨款结转——本年收支结转"科目，贷记本科目下各非财政专项资金支出明细科目；将本科目本年发生额中的其他资金支出(非财政非专项资金支出)转入其他结余时，借记"其他结余"科目，贷记本科目下其他资金支出明细科目。

三、行政支出具体业务核算

行政支出具体业务核算如表 9.2 所示。

表 9.2　7101 行政支出的账务处理

序号	业务和事项内容		账务处理	
			财务会计	预算会计
(1)	支付单位职工薪酬与外部人员劳务费	实际支付薪酬和劳务费时	借：应付职工薪酬/其他应付款 　贷：银行存款等/零余额账户用款额度/财政拨款收入等	借：行政支出(实际支付给个人的部分) 　贷：资金结存/财政拨款预算收入等
		实际缴纳代扣代缴的个人所得税以及代扣代缴或为职工缴纳职工社会保险费、住房公积金时	借：其他应交税费——应交个人所得税(代扣代缴个人所得税金额) 　贷：银行存款等/财政拨款收入等	借：行政支出(实际支付给个人的部分) 　贷：资金结存/财政拨款预算收入等
(2)	为购买存货、固定资产、无形资产等以及在建工程支付相关款项		借：库存物品/固定资产/预付账款等 　贷：零余额账户用款额度/银行存款等/财政拨款收入等	借：行政支出 　贷：资金结存/财政拨款预算收入等
(3)	发生预付账款		借：预付账款 　贷：零余额账户用款额度	借：行政支出 　贷：资金结存——零余额账户用款额度

续表

序号	业务和事项内容	账务处理	
		财务会计	预算会计
(4)	发生其他各项支出	借：业务活动费用 　贷：零余额账户用款额度/ 银行存款等/财政拨款收入等	借：行政支出 　贷：资金结存/财政拨 款预算收入等
(5)	因购货退回等发生款项退回，或者发生差错更正	借：财政拨款收入/零余额账户 用款额度/银行存款等/其他应收 款等 　贷：业务活动费用	借：资金结存/财政拨款预 算收入等 　贷：行政支出
(6)	期末，将本科目本期发生额转入本期盈余	借：本期盈余 　贷：业务活动费用	借：财政拨款结转/非财政 拨款结转——本年收支结 转/其他结余等 　贷：行政支出

【例 9.1】某行政单位本月职工薪酬总额为 900 000 元，代扣代缴个人所得税 36 000 元，使用财政直接支付方式支付职工薪酬和个人所得税。

(1) 计提工资时

财务会计：

借：业务活动费用——工资福利费用　　　　　　　　900 000

　　贷：应付职工薪酬——工资　　　　　　　　　　　　900 000

(2) 实际支付给职工并代扣个人所得税时

财务会计：

借：应付职工薪酬——工资　　　　　　　　　　　900 000

　　贷：财政拨款收入——基本支出拨款(人员经费)　　　864 000

　　　　其他应交税费——应交个人所得税　　　　　　　 36 000

预算会计：

借：行政支出　　　　　　　　　　　　　　　　　864 000

　　贷：财政拨款预算收入——基本支出拨款(人员经费)　864 000

(3) 实际缴纳税款时

财务会计：

借：其他应缴税费——应交个人所得税　　　　　　 36 000

　　贷：财政拨款收入　　　　　　　　　　　　　　　　36 000

预算会计：

借：行政支出　　　　　　　　　　　　　　　　　 36 000

　　贷：财政拨款预算收入　　　　　　　　　　　　　　36 000

【例 9.2】6 月 10 日，某行政单位购入一批材料 70 000 元，价款使用财政授权支付方式进行支付，当日收到材料并验收合格入库。6 月 15 日，该行政单位领用该材料 20 000 元用于开展业务活动。

（1）购入材料时：

财务会计：

借：库存物品　　　　　　　　　　　　　　　　　　70 000

　　贷：零余额账户用款额度　　　　　　　　　　　　　　70 000

预算会计：

借：行政支出　　　　　　　　　　　　　　　　　　70 000

　　贷：资金结存——零余额账户用款额度　　　　　　　　70 000

（2）领用材料时：

借：业务活动费用——商品和服务费用　　　　　　　20 000

　　贷：库存物品　　　　　　　　　　　　　　　　　　　20 000

【例9.3】某行政单位与A公司签订与业务相关的劳务合同，约定一个月内完成，价款共500 000元，该行政单位先使用财政授权方式预付30%的款项，A公司收到预付款后开始提供劳务，一个月后该项目结束，行政单位支付剩余70%的价款。

（1）预付30%价款时

财务会计：

借：预付账款——A公司　　　　　　　　　　　　　150 000

　　贷：零余额账户用款额度　　　　　　　　　　　　　150 000

预算会计：

借：行政支出　　　　　　　　　　　　　　　　　　150 000

　　贷：资金结存——零余额账户用款额度　　　　　　　150 000

（2）验货后支付剩余70%价款时

财务会计：

借：业务活动费用——商品和服务费用　　　　　　　150 000

　　贷：预付账款——A公司　　　　　　　　　　　　　150 000

　　　　零余额账户用款额度　　　　　　　　　　　　　350 000

预算会计：

借：行政支出　　　　　　　　　　　　　　　　　　350 000

　　贷：资金结存——零余额账户用款额度　　　　　　　350 000

【例9.4】某单位2×19年行政支出共计200 000元，其中财政拨款支出为100 000元，非同级财政专项资金支出为60 000元，非同级财政、非专项资金支出为40 000元。年末结转分录如下。

预算会计：

借：财政拨款结转——本年收支结转　　　　　　　　100 000

　　非财政拨款结转——本年收支结转　　　　　　　　60 000

　　其他结余　　　　　　　　　　　　　　　　　　　40 000

　　贷：行政支出　　　　　　　　　　　　　　　　　　200 000

第四节　事业单位专有预算支出的会计核算

一、事业支出

(一)事业支出的确认

(1) 事业单位支出一般应当在实际支付时予以确认，并按照实际支付金额进行计量。

(2) 采用权责发生制确认的支出或者费用，应当在其发生时予以确认，并按照实际发生额进行计量。

(3) 事业单位开展非独立核算经营活动的，应当正确归集开展经营活动发生的各项费用数；无法直接归集的，应当按照规定的标准或比例合理分摊。

(二)事业支出科目设置

事业单位应当设置"事业支出"科目核算事业单位开展专业业务活动及其辅助活动实际发生的各项现金流出。本科目应当分别按照"财政拨款支出""非财政专项资金支出"和"其他资金支出""基本支出"和"项目支出"等进行明细核算，并按照《政府收支分类科目》中"支出功能分类科目"的项级科目进行明细核算；"基本支出"和"项目支出"明细科目下应当按照《政府收支分类科目》中"部门预算支出经济分类科目"的款级科目进行明细核算，同时在"项目支出"明细科目下按照具体项目进行明细核算。

单位发生教育、科研、医疗、行政管理、后勤保障等活动的，可在本科目下设置相应的明细科目进行核算，或单设"7201 教育支出""7202 科研支出""7203 医疗支出""7204 行政管理支出""7205 后勤保障支出"等一级会计科目进行核算。

有一般公共预算财政拨款、政府性基金预算财政拨款等两种或两种以上财政拨款的事业单位，还应当在"财政拨款支出"明细科目下按照财政拨款的种类进行明细核算。

对于预付款项，可通过在本科目下设置"待处理"明细科目进行明细核算，待确认具体支出项目后再转入本科目下相关明细科目。

年末结账前，应将本科目"待处理"明细科目余额全部转入本科目下相关明细科目。本科目年末结转后应无余额。

(三)事业支出的主要账务处理

(1) 支付单位职工(经营部门职工除外)薪酬。向单位职工个人支付薪酬时，按照实际支付的数额，借记本科目，贷记"财政拨款预算收入""资金结存"科目。按照规定代扣代缴个人所得税以及代扣代缴或为职工缴纳职工社会保险费、住房公积金等时，按照实际缴纳的金额，借记本科目，贷记"财政拨款预算收入""资金结存"科目。

(2) 为专业业务活动及其辅助活动支付外部人员劳务费。按照实际支付给外部人员个人的金额，借记本科目，贷记"财政拨款预算收入""资金结存"科目。按照规定代扣代缴个人所得税时，按照实际缴纳的金额，借记本科目，贷记"财政拨款预算收入""资金结存"科目。

(3) 开展专业业务活动及其辅助活动过程中为购买存货、固定资产、无形资产等以及在建工程支付相关款项时,按照实际支付的金额,借记本科目,贷记"财政拨款预算收入""资金结存"科目。

(4) 开展专业业务活动及其辅助活动过程中发生预付账款时,按照实际支付的金额,借记本科目,贷记"财政拨款预算收入""资金结存"科目。

对于暂付款项,在支付款项时可不做预算会计处理,待结算或报销时,按照结算或报销的金额,借记本科目,贷记"资金结存"科目。

(5) 开展专业业务活动及其辅助活动过程中缴纳的相关税费以及发生的其他各项支出,按照实际支付的金额,借记本科目,贷记"财政拨款预算收入""资金结存"科目。

(6) 开展专业业务活动及其辅助活动过程中因购货退回等发生款项退回,或者发生差错更正的,属于当年支出收回的,按照收回或更正金额,借记"财政拨款预算收入""资金结存"科目,贷记本科目。

(7) 年末,将本科目本年发生额中的财政拨款支出转入财政拨款结转时,借记"财政拨款结转——本年收支结转"科目,贷记本科目下各财政拨款支出明细科目;将本科目本年发生额中的非财政专项资金支出转入非财政拨款结转时,借记"非财政拨款结转——本年收支结转"科目,贷记本科目下各非财政专项资金支出明细科目;将本科目本年发生额中的其他资金支出(非财政非专项资金支出)转入其他结余时,借记"其他结余"科目,贷记本科目下其他资金支出明细科目。

(四)事业支出的具体业务核算

事业支出的具体业务核算如表9.3所示。

表9.3　7201事业支出的账务处理

序号	业务和事项内容	账务处理	
		财务会计	预算会计
(1)	实际向单位职工个人、外部人员支付薪酬和劳务费	借:应付职工薪酬/其他应付款 　贷:银行存款等/零余额账户用款额度/财政拨款收入等	借:事业支出(实际支付给个人的部分) 　贷:资金结存/财政拨款预算收入等
(2)	实际缴纳代扣代缴的个人所得税以及代扣代缴或为职工缴纳职工社会保险费、住房公积金等	借:其他应交税费——应交个人所得税(代扣代缴个人所得税金额) 　贷:银行存款等/财政拨款收入等	借:事业支出(实际支付给个人的部分) 　贷:资金结存/财政拨款预算收入等
(3)	实际支付购买存货、固定资产、无形资产等相关款项(不包括暂付款项)	借:库存物品/固定资产/预付账款 　贷:零余额账户用款额度/银行存款等/财政拨款收入等	借:事业支出 　贷:资金结存/财政拨款预算收入等

续表

序号	业务和事项内容	账务处理	
		财务会计	预算会计
(4)	发生其他各项支出	借：业务活动费用/单位管理费用 　　贷：零余额账户用款额度/银行存款等/财政拨款收入等	借：事业支出 　　贷：资金结存/财政拨款预算收入等
(5)	当年的购货发生退回等业务或对当年的业务进行差错更正	借：财政拨款收入/零余额账户用款额度/银行存款等/其他应收款等 　　贷：业务活动费用/单位管理费用	借：资金结存/财政拨款预算收入等 　　贷：事业支出
(6)	期末，将本科目本期发生额转入本期盈余	借：本期盈余 　　贷：业务活动费用/单位管理费用	借：财政拨款结转/非财政拨款结转 　　——本年收支结转/其他结余等 　　贷：事业支出

【例 9.5】某事业单位行政人员预借差旅费 55 000 元，用银行存款支付，行政人员出差回来后，财务部门审核所有发票并予以报销，没有发生资金退回或补付。

财务会计：

支付款项时

借：其他应收款　　　　　　　　　　　　　　　　　　　55 000

　　贷：银行存款　　　　　　　　　　　　　　　　　　　　　　55 000

报销时

借：单位管理费用——商品和服务费用　　　　　　　　　55 000

　　贷：其他应收款　　　　　　　　　　　　　　　　　　　　　55 000

预算会计：

报销时

借：事业支出　　　　　　　　　　　　　　　　　　　　55 000

　　贷：资金结存——货币资金　　　　　　　　　　　　　　　　55 000

【例 9.6】某事业单位已领用的部分库存物品存在质量问题，价值 5 000 元，系当年用财政授权支付方式购入的存货，领用当时计入业务活动费用，已做退回处理，收到来自供应商的退款。

财务会计：

借：零余额账户用款额度　　　　　　　　　　　　　　　5 000

　　贷：业务活动费用——商品和服务费用　　　　　　　　　　　5 000

预算会计：

借：资金结存——零余额账户用款额度　　　　　　　　　5 000

　　贷：事业支出　　　　　　　　　　　　　　　　　　　　　　5 000

【例 9.7】某事业单位购入不需要安装的设备一台，用于管理活动，设备价格为 600 000 元，运输及保险费 100 000 元，全部价款使用财政直接支付方式进行支付。账务处理如下所述。

财务会计：

借：固定资产　　　　　　　　　　　　　　　　700 000

　　贷：财政拨款收入　　　　　　　　　　　　　　700 000

预算会计：

借：事业支出　　　　　　　　　　　　　　　　700 000

　　贷：财政拨款预算收入——基本支出(日常公用经费)　700 000

二、经营支出

(一)科目设置

事业单位应当设置"经营支出"科目核算事业单位在专业业务活动及其辅助活动之外开展非独立核算经营活动实际发生的各项现金流出。本科目应当按照经营活动类别、项目、《政府收支分类科目》中"支出功能分类科目"的项级科目和"部门预算支出经济分类科目"的款级科目等进行明细核算。

对于预付款项，可通过在本科目下设置"待处理"明细科目进行明细核算，待确认具体支出项目后再转入本科目下相关明细科目。

年末结账前，应将本科目"待处理"明细科目余额全部转入本科目下相关明细科目。本科目年末结转后应无余额。

(二)经营支出的主要账务处理

(1) 支付经营部门职工薪酬。向职工个人支付薪酬时，按照实际的金额，借记本科目，贷记"资金结存"科目。按照规定代扣代缴个人所得税以及代扣代缴或为职工缴纳职工社会保险费、住房公积金时，按照实际缴纳的金额，借记本科目，贷记"资金结存"科目。

(2) 为经营活动支付外部人员的劳务费。按照实际支付给外部人员个人的金额，借记本科目，贷记"资金结存"科目。按照规定代扣代缴个人所得税时，按照实际缴纳的金额，借记本科目，贷记"资金结存"科目。

(3) 开展经营活动过程中为购买存货、固定资产、无形资产以及在建工程支付相关款项等时，按照实际支付的金额，借记本科目，贷记"资金结存"科目。

(4) 开展经营活动过程中发生预付账款时，按照实际支付的金额，借记本科目，贷记"资金结存"科目。对于暂付款项，在支付款项时可不做预算会计处理，待结算或报销时，按照结算或报销的金额，借记本科目，贷记"资金结存"科目。

(5) 因开展经营活动缴纳的相关税费以及发生的其他各项支出，按照实际支付的金额，借记本科目，贷记"资金结存"科目。

(6) 在开展经营活动时因购货退回等发生款项退回，或者发生差错更正的，属于当年支出收回的，按照收回或更正金额，借记"资金结存"科目，贷记本科目。

(7) 年末，将本科目本年发生额转入经营结余，借记"经营结余"科目，贷记本科目。

(三)具体业务核算

经营支出的具体业务核算如表 9.4 所示。

表 9.4　7301 经营支出的账务处理

序号	业务和事项内容	账务处理	
		财务会计	预算会计
(1)	实际向单位职工个人、外部人员支付薪酬和劳务费	借：应付职工薪酬/其他应付款 　贷：银行存款等/零余额账户用款额度/财政拨款收入等	借：经营支出(实际支付给个人的部分) 　贷：资金结存/财政拨款预算收入等
(2)	实际缴纳代扣代缴的个人所得税以及代扣代缴或为职工缴纳职工社会保险费、住房公积金等	借：其他应交税费——应交个人所得税(代扣代缴个人所得税金额) 　贷：银行存款等/财政拨款收入等	借：经营支出(实际支付给个人的部分) 　贷：资金结存/财政拨款预算收入等
(3)	支付购买存货、固定资产、无形资产等相关款项(不包括暂付款项)	借：库存物品/固定资产/预付账款 　贷：零余额账户用款额度/银行存款等/财政拨款收入等	借：经营支出 　贷：资金结存/财政拨款预算收入等
(4)	发生其他各项支出	借：经营费用 　贷：零余额账户用款额度/银行存款等/财政拨款收入等	借：经营支出 　贷：资金结存/财政拨款预算收入等
(5)	当年的购货发生退回等业务或对当年的业务进行差错更正	借：财政拨款收入/零余额账户用款额度/银行存款等/其他应收款等 　贷：经营费用	借：资金结存/财政拨款预算收入等 　贷：经营支出
(6)	期末，将本科目本期发生额转入本期盈余	借：本期盈余 　贷：经营费用	借：财政拨款结转/非财政拨款结转——本年收支转结/其他结余等 　贷：经营支出

【例 9.8】某事业单位开展经营活动，拟向 A 公司购入出售用商品，价值 100 000 元，2×19 年 7 月 17 日，该事业单位用银行存款向 A 公司预付 40%的款项，7 月 28 日，收到货物，验货后向 A 公司支付余下 60%的款项。

(1) 预付 40%价款时

财务会计：

借：预付账款——A 公司　　　　　　　　　　　　　　　　40 000

　　贷：银行存款　　　　　　　　　　　　　　　　　　　　　40 000

预算会计：

借：经营支出——商品和服务费用　　　　　　　　　　40 000
　　贷：资金结存——货币资金　　　　　　　　　　　　　　40 000

(2) 验货后支付剩余 60%价款时

财务会计：

借：经营费用——待处理　　　　　　　　　　　　　100 000
　　贷：预付账款——A 公司　　　　　　　　　　　　　　40 000
　　　　银行存款　　　　　　　　　　　　　　　　　　　60 000

预算会计：

借：经营支出——商品和服务费用　　　　　　　　　　60 000
　　贷：资金结存——货币资金　　　　　　　　　　　　　　60 000

【例 9.9】某事业单位开展经营活动，2×19 年 1 月，出售库存物品取得收入 20 000 元，增值税销项税额为 3 400 元，城市建设维护税以及教育费附加的税率分别为 7%、3%。计提并缴纳城市维护建设税以及教育费附加的账务处理如下所示。

城市建设维护税=3 400×7%=238(元)

教育费附加=3 400×3%=102(元)

(1) 计算应交税费时

财务费用：

借：经营费用——商品和服务费用　　　　　　　　　　340
　　贷：其他应交税费——城市建设维护税　　　　　　　　238
　　　　　　　　　　——教育费附加　　　　　　　　　　102

(2) 支付税费时

财务会计：

借：其他应交税费——城市建设维护税　　　　　　　　238
　　　　　　　　——教育费附加　　　　　　　　　　　102
　　贷：银行存款　　　　　　　　　　　　　　　　　　　340

预算会计：

借：经营支出——商品和服务费用　　　　　　　　　　340
　　贷：资金结存——货币资金　　　　　　　　　　　　　　340

【例 9.10】2×19 年 11 月 30 日，某事业单位业务活动费用科目余额 5 000 元，单位管理费用科目余额 2 000 元，经营费用科目余额 2 000 元，资产处置费用科目余额 1 000 元，所得税费用科目余额 5 000 元，其他费用科目余额 5 000 元。期末结转分录如下所示。

财务会计：

借：本期盈余　　　　　　　　　　　　　　　　　　20 000
　　贷：业务活动费用　　　　　　　　　　　　　　　　　5 000
　　　　单位管理费用　　　　　　　　　　　　　　　　　2 000
　　　　经营费用　　　　　　　　　　　　　　　　　　　2 000
　　　　资产处置费用　　　　　　　　　　　　　　　　　1 000
　　　　所得税费用　　　　　　　　　　　　　　　　　　5 000
　　　　其他费用　　　　　　　　　　　　　　　　　　　5 000

三、上缴上级支出

(一)科目设置

事业单位应当设置"上缴上级支出"科目核算事业单位按照财政部门和主管部门的规定上缴上级单位款项发生的现金流出。本科目应当按照收缴款项单位、缴款项目、《政府收支分类科目》中"支出功能分类科目"的项级科目和"部门预算支出经济分类科目"的款级科目等进行明细核算。本科目年末结转后应无余额。

(二)上缴上级支出的主要账务处理

实行收入上缴办法的事业单位按规定的定额或者比例上缴上级单位的支出。但事业单位返还上级单位在其事业支出中垫支的工资、水电费、房租、住房公积金和福利费等各种费用时,应计入相应支出,不能作为上缴上级支出处理。

1. 单位发生上缴上级支出

按照实际上缴的金额或者按照规定计算应当上缴上级单位的金额,借记"上缴上级费用"科目,贷记"银行存款""其他应付款"等科目。计入"其他应付款"的上缴上级支出,应在实际支付时,借记"其他应付款"科目,贷记"银行存款"等科目。

同时,预算会计下,实际缴纳上缴上级支出时,借记"上缴上级支出"科目,贷记"资金结存——货币资金"科目。

按照规定将款项上缴上级单位的,按照实际上缴的金额,借记本科目,贷记"资金结存"科目。

2. 期末/年末结转

期末,将"上缴上级费用"科目本期发生额转入本期盈余,借记"本期盈余"科目,贷记"上缴上级费用"科目。

年末,将"上缴上级支出"年末发生额转入其他结余,借记"其他结余"科目,贷记"上缴上级支出"科目。

(三)具体业务核算

上缴上级支出的具体业务核算如表9.5所示。

表9.5　7401上缴上级支出的账务处理

序号	业务和事项内容	账务处理	
		财务会计	预算会计
(1)	实际上缴的金额或按规定应当上缴的金额	借:上缴上级费用 　贷:银行存款/其他应付款等	借:上缴上级支出 　贷:资金结存——货币资金

续表

序号	业务和事项内容	账务处理	
		财务会计	预算会计
(2)	实际上缴应缴的金额	借：其他应付款 　　贷：银行存款等	——
(3)	期末/年末结转	借：本期盈余 　　贷：上缴上级费用	借：其他结余 　　贷：上缴上级支出

【例9.11】2×19年12月，某事业单位根据体制安排和本年事业收入的数额，经过计算，本年应上缴上级单位款项90 000元，事业单位通过银行转账上缴了款项。

财务会计：

借：上缴上级费用——上缴单位** 　　　　　　　 90 000

　　贷：银行存款 　　　　　　　　　　　　　　　　　 90 000

预算会计：

借：上缴上级支出——上缴单位** 　　　　　　　 90 000

　　贷：资金结存——货币资金 　　　　　　　　　　　 90 000

【例9.12】沿用上例，假如该事业单位在2×19年没有发生其他的上缴上级支出，则期末和年末结转的账务处理如下所示。

财务会计：

借：本期盈余 　　　　　　　　　　　　　　　　 90 000

　　贷：上缴上级费用 　　　　　　　　　　　　　　　 90 000

预算会计：

借：其他结余 　　　　　　　　　　　　　　　　 90 000

　　贷：上缴上级支出 　　　　　　　　　　　　　　　 90 000

四、对附属单位补助支出

(一)科目设置

事业单位应当设置"对附属单位补助支出"科目核算事业单位用财政拨款预算收入之外的收入对附属单位补助发生的现金流出。本科目应当按照接受补助单位、补助项目、《政府收支分类科目》中"支出功能分类科目"的项级科目和"部门预算支出经济分类科目"的款级科目等进行明细核算。本科目年末结转后应无余额。

(二)对附属单位补助支出的主要账务处理

1. 按照实际补助的金额

按照实际补助的金额或者按照规定计算出应当对附属单位补助的金额，借记"对附属单位补助费用"科目，贷记"银行存款""其他应付款"等科目。计入"其他应付款"的，在实际支付时，借记"其他应付款"科目，贷记"银行存款"等科目。

同时，预算会计下，实际支付补助费用时，借记"对附属单位补助支出"科目，贷记"资金结存——货币资金"科目。

2. 期末结转

期末，将"对附属单位补助费用"科目本期发生额转入本期盈余，借记"本期盈余"科目，贷记"对附属单位补助费用"科目。

年末，将"对附属单位补助支出"年末发生额转入其他结余，借记"其他结余"科目，贷记"对附属单位补助支出"科目。

(三)具体业务核算

对附属单位补助支出的具体业务核算如表 9.6 所示。

表9.6　7501 对附属单位补助支出的账务处理

序号	业务和事项内容	账务处理	
		财务会计	预算会计
(1)	按照实际补助的金额或者按照规定计算出应当补助的金额	借：其他费用 　　贷：银行存款/其他应付款等	借：对附属单位补助支出[实际补助的金额] 　　贷：资金结存——货币资金
(2)	实际支出应补助的金额	借：其他应付款 　　贷：银行存款等	——
(3)	期末/年末结转	借：本期盈余 　　贷：上缴上级费用	借：其他结余 　　贷：对附属单位补助支出

【例 9.13】某事业单位以自有经费，对所属独立核算杂志社补助 20 000 元，以银行存款支付。

财务会计：

借：对附属单位补助费用——杂志社　　　　　　　　　　20 000

　　贷：银行存款　　　　　　　　　　　　　　　　　　　　20 000

预算会计：

借：对附属单位补助支出——杂志社　　　　　　　　　　20 000

　　贷：资金结存——货币资金　　　　　　　　　　　　　　20 000

【例 9.14】沿用上例，假如该事业单位在 2×19 年没有发生其他的对附属单位的补助支出，则期末和年末结转的账务处理如下所示。

财务会计：

借：本期盈余　　　　　　　　　　　　　　　　　　　　20 000

　　贷：对附属单位补助费用　　　　　　　　　　　　　　　20 000

预算会计：

借：其他结余　　　　　　　　　　　　　　　　　　　　20 000

　　贷：对附属单位补助支出　　　　　　　　　　　　　　　20 000

五、投资支出

(一)科目设置

事业单位应当设置"投资支出"科目核算事业单位以货币资金对外投资发生的现金流出。本科目应当按照投资类型、投资对象、《政府收支分类科目》中"支出功能分类科目"的项级科目和"部门预算支出经济分类科目"的款级科目等进行明细核算。本科目年末结转后应无余额。

(二)投资支出的主要账务处理

1. 以货币资金对外投资时

以货币资金对外投资时,按照投资金额和所支付的相关税费金额的合计数,借记本科目,贷记"资金结存"科目。

2. 出售、转让或到期收回本年度以货币资金取得的对外投资时

出售、对外转让或到期收回本年度以货币资金取得的对外投资的,如果按规定将投资收益纳入单位预算,按照实际收到的金额,应借记"资金结存"科目,按照取得投资时"投资支出"科目的发生额,贷记本科目,按照其差额,贷记或借记"投资预算收益"科目;如果按规定将投资收益上缴财政的,按照取得投资时"投资支出"科目的发生额,借记"资金结存"科目,贷记本科目。

3. 出售、转让或到期收回以前年度以货币资金取得的对外投资时

出售、对外转让或到期收回以前年度以货币资金取得的对外投资的,如果按规定将投资收益纳入单位预算时,按照实际收到的金额,应借记"资金结存"科目,按照取得投资时"投资支出"科目的发生额,贷记"其他结余"科目,按照其差额,贷记或借记"投资预算收益"科目;如果按规定将投资收益上缴财政的,按照取得投资时"投资支出"科目的发生额,借记"资金结存"科目,贷记"其他结余"科目。

4. 年末转账

年末,将本科目本年发生额转入其他结余时,借记"其他结余"科目,贷记本科目。

(三)具体业务核算

投资支出的具体业务核算如表 9.7 所示。

表 9.7　7601 投资支出的账务处理

序号	业务和事项内容		账务处理	
			财务会计	预算会计
(1)	以货币资金对外投资时		借：短期投资/长期股权投资/长期债券投资 　　贷：银行存款	借：投资支出 　　贷：资金结存——货币资金
(2)	出售、对外转让或到期收回本年度以货币资金取得的对外投资	实际取得价款大于投资成本	借：银行存款(实际取得或收回的金额) 　　贷：短期投资/长期股权投资/长期债券投资(账面余额) 　　　　应收利息(账面余额) 　　　　投资收益	借：资金结存——货币资金 　　贷：投资支出(投资成本) 投资预算收益
		实际取得价款小于投资成本	借：银行存款(实际取得或收回的金额) 投资收益 　　贷：短期投资/长期股权投资/长期债券投资(账面余额) 　　　　应收利息(账面余额)	借：资金结存——货币资金 投资预算收益 　　贷：投资支出(投资成本)

【例 9.15】2×19 年 3 月 1 日，某事业单位以银行存款购买 45 000 元的有价债券，准备 9 个月之内出售。

财务会计：

借：短期投资　　　　　　　　　　　　　45 000
　　贷：银行存款　　　　　　　　　　　　　45 000

预算会计：

借：投资支出　　　　　　　　　　　　　45 000
　　贷：资金结存——货币资金　　　　　　　45 000

【例 9.16】沿用上例，12 月 1 日，该单位出售该债券，收到 50 500 元，并收到持有期间的其他利息 1 500 元。

(1) 财务会计：

借：银行存款　　　　　　　　　　52 000
　　贷：短期投资　　　　　　　　　　50 500
　　　　投资收益　　　　　　　　　　1 500

(2) 预算会计：

借：资金结存——货币资金　　　　52 000
　　贷：投资支出　　　　　　　　　　50 500
　　　　投资预算收益　　　　　　　　1 500

(3) 年末结转

预算会计：

借：其他结余　　　　　　　　　　50 500
　　贷：投资支出　　　　　　　　　　50 500

六、债务还本支出

(一)科目设置

事业单位应当设置"债务还本支出"科目核算事业单位偿还自身承担的纳入预算管理的从金融机构举借的债务本金的现金流出。本科目应当按照贷款单位、贷款种类、《政府收支分类科目》中"支出功能分类科目"的项级科目和"部门预算支出经济分类科目"的款级科目等进行明细核算。本科目年末结转后应无余额。

(二)债务还本支出的主要账务处理

1. 偿还债务时

偿还各项短期或长期借款时,按照偿还的借款本金,借记本科目,贷记"资金结存"科目。

2. 年末转账

年末,将本科目本年发生额转入其他结余,借记"其他结余"科目,贷记本科目。具体核算如表9.8所示。

表9.8 7701债务还本支出的账务处理

业务和事项内容	财务会计	预算会计
归还短期借款本金	借:短期借款 　贷:银行存款	借:债务还本支出 　贷:资金结存——货币资金
归还长期借款本金	借:长期借款——本金 　贷:银行存款	借:债务还本支出 　贷:资金结存——货币资金
期末/年末结转	——	借:其他结余 　贷:债务还本支出

第五节 其他支出的会计核算

一、其他支出的科目设置

单位应当设置"其他支出"科目核算单位除行政支出、事业支出、经营支出、上缴上级支出、对附属单位补助支出、投资支出、债务还本支出以外的各项现金流出,包括利息支出、对外捐赠现金支出、现金盘亏损失、接受捐赠(调入)和对外捐赠(调出)非现金资产发生的税费支出、资产置换过程中发生的相关税费支出、罚没支出等。本科目应当按照其他支出的类别,"财政拨款支出""非财政专项资金支出"和"其他资金支出",《政府收支分类科目》中"支出功能分类科目"的项级科目和"部门预算支出经济分类科目"的款级科目等进行明细核算。其他支出中如有专项资金支出，还应按照具体项目进行明细核算。

有一般公共预算财政拨款、政府性基金预算财政拨款等两种或两种以上财政拨款的事业单位，还应当在"财政拨款支出"明细科目下按照财政拨款的种类进行明细核算。

单位发生利息支出、捐赠支出等其他支出金额较大或业务较多的，可单独设置"7902利息支出""7903捐赠支出"等科目。本科目年末结转后应无余额。

二、其他支出的会计核算

(一)利息支出

为建造固定资产、公共基础设施等借入的专门借款在建设期间发生的利息应计入在建工程，其他借款的利息费用计入其他费用。单位发生利息费用较多的，可以单独设置"利息费用""利息支出"科目。支付银行借款利息时，按照实际支付金额，借记本科目，贷记"资金结存"科目。

1. 计算确定借款利息费用时

为建造固定资产、公共基础设施等借入的专门借款的利息，属于建设期间发生的，按期计提利息费用时，按照计算确定的金额，借记"在建工程"科目，贷记"应付利息"科目；不属于建设期间发生的，按期计提利息费用时，按照计算确定的金额，借记"其他费用"科目，贷记"应付利息"科目。对于其他长期借款，按期计提利息费用时，按照计算确定的金额，借记"其他费用"科目，贷记"应付利息"科目[分期付息、到期还本借款的利息]或贷记"长期借款——应计利息"科目[到期一次还本付息借款的利息]。

2. 实际支付利息时

实际支付利息费用时，借记"应付利息"等科目，贷记"银行存款"等科目，同时，在预算会计中，借记"其他支出"科目，贷记"资金结存——货币资金"科目。

【例 9.17】某单位借入 5 年期到期还本每年付息的长期借款 5 000 000 元，合同约定利率为 3.5%。

(1) 计算确定利息费用时

单位每年支付的利息=5 000 000×3.5%=175 000(元)

财务会计：

借：其他费用——利息费用   175 000

  贷：应付利息   175 000

(2) 实际支付利息时

财务会计：

借：应付利息——利息费用   175 000

  贷：银行存款   175 000

预算会计：

借：其他支出——利息支出   175 000

  贷：资金结存——货币资金   175 000

(二)对外捐赠现金资产

单位发生捐赠支出金额较大或业务较多的，可单独设置"7903 捐赠支出"科目。对外捐赠现金资产时，按照捐赠金额，借记本科目，贷记"资金结存——货币资金"科目。

【例 9.18】某事业单位为社会公益事业的发展，向某慈善机构以银行存款付款方式捐赠 600 000 元。

财务会计：

借：其他费用——捐赠费用　　　　　　　　　　　　　　　600 000

　　贷：银行存款　　　　　　　　　　　　　　　　　　　　600 000

预算会计：

借：其他支出——捐赠支出　　　　　　　　　　　　　　　600 000

　　贷：资金结存——货币资金　　　　　　　　　　　　　　600 000

(三)现金盘亏损失

事业单位应当于每年年末，对收回后不需上缴财政的应收账款和其他应收款进行全面核查，如发现不能收回的迹象，应当计提坏账准备。按照期末应收账款和其他应收款计算应计提的坏账准备金额大于本科目期末贷方余额时，当期计提坏账准备，借记"其他费用"科目，贷记"坏账准备"科目。按照期末应收账款和其他应收款计算应计提的坏账准备金额小于本科目期末贷方余额时，当期冲减坏账准备时，借记"坏账准备"科目，贷记"其他费用"科目。

如在每日现金账款核对中发现现金短缺，按照短缺的现金金额，借记本科目，贷记"资金结存——货币资金"科目。经核实，属于应当由有关人员赔偿的，按照收到的赔偿金额，借记"资金结存——货币资金"科目，贷记本科目。

【例 9.19】2×19 年，某事业单位根据应收款项余额百分比法计算出本年应计提的坏账准备金额为 25 000 元。如"坏账准备"科目期末贷方余额为 20 000 元。则计提坏账准备的账务处理如下所述。

当期应补提的坏账准备=25 000-20 000=5 000(元)

借：其他费用——坏账损失　　　　　　　　　　　　　　　5 000

　　贷：坏账准备　　　　　　　　　　　　　　　　　　　　5 000

【例 9.20】2×19 年，某事业单位根据应收款项余额百分比法计算出本年应计提的坏账准备金额为 25 000 元。如"坏账准备"科目期末贷方余额为 30 000 元，则冲减坏账准备的账务处理如下所示。

当期应冲减的坏账准备=30 000-25 000=5 000(元)

借：坏账准备　　　　　　　　　　　　　　　　　　　　　5 000

　　贷：其他费用——坏账损失　　　　　　　　　　　　　　5 000

(四)接受捐赠(无偿调入)和对外捐赠(无偿调出)非现金资产发生的税费支出

接受捐赠(无偿调入)非现金资产发生的归属于捐入方(调入方)的相关税费、运输费等，以及对外捐赠(无偿调出)非现金资产发生的归属于捐出方(调出方)的相关税费、运输费等，按照实际支付金额，借记本科目，贷记"资金结存"科目。

(五)资产置换过程中发生的相关税费支出

资产置换过程中发生的相关税费，按照实际支付金额，借记本科目，贷记"资金结存"科目。

(六)罚没支出

罚没支出是指单位因违规违法接受的行政罚款，如税务局税收滞纳金、财务审计检查罚款等，该项费用应计入其他费用。发生罚没等其他支出时，按照实际支出金额，借记本科目，贷记"资金结存"科目。

【例 9.21】某事业单位因未按规定按时缴纳税金，发生税收滞纳金 2 000 元，已用银行存款支付。

财务会计：

借：其他费用——罚没支出　　　　　　　　　　　　　2 000

　　贷：银行存款　　　　　　　　　　　　　　　　　　　2 000

预算会计：

借：其他支出——其他资金支出　　　　　　　　　　　2 000

　　贷：资金结存——货币资金　　　　　　　　　　　　　2 000

(七)年末结转

将本科目本年度发生额中的财政拨款支出转入财政拨款结转时，借记"财政拨款结转——本年收支结转"科目，贷记本科目下各财政拨款支出明细科目；将本科目本年度发生额中的非财政专项资金支出转入非财政拨款结转时，借记"非财政拨款结转——本年收支结转"科目，贷记本科目下各非财政专项资金支出明细科目；将本科目本年度发生额中的其他资金支出(非财政非专项资金支出)转入其他结余时，借记"其他结余"科目，贷记本科目下各其他资金支出明细科目。

【课后练习与提高】

一、单项选择题

1. 对于预付款项，可通过在"行政支出"科目下设置(　　)明细科目进行核算，待确认具体支出项目后再转入本科目下相关明细科目。

　　A. 其他款项　　　B. 应收款　　　C. 预付款　　　D. 待处理

2. 事业单位向单位职工个人支付薪酬时，按照实际支付的数额，借记(　　)科目，贷记"财政拨款预算收入""资金结存"科目。

　　A. 行政支出　　　B. 事业支出　　　C. 应付账款　　　D. 项目支出

3. 事业单位应当设置 (　　)科目核算事业单位在专业业务活动及其辅助活动之外开展非独立核算经营活动实际发生的各项现金流出。

A. 行政支出　　　B. 事业支出　　　C. 经营支出　　　D. 营业成本

4. 事业单位应当设置(　　)科目核算事业单位按照财政部门和主管部门的规定上缴上级单位款项发生的现金流出。

A. 上缴上级支出　B. 经营支出　　　C. 事业支出　　　D. 行政支出

5. 事业单位应当设置(　　)科目核算事业单位用财政拨款预算收入之外的收入对附属单位补助发生的现金流出。

A. 对附属单位补助支出　　　　　B. 投资支出

C. 经营支出　　　　　　　　　　D. 行政支出

6. 事业单位应当设置(　　)科目核算事业单位以货币资金对外投资发生的现金流出。

A. 对附属单位补助支出　　　　　B. 投资支出

C. 经营支出　　　　　　　　　　D. 行政支出

7. 单位设置(　　)科目核算单位的税费支出、罚没支出等。

A. 行政支出　　　　　　　　　　B. 事业支出

C. 其他支出　　　　　　　　　　D. 上缴上级支出

8. 某事业单位为支持社会公益事业发展，向某慈善机构捐赠现款 90 000 元，下列哪个会计分录正确(　　)。

A. 借：其他支出——捐赠支出　　　　　　　　90 000

　　　贷：资金结存——货币资金　　　　　　　　　90 000

　　借：其他费用——捐赠费用　　　　　　90 000

　　　贷：银行存款　　　　　　　　　　　　　90 000

B. 借：其他支出——利息支出　　　　　　　　90 000

　　　贷：资金结存——货币资金　　　　　　　　　90 000

　　借：应付利息　　　　　　　　　　　90 000

　　　贷：银行存款　　　　　　　　　　　　　90 000

C. 借：其他支出——捐赠支出　　　　　　　　9 000

　　　贷：资金结存——货币资金　　　　　　　　　9 000

　　借：其他费用——捐赠费用　　　　　　9 000

　　　贷：银行存款　　　　　　　　　　　　　9 000

D. 借：资金结存——货币资金　　　　　　　　90 000

　　　贷：其他支出——捐赠支出　　　　　　　　90 000

　　借：其他费用——捐赠费用　　　　　　90 000

　　　贷：银行存款　　　　　　　　　　　　　90 000

9. 行政支出与事业支出是针对(　　)不同类型设置的科目。

A. 主营业务　　　B. 行业类型　　　C. 会计期间　　　D. 会计主体

10. 某行政单位购入不需要安装的设备一台，用于开展业务活动，设备价格为 600 000 元，运输及保险费 50 000 元，全部价款使用财政直接支付方式进行支付，因办理该业务该单位发生行政支出金额(   )元。

  A. 600 000   B. 650 000   C. 50 000   D. 以上都不对

二、多项选择题

1. 行政单位应当设置"行政支出"科目核算行政单位因履行其职责实际发生的各项现金流出。本科目应当分别按照哪些科目等进行明细核算(   )。

  A. 财政拨款支出   B. 非财政专项资金支出

  C. 基本支出   D. 项目支出

2. 如果行政单位有(   )两种以上财政拨款，还应当在"财政拨款支出"明细科目下按照财政拨款的种类进行明细核算。

  A. 一般公共预算财政拨款 B. 基本支出

  C. 政府性基金预算财政拨款 D. 项目支出

3. 行政单位向单位职工个人与外部人员个人支付薪酬时，按照实际支付的金额，借记行政支出，贷记科目(   )。

  A. 财政拨款预算收入   B. 银行存款

  C. 其他应付款   D. 资金结存

4. 行政支出包括的内容有(   )。

  A. 支付单位职工薪酬与外部人员劳务费

  B. 为购买存货、固定资产、无形资产等以及在建工程支付相关款项

  C. 发生其他各项支出

  D. 因购货退回等发生款项退回，或者发生差错更正

5. 事业单位发生的支出可在"事业支出"科目下设置相应的明细科目进行核算，或单设(   )等一级会计科目进行核算。

  A. 7201 教育支出   B. 7202 科研支出

  C. 7203 医疗支出   D. 7204 行政管理支出

6. 事业单位为经营活动支付外部人员劳务费，按照实际支付给外部人员个人的金额或者按照规定代扣代缴个人所得税时，按照实际缴纳的金额，会计分录涉及科目有(   )。

  A. 经营支出 B. 事业支出 C. 资金结存 D. 其他支出

7. "对附属单位补助支出"科目应当按照接受补助单位、补助项目、《政府收支分类科目》中(   )等进行明细核算。

  A. 资金结余   B. 其他支出

  C. 支出功能分类科目   D. 部门预算支出经济分类科目

8. 单位应当设置"其他支出"科目核算单位除行政支出、事业支出、经营支出、上缴上级支出、对附属单位补助支出、投资支出、债务还本支出以外的各项现金流出，包括(   )。

  A. 利息支出   B. 对外捐赠现金支出

  C. 接受捐赠(调入)   D. 罚没支出

9. 对于预算会计，发生预付账款时，按照预付金额，借记"行政支出"或"事业支出"科目，贷记(   )科目。

A. 财政拨款预算收入   B. 资金结存

C. 零余额账户用款额度   D. 财政拨款收入

10. 某行政单位与 A 公司签订与业务相关的劳务合同，约定一个月内完成，价款共 100 000 元，该行政单位先使用财政授权方式预付 30% 的款项，A 公司收到预付款后开始提供劳务，一个月后该项目结束，行政单位支付剩余 70% 的价款。账务处理为(　　)。

A. 预付 30% 价款时:

    财务会计:

      借: 预付账款——A 公司   3 000

        贷: 零余额账户用款额度   3 000

    预算会计:

      借: 行政支出   3 000

        贷: 资金结存——零余额账户用款额度   3 000

B. 验货后支付剩余 70% 价款时:

    财务会计:

      借: 业务活动费用——商品和服务费用   3 000

        贷: 预付账款——A 公司   3 000

            零余额账户用款额度   7 000

    预算会计:

      借: 行政支出   7 000

        贷: 资金结存——零余额账户用款额度   7 000

C. 预付 30% 价款时:

    财务会计:

      借: 预付账款——A 公司   30 000

        贷: 零余额账户用款额度   30 000

    预算会计:

      借: 行政支出   30 000

        贷: 资金结存——零余额账户用款额度   30 000

D. 验货后支付剩余 70% 价款时:

    财务会计:

      借: 业务活动费用——商品和服务费用   30 000

        贷: 预付账款——A 公司   30 000

            零余额账户用款额度   70 000

    预算会计:

      借: 行政支出   70 000

        贷: 资金结存——零余额账户用款额度   70 000

三、判断题(正确打"√"，错误打"×")

1. 预算支出是指政府会计主体在预算年度内依法发生并纳入预算管理的现金流出。

                                        (   )

2. 向单位职工个人与外部人员个人支付薪酬时，按照实际支付的金额，借记本科目，贷记"财政拨款预算收入""其他应付款"科目。　　　　　　　　　　　　　（　　）

3. 事业单位应当设置"事业支出"科目核算事业单位开展专业业务活动及其辅助活动实际发生的各项现金流出。　　　　　　　　　　　　　　　　　　　　　　（　　）

4. 对于暂付款项，在支付款项时必须做预算会计处理，待结算或报销时，按照结算或报销的金额。　　　　　　　　　　　　　　　　　　　　　　　　　　　（　　）

5. 开展专业业务活动及其辅助活动过程中因购货退回等发生款项退回，或者发生差错更正的，属于当年支出收回的，按照收回或更正金额。　　　　　　　　　　（　　）

6. 事业单位应当设置"债务还本支出"科目核算事业单位偿还自身承担的纳入预算管理的从金融机构举借的债务本金的现金流出。　　　　　　　　　　　　　（　　）

7. 资产置换过程中发生的相关税费，按照实际支付金额，借记"投资支出"科目，贷记"资金结存"科目。　　　　　　　　　　　　　　　　　　　　　　　（　　）

8. 单位一般为履职或开展业务活动发生的预付款项，比如单位按照购货、服务合同或协议规定预付给供应单位(或个人)的款项，即预付账款。　　　　　　　（　　）

9. 在预算会计中，实际缴纳税款时，按实际缴纳的金额，借记"其他应交税费——应交个人所得税"科目，贷记"银行存款""零余额账户用款额度""财政拨款收入"科目等。　　　　　　　　　　　　　　　　　　　　　　　　　　　　　（　　）

10. 6月10日，某行政单位购入一批材料80 000元，价款使用财政授权支付方式进行支付，当日收到材料并验收合格入库。6月15日，该行政单位领用该材料30 000元用于开展业务活动。那么该单位发生的行政支出金额是30 000元。　　　　　　（　　）

四、业务处理题

1. 2×19年12月，某事业单位根据体制安排和本年度事业收入的数额，经过计算，本年应上缴上级单位款项100 000元，事业单位通过银行转账上缴了款项。请写出相关的会计分录。

2. 沿用上题，假如该事业单位在2×19年没有发生其他的上缴上级支出，则期末和年末结转的账务将如何处理？

3. 2×19年12月，某事业单位用自有经费对所属独立核算杂志社补助10 000元，以银行存款支付。请写出相关的会计分录。

4. 沿用上题，假如该事业单位在2×19年没有发生其他对附属单位的补助支出，则期末和年末结转的账务将如何处理？

5. 某事业单位本年度使用本年度财政授权支付方式支付管理费用300 000元。请写出相关的会计分录。

6. 某事业单位本年度按照规定上缴财政拨款结余资金200 000元，请写出相关的会计分录。

五、思考题

1. 我国的政府会计预算支出包括哪些类型？与改革前预算支出核算相比较有哪些主要变化？

2. 谈谈我国政府会计改革对预算支出会计核算的影响有哪些？请比较我国政府会计改革前后的核算方法有何差异。

3. 我国事业单位专有预算支出有哪些类型？各有什么特点？

4. 我国事业单位如何进行事业预算支出核算？有哪些注意事项？

5. 我国事业单位如何记录和核算上缴上级支出和附属单位补助支出？两者有什么区别和联系？

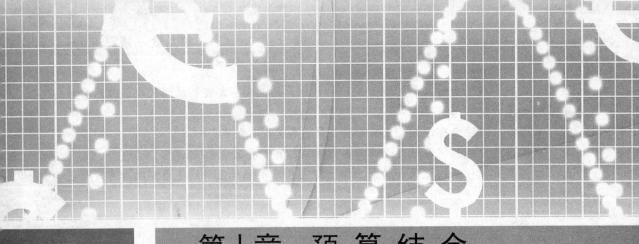

第十章　预 算 结 余

【学习目的及要求】

本章主要介绍资金结存、财政拨款结转结余、非财政拨款结转结余、事业单位专用结余资金、其他结余和非财政拨款结余分配的概念、会计核算。

通过本章的学习，了解资金结存、财政拨款结转结余、非财政拨款结转结余、事业单位专用结余资金和其他结余的概念，了解其他结余和非财政拨款结余分配的会计核算，掌握资金结存、财政拨款结转结余、非财政拨款结转结余和事业单位专用结余资金的会计核算。

第一节　预算结余概述

一、预算结余的概念

预算结余是指政府会计主体预算年度内预算收入扣除预算支出后的资金余额，以及历年滚存的资金余额。预算结余是政府会计主体采用收付实现制核算预算收入和预算支出后，按照预算结余的种类进行分类的结果。

预算结余体现的是政府会计主体预算执行的情况及其结果。

二、预算结余的内容

行政事业单位的预算结余主要包括各项结余资金和结转资金两部分。

(一)结余资金

结余资金是指年度预算执行终了，预算收入完成数扣除预算支出和结转资金后剩余的资金或工作目标已完成，或者因故终止当年剩余的资金。

(二)结转资金

结转资金是指预算安排的项目支出年终尚未执行完毕或者因故未执行，且下年度需要按照原用途继续使用的资金。

结转和结余资金可分为财政拨款结转结余、非财政拨款结转结余两部分。

1. 财政拨款结转结余

财政拨款结转结余是指行政事业单位各项财政拨款收入与其相关支出相抵后剩余滚存的、按规定管理和使用的结转和结余资金。

其中，事业单位的财政拨款结转结余不参与本单位的结余分配。各行政事业单位应单独设置"财政拨款结转"和"财政拨款结余"科目核算。

2. 非财政拨款结转结余

非财政拨款结转结余是指行政事业单位除财政拨款收支以外的有关项目的收入和支出相抵后的余额。

非财政拨款结转结余包括非财政拨款结转和非财政拨款结余。

非财政拨款结转是指行政事业单位除财政拨款收支以外的各专项资金收入和支出相抵后剩余滚存的、按规定管理和使用的结转资金。非财政拨款结转资金，按照规定结转下一年度继续使用，不得进行分配。各单位通过设置"非财政拨款结转"科目核算，以满足专项资金专款专用的管理要求。同时，设置"事业结余""经营结余""其他结余"等科目反映单位各项业务活动的结果。

非财政拨款结余是指行政事业单位除财政补助收支以外的各非专项资金收入和支出相抵后的余额。一般包括事业结余和经营结余两部分。其中，事业单位的非财政拨款结余可以按照国家有关规定进行分配。国家另有规定的，按规定执行。

3. 专用结余

专用结余是核算事业单位按照规定从非财政拨款结余中提取的具有专门用途的资金的变动和滚存余额。

4. 经营结余

经营结余是核算事业单位本年度经营活动收支相抵后余额弥补以前年度经营亏损后的余额。

5. 其他结余

其他结余是核算单位本年度除财政拨款收支、非同级财政专项资金收支和经营收支以外各项收支相抵后的余额。

三、预算结余形成的原因

由于行政事业单位的体制机制问题，结余资金的形成原因十分复杂，绝非朝夕可以形成。客观地说，该问题的形成，既有行政事业单位管理体制和管理制度层面上的因素，也有预算编制和执行层面的原因，既有国家宏观财政经济政策的影响，还有单位内部加强管理、节约资金方面的影响，是各级各类行政事业单位比较普遍且长期存在的问题。归纳一下，主要有以下几个方面。

一是财政财务政策方面的原因。由于国家对事业单位实行的是核定收支、定额或者定项补助、超支不补、结余留用的预算管理办法，结余留用的资金可以提取职工福利基金和转为事业基金，分别用于职工集体福利待遇、集体福利设施建设和弥补事业收支差额。在这一政策的激励下，许多单位积极挖掘内部潜力，努力增收节支，提高资金使用效益，节约了大量的财政资金用于事业发展，客观上影响了预算的执行，促成了财政资金的大量结余。

二是预算管理体制方面的原因。主要是预算执行时间较短，各单位预算特别是项目支出预算很难在当年执行完毕，容易形成结余资金，结转下一年度继续使用。

三是会计核算方面的原因。行政事业单位因往来款待结算的项目，虽然资金已经支付，但由于票据结算等方面的原因，在会计上不能做核销处理，从而虚增了结余。另外，各单位对购买材料等消耗用品的支出，虽然资金已流出，但由于材料尚未使用也不能在会计上列作支出，从而在账面上形成"虚拟"结余。

四是预算编制方面的原因。一些单位由于编制预算不够细化，甚至代编预算、虚报冒领财政资金，从而导致预算执行缓慢，预算资金滞留，这也是结余资金规模偏大的一个重要原因。

四、预算结余资金的管理

(一)预算结余资金的核定

(1) 当年 12 月 31 日工作日结束时，代理银行向基层预算单位提供对账单对账后，将各基层预算单位零余额账户额度余额注销。下年度，代理银行于 1 月第 2 个工作日将注销的额度，以《财政支出年度报表》的格式，加盖印章后报财政部国库支付局。财政部国库司于 1 月 8 日前(节假日顺延，下同)向财政部部门管理司提供上年度预算单位实际支付的资金数额，部门管理司根据部门预算初步核定当年未支付的资金数额，将核定的数额于 1 月 12 日之前送达财政部预算司和国库司。

(2) 各基层预算单位将本单位财政授权支付额度余额与代理银行提供的对账单核对一致后，与财政直接支付预算结余一同分预算科目类、款、项及项目，逐级汇总上报一级预算单位；一级预算单位汇总后于 1 月 20 日之前，按一级预算单位汇总表和基层预算单位明细表，报财政部国库支付局和部门管理司。

(3) 财政部国库支付局于 2 月 5 日之前将部门汇总报送的实际支付资金数额与代理银行对账单核对一致后，分别按一级预算单位和所属各基层预算单位，将预算单位用款计划数额、已支付数额、未支付数额送财政部国库司。

(4) 财政部国库司于 2 月底之前，按一级预算单位，分预算科目类、款、项及项目，复核已下达的上一年度用款计划数额。

(5) 财政部部门管理司根据部门预算和相关财政财务管理规定，于 3 月 15 日将上年度预算结余以正式文件通知预算单位，并送财政部预算司和国库司。

(6) 各一级预算单位和基层预算单位将财政部核批的上一年度预算结余与下一年度预

算合并使用，并将预算结余中未编报用款计划的部分，与下年度预算合并编报用款计划，由一级预算单位汇总报财政部批复使用。

(二)预算结余资金的使用

(1) 代理银行于当年 12 月 31 日将预算单位财政授权支付额度余额注销后，于下一年度 1 月第 2 个工作日，将上一年度注销的财政授权支付额度予以恢复，并通知各有关分支机构。各分支机构应当在 1 个工作日内向相关预算单位发出《财政授权支付额度恢复到账通知书》。

(2) 上一年度注销的财政授权支付额度在下一年度无对应预算科目的，代理银行应当根据财政部国库支付局确定的科目对应关系进行调整后，恢复财政授权支付额度。

(3) 基层预算单位凭据《财政授权支付额度恢复到账通知书》所列的额度支用资金。

(4) 预算单位支用上一年度已批复用款计划的财政直接支付结余资金，按照《中央单位财政国库管理制度改革试点资金支付管理办法》规定的程序申请支付，不再另行报送用款计划。

(5) 预算单位支用上一年度已批复部门预算，但尚未确定财政直接支付和财政授权支付方式、未编报用款计划的资金，应当按规定程序确定支付方式，编报用款计划，并经批复后支用。

第二节　预算结余类科目

政府会计制度共设预算结余类科目 9 个，如表 10.1 所示。

表 10.1　预算结余类科目表

序号	编号	名称	适用范围	序号	编号	名称	适用范围
1	8001	资金结存		2	8101	财政拨款结转	
3	8102	财政拨款结余		4	8201	非财政拨款结转	
5	8202	非财政拨款结余		6	8301	专用结余	事业单位
7	8401	经营结余	事业单位	8	8501	其他结余	
9	8701	非财政拨款结余分配	事业单位				

一、"资金结存"科目

"资金结存"科目核算单位纳入部门预算管理的资金的流入、流出、调整和滚存等。本科目应当设置以下明细科目。

(1) "零余额账户用款额度"科目，本明细科目核算实行国库集中支付的单位根据财政部门批复的用款计划收到和支用的零余额账户用款额度。年末结账后，本明细科目应无余额。

(2) "货币资金"科目，本明细科目核算单位以库存现金、银行存款、其他货币资金形态存在的资金。本明细科目年末借方余额，所反映的是单位尚未使用的货币资金。

(3) "财政应返还额度"科目，本明细科目核算实行国库集中支付的单位可以使用的以前年度财政直接支付资金额度和财政应返还的财政授权支付资金额度。本明细科目下可再设置"财政直接支付""财政授权支付"两个明细科目进行明细核算。本明细科目年末借方余额，所反映的是单位应收财政返还的资金额度。

(4) 本科目年末借方余额，所反映的是单位预算资金的累计滚存额度。

二、"财政拨款结转"科目

"财政拨款结转"科目核算单位取得的同级财政拨款结转资金的调整、结转和滚存情况。本科目应当设置以下明细科目。

(1) 与会计差错更正、以前年度支出收回相关的明细科目"年初余额调整"，本明细科目核算因发生会计差错更正、以前年度支出收回等原因，需要调整财政拨款结转的金额。年末结账后，本明细科目应无余额。

(2) 与财政拨款调拨业务相关的明细科目：①"归集调入"科目，本明细科目核算按照规定从其他单位调入财政拨款结转资金时，实际调增的额度数额或调入的资金数额。年末结账后，本明细科目应无余额。②"归集调出"科目，本明细科目核算按照规定向其他单位调出财政拨款结转资金时，实际调减的额度数额或调出的资金数额。年末结账后，本明细科目应无余额。③"归集上缴"科目，本明细科目核算按照规定上缴财政拨款结转资金时，实际核销的额度数额或上缴的资金数额。年末结账后，本明细科目应无余额。④"单位内部调剂"科目，本明细科目核算经财政部门批准对财政拨款结余资金改变用途，调整用于本单位其他未完成项目等的调整金额。年末结账后，本明细科目应无余额。

(3) 与年末财政拨款结转业务相关的明细科目：①"本年收支结转"科目，本明细科目核算单位本年度财政拨款收支相抵后的余额。年末结账后，本明细科目应无余额。②"累计结转"科目，本明细科目核算单位滚存的财政拨款结转资金。本明细科目年末贷方余额，反映单位财政拨款滚存的结转资金数额。

(4) 本科目年末贷方余额，所反映的是单位滚存的财政拨款结转资金数额。

三、"财政拨款结余"科目

"财政拨款结余"科目核算单位取得的同级财政拨款项目支出结余资金的调整、结转和滚存情况。本科目应当设置以下明细科目。

(1) 与会计差错更正、以前年度支出收回相关的明细科目"年初余额调整"，本明细科目核算因发生会计差错更正、以前年度支出收回等原因，需要调整财政拨款结余的金额。年末结账后，本明细科目应无余额。

(2) 与财政拨款结余资金调整业务相关的明细科目：①"归集上缴"科目，本明细科目核算按照规定上缴财政拨款结余资金时，实际核销的额度数额或上缴的资金数额。年末结账后，本明细科目应无余额。②"单位内部调剂"科目，本明细科目核算经财政部门批准对财政拨款结余资金改变用途，调整用于本单位其他未完成项目等的调整金额。年末结账后，本明细科目应无余额。

(3) 与年末财政拨款结余业务相关的明细科目：①"结转转入"科目，本明细科目核算单位按照规定转入财政拨款结余的财政拨款结转资金。年末结账后，本明细科目应无余额。②"累计结余"科目，本明细科目核算单位滚存的财政拨款结余资金。本明细科目年末贷方余额，反映单位财政拨款滚存的结余资金数额。

本科目还应当按照具体项目、《政府收支分类科目》中"支出功能分类科目"的相关科目等进行明细核算。有一般公共预算财政拨款、政府性基金预算财政拨款等两种或两种以上财政拨款的，还应当在本科目下按照财政拨款的种类进行明细核算。

(4) 本科目年末贷方余额，反映的是单位滚存的财政拨款结余资金数额。

四、"非财政拨款结转"科目

"非财政拨款结转"科目核算单位除财政拨款收支、经营收支以外各非同级财政拨款专项资金的调整、结转和滚存情况。本科目应当设置以下明细科目。

(1) "年初余额调整"科目，本明细科目核算因发生会计差错更正、以前年度支出收回等原因，需要调整非财政拨款结转的资金。年末结账后，本明细科目应无余额。

(2) "缴回资金"科目，本明细科目核算按照规定缴回非财政拨款结转资金时，实际缴回的资金数额。年末结账后，本明细科目应无余额。

(3) "项目间接费用或管理费"科目，本明细科目核算在单位取得的科研项目预算收入中，按照规定计提项目间接费用或管理费的数额。年末结账后，本明细科目应无余额。

(4) "本年收支结转"科目，本明细科目核算单位本年度非同级财政拨款专项收支相抵后的余额。年末结账后，本明细科目应无余额。

(5) "累计结转"科目，本明细科目核算单位滚存的非同级财政拨款专项结转资金。本明细科目年末贷方余额，反映的是单位非同级财政拨款滚存的专项结转资金数额。

本科目还应当按照具体项目、《政府收支分类科目》中"支出功能分类科目"的相关科目等进行明细核算。本科目年末贷方余额，反映的是单位滚存的非同级财政拨款专项结转资金数额。

五、"非财政拨款结余"科目

"非财政拨款结余"科目核算单位历年滚存的非限定用途的非同级财政拨款结余资金，主要为非财政拨款结余扣除结余分配后滚存的金额。本科目应当设置以下明细科目。

(1) "年初余额调整"科目，本明细科目核算因发生会计差错更正、以前年度支出收回等原因，需要调整非财政拨款结余的资金。年末结账后，本明细科目应无余额。

(2) "项目间接费用或管理费"科目，本明细科目核算单位取得的科研项目预算收入中，按照规定计提的项目间接费用或管理费数额。年末结账后，本明细科目应无余额。

(3) "结转转入"科目，本明细科目核算按照规定留归单位使用，由单位统筹调配，纳入单位非财政拨款结余的非同级财政拨款专项剩余资金。年末结账后，本明细科目应无余额。

(4) "累计结余"科目，本明细科目核算单位历年滚存的非同级财政拨款、非专项结余资金。

本明细科目年末贷方余额，反映的是单位非同级财政拨款滚存的非专项结余资金数额。

本科目还应当按照《政府收支分类科目》中"支出功能分类科目"的相关科目进行明细核算。本科目年末贷方余额，反映的是单位非同级财政拨款结余资金的累计滚存数额。

六、"专用结余"科目

"专用结余"科目核算事业单位按照规定从非财政拨款结余中提取的具有专门用途的资金的变动和滚存情况。

本科目应当按照专用结余的类别进行明细核算。

本科目年末贷方余额，反映的是事业单位从非同级财政拨款结余中提取的专用基金的累计滚存数额。

七、"经营结余"科目

"经营结余"科目核算事业单位本年度经营活动收支相抵后余额弥补以前年度经营亏损后的余额。

本科目收支相抵后如有贷方结余可转入"非财政拨款结余分配"科目，如为借方余额，不予结转。本科目可以按照经营活动类别进行明细核算。年末结账后，本科目一般无余额；如为借方余额，反映的是事业单位累计发生的经营亏损。

八、"其他结余"科目

"其他结余"科目核算单位本年度除财政拨款收支、非同级财政专项资金收支和经营收支以外各项收支相抵后的余额。即：非财政、非专项资金、非经营的收支结余。

收入里面的非财政非专项都转入其他结余，支出也一样，非同级财政、非专项部分也应转入其他结余，最后其他结余要通过"非财政拨款结余分配"，再转入"非财政拨款结余"。年末结账后，本科目应无余额。

九、"非财政拨款结余分配"科目

"非财政拨款结余分配"科目核算事业单位本年度非财政拨款结余分配的情况和结果。非财政结余分配主要是计提专用基金等，事业单位所得税的计算与缴纳不再通过本科目核算。年末结账后，本科目应无余额。

第三节　资金结存的会计核算

资金结存可以反映政府会计主体纳入部门预算管理的资金的流入、流出、调整和滚存等情况。"资金结存"科目核算的流入、流出、调整、滚存的"资金"，是指货币资金和财政应返还额度。与"资金结存"相关的业务活动包括资金的流入和流出，以及不同形式的资金之间的转换。

一、资金结存的明细科目设置

(1) "零余额账户用款额度"，财政部门批复的用款计划。

(2) "货币资金""库存现金""银行存款""其他货币资金"等。

(3) "财政应返还额度"，用于反映单位使用的以前年度财政直接支付资金额度和财政应返还的财政授权支付资金额度。在本科目下可设置"财政直接支付""财政授权支付"两个明细科目进行明细核算。

二、资金流入的会计核算

一般情况下，发生资金流入的经济业务事项时，借记本科目，贷记相关的预算会计科目。同时，借记"库存现金""银行存款""其他货币资金""零余额账户用款额度""财政应返还额度"等科目，贷记相关科目。

(一)取得预算收入

财政授权支付方式下，单位根据代理银行转来的财政授权支付额度到账通知书，按照通知书中的授权支付额度，借记本科目(零余额账户用款额度)，贷记"财政拨款预算收入"科目。

以国库集中支付以外的其他支付方式取得预算收入时，按照实际收到的金额，借记本科目(货币资金)，贷记"财政拨款预算收入""事业预算收入""经营预算收入"等科目。

(二)收到调入的财政拨款结转资金

收到从其他单位调入的财政拨款结转资金的，按照实际调入资金数额，借记本科目(财政应返还额度、零余额账户用款额度、货币资金)，贷记"财政拨款结转——归集调入"科目。

(三)购货退回、差错更正退回

因购货退回、发生差错更正等退回国库直接支付、授权支付款项，或者收回货币资金的，属于本年度支付的，借记"财政拨款预算收入"科目或本科目(零余额账户用款额度、货币资金),贷记相关支出科目;属于以前年度支付的,借记本科目(财政应返还额度、零余额账户用款额度、货币资金),贷记"财政拨款结转""财政拨款结余""非财政拨款结转""非财政拨款结余"等科目。

(四)年末确认未下达的财政用款额度

年末,根据本年度财政直接支付预算指标数与当年财政直接支付实际支出数的差额,借记本科目(财政应返还额度),贷记"财政拨款预算收入"科目;本年度财政授权支付预算指标数大于零余额账户用款额度下达数的,根据未下达的用款额度,借记本科目(财政应返还额度),贷记"财政拨款预算收入"科目。

三、资金流出的会计核算

(一)发生预算支出

财政授权支付方式下,发生相关支出时,按照实际支付的金额,借记"行政支出""事业支出"等科目,贷记本科目(零余额账户用款额度)。

从零余额账户提取现金时,借记本科目(货币资金),贷记本科目(零余额账户用款额度)。退回现金时,做相反会计分录。

使用以前年度财政直接支付额度发生支出时,按照实际支付金额,借记"行政支出""事业支出"等科目,贷记本科目(财政应返还额度)。

在国库集中支付以外的其他支付方式下,发生相关支出时,按照实际支付的金额,借记"事业支出""经营支出"等科目,贷记本科目(货币资金)。

按照规定使用专用基金时,按照实际支付金额,借记"专用结余"科目[从非财政拨款结余中提取的专用基金]或"事业支出"等科目[从预算收入中计提的专用基金],贷记本科目(货币资金)。

(二)上缴或缴回财政资金

按照规定上缴财政拨款结转结余资金或注销财政拨款结转结余资金额度的,按照实际上缴资金数额或注销的资金额度数额,借记"财政拨款结转——归集上缴"或"财政拨款结余——归集上缴"科目,贷记本科目(财政应返还额度、零余额账户用款额度、货币资金)。

按规定向原资金拨入单位缴回非财政拨款结转资金的,按照实际缴回资金数额,借记"非财政拨款结转——缴回资金"科目,贷记本科目(货币资金)。

(三)缴纳所得税

有企业所得税缴纳义务的事业单位缴纳所得税时,按照实际缴纳金额,借记"非财政拨款结余——累计结余"科目,贷记本科目(货币资金)。

四、不同形式资金转换的会计核算

不同形式资金转换仅仅涉及"资金结存"明细科目之间的结转。

(一)零余额账户用款额度注销

年末，单位依据代理银行提供的对账单作注销额度的相关账务处理，借记本科目(财政应返还额度)，贷记本科目(零余额账户用款额度)。

(二)下年初零余额账户用款额度恢复

下年初，单位依据代理银行提供的额度恢复到账通知书作恢复额度的相关账务处理，借记本科目(零余额账户用款额度)，贷记本科目(财政应返还额度)。

(三)收到未下达零余额账户用款额度

单位收到财政部门批复的上年末未下达零余额账户用款额度的，借记本科目(零余额账户用款额度)，贷记本科目(财政应返还额度)。上年末未下达的财政直接支付用款额度，因为不需要通过零余额账户支付，因此，不需要再转入"零余额账户用款额度"；下年使用上年度未下达的财政直接支付用款额度时，直接借记支付项目相关科目，贷记"财政应返还额度"科目。

五、资金结存具体会计核算

资金结存具体会计核算如表 10.2 所示。

表 10.2　8001 资金结存的账务处理

序号	业务和事项内容		账务处理	
			财务会计	预算会计
(1)	取得预算收入	财政授权支付方式下	借：零余额账户用款额度 　　贷：财政拨款收入	借：资金结存——零余额账户用款额度 　　贷：财政拨款预算收入
		国库集中支付以外的其他支付方式下	借：银行存款 　　贷：财政拨款收入/事业收入/经营收入等	借：资金结存——货币资金 　　贷：财政拨款预算收入/事业预算收入/经营预算收入等
	从零余额账户提取现金		借：库存现金 　　贷：零余额账户用款额度	借：资金结存——货币资金 　　贷：资金结存——零余额账户用款额度

序号	业务和事项内容		账务处理	
			财务会计	预算会计
(2)	发生预算支出时	财政授权支付方式下	借：业务活动费用/单位管理费用/库存物品/固定资产等 　贷：零余额账户用款额度	借：行政支出/事业支出等 　贷：资金结存——零余额账户用款额度
		使用以前年度财政直接支付额度	借：业务活动费用/单位管理费用/库存物品/固定资产等 　贷：财政应返还额度	借：行政支出/事业支出等 　贷：资金结存——财政应返还额度
		国库集中支付以外的其他方式下	借：业务活动费用/单位管理费用/库存物品/固定资产等 　贷：银行存款/库存现金等	借：事业支出/经营支出等 　贷：资金结存——货币资金
(3)	按照规定使用提取的专用基金	一般情况下	借：专用基金 　贷：银行存款等	使用从非财政拨款结余或经营结余中计提的专用基金 借：专用结余 　贷：资金结存——货币资金
		购买固定资产、无形资产等	借：固定资产/无形资产等 　贷：银行存款等 借：专用基金 　贷：累计盈余	使用从收入中计提并计入费用的专用基金 借：事业支出等 　贷：资金结存——货币资金
(4)	预算结转结余调整	按照规定上缴财政拨款结转结余资金或注销财政拨款结转结余额度的	借：累计盈余 　贷：财政应返还额度/零余额账户用款额度/银行存款	借：财政拨款结转——归集上缴/财政拨款结余——归集上缴 　贷：资金结存——财政应返还额度/零余额账户用款额度/货币资金
		按照规定缴回非财政拨款结转资金的	借：累计盈余 　贷：银行存款	借：非财政拨款结转——缴回资金 　贷：资金结存——货币资金
		收到调入的财政拨款结转资金的	借：财政应返还额度/零余额账户用款额度/银行存款 　贷：累计盈余	借：资金结存——财政应返还额度/零余额账户用款额度/货币资金 　贷：财政拨款结转——归集调入
(5)	因购货退回、发生差错更正等退回国库直接支付、授权支付款项，或者收回货币资金的	属于本年度的	借：财政拨款收入/零余额账户用款额度/银行存款等 　贷：业务活动费用/库存物品等	借：财政拨款预算收入/资金结存——零余额账户用款额度/资金结存——货币资金 　贷：行政支出/事业支出等
		属于以前年度的	借：财政应返还额度/零余额账户用款额度/银行存款等 　贷：以前年度盈余调整	借：资金结存——财政应返还额度/零余额账户用款额度/货币资金 　贷：财政拨款结转/财政拨款结余/非财政拨款结转/非财政拨款结余(年初余额调整)

序号	业务和事项内容		账务处理	
			财务会计	预算会计
(6)	有企业所得税缴纳义务的事业单位实际缴纳企业所得税时		借：其他应交税费——单位应交所得税 　　贷：银行存款等	借：非财政拨款结余——累计结余 　　贷：资金结存——货币资金
(7)	年末确认未下达的财政用款额度	财政直接支付方式	借：财政应返还额度——财政直接支付 　　贷：财政拨款收入	借：资金结存——财政应返还额度 　　贷：财政拨款预算收入
		财政授权支付方式	借：财政应返还额度——财政授权支付 　　贷：财政拨款收入	
(8)	年末注销零余额账户用款额度		借：财政应返还额度——财政授权支付 　　贷：零余额账户用款额度	借：资金结存——财政应返还额度 　　贷：资金结存——零余额账户用款额度
	下年初，恢复零余额账户用款额度或收到上年末未下达的零余额账户用款额度的		借：零余额账户用款额度 　　贷：财政应返还额度——财政授权支付	借：资金结存——零余额账户用款额度 　　贷：资金结存——财政应返还额度

【例 10.1】2×19 年 1 月 31 日，某行政单位本月取得财政授权支付方式下的预算收入 10 000 000 元。

预算会计：

借：资金结存——零余额账户用款额度　　　　　　　　10 000 000

　　贷：财政拨款预算收入　　　　　　　　　　　　　　10 000 000

财务会计：

借：零余额账户用款额度　　　　　　　　　　　　　　10 000 000

　　贷：财政拨款收入　　　　　　　　　　　　　　　　10 000 000

【例 10.2】2×19 年 3 月 3 日，某行政单位使用本年度财政授权支付额度购买仪器设备(作为固定资产管理)支出 500 000 元；使用以前年度财政授权支付额度用于管理支出 300 000 元。

(1) 购买仪器设备时

预算会计：

借：行政支出　　　　　　　　　　　　　　　　　　　500 000

　　贷：资金结存——零余额账户用款额度　　　　　　　　500 000

财务会计：

借：固定资产　　　　　　　　　　　　　　　　　　　500 000

　　贷：零余额账户用款额度　　　　　　　　　　　　　500 000

(2) 支付管理支出时

预算会计：

借：行政支出　　　　　　　　　　　　　　　　　　500 000
　　贷：资金结存——财政应返还额度　　　　　　　　　　　500 000

财务会计：

借：业务活动费用　　　　　　　　　　　　　　　　500 000
　　贷：财政应返还额度　　　　　　　　　　　　　　　　　500 000

【例 10.3】2×19 年 4 月 1 日，某事业单位按照规定上缴财政拨款结转资金 3 500 000
元，同时按规定缴回非财政拨款结转资金 1 800 000 元。

(1) 上缴财政拨款结转资金时

预算会计：

借：财政拨款结转——归集上缴　　　　　　　　　　3 500 000
　　贷：资金结存——货币资金　　　　　　　　　　　　　3 500 000

财务会计：

借：累计盈余　　　　　　　　　　　　　　　　　　3 500 000
　　贷：零余额账户用款额度　　　　　　　　　　　　　　3 500 000

(2) 缴回非财政拨款结转资金时

预算会计：

借：非财政拨款结转——缴回资金　　　　　　　　　1 800 000
　　贷：资金结存——货币资金　　　　　　　　　　　　　1 800 000

财务会计：

借：累计盈余　　　　　　　　　　　　　　　　　　1 800 000
　　贷：银行存款　　　　　　　　　　　　　　　　　　　1 800 000

【例 10.4】2×19 年 12 月 31 日，某单位缴纳本年应缴纳的所得税 800 000 元。

预算会计：

借：非财政拨款结余——累计结余　　　　　　　　　800 000
　　贷：资金结存——货币资金　　　　　　　　　　　　　800 000

财务会计：

借：其他应交税费——单位应交所得税　　　　　　　800 000
　　贷：银行存款　　　　　　　　　　　　　　　　　　　800 000

【例 10.5】2×18 年 12 月底，某单位注销零余额账户用款额度 1 500 000 元。

预算会计：

借：资金结存——财政应返还额度　　　　　　　　　1 500 000
　　贷：资金结存——零余额账户用款额度　　　　　　　　1 500 000

财务会计：

借：财政应返还额度——财政授权支付　　　　　　　1 500 000
　　贷：零余额账户用款额度　　　　　　　　　　　　　　1 500 000

【例 10.6】2×19 年 1 月，某单位收到代理银行提供的额度恢复到账通知书 1 500 000 元。

预算会计：

借：资金结存——零余额账户用款额度　　　　　　　　　　　1 500 000
　　　贷：资金结存——财政应返还额度　　　　　　　　　　　　　1 500 000
财务会计：
借：零余额账户用款额度　　　　　　　　　　　　　　　　　1 500 000
　　　贷：财政应返还额度——财政授权支付　　　　　　　　　　　1 500 000

第四节　财政拨款结转结余的会计核算

一、财政拨款结转

(一)财政拨款结转的明细科目设置

本科目用于核算单位取得的同级财政拨款结转资金的调整、结转和滚存情况。明细核算科目设置如下所述。

1. 与会计差错更正、以前年度支出收回相关的明细科目

"年初余额调整"。本明细科目核算因发生会计差错更正、以前年度支出收回等原因，需要调整财政拨款结转的金额。年末结账后，本明细科目应无余额。

2. 与财政拨款调拨业务相关的明细科目

①"归集调入"。本明细科目核算按照规定从其他单位调入财政拨款结转资金时，实际调增的额度数额或调入的资金数额。年末结账后，本明细科目应无余额。②"归集调出"。本明细科目核算按照规定向其他单位调出财政拨款结转资金时，实际调减的额度数额或调出的资金数额。年末结账后，本明细科目应无余额。③"归集上缴"。本明细科目核算按照规定上缴财政拨款结转资金时，实际核销的额度数额或上缴的资金数额。年末结账后，本明细科目应无余额。④"单位内部调剂"。本明细科目核算经财政部门批准对财政拨款结余资金改变用途，调整用于本单位其他未完成项目等的调整金额。年末结账后，本明细科目应无余额。

3. 与年末财政拨款结转业务相关的明细科目

①"本年收支结转"。本明细科目核算单位本年度财政拨款收支相抵后的余额。年末结账后，本明细科目应无余额。②"累计结转"。本明细科目核算单位滚存的财政拨款结转资金。年末贷方余额，反映的是单位财政拨款滚存的结转资金数额。"累计结转"科目还应当设置"基本支出结转""项目支出结转"两个明细科目，并在"基本支出结转"明细科目下按照"人员经费""日常公用经费"进行明细核算，在"项目支出结转"明细科目下按照具体项目进行明细核算；同时，本科目还应按照《政府收支分类科目》中"支出功能分类科目"的相关科目进行明细核算。如果有一般公共预算财政拨款、政府性基金预算财政拨款等两种或两种以上财政拨款的，还应当在"累计结转"科目下按照财政拨款的种类进行明细核算。

(二)财政拨款结转业务

1. 与会计差错更正、以前年度支出收回相关的账务处理

(1) 因发生会计差错更正退回以前年度国库直接支付、授权支付款项或财政性货币资金，或者因发生会计差错更正增加以前年度国库直接支付、授权支付支出或财政性货币资金支出，属于以前年度财政拨款结转资金的，借记或贷记"资金结存——财政应返还额度、零余额账户用款额度、货币资金"科目，贷记或借记本科目(年初余额调整)。

(2) 因购货退回、预付款项收回等发生以前年度支出又收回国库直接支付、授权支付款项或收回财政性货币资金，属于以前年度财政拨款结转资金的，借记"资金结存——财政应返还额度、零余额账户用款额度、货币资金"科目，贷记本科目(年初余额调整)。

2. 与财政拨款结转结余资金调整业务相关的账务处理

(1) 按照规定从其他单位调入财政拨款结转资金的，按照实际调增的额度数额或调入的资金数额，借记"资金结存——财政应返还额度、零余额账户用款额度、货币资金"科目，贷记本科目(归集调入)。

(2) 按照规定向其他单位调出财政拨款结转资金的，按照实际调减的额度数额或调出的资金数额，借记本科目(归集调出)，贷记"资金结存——财政应返还额度、零余额账户用款额度、货币资金"科目。

(3) 按照规定上缴财政拨款结转资金或注销财政拨款结转资金额度的，按照实际上缴资金数额或注销的资金额度数额，借记本科目(归集上缴)，贷记"资金结存——财政应返还额度、零余额账户用款额度、货币资金"科目。

(4) 经财政部门批准对财政拨款结余资金改变用途，调整用于本单位基本支出或其他未完成项目支出的，按照批准调剂的金额，借记"财政拨款结余——单位内部调剂"科目，贷记本科目(单位内部调剂)。

3. 与年末财政拨款结转和结余业务相关的账务处理

(1) 年末，将财政拨款预算收入本年发生额转入本科目，借记"财政拨款预算收入"科目，贷记本科目(本年收支结转)；将各项支出中财政拨款支出本年发生额转入本科目，借记本科目(本年收支结转)，贷记各项支出(财政拨款支出)科目。

(2) 年末冲销有关明细科目余额。将本科目(本年收支结转、年初余额调整、归集调入、归集调出、归集上缴、单位内部调剂)余额转入本科目(累计结转)。结转后，本科目除"累计结转"明细科目外，其他明细科目应无余额。

(3) 年末完成上述结转后，应当对财政拨款结转各明细项目执行情况进行分析，按照有关规定将符合财政拨款结余性质的项目余额转入财政拨款结余，借记本科目(累计结转)，贷记"财政拨款结余——结转转入"科目。

(三)财政拨款结转具体会计核算

财政拨款结转具体会计核算如表 10.3 所示。

表 10.3　8101 财政拨款结转的账务处理

序号	业务和事项内容		账务处理	
			财务会计	预算会计
(1)	因会计差错更正、购货退回、预付款项收回等发生以前年度调整事项	调整增加相关资产	借：零余额账户用款额度/银行存款等 　　贷：以前年度盈余调整	借：资金结存——零余额账户用款额度/货币资金等 　　贷：财政拨款结转——年初余额调整
		因会计差错更正调整减少相关资产	借：以前年度盈余调整 　　贷：零余额账户用款额度/银行存款等	借：财政拨款结转——年初余额调整 　　贷：资金结存——零余额账户用款额度/货币资金等
(2)	从其他单位调入财政拨款结转资金	按照实际调增的额度数额或调入的资金数额	借：财政应返款额度/零余额账户用款额度/银行存款 　　贷：累计盈余	借：资金结存——财政应返还额度/零余额账户用款额度/货币资金 　　贷：财政拨款结转——归集调入
(3)	向其他单位调出财政拨款结转资金	按照实际调减的额度数额或调减的资金数额	借：累计盈余 　　贷：财政应返还额度/零余额账户用款额度/银行存款	借：财政拨款结转——归集调出 　　贷：资金结存——财政应返还额度/零余额账户用款额度/货币资金
(4)	按照规定上缴财政拨款结转资金或注销财政拨款结转额度	按照实际上缴资金数额或注销的资金额度	借：累计盈余 　　贷：财政应返还额度/零余额账户用款额度/银行存款	借：财政拨款结转——归集上缴 　　贷：资金结存——财政应返还额度/零余额账户用款额度/货币资金
(5)	单位内部调剂财政拨款结余资金	按照调整的金额	——	借：财政拨款结余——单位内部调剂 　　贷：财政拨款结转——单位内部调剂
(6)	年末结转	结转财政拨款预算收入	——	借：财政拨款预算收入 　　贷：财政拨款结转——本年收支结转
		结转财政拨款预算支出	——	借：财政拨款结转——本年收支结转 　　贷：行政支出/事业支出等[财政拨款支出部分]
(7)	年末冲销本科目有关明细科目余额		——	借：财政拨款结转——年初余额调整[该明细科目为贷方余额时]/归集调入/单位内部调剂/本年收支结转[该明细科目为贷方余额时] 　　贷：财政拨款结转——累计结转 借：财政拨款结转——累计结转 　　贷：财政拨款结转——归集上缴/年初余额调整[该明细科目为借方余额时]/归集调出/本年收支结转[该明细科目为借方余额时]

序号	业务和事项内容	账务处理	
		财务会计	预算会计
(8)	转入财政拨款结余	按照有关规定将符合财政拨款结余性质的项目余额转入财政拨款结余	——	借：财政拨款结转——累计结转 　贷：财政拨款结余——结转转入

【例10.7】 2×18年12月1日，某事业单位在零余额账户2×18年度财政拨款项目支出中预付进口设备B及代理费50 000元，第二年1月1日设备到货入关手续完结后实际应付设备及代理费共计48 000元，收回预付款2 000元。设备无须安装，已验收和办理资产登记。

2×18年12月1日

预算会计：

借：事业支出——财政资金支出——项目支出——资本性支出　　500 000

　　贷：资金结存——零余额账户　　　　　　　　　　　　　　　　500 000

财务会计：

借：预付账款——B专用设备　　　　　　　　　　　　　　　500 000

　　贷：零余额账户——项目支出用款额度　　　　　　　　　　　　500 000

2×19年1月1日

预算会计：

借：资金结存——零余额账户　　　　　　　　　　　　　　　　2 000

　　贷：财政拨款结转——年初余额调整　　　　　　　　　　　　　2 000

财务会计：

借：零余额账户——项目支出用款额度　　　　　　　　　　　2 000

　　固定资产——专用设备——B　　　　　　　　　　　　　480 000

　　贷：预付账款——B专用设备　　　　　　　　　　　　　　　500 000

【例10.8】 2×19年1月，某单位发生1 100 000元的预付账款退回至银行账户，该款项系以前年度结转资金。

预算会计：

借：资金结存——货币资金　　　　　　　　　　　　　　1 100 000

　　贷：资金结存——年初余额调整　　　　　　　　　　　　1 100 000

财务会计：

借：银行存款　　　　　　　　　　　　　　　　　　　　1 100 000

　　贷：预付账款　　　　　　　　　　　　　　　　　　　　1 100 000

【例10.9】 2×19年2月，某单位从其他单位调入财政授权支付拨款结转资金1 200 000元。

预算会计：

借：资金结存——零余额账户用款额度　　　　　　　　　1 200 000

贷：财政拨款结转——归集调入　　　　　　　　　　　　　1 200 000

　　财务会计：

　　借：零余额账户用款额度　　　　　　　　　　　　　　　1 200 000

　　　　贷：累计盈余　　　　　　　　　　　　　　　　　　　　1 200 000

　　【例 10.10】2×18 年年末，某事业单位财政拨款结转科目下的年初余额调整借方余额 2 000 元、归集上缴借方余额 100 000 元、本年收支结转贷方余额 500 000 元。年末冲销本科目明细科目。

　　借：财政拨款结转——累计本年收支结转　　　　　　　　500 000

　　　　贷：财政拨款结转——归集上缴　　　　　　　　　　　100 000

　　　　　　　　　　——年初余额调整　　　　　　　　　　　　2 000

　　　　　　　　　　——累计结转　　　　　　　　　　　　　398 000

　　【例 10.11】2×18 年年末，某事业单位开展年终结账清查，发现"财政拨款结转——累计结转"科目中有 400 000 元已达到财政规定的结余资金认定条件，应转入结余资金管理。

　　借：财政拨款结转——累计结转　　　　　　　　　　　　400 000

　　　　贷：财政拨款结余——结转转入　　　　　　　　　　　400 000

二、财政拨款结余

(一)财政拨款结余的明细科目设置

　　本科目核算单位取得的同级财政拨款项目支出结余资金的调整、结转和滚存情况。 明细核算科目设置如下所述。

1. 与会计差错更正、以前年度支出收回相关的明细科目

　　"年初余额调整"。本明细科目核算因发生会计差错更正、以前年度支出收回等原因，需要调整财政拨款结余的金额。年末结账后，本明细科目应无余额。

2. 与财政拨款结余资金调整业务相关的明细科目

　　①"归集上缴"。本明细科目核算按照规定上缴财政拨款结余资金时，实际核销的额度数额或上缴的资金数额。年末结账后，本明细科目应无余额。②"单位内部调剂"。本明细科目核算经财政部门批准对财政拨款结余资金改变用途，调整用于本单位其他未完成项目等的调整金额。年末结账后，本明细科目应无余额。

3. 与年末财政拨款结余业务相关的明细科目

　　①"结转转入"。本明细科目核算单位按照规定转入财政拨款结余的财政拨款结转资金。年末结账后，本科目应无余额。②"累计结余"。本明细科目核算单位滚存的财政拨款结余资金。本明细科目年末贷方余额，反映的是单位财政拨款滚存的结余资金数额。"累计结余"科目还应当按照具体项目、《政府收支分类科目》中"支出功能分类科目"的相关科目等进行明细核算。如果有一般公共预算财政拨款、政府性基金预算财政拨款等两种或两种以上财政拨款的，还应当在"累计结余"科目下按照财政拨款的种类进行明细核算。

(二)财政拨款结余业务

1. 与会计差错更正、以前年度支出收回相关的账务处理

(1) 因发生会计差错更正退回以前年度国库直接支付、授权支付款项或财政性货币资金，或者因发生会计差错更正增加以前年度国库直接支付、授权支付支出或财政性货币资金支出，属于以前年度财政拨款结余资金的，借记或贷记"资金结存——财政应返还额度、零余额账户用款额度、货币资金"科目，贷记或借记本科目(年初余额调整)。

(2) 因购货退回、预付款项收回等发生以前年度支出又收回国库直接支付、授权支付款项或收回财政性货币资金，属于以前年度财政拨款结余资金的，借记"资金结存——财政应返还额度、零余额账户用款额度、货币资金"科目，贷记本科目(年初余额调整)。

2. 与财政拨款结余资金调整业务相关的账务处理

(1) 经财政部门批准对财政拨款结余资金改变用途，调整用于本单位基本支出或其他未完成项目支出的，按照批准调剂的金额，借记本科目(单位内部调剂)，贷记"财政拨款结转——单位内部调剂"科目。

(2) 按照规定上缴财政拨款结余资金或注销财政拨款结余资金额度的，按照实际上缴资金数额或注销的资金额度数额，借记本科目(归集上缴)，贷记"资金结存——财政应返还额度、零余额账户用款额度、货币资金"科目。

3. 与年末财政拨款结转和结余业务相关的账务处理

(1) 年末，应对财政拨款结转各明细项目执行情况进行分析，按照有关规定将符合财政拨款结余性质的项目余额转入财政拨款结余，借记"财政拨款结转——累计结转"科目，贷记本科目(结转转入)。

(2) 年末冲销有关明细科目余额。将本科目(年初余额调整、归集上缴、单位内部调剂、结转转入)余额转入本科目(累计结余)。结转后，本科目除"累计结余"明细科目外，其他明细科目应无余额。

(三)财政拨款结余具体会计核算

财政拨款结余具体会计核算如表 10.4 所示。

表 10.4　8102 财政拨款结余的账务处理

序号	业务和事项内容		账务处理	
			财务会计	预算会计
(1)	因购货退回、会计差错更正等发生以前年度调整事项	调整增加相关资产	借：零余额账户用款额度/银行存款等 　　贷：以前年度盈余调整	借：资金结存——零余额账户用款额度/货币资金等 　　贷：财政拨款结余——年初余额调整
		因会计差错更正调整减少相关资产	借：以前年度盈余调整 　　贷：零余额账户用款额度/银行存款等	借：财政拨款结余——年初余额调整 　　贷：资金结存——零余额账户用款额度/货币资金等

续表

序号	业务和事项内容		账务处理	
			财务会计	预算会计
(2)	上缴财政拨款结余资金或注销财政拨款结余额度	按照实际上缴资金数额或注销的资金额度	借：累计盈余 　贷：财政应返还额度/零余额账户用款额度/银行存款	借：财政拨款结余——归集上缴 　贷：资金结存——财政应返还额度/零余额账户用款额度/货币资金
(3)	单位内部调剂财政拨款结余资金	按照调整的金额	——	借：财政拨款结余——单位内部调剂 　贷：财政拨款结转——单位内部调剂
(4)	年末，转入财政拨款结余	将符合财政拨款结余性质的项目余额转入财政拨款结余	——	借：财政拨款结转——累计结转 　贷：财政拨款结余——结转转入
(5)	年末冲销本科目有关明细科目余额		——	借：财政拨款结余——年初余额调整[该明细科目为贷方余额时] 　贷：财政拨款结余——累计结余 借：财政拨款结余——累计结余 　贷：财政拨款结余——年初余额调整[该明细科目为借方余额时] 　　——归集上缴 　　——单位内部调剂 借：财政拨款结余——结转转入 　贷：财政拨款结余——累计结余

【例10.12】2×19年1月，某单位收回从国库直接支付的货物预付款86 000元，该款项属于以前年度结余资金。

预算会计：

借：资金结存——零余额账户用款额度　　　　　　86 000
　　贷：财政拨款结余——年初余额调整　　　　　　　　　86 000

财务会计：

借：零余额账户用款额度　　　　　　　　　　　　86 000
　　贷：以前年度盈余调整　　　　　　　　　　　　　　　86 000

【例10.13】2×19年12月底，某单位注销财政授权支付方式财政拨款结余资金16 000 000元，该款项属于以前年度结余资金。

预算会计：

借：财政拨款结余——归集上缴　　　　　　　16 000 000
　　贷：资金结存——零余额账户用款额度　　　　　16 000 000

财务会计：

借：累计盈余 16 000 000
　　贷：零余额账户用款额度 16 000 000

第五节　非财政拨款结转结余的会计核算

一、非财政拨款结转

(一)非财政拨款结转明细科目设置

本科目核算单位除财政拨款收支、经营收支以外各非同级财政拨款专项资金的调整、结转和滚存情况。明细核算科目的设置如下所述。

(1) "年初余额调整"。本明细科目核算因发生会计差错更正、以前年度支出收回等原因，需要调整非财政拨款结转的资金。年末结账后，本明细科目应无余额。

(2) "缴回资金"。本明细科目核算按照规定缴回非财政拨款结转资金时，实际缴回的资金数额。年末结账后，本明细科目应无余额。

(3) "项目间接费用或管理费"。本明细科目核算单位取得的科研项目预算收入中，按照规定计提项目间接费用或管理费的数额。年末结账后，本明细科目应无余额。

(4) "本年收支结转"。本明细科目核算单位本年度非同级财政拨款专项收支相抵后的余额。年末结账后，本明细科目应无余额。

(5) "累计结转"。本明细科目核算单位滚存的非同级财政拨款专项结转资金。本明细科目年末贷方余额，其反映的是单位非同级财政拨款滚存的专项结转资金数额。本科目还应当按照具体项目、《政府收支分类科目》中"支出功能分类科目"的相关科目等进行明细核算。

(二)非财政拨款结转业务

1. 从科研项目预算收入中提取管理费或间接费

按照规定从科研项目预算收入中提取项目管理费或间接费时，按照提取金额，借记本科目(项目间接费用或管理费)，贷记"非财政拨款结余——项目间接费用或管理费"科目。

2. 因会计差错更正收到或支出非同级财政拨款货币资金

因会计差错更正收到或支出非同级财政拨款货币资金，属于非财政拨款结转资金的，按照收到或支出的金额，借记或贷记"资金结存——货币资金"科目，贷记或借记本科目(年初余额调整)。

因收回以前年度支出等收到非同级财政拨款货币资金，属于非财政拨款结转资金的，按照收到的金额，借记"资金结存——货币资金"科目，贷记本科目(年初余额调整)。

3. 缴回非财政拨款结转资金

按照规定缴回非财政拨款结转资金的，按照实际缴回资金数额，借记本科目(缴回资金)，贷记"资金结存——货币资金"科目。

4. 年末结转

年末，将事业预算收入、上级补助预算收入、附属单位上缴预算收入、非同级财政拨款预算收入、债务预算收入、其他预算收入本年发生额中的专项资金收入转入本科目，借记"事业预算收入""上级补助预算收入""附属单位上缴预算收入""非同级财政拨款预算收入""债务预算收入""其他预算收入"等科目下各专项资金收入明细科目，贷记本科目(本年收支结转)；将行政支出、事业支出、其他支出本年发生额中的非财政拨款专项资金支出转入本科目，借记本科目(本年收支结转)，贷记"行政支出""事业支出""其他支出"等科目下各非财政拨款专项资金支出明细科目。

5. 对非财政拨款专项结转资金分析结转

年末完成上述结转后，应当对非财政拨款专项结转资金各项目情况进行分析，将留归本单位使用的非财政拨款专项(项目已完成)剩余资金转入非财政拨款结余，借记本科目(累计结转)，贷记"非财政拨款结余——结转转入"科目。

(三)非财政拨款结转具体会计核算

非财政拨款结转具体会计核算如表 10.5 所示。

表 10.5　8201 非财政拨款结转的账务处理

序号	业务和事项内容		账务处理	
			财务会计	预算会计
(1)	按照规定从科研项目预算收入中提取项目管理费或间接费		借：单位管理费用 　　贷：预提费用——项目间接费用或管理费	借：非财政拨款结转——项目间接费用或管理费 　　贷：非财政拨款结余——项目间接费用或管理费
(2)	因购货退回、会计差错更正等发生以前年度调整事项	调整增加相关资产	借：银行存款等 　　贷：以前年度盈余调整	借：资金结存——货币资金 　　贷：非财政拨款结转——年初余额调整
		调整减少相关资产	借：以前年度盈余调整 　　贷：银行存款等	借：非财政拨款结转——年初余额调整 　　贷：资金结存——货币资金
(3)	按照规定缴回非财政拨款结转资金	按照实际缴回资金	借：累计盈余 　　贷：银行存款等	借：非财政拨款结转——缴回资金 　　贷：资金结存——货币资金
(4)	年末结转	结转非财政拨款专项收入	——	借：事业预算收入/上级补助预算收入/附属单位上缴预算收入/非同级财政拨款预算收入/债务预算收入/其他预算收入 　　贷：非财政拨款结转——本年收支结转

续表

序号	业务和事项内容		账务处理	
			财务会计	预算会计
(4)	年末结转	结转非财政拨款专项支出	——	借：非财政拨款结转——本年收支结转 　　贷：行政支出/事业支出/其他支出
(5)	年末冲销本科目相关明细科目金额		——	借：非财政拨款结转——年初余额调整[该明细科目为贷方余额时] 　　　　——本年收支结转[该明细科目为贷方余额时] 　　贷：非财政拨款结转——累计结转 借：非财政拨款结转——累计结转 　　贷：非财政拨款结转——年初余额调整[该明细科目为借方余额时] 　　　　　　——缴回资金 　　　　　　——项目间接费用或管理费 　　　　　　——本年收支结转 [该明细科目为借方余额时]
(6)	将留归本单位使用的非财政拨款专项剩余资金转入非财政拨款结余		——	借：非财政拨款结转——累计结转 　　贷：非财政拨款结余——结转转入

【例 10.14】2×19 年 12 月 31 日，某事业单位有关非财政拨款专项资金预算收入和非财政拨款专项资金支出科目的本年发生额如表 10.6 所示。

表 10.6　非财政拨款专项资金预算收支本年发生额表

单位：元

非财政拨款专项资金预算收支科目	本年贷方发生额	本年借方发生额
事业预算收入——专项资金收入	430 000	
上级补助预算收入——专项资金收入	560 000	
附属单位上缴预算收入——专项资金收入	45 000	
非同级财政拨款预算收入——专项资金收入	88 000	
债务预算收入——专项资金收入	46 000	
其他预算收入——专项资金收入	8 200	
事业支出——非财政专项资金支出		1 000 500
其他支出——非财政专项资金支出		170 000
合计	1 177 200	1 170 500

预算会计：

(1) 结转非财政拨款专项资金预算收入科目本年发生额

借：事业预算收入——专项资金收入　　　　　　　　　　　430 000

上级补助预算收入——专项资金收入	560 000
附属单位上缴预算收入——专项资金收入	45 000
非同级财政拨款预算收入——专项资金收入	88 000
债务预算收入——专项资金收入	46 000
其他预算收入——专项资金收入	8 200
贷：非财政拨款结转——本年收支结转	1 177 200

(2) 结转非财政拨款专项资金支出科目本年发生额

借：非财政拨款结转——本年收支结转	1 170 500
贷：事业支出——非财政专项资金支出	1 000 500
其他支出——非财政专项资金支出	170 000

　　年末，在完成非财政拨款专项资金预算收入和非财政拨款专项资金支出的本年发生额结转后，该事业单位"非财政拨款结转——本年收支结转"科目的贷方余额为 6 700 元 (1 177 200-1 170 500)。该贷方余额应当转入"非财政拨款结转——累计结转"科目的贷方。

　　【例 10.15】2×19 年 12 月 31 日，某事业单位非财政拨款结转明细科目情况如下：年初余额调整贷方 5 000 元，管理费借方 10 000 元，本年收支结转贷方 100 000 元。

　　预算会计：

借：非财政拨款结转——年初余额调整	5 000
——本年收支结转	100 000
贷：非财政拨款结转——累计结转	105 000
借：非财政拨款结转——累计结转	10 000
贷：非财政拨款结转——管理费	10 000

　　年末，在冲销非财政拨款结转有关明细科目余额后，该事业单位本年非财政拨款结转中的累计结转增加 95 000 元(105 000-10 000)。该余额加上年初累计结转，为年末按规定转非财政拨款结余前的财政拨款累计结转资金数额。

　　【例 10.16】2×19 年 12 月 31 日，某事业单位"非财政拨款结转——累计结转"科目贷方余额为 75 000 元。经对各项目情况进行分析，其中应留归本单位使用的非财政拨款专项(项目已完成)剩余资金数额为 5 500 元，将其转入非财政拨款结余。

　　预算会计：

借：非财政拨款结转——累计结转	5 500
贷：非财政拨款结余——结转转入	5 500

　　年末，在将留归本单位使用的非财政拨款专项剩余资金转入非财政拨款结余后，该事业单位非财政拨款结转中的累计结转余额为 69 500 元(75 000-5 500)。该余额为年末本单位滚存的非财政拨款结转资金数额，应当在第二年继续按专项资金规定的用途使用。

二、非财政拨款结余

(一)非财政拨款结余的明细科目设置

　　本科目核算单位历年滚存的非限定用途的非同级财政拨款结余资金，主要为非财政拨款结余扣除结余分配后滚存的金额。明细核算科目的设置如下所述。

(1) "年初余额调整"。用于核算因发生会计差错更正、以前年度支出收回等原因，需要调整非财政拨款结余的资金。年末结账后，本明细科目应无余额。

(2) "项目间接费用或管理费"。用于核算单位在取得的科研项目预算收入中，按照规定计提的项目间接费用或管理费数额。年末结账后，本明细科目应无余额。

(3) "结转转入"。用于核算按照规定留归单位使用，由单位统筹调配，纳入单位非财政拨款结余的非同级财政拨款专项剩余资金。年末结账后，本明细科目应无余额。

(4) "累计结余"。用于核算历年滚存的非同级财政拨款、非专项结余资金。年末贷方余额反映的是滚存的非专项结余资金数额。

(二)非财政拨款结余业务

1. 从科研项目预算收入中提取项目管理费或间接费

按照规定从科研项目预算收入中提取项目管理费或间接费时，借记"非财政拨款结转——项目间接费用或管理费"科目，贷记本科目(项目间接费用或管理费)。

2. 缴纳企业所得税

有企业所得税缴纳义务的事业单位实际缴纳企业所得税时，按照缴纳金额，借记本科目(累计结余)，贷记"资金结存——货币资金"科目。

3. 因会计差错更正收到或支出非同级财政拨款货币资金

因会计差错更正收到或支出非同级财政拨款货币资金，属于非财政拨款结余资金的，按照收到或支出的金额，借记或贷记"资金结存——货币资金"科目，贷记或借记本科目(年初余额调整)。

因收回以前年度支出等收到非同级财政拨款货币资金，属于非财政拨款结余资金的，按照收到的金额，借记"资金结存——货币资金"科目，贷记本科目(年初余额调整)。

4. 年末结转

年末，将留归本单位使用的非财政拨款专项(项目已完成)剩余资金转入本科目，借记"非财政拨款结转——累计结转"科目，贷记本科目(结转转入)。

5. 年末非财政拨款结余分配和其他结余转非财政拨款结余

年末，事业单位将"非财政拨款结余分配"科目余额转入非财政拨款结余。"非财政拨款结余分配"科目为借方余额的，借记本科目(累计结余)，贷记"非财政拨款结余分配"科目；"非财政拨款结余分配"科目为贷方余额的，借记"非财政拨款结余分配"科目，贷记本科目(累计结余)。

年末，行政单位将"其他结余"科目的余额转入非财政拨款结余。"其他结余"科目为借方余额的，借记本科目(累计结余)，贷记"其他结余"科目；"其他结余"科目为贷方余额的，借记"其他结余"科目，贷记本科目(累计结余)。

(三)非财政拨款结余具体会计核算

非财政拨款结余具体会计核算如表 10.7 所示。

表 10.7 8202 非财政拨款结余的账务处理

序号	业务和事项内容		账务处理	
			财务会计	预算会计
(1)	按照规定从科研项目预算收入中提取项目管理费或间接费		借：单位管理费用 　贷：预提费用—— 项目间接费用或管理费	借：非财政拨款结转——项目间接费用或管理费 　贷：非财政拨款结余——项目间接费用或管理费
(2)	实际缴纳企业所得税		借：其他应交税费—— 单位应交所得税 　贷：银行存款等	借：非财政拨款结余——累计结余 　贷：资金结存——货币资金
(3)	因购货退回、会计差错更正等发生以前年度调整事项	调整增加相关资产	借：银行存款等 　贷：以前年度盈余调整	借：资金结存——货币资金 　贷：非财政拨款结余——年初余额调整
		调整减少相关资产	借：以前年度盈余调整 　贷：银行存款等	借：非财政拨款结余——年初余额调整 　贷：资金结存——货币资金
(4)	将留归本单位使用的非财政拨款专项剩余资金转入非财政拨款结余		——	借：非财政拨款结转——累计结转 　贷：非财政拨款结余——结转转入
(5)	年末冲销本科目相关明细科目金额		——	借：非财政拨款结余——年初余额调整 [该明细科目为贷方余额时] 　　——项目间接费用或管理费 　　——结转转入 　贷：非财政拨款结余——累计结余 借：非财政拨款结余——累计结余 　贷：非财政拨款结余——年初余额调整 　　——缴回资金
(6)	年末结转	非财政拨款结余分配为贷方余额	——	借：非财政拨款结余分配 　贷：非财政拨款结余——累计结余
		非财政拨款结余分配为借方余额	——	借：非财政拨款结余——累计结余 　贷：非财政拨款结余分配

【例 10.17】2×18 年 8 月 1 日，某事业单位承担科技部重点研发计划项目资金到账，项目任务书批复间接费用预算 35 万元，财务部门按照科研部门下达的科研项目入账通知书

和项目任务书提取项目间接费用。

预算会计：

借：非财政拨款结转——项目间接费用或管理费　　　　　350 000

　　贷：非财政拨款结余——项目间接费用或管理费　　　　　350 000

财务会计：

借：单位管理费用——项目支出——其他商品和服务费用　　350 000

　　贷：预提费用——项目间接费用或管理费　　　　　　　　350 000

【例 10.18】2×18 年年末，某事业单位财政科研经费已通过结题验收，结余资金 40 万元，由非财政拨款结转转入非财政拨款结余管理和核算。

借：非财政拨款结转——累计转入　　　　　　　　　　　400 000

　　贷：非财政拨款结余——结转转入　　　　　　　　　　　400 000

【例 10.19】某事业单位本年度实际缴纳企业所得税为 800 000 元。

预算会计：

借：非财政拨款结余——累计结余　　　　　　　　　　　800 000

　　贷：资金结存——货币资金　　　　　　　　　　　　　　800 000

财务会计：

借：其他应交税费——单位应交所得税　　　　　　　　　800 000

　　贷：银行存款　　　　　　　　　　　　　　　　　　　　800 000

【例 10.20】某单位年末非财政拨款结余明细科目情况如下：年初余额调整贷方余额 800 000 元，项目间接费用借方 500 000 元。

预算会计：

借：非财政拨款结余——年初余额调整　　　　　　　　　800 000

　　贷：非财政拨款结余——累计结余　　　　　　　　　　　800 000

借：非财政拨款结余——累计结余　　　　　　　　　　　500 000

　　贷：非财政拨款结余——项目间接费用　　　　　　　　　500 000

第六节　事业单位专用结余的会计核算

一、专用结余

(一)专用结余业务

1. 提取专用基金

根据有关规定从本年度非财政拨款结余或经营结余中提取基金的，按照提取金额，借记"非财政拨款结余分配"科目，贷记本科目。

2. 使用专用基金

根据规定使用从非财政拨款结余或经营结余中提取的专用基金时，按照使用金额，借记本科目，贷记"资金结存——货币资金"科目。

(二)专用结余具体会计核算

专用结余具体会计核算如表 10.8 所示。

表 10.8　8301 专用结余的账务处理

序号	业务和事项内容		账务处理	
			财务会计	预算会计
(1)	计提专用基金	从预算收入中按照一定比例提取基金并计入费用	借：业务活动费用等 　贷：专用基金	——
		从本年度非财政拨款结余或经营结余中提取基金	借：本年盈余分配 　贷：专用基金	借：非财政拨款结余分配 　贷：专用结余
		根据有关规定设置的其他专用基金	借：银行存款等 　贷：专用基金	——
(2)	按照规定使用提取的专用基金		借：专用基金 　贷：银行存款等 使用专用基金购置固定资产、无形资产的 借：固定资产/无形资产 　贷：银行存款等 借：专用基金 　贷：累计盈余	使用从非财政拨款结余或经营结余中提取的基金 借：专用结余 　贷：资金结存——货币资金 使用从预算收入中提取并计入费用的基金 借：事业支出等 　贷：资金结存——货币资金

【例 10.21】某单位年末从本年非财政拨款结余中提取专用基金 500 000 元。

预算会计：

借：非财政拨款结余分配　　　　　　　　　　　　　500 000

　　贷：专用结余　　　　　　　　　　　　　　　　　　500 000

财务会计：

借：本年盈余分配　　　　　　　　　　　　　　　　500 000

　　贷：专用基金　　　　　　　　　　　　　　　　　　500 000

【例 10.22】某单位按规定使用从非财政拨款结余中提取的专用基金 5 000 元，款项已通过银行存款支付。本次使用提取的专用基金，属于费用性支出，不是用于购置无形资产或固定资产。

预算会计：

借：专用结余　　　　　　　　　　　　　　　　　　5 000

　　贷：资金结存——货币资金　　　　　　　　　　　　5 000

财务会计：

借：专用基金   5 000

 贷：银行存款   5 000

【例10.23】某单位利用从经营结余提取的专用基金购买一台价值80 000元的印刷设备，款项已通过银行存款支付。

预算会计：

借：专用结余   80 000

 贷：资金结存——货币资金   80 000

财务会计：

借：固定资产   80 000

 贷：银行存款   80 000

借：专用基金   80 000

 贷：累计盈余   80 000

二、经营结余

1. 年末经营收支结转

年末，将经营预算收入本年发生额转入本科目，借记"经营预算收入"科目，贷记本科目；将经营支出本年发生额转入本科目，借记本科目，贷记"经营支出"科目。

2. 年末转入结余分配

年末，完成上述(1)结转后，如本科目为贷方余额，将本科目贷方余额转入"非财政拨款结余分配"科目，借记本科目，贷记"非财政拨款结余分配"科目；如本科目为借方余额，为经营亏损，不予结转。

【例10.24】年末，某事业单位"经营预算收入"科目本年贷方发生额为100 000元，将其转入"经营结余"科目；"经营支出"科目本年借方发生额为80 000元，将其转入"经营结余"科目。在完成经营预算收入和经营支出的本年发生额结转后，"经营结余"科目的贷方余额为20 000元(100 000-80 000)，将其转入"非财政拨款结余分配"科目的贷方。

预算会计：

(1) 结转经营预算收入科目本年发生额时

借：经营预算收入   80 000

 贷：经营结余   80 000

(2) 结转经营支出科目本年发生额时

借：经营结余   80 000

 贷：经营支出   80 000

(3) 将"经营结余"科目的贷方余额转入"非财政拨款结余分配"科目时

借：经营结余   80 000

 贷：非财政拨款结余分配   80 000

年末，在完成"经营结余"科目贷方余额结转后，"经营结余"科目应无余额。由于事业单位的"经营预算收入"和"经营支出"科目都是按收付实现制基础进行会计核算的，因此，"经营结余"科目反映的结余或亏损数额也是按收付实现制基础核算的结果。

三、非财政拨款结余分配

1. 事业单位年末结余转入

年末，应将"其他结余"科目余额转入本科目，当"其他结余"科目为贷方余额时，借记"其他结余"科目，贷记本科目；当"其他结余"科目为借方余额时，借记本科目，贷记"其他结余"科目。

年末，应将"经营结余"科目贷方余额转入本科目，借记"经营结余"科目，贷记本科目。

2. 计提专用基金

根据有关规定提取专用基金的，按照提取的金额，借记本科目，贷记"专用结余"科目。

3. 事业单位转入非财政拨款结余

年末，按照规定完成上述(1)至(2)处理后，应将本科目余额转入非财政拨款结余。当本科目为借方余额时，借记"非财政拨款结余——累计结余"科目，贷记本科目；当本科目为贷方余额时，借记本科目，贷记"非财政拨款结余——累计结余"科目。

【例10.25】年末，某事业单位"其他结余"科目贷方余额为110 000元，"经营结余"科目贷方余额为88 000元，将其转入"非财政拨款结余分配"科目的贷方，转入的合计数198 000元(110 000+88 000)。该事业单位根据有关规定从本年度其他结余和经营结余中提取专用基金共计35 000元，项目为职工福利基金。提取专用基金后，该事业单位将"非财政拨款结余分配"科目的贷方余额163 000元(198 000-35 000)转入非财政拨款结余。

(1) 结转其他结余和经营结余科目余额时

预算会计：

借：其他结余	110 000	
经营结余	88 000	
贷：非财政拨款结余分配		198 000

(2) 按规定从其他结余和经营结余中提取专用基金时

预算会计：

借：非财政拨款结余分配	35 000	
贷：专用结余		35 000

财务会计：

借：本年盈余分配	35 000	
贷：专用基金		35 000

(3) 将"非财政拨款结余分配"科目余额转入非财政拨款结余时

预算会计：

借：非财政拨款结余分配　　　　　　　　　　　　　35 000
　　　贷：非财政拨款结余——累计结余　　　　　　　　　35 000

年末结转后，该事业单位"其他结余""经营结余"和"非财政拨款结余分配"科目均无余额，相应数额分别转入"非财政拨款结余"和"专用结余"科目。其中，非财政拨款结余应当用于开展专业业务活动及其辅助活动，专用结余用于职工福利等专门用途。

第七节　其他结余的会计核算

一、本年非财政拨款非专项资金预算收支结转

年末，应将事业预算收入、上级补助预算收入、附属单位上缴预算收入、非同级财政拨款预算收入、债务预算收入、其他预算收入本年度发生额中的非专项资金收入以及投资预算收益本年发生额转入本科目，借记"事业预算收入""上级补助预算收入""附属单位上缴预算收入""非同级财政拨款预算收入""债务预算收入""其他预算收入"科目下各非专项资金收入明细科目和"投资预算收益"科目，贷记本科目("投资预算收益"科目本年发生额为借方净额时，借记本科目，贷记"投资预算收益"科目)；应将行政支出、事业支出、其他支出本年度发生额中的非同级财政、非专项资金支出，以及上缴上级支出、对附属单位补助支出、投资支出、债务还本支出本年发生额转入本科目，借记本科目，贷记"行政支出""事业支出""其他支出"科目下各非同级财政、非专项资金支出明细科目和"上缴上级支出""对附属单位补助支出""投资支出""债务还本支出"科目。

二、年末转非财政拨款结余或非财政拨款结余分配

年末，完成上述收支结转后，行政单位应将本科目余额转入"非财政拨款结余——累计结余"科目；事业单位应将本科目余额转入"非财政拨款结余分配"科目。当本科目为贷方余额时，借记本科目，贷记"非财政拨款结余——累计结余"或"非财政拨款结余分配"科目；当本科目为借方余额时，借记"非财政拨款结余——累计结余"或"非财政拨款结余分配"科目，贷记本科目。

三、其他结余具体会计核算

其他结余具体会计核算如表 10.9 所示。

表 10.9　8501 其他结余的账务处理

序号	业务和事项内容		账务处理	
			财务会计	预算会计
(1)	年末	结转预算收入(除财政拨款收入、非同级财政专项收入、经营收入以外)	——	借：事业预算收入/上级补助预算收入/附属单位上缴预算收入/非同级财政拨款预算收入/债务预算收入/其他预算收入[非专项资金收入部分] 投资预算收益[为贷方余额时] 　　贷：其他结余 借：其他结余 　　贷：投资预算收益[为借方余额时]
		结转预算支出(除同级财政拨款支出、非同级财政专项支出、经营支出以外)	——	借：其他结余 　　贷：行政支出/事业支出/其他支出[非财政、非专项资金支出部分]/上缴上级支出/对附属单位补助支出/投资支出/债务还本支出
(2)	行政单位转入非财政拨款结余	其他结余为贷方余额	——	借：其他结余 　　贷：非财政拨款结余——累计结余
		其他结余为借方余额	——	借：非财政拨款结余——累计结余 　　贷：其他结余
(3)	事业单位年末转入结余分配	其他结余为贷方余额	——	借：其他结余 　　贷：非财政拨款结余分配
		其他结余为借方余额	——	借：非财政拨款结余分配 　　贷：其他结余

【例 10.26】年末，某事业单位有关非财政拨款非专项资金事业活动预算收入和支出科目的本年发生额如表 10.12 所示。

表 10.10　非财政拨款非专项资金预算收支本年发生额表　　　　单位：元

非财政拨款非专项资金预算收支科目	本年贷方发生额	本年借方发生额
事业预算收入——非专项资金收入	43 000	
上级补助预算收入——非专项资金收入	56 000	
附属单位上缴预算收入——非专项资金收入	4 000	
其他预算收入——非专项资金收入	3 200	
投资预算收益	12 000	
事业支出——其他资金支出		100 500
其他支出——其他资金支出		7 000
对附属单位补助支出		5 000
债务还本支出		4 000
合计	118 200	116 500

在完成非财政拨款非专项资金事业预算收入和非财政拨款非专项资金事业支出的本年发生额结转后，该事业单位"其他结余"科目的贷方余额为 1 700 元(118 200-116 500)，将其转入"非财政拨款结余分配"科目的贷方。

预算会计：

(1) 结转非财政拨款非专项资金事业预算收入科目本年发生额时

借：事业预算收入——非专项资金收入	43 000
上级补助预算收入——非专项资金收入	56 000
附属单位上缴预算收入——非专项资金收入	4 000
其他预算收入——非专项资金收入	3 200
投资预算收益	12 000
贷：其他结余	118 200

(2) 结转非财政拨款非专项资金事业支出科目本年发生额时

借：其他结余	116 500
贷：事业支出——其他资金支出	100 500
其他支出——其他资金支出	7 000
对附属单位补助支出	5 000
债务还本支出	4 000

(3) 将"其他结余"科目的贷方余额转入"非财政拨款结余分配"科目时

| 借：其他结余 | 1 700 |
| 　贷：非财政拨款结余分配 | 1 700 |

【课后练习与提高】

一、单项选择题

1. 以下选项中，不属于预算结余的是(　　)。

   A. 资金结存　　　　　　　　　B. 财政拨款结转结余

   C. 非财政拨款结转结余　　　　D. 财政应返还额度

2. 以下选项中，不属于事业单位专用的是(　　)。

   A. 专用结余　　　　　　　　　B. 经营结余

   C. 财政拨款结转　　　　　　　D. 非财政拨款结余分配

3. 财政授权支付方式下，发生相关支出时，按照实际支付的金额，借记"行政支出""事业支出"等科目，贷记(　　)。

   A. 资金结存　　　　　　　　　B. 银行存款

   C. 单位管理费用　　　　　　　D. 财政拨款预算收入

4. 根据规定使用从非财政拨款结余或经营结余中提取的专用基金时，按照使用金额，借记(　　)，贷记"资金结存——货币资金"科目。

   A. 财政拨款结余　　　　　　　B. 专用结余

   C. 非财政拨款结余　　　　　　D. 其他结余

5. 因收回以前年度支出等收到非同级财政拨款货币资金，属于非财政拨款结余资金的，按照收到的金额，借记"资金结存——货币资金"科目，贷记(   )。

A. 非财政拨款结转　　　　　　　B. 财政拨款结余

C. 非财政拨款结余　　　　　　　D. 财政拨款结转

二、多项选择题

1. 以下选项中，与财政拨款结转结余资金调整业务相关的账务处理表述正确的是(   )。

A. 从其他单位调入财政拨款结转资金的，按照实际调增的额度数额或调入的资金数额，借记"资金结存——财政应返还额度、零余额账户用款额度、货币资金"科目，贷记"财政拨款结转(归集调入)"

B. 向其他单位调出财政拨款结转资金的，按照实际调减的额度数额或调出的资金数额，借记"财政拨款结转(归集调出)"，贷记"资金结存——财政应返还额度、零余额账户用款额度、货币资金"科目

C. 上缴财政拨款结转资金或注销财政拨款结转资金额度的，按照实际上缴资金数额或注销的资金额度数额，借记"财政拨款结转(归集上缴)"，贷记"资金结存——财政应返还额度、零余额账户用款额度、货币资金"科目

D. 上缴财政拨款结转资金或注销财政拨款结转资金额度的，按照实际上缴资金数额或注销的资金额度数额，借记"财政拨款结余(归集上缴)"，贷记"资金结存——财政应返还额度、零余额账户用款额度、货币资金"科目

2. 年末，以下哪些科目需要转入"其他结余"科目(   )。

A. 事业预算收入本年发生额中的非专项资金收入

B. 上级补助预算收入本年发生额中的非专项资金收入

C. 附属单位上缴预算收入本年发生额中的非专项资金收入

D. 非同级财政拨款预算收入本年发生额中的非专项资金收入

3. 年末结账后，以下科目无余额的是(   )。

A. 财政拨款结转(归集调入)　　　B. 财政拨款结转(归集调出)

C. 财政拨款结余(归集上缴)　　　D. 财政拨款结余(单位内部调剂)

4. 以下选项中，属于预算结余的是(   )。

A. 资金结存　　　　　　　　　　B. 财政拨款结转结余

C. 累计盈余　　　　　　　　　　D. 专用基金

5. 预算结余中的结转包括(   )。

A. 财政拨款结转　　　　　　　　B. 非财政拨款结转

C. 以前年度盈余调整　　　　　　D. 财政拨款结余

三、判断题(正确打"√"，错误打"×")

1. 预算结余是指政府会计主体预算年度内预算收入扣除预算支出后的资金余额，以及历年滚存的资金余额。(   )

2. "财政拨款结转"科目核算单位取得的同级财政拨款结转资金的调整、结转和滚

存情况。（ ）

3. "专用结余"科目核算行政事业单位按照规定从非财政拨款结余中提取的具有专门用途的资金的变动和滚存情况。（ ）

4. 某事业单位取得财政授权支付方式下的预算收入 1 000 000 元，其会计处理如下。

（ ）

借：资金结存——零余额账户用款额度　　　　　　　　　1 000 000
　　贷：财政拨款预算收入　　　　　　　　　　　　　　　　　　1 000 000
借：零余额账户用款额度　　　　　　　　　　　　　　　　1 000 000
　　贷：财政拨款收入　　　　　　　　　　　　　　　　　　　　　1 000 000

5. 年末，事业单位应将"非财政拨款结余分配"科目余额转入非财政拨款结余。行政单位将"其他结余"科目余额转入非财政拨款结余。（ ）

6. 某单位年末从本年非财政拨款结余中提取专用基金 50 000 元，其账务处理如下。

（ ）

借：非财政拨款结余分配　　　　　　　　　　　　　　　50 000
　　贷：专用结余　　　　　　　　　　　　　　　　　　　　　　50 000
借：本年盈余分配　　　　　　　　　　　　　　　　　　50 000
　　贷：专用基金　　　　　　　　　　　　　　　　　　　　　　50 000

7. 年末，在完成"经营结余"科目贷方余额结转后，"经营结余"科目应无余额。（ ）

8. 因发生会计差错更正退回以前年度国库直接支付、授权支付款项或财政性货币资金，或者因发生会计差错更正增加以前年度国库直接支付、授权支付支出或财政性货币资金支出，属于以前年度财政拨款结余资金的，借记或贷记"资金结存——财政应返还额度、零余额账户用款额度、货币资金"科目，贷记或借记"财政拨款结转(年初余额调整)"科目。

（ ）

9. 某单位缴纳本年应缴纳的所得税 80 000 元，其会计处理如下。（ ）

借：非财政拨款结余——累计结余　　　　　　　　　　80 000
　　贷：资金结存——货币资金　　　　　　　　　　　　　　　80 000
借：其他应交税费——单位应交所得税　　　　　　　　80 000
　　贷：银行存款　　　　　　　　　　　　　　　　　　　　　80 000

10. 某事业单位按规定从某项科研项目预算收入中提取项目管理费 50 000 元，其会计处理如下。

（ ）

借：非财政拨款结转——项目管理费　　　　　　　　　50 000
　　贷：非财政拨款结余——项目管理费　　　　　　　　　　50 000
借：单位管理费用　　　　　　　　　　　　　　　　　　50 000
　　贷：资金结存——货币资金　　　　　　　　　　　　　　　50 000

四、业务处理题

1. 2×19 年 1 月 20 日，某事业单位收到代理银行转来的财政授权支付额度到账通知书，通知书中所列的财政授权支付额度为 50 000 000 元。

要求：编制相关会计分录。

2. 2×19 年 12 月 30 日,某行政单位按规定上缴财政拨款结转资金 450 000 元,通过上缴财政授权支付额度方式进行。

要求:编制相关会计分录。

3. 2×19 年 2 月 3 日,某事业单位使用以前年度财政直接支付额度支付业务活动费用 100 000 元。

要求:编制相关会计分录。

4. 2×19 年 3 月 3 日,某行政单位上一会计年度发生一项业务活动费用 1 000 元,款项已通过财政授权支付方式全额支付,入账时金额误入为 100 元,发生记账差错 900 元,具体为少记录上一会计年度的费用和支出。本会计年度发现这一会计差错,予以更正。该项资金属于以前年度财政拨款结转资金。

要求:编制相关会计分录。

5. 年末,某行政单位"财政拨款结余"明细科目"结转转入"贷方余额 45 000 元,明细科目"归集上缴"借方余额 43 000 元。

要求:编制相关会计分录。

6. 某事业单位按规定从某项科研项目预算收入中提取项目管理费 3 000 元。

要求:编制相关会计分录。

7. 年末,某事业单位"非财政拨款结余"科目相关明细科目余额为"结转转入"16 000元,项目间接费或管理费 3 000 元,年初余额调整 5 000 元。

要求:编制相关会计分录。

8. 年末,某事业单位按规定使用从非财政拨款结余中提取的专用基金 1 000 元支付职工住院慰问费,款项已通过银行存款支付。

要求:编制相关会计分录。

9. 年末,某事业单位"经营预算收入"科目本年贷方发生额为 15 000 000 元,将其转入"经营结余"科目;"经营支出"科目本年借方发生额为 14 000 000 元,将其转入"经营结余"科目。在完成经营预算收入和经营支出的本年发生额结转后,"经营结余"科目的贷方余额为 1 000 000 元(15 000 000−14 000 000),将其转入"非财政拨款结余分配"科目的贷方。

要求:编制相关会计分录。

10. 年末,某事业单位"其他结余"科目本年贷方发生额为 10 000 元,"经营结余"科目贷方发生额为 8 000 元,将其转入"非财政拨款结余分配"科目的贷方,转入的合计数为 18 000 元(10 000+8 000)。该事业单位根据有关规定从本年度其他结余和经营结余中提取专用基金 5 400 元,具体为职工福利基金。提取专用基金后,该事业单位将"非财政拨款结余分配"科目的贷方余额 12 600 元(18 000−5 400)转入非财政拨款结余。

要求:编制相关会计分录。

五、思考题

1. 预算结余包括的内容及形成的原因是什么?

2. 资金结存的构成有什么内容及核算方法?

3. 财政拨款结转结余包括的内容及核算方法是什么?

4. 非财政拨款结转结余包括哪些内容? 如何核算?

5. 其他结余的构成有什么内容及核算方法是什么?

6. 事业单位专用结余包括哪些内容? 如何核算?

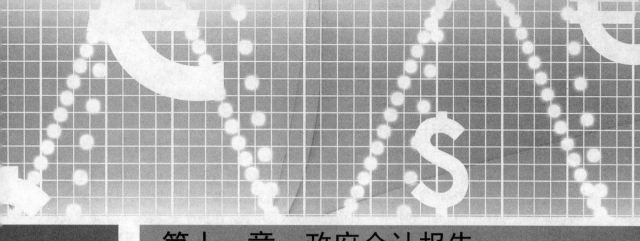

第十一章　政府会计报告

【学习目的及要求】

本章主要介绍政府会计报告的基本概念和体系规范，包括政府会计报告的概念和分类；财务报告、决算报告以及财务报告中资产负债表、收入费用表、净资产变动表、现金流量表的编制原则和编制方法；决算报告中预算收支表、预算结转结余变动表、财政拨款预算收入支出表的编制原则和编制方法。

通过本章的学习，了解我国改革后的政府会计报告及财务报告和决算报告组成，了解各种报表的编制原则、取数来源、编制意义，掌握政府会计报告中主要会计报表的编制方法。

第一节　政府会计报告概述

一、政府会计报告的概念

政府会计报告是反映行政事业单位有关财务状况、收入费用情况、现金流情况、净资产变动情况以及预算收支、预算结转结余情况等的一种书面文件，由会计报表、附表、附注和报表说明书组成，是提供会计信息的基本工具。

(一)财务会计报告

政府财务会计报告又称财务报告，是政府会计主体根据审核无误的会计账簿记录和有关资料编制的，反映政府会计主体财务状况、运行情况和现金流量等信息的书面文件，由会计报表及其附注构成。

政府财务会计报告编制的原则是权责发生制。

(二)预算会计报告

政府预算会计报告又称决算报告，是政府会计主体根据审核无误的会计账簿记录和有关资料编制的，反映政府会计主体预算执行情况和执行结果的书面文件。由会计报表及其附注构成。预算会计报告是编制部门决算报表的基础。

政府预算会计报告编制的原则是收付实现制。

二、改革后政府会计报告的主要变化

政府会计改革后是"一套标准、两份报告"。即改革后的政府会计体系由财务会计和预算会计构成，相应地形成了政府财务报告和政府决算报告两套报告的核心内容。财务报告以政府财务报表为核心，包括资产负债表、收入费用表、净资产变动表、现金流量表和附注。其中，资产负债表是保留完善，收入费用表、净资产变动表、现金流量表(非强制性)是新增报表，并细化了报表附注；决算报告以政府预算会计报表为核心，包括预算收入支出表、预算结转结余变动表、财政拨款预算收入支出表，其中预算收入支出表、财政拨款预算收入支出表是保留并完善，预算结转结余变动表是新增报表。新的报表体系如表 11.1 所示。

表 11.1　改革后的政府会计报告的变化

编号	报表名称	编制期	变化
财务报表			
会政财 01 表	资产负债表	月度、年度	保留并完善
会政财 02 表	收入费用表	月度、年度	新增
会政财 03 表	净资产变动表	年度	新增
会政财 04 表	现金流量表	年度	新增(非强制)
	附注	年度	
预算会计报表			
会政预 01 表	预算收入支出表	年度	保留并完善
会政预 02 表	预算结转结余变动表	年度	新增
会政预 03 表	财政拨款预算收入支出表	年度	保留并完善

三、政府会计报告的分类

新的行政事业单位会计报告为反映不同经济内容的会计报告，可以按以下不同的标准进行分类。

(一)按照核算的类型分类

1. 财务报告

根据《政府会计准则第 9 号——财务报表编制和列报》的规定，政府财务报告包括财务报表和合并财务报表。财务报表是对政府会计主体财务状况、运行情况和现金流量等信息的结构性表述。财务报表主要包括下列 5 个组成部分。

(1) 资产负债表。资产负债表是反映行政事业单位在某一特定日期财务状况的报表，包括资产、负债、净资产 3 部分内容，属于月报和年报。资产负债表的项目应当按会计要素的类别分别列示。

(2) 收入费用表。收入费用表是反映行政事业单位在某一会计期间内发生的收入、费用及当期盈余情况，是动态报表，属于月报和年报。通过此表可以分析单位的财务状况，了解收支规模、构成及结转结余资金情况。

(3) 净资产变动表。反映行政事业单位在报告期内净资产项目的变动情况，包括累计盈余、专用基金和权益法调整 3 项内容，属于年报。此表可以分析单位国有资产保值增值情况，区分经常性和非经常性的经营管理活动对净资产的影响程度。

(4) 现金流量表。反映行政事业单位在某一会计年度内现金流入和流出的信息。它属于动态报表，也是年报，可分为日常活动产生的现金流量、投资活动产生的现金流量和筹资活动产生的现金流量。政府会计主体可以根据实际情况自行选择编制现金流量表。

(5) 附注。附注是对在会计报表中列示的项目所作的进一步说明。

2．决算报告

政府决算报告应当包括决算报表和其他应当在决算报告中反映的相关信息和资料。主要包括预算收入支出表、预算结转结余变动表、财政拨款预算收入支出表等。

(1) 预算收入支出表。此表反映的是行政事业单位在某一会计年度内各项预算收入、预算支出和预算收支差额的情况。属于年度报表，一年一编。此表是全口径预算收支表，要与会政预 03 表财政拨款预算收入支出表区别，后者仅指财政拨款一块，本表财政拨款预算收入与财政拨款预算收入支出表中的本年财政拨款收入行数据应保持一致。

(2) 预算结转结余变动表。此表反映的是行政事业单位在会计年度内预算结转结余的变动情况，属于年报。区分财政拨款资金和其他资金的结转结余情况，注意两年以上的结转资金视同结余资金，财政会视情况收回统筹使用，记住两年这个时间节点，财务人员应及时关注所下达预算资金的使用进度，避免不必要的资金浪费。

(3) 财政拨款预算收入支出表。此表反映的是单位本年财政拨款预算资金收入、支出及相关变动的具体情况，属于年报。本表仅指财政拨款预算的收支情况，并要求对项目支出按各项目明细进行列示，应与"财政拨款结转""财政拨款结余"等科目账面余额保持一致。

(二)按照编报时间分类

1．月报

月报是反映行政事业单位截至报告月度资金活动和经费收支情况的报表。月报要求编报资产负债表、支出明细表。政府会计报表中资产负债表和收入费用表属于月报。

2．年报

年报(年度决算)是全面反映年度资金活动和经费收支执行结果的报表。年度决算报表的种类和要求等，按照财政部门和上级单位下达的有关决算编审规定组织执行。政府会计报表中所有的报表都要求年度报告。

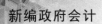

(三)按编报层次分类

1. 本级报表

本级报表是反映各单位预算执行情况和资金活动情况的报表。

2. 合并报表

合并财务报表是指反映合并主体和其全部被合并主体形成的报告主体整体财务状况与运行情况的财务报表。合并主体，是指有一个或一个以上被合并主体的政府会计主体。合并主体通常也是合并财务报表的编制主体。被合并主体，是指符合本准则规定的纳入合并主体合并范围的会计主体。

合并财务报表主要包括下列 3 个组成部分。

(1) 合并资产负债表。以部门(单位)本级和其被合并主体符合本准则第十七条要求的个别资产负债表或合并资产负债表为基础，在抵消内部业务或事项对合并资产负债表的影响后，由部门(单位)本级合并编制。

(2) 合并收入费用表。以部门(单位)本级和其被合并主体符合本准则第十七条要求的个别收入费用表或合并收入费用表为基础，在抵消内部业务或事项对合并收入费用表的影响后，由部门(单位)本级合并编制。

四、政府会计报告的编制要求

政府会计主体应当以持续运行为前提，根据实际发生的经济业务或事项，按照《政府会计准则第 9 号——财务报表编制和列报》的要求，除现金流量表以收付实现制为基础编制外，政府会计主体应当以权责发生制为基础编制财务报表。为了充分发挥会计报表的应有作用，行政事业单位必须按照财政部门和主管部门统一规定的格式、内容和编制方法编制会计报表，做到数字真实、内容完整、报送及时。

(一)数字真实

行政事业单位预算会计报表必须真实可靠、数字准确，如实反映单位预算执行情况。编报时要以核对无误的会计账簿数字为依据，不能以估计数、计划数填报，更不能弄虚作假，篡改和伪造会计数据，也不能由上级单位以估计数代编。为此，各单位必须按期结账，一般不能为赶编报表而提前结账。编制报表前，要认真核对有关账目，切实做到账表相符、账证相符、账账相符和账实相符，保证会计报表的真实性。

(二)内容完整

行政事业单位预算会计报表必须内容完整，按照统一规定的报表种类、格式和内容编报齐全，不能漏报。规定的格式栏次不论是表内项目还是补充资料，应该填写的项目、内容要填列齐全，不能任意取舍，使之成为一套完整的指标体系，以保证会计报表满足本部门、本地区以及全国的逐级汇总分析需要。各级主管部门可以根据本系统内的特殊情况和特殊要求，规定增加一些报表或项目，但不得影响国家统一规定的报表和报表项目的编报。

(三)报送及时

行政事业单位预算会计报表必须按照国家或上级机关规定的期限和程序，在保证报表真实、完整的前提下，在规定的期限内报送上级单位。如果一个单位的会计报表不及时报送，就会影响主管单位、财政部门乃至全国的逐级汇总，影响全局对会计信息的分析。为此，应当科学、合理地组织好日常的会计核算工作，加强会计部门内部及会计部门与有关部门的协作与配合，以便尽快地编制出会计报表，满足预算管理和财务管理的需要。

五、政府会计报告编制的准备工作

(一)年终清理

年终清理是对行政事业单位全年预算资金收支、其他资金收支活动进行全面的清查、核对、整理和结算的工作，是行政事业单位编报年度决算一个很重要的环节，也是保证行政事业单位决算报表数字准确、真实、完整的一项基础工作，主要包括以下几方面。

(1) 清理核对年度预算收支数字和预算拨款数字。年终前，财政机关、上级单位和所属各单位之间，应当认真清理核对全年预算数。同时要逐笔清理核对上、下级之间预算拨款和预算缴款数字，按核定的预算或调整的预算，该拨付的拨付，该交回的交回，保证上、下级之间的年度预算数、领拨款经费数和上交、下拨数一致。为了准确反映各项收支数额，凡属本年度的应拨、应缴款项，应在 12 月 31 日之前汇达对方。实行分级管理，分级核算的事业单位，对所属二级单位的拨款，应截止到 12 月 25 日，逾期者一般不再下拨。

(2) 清理核对各项收支款项。凡属本年的各项收入，都要及时入账。本年的各项应缴预算收入和应上缴上级的款项，要在年终前全部上缴。属于本年的各项支出，要按规定的支出渠道如实列报。年度单位支出决算，一律以基层用款单位截至 12 月 31 日的本年实际支出数为准，不得将年终前预拨下一年的预算拨款列入本年的支出，也不得以上级会计单位的拨款数代替基层会计单位实际支出数。

(3) 清理各项往来款项。对行政事业单位的各种暂存、暂付等往来款项，要按照"严格控制，及时结算"的原则，分类清理。对各项应收款和应付款，原则上不宜跨年度挂账，应做到人欠收回，欠人归还；对外单位委托代办业务，凡托办业务已结束的，要及时向委托单位清算结报，委托单位不得以拨代支，受托单位不得以领代报。应转为各项收入和应列支出的往来款项，要及时转入有关收支账户，编入本年决算。对没有合法手续的各种往来款项，要查明原因采取措施，该追回的追回，该退还的退还。

(4) 清查货币资金和财产物资。年终要及时同开户银行对账。银行存款账面余额要同银行对账单的余额核对相符；现金的账面余额要同库存现金核对相符；有价证券账面数字要同实存的有价证券核对相符。各种财产物资年终都必须全部入账，各单位应配备专人对全部财产物资进行全面的清查盘点。固定资产和材料的盘点结果和账面数如有差异，在年终结账前应查明原因，并按规定作出处理，调整账务，做到账账、账实相符。

(二)内部调账

内部调账(转账)是编制报表前一项很细致的准备工作。主要包括如下几个方面。①计提坏账准备。应按规定比例计算本期坏账准备,并及时调整入账。②摊销待摊费用。凡本期负担的待摊费用应在本期摊销。③计提固定资产折旧。④摊销各种无形资产和递延资产。⑤按规定计提应付职工薪酬。⑥转销经批准的待处理财产损溢。财务部门对此要及时提出处理意见,报有关领导审批,不能长期挂账。⑦预提利息和费用。

(三)试算平衡

在完成以上准备工作之后,还应进行一次试算平衡,以检查账务处理有无错误。

(四)结账

试算平衡后的结账工作主要包括以下几个方面。①年终将"拨入经费"(不含预拨下年经费)、"预算外资金收入"和"其他收入"科目的余额转入结余的贷方。②将"经费支出"(不含预拨下年经费)、"拨出经费"和"结转自筹基建"科目的余额转入结余的借方。③年终结账时,将"财政补助收入"贷方余额全部转入"结转结余"科目。④年终结账时,将"上级补助收入"贷方余额全部转入"结转结余"科目。

第二节　政府财务报告

政府财务报告是指以政府财务会计为基础编制的,全面系统地反映行政事业单位财务状况、收入费用、现金流量和净资产变动情况的综合报告。主要包括资产负债表、收入费用表、现金流量表、净资产变动表和财务报表附注。

一、资产负债表

(一)资产负债表概述

资产负债表会计报表的重要组成部分,可以提供反映会计期末行政事业单位占有或使用的资源、承担的债务和形成的净资产情况的会计信息。行政事业单位应当定期编制资产负债表,披露事业单位在会计期末的财务状况。

(二)资产负债表编制的依据

资产负债表反映会计主体静态时点(报告期)的资产、负债和净资产的状况,揭示不同时点资产负债的结构及变化趋势,是静态报表。资产负债表依据基本会计等式"资产=负债+净资产",通过一定的分类标准和次序,将某一特定日期的资产、负债、净资产的具体项目予以适当排列编制而成。资产负债表主要是根据总账科目或明细科目余额数据直接或分析计算进行填列而来,左边资产端反映资产配置的规模和结构,代表资金的运用方向;右边负债端反映负债的规模和结构,代表资金的来源结构。

(三)资产负债表的格式

资产负债表可分为上下式和左右式,左右式又称为账户式,我国只能采用账户式编制,左边是资产,右边是负债和净资产,行政事业单位的资产负债表由表首标题和报表主体构成。报表主体部分包括编报项目、栏目以及金额。

1. 表首标题

资产负债表的表首标题包括报表名称、编号、编制单位、编表时间和金额单位等内容。资产负债表反映事业单位在某一时点的财务状况,属于静态报表,需要注明是某年某月某日的报表。按编报时间的不同,资产负债表可分为月报资产负债表和年报资产负债表。

2. 编报项目

资产负债表的编报项目包括资产、负债和净资产三个会计要素,按资产(左侧)和负债与净资产(右侧)排列,按资产等于负债加净资产平衡。资产项目按其流动性可分为流动资产、非流动资产排列;负债项目按其流动性分,以流动负债、非流动负债排列;净资产项目分别以基金净资产、结转(余)净资产排列。

3. 栏目及金额

资产负债表包括"期末余额"和"年初余额"两栏数字。"期末余额"栏的数额根据本期各账户的期末余额直接填列,或经过分析、计算后填列;"年初余额"栏的数额根据上年年末资产负债表"期末余额"栏内的数字填列。

(四)资产负债表的编制

资产负债表"年初余额"栏内的各项数字,应当根据上年年末资产负债表 "期末余额"栏内的数字填列。如果本年度资产负债表规定的各个项目的名称和内容同上年度不相一致,应当对上年年末资产负债表规定的各个项目的名称和数字按照本年度的规定进行调整,填入资产负债表的"年初余额"栏内。本表中"资产总计"项目期末(年初)余额应当与"负债和净资产总计"项目期末(年初)余额相等。

1. 资产类项目"期末余额"的内容和填列方法

资产类项目反映行政事业单位占用或者使用的资产情况,一般根据会计账簿中资产类账户的期末借方余额直接填列、合并填列、分析填列。

(1) "货币资金"项目。该项目反映单位期末库存现金、银行存款、零余额账户用款额度、其他货币资金的合计数。本项目应当根据"库存现金""银行存款""零余额账户用款额度""其他货币资金"科目的期末余额的合计数填列。

若单位存在通过"库存现金""银行存款"科目核算的受托代理资产,还应当按照前述合计数扣减"库存现金""银行存款"科目下"受托代理资产"明细科目期末余额后的金额填列。

(2) "短期投资"项目。该项目反映事业单位期末持有的短期投资账面余额,本项目应当根据"短期投资"科目的期末余额填列。

(3) "财政应返还额度"项目。该项目反映单位期末财政应返还额度的金额,本项目应当根据"财政应返还额度"科目的期末余额填列。

(4) "应收票据"项目。该项目反映事业单位期末持有的应收票据的票面金额,本项目应当根据"应收票据"科目的期末余额填列。

(5) "应收账款净额"项目。该项目反映单位期末尚未收回的应收账款减去已计提的坏账准备后的净额。本项目应当根据"应收账款"科目的期末余额,减去"坏账准备"科目中对应收账款计提的坏账准备的期末余额后的金额填列。

(6) "预付账款"项目。该项目反映单位预付给商品或者劳务供应单位的款项,本项目应当根据"预付账款"科目的期末余额填列。

(7) "应收股利"项目。该项目反映事业单位期末因股权投资而应收取的现金股利或应当分得的利润。本项目应当根据"应收股利"科目的期末余额填列。

(8) "应收利息"项目。该项目反映事业单位期末因债券投资等而应收取的利息。事业单位购入的到期一次还本付息的长期债券投资持有期应收的利息,不包括在本项目内。本项目应当根据"应收利息"科目的期末余额填列。

(9) "其他应收款净额"项目。该项目反映单位期末尚未收回的其他应收款减去已计提的坏账准备后的净额。本项目应当根据"其他应收款"科目的期末余额减去"坏账准备"科目中对其他应收款计提的坏账准备的期末余额后的金额填列。

(10) "存货"项目。该项目反映单位期末存储的存货的实际成本。本项目应当根据"在途物品""库存物品""加工物品"科目的期末余额的合计数填列。

(11) "待摊费用"项目。该项目反映单位期末已经支出,但应当由本期和以后各期负担的分摊期在 1 年以内(含 1 年)的各项费用。本项目应当根据"待摊费用"科目的期末余额填列。

(12) "一年内到期的非流动资产"项目。该项目反映单位期末非流动资产项目中将在 1 年内(含 1 年)到期的金额,如事业单位将在 1 年内(含 1 年)到期的长期债券投资金额。本项目应当根据"长期债券投资"等科目的明细科目的期末余额分析填列。

(13) "其他流动资产"项目。该项目反映单位除上述各项之外的其他流动资产,如将在 1 年内(含 1 年)到期的长期债券投资。本项目应当根据"长期投资"等科目的期末余额分析填列。

(14) "流动资产合计"项目。该项目反映单位期末流动资产的合计数。本项目应当根据本表中"货币资金""短期投资""财政应返还额度""应收票据""应收账款净额""预付账款""应收股利""应收利息""其他应收款净额""存货""待摊费用""一年内到期的非流动资产""其他流动资产"项目金额的合计数填列。

(15) "长期股权投资"项目。该项目反映事业单位期末持有的长期股权投资的账面余额。本项目应当根据"长期股权投资"科目的期末余额填列。

(16) "长期债券投资"项目。该项目反映事业单位期末持有的长期债券投资的账面余额。本项目应当根据"长期债券投资"科目的期末余额减去其中将于 1 年内(含 1 年)到期的"长期债券投资"余额后的金额填列。

(17) "固定资产原值"项目。该项目反映单位期末固定资产的原值。本项目应当根据"固定资产"科目的期末余额填列。"固定资产累计折旧"项目，反映单位期末固定资产已计提的累计折旧金额。本项目应当根据"固定资产累计折旧"科目的期末余额填列。

"固定资产净值"项目。该项目反映单位期末固定资产的账面价值。本项目应当根据"固定资产"科目期末余额减去"固定资产累计折旧"科目期末余额后的金额填列。

(18) "工程物资"项目。该项目反映单位期末为在建工程准备的各种物资的实际成本。本项目应当根据"工程物资"科目的期末余额填列。

(19) "在建工程"项目。该项目反映单位期末所有的建设项目工程的实际成本，本项目应当根据"在建工程"科目的期末余额填列。

(20) "无形资产原值"项目。该项目反映单位期末无形资产的原值。本项目应当根据"无形资产"科目的期末余额填列。"无形资产累计摊销"项目，反映单位期末无形资产已计提的累计摊销金额。本项目应当根据"无形资产累计摊销"科目的期末余额填列。

"无形资产净值"项目。该项目反映单位期末无形资产的账面价值。本项目应当根据"无形资产"科目期末余额减去"无形资产累计摊销"科目期末余额后的金额填列。

(21) "研发支出"项目。该项目反映单位期末正在进行的无形资产开发项目开发阶段发生的累计支出数。本项目应当根据"研发支出"科目的期末余额填列。

(22) "公共基础设施原值"项目。该项目反映单位期末控制的公共基础设施的原值。本项目应当根据"公共基础设施"科目的期末余额填列。"公共基础设施累计折旧(摊销)"项目，反映单位期末控制的公共基础设施已计提的累计折旧和累计摊销金额。本项目应当根据"公共基础设施累计折旧(摊销)"科目的期末余额填列。

"公共基础设施净值"项目，反映单位期末控制的公共基础设施的账面价值。本项目应当根据"公共基础设施"科目期末余额减去"公共基础设施累计折旧(摊销)"科目期末余额后的金额填列。

(23) "政府储备物资"项目。该项目反映单位期末控制的政府储备物资的实际成本。本项目应当根据"政府储备物资"科目的期末余额填列。

(24) "文物文化资产"项目。该项目反映单位期末控制的文物文化资产的成本，本项目应当根据"文物文化资产"科目的期末余额填列。

(25) "保障性住房原值"项目。该项目反映单位期末控制的保障性住房的原值，本项目应当根据"保障性住房"科目的期末余额填列。"保障性住房累计折旧"项目，反映单位期末控制的保障性住房已计提的累计折旧金额。本项目应当根据"保障性住房累计折旧"科目的期末余额填列。

"保障性住房净值"项目，反映单位期末控制的保障性住房的账面价值。本项目应当根据"保障性住房"科目期末余额减去"保障性住房累计折旧"科目期末余额后的金额填列。

(26) "长期待摊费用"项目。该项目反映单位期末已经支出，但应由本期和以后各期负担的分摊期限在 1 年以上(不含 1 年)的各项费用。本项目应当根据"长期待摊费用"科目的期末余额填列。

(27) "待处理财产损溢"项目。该项目反映单位期末尚未处理完毕的各种资产的净损失或净溢余。本项目应当根据"待处理财产损溢"科目的期末借方余额填列；如"待处理财产损溢"科目期末为贷方余额，以"-"号填列。

(28)"其他非流动资产"项目。该项目反映单位期末除本表中上述各项之外的其他非流动资产的合计数。本项目应当根据有关科目的期末余额合计数填列。

(29)"非流动资产合计"项目。该项目反映单位期末非流动资产的合计数。本项目应当根据本表中"长期股权投资""长期债券投资""固定资产净值""工程物资""在建工程""无形资产净值""研发支出""公共基础设施净值""政府储备物资""文物文化资产""保障性住房净值""长期待摊费用""待处理财产损溢""其他非流动资产"项目金额的合计数填列。

(30)"受托代理资产"项目。该项目反映单位期末受托代理资产的价值。本项目应当根据"受托代理资产"科目的期末余额与"库存现金""银行存款"科目下"受托代理资产"明细科目的期末余额的合计数填列。

(31)"资产总计"项目。该项目反映单位期末资产的合计数。本项目应当根据本表中"流动资产合计""非流动资产合计""受托代理资产"项目金额的合计数填列。

2. 负债类项目"期末余额"的内容和填列方法

负债类项目反映单位承担债务的情况，一般根据会计账簿中负债账户的期末贷方余额直接填列，或分析债务的偿还期后填列。

(1)"短期借款"项目。该项目反映事业单位期末短期借款的余额。本项目应当根据"短期借款"科目的期末余额填列。

(2)"应交增值税"项目。该项目反映单位期末应缴未缴的增值税税额。本项目应当根据"应交增值税"科目的期末余额填列；如"应交增值税"科目期末为借方余额，以"-"号填列。

(3)"其他应交税费"项目。该项目反映单位期末应缴未缴的除增值税以外的税费金额。本项目应当根据"其他应交税费"科目的期末余额填列；如"其他应交税费"科目期末为借方余额，以"-"号填列。

(4)"应缴财政款"项目。该项目反映单位期末应当上缴财政但尚未缴纳的款项。本项目应当根据"应缴财政款"科目的期末余额填列。

(5)"应付职工薪酬"项目。该项目反映单位期末按有关规定应付给职工及为职工支付的各种薪酬。本项目应当根据"应付职工薪酬"科目的期末余额填列。

(6)"应付票据"项目。该项目反映事业单位期末应付票据的金额。本项目应当根据"应付票据"科目的期末余额填列。

(7)"应付账款"项目。该项目反映单位期末应当支付但尚未支付的偿还期限在1年以内(含1年)的应付账款的金额。本项目应当根据"应付账款"科目的期末余额填列。

(8)"应付政府补贴款"项目。该项目反映负责发放政府补贴的行政单位期末按照规定应当支付给政府补贴接受者的各种政府补贴款余额。本项目应当根据"应付政府补贴款"科目的期末余额填列。

(9)"应付利息"项目。该项目反映事业单位期末按照合同约定应支付的借款利息。事业单位到期一次还本付息的长期借款利息不包括在本项目内。本项目应当根据"应付利息"科目的期末余额填列。

(10) "预收账款"项目。该项目反映事业单位期末预先收取但尚未确认收入和实际结算的款项余额。本项目应当根据"预收账款"科目的期末余额填列。

(11) "其他应付款"项目。该项目反映单位期末其他各项偿还期限在 1 年内(含 1 年)的应付及暂收款项余额。本项目应当根据"其他应付款"科目的期末余额填列。

(12) "预提费用"项目。该项目反映单位期末已预先提取的已经发生但尚未支付的各项费用。本项目应当根据"预提费用"科目的期末余额填列。

(13) "一年内到期的非流动负债"项目。该项目反映单位期末将于 1 年内(含 1 年)偿还的非流动负债的余额。本项目应当根据"长期应付款""长期借款" 等科目的明细科目的期末余额分析填列。

(14) "其他流动负债"项目。该科目反映单位期末除本表中上述各项之外的其他流动负债的合计数。本项目应当根据有关科目的期末余额的合计数填列。

(15) "流动负债合计"项目。该科目反映单位期末流动负债合计数。本项目应当根据本表"短期借款""应交增值税""其他应交税费""应缴财政款""应付职工薪酬""应付票据""应付账款""应付政府补贴款""应付利息""预收账款""其他应付款""预提费用""一年内到期的非流动负债""其他流动负债"项目金额的合计数填列。

(16) "长期借款"项目。该科目反映事业单位期末长期借款的余额。本项目应当根据"长期借款"科目的期末余额减去其中将于 1 年内(含 1 年)到期的"长期借款"余额后的金额填列。

(17) "长期应付款"项目。该项目反映单位期末长期应付款的余额。本项目应当根据"长期应付款"科目的期末余额减去其中将于 1 年内(含 1 年)到期的"长期应付款"余额后的金额填列。

(18) "预计负债"项目。该科目反映单位期末已确认但尚未偿付的预计负债的余额。本项目应当根据"预计负债"科目的期末余额填列。

(19) "其他非流动负债"项目。该项目反映单位期末除本表中上述各项之外的其他非流动负债的合计数。本项目应当根据有关科目的期末余额合计数填列。

(20) "非流动负债合计"项目。该项目反映单位期末非流动负债合计数。本项目应当根据本表中"长期借款""长期应付款""预计负债""其他非流动负债"项目金额的合计数填列。

(21) "受托代理负债"项目。该项目反映单位期末受托代理负债的金额。本项目应当根据"受托代理负债"科目的期末余额填列。

(22) "负债合计"项目。该项目反映单位期末负债的合计数。本项目应当根据本表中"流动负债合计""非流动负债合计""受托代理负债"项目金额的合计数填列。

3. 净资产类项目"期末余额"的内容和填列方法

净资产类项目反映单位净资产金额的情况,一般根据会计账簿中净资产账户的期末贷方余额直接填列。

(1) "累计盈余"项目。该项目反映单位期末未分配盈余(或未弥补亏损)以及无偿调拨净资产变动的累计数。本项目应当根据"累计盈余"科目的期末余额填列。

(2) "专用基金"项目。该项目反映事业单位期末累计提取或设置但尚未使用的专用基金余额。本项目应当根据"专用基金"科目的期末余额填列。

(3) "权益法调整"项目。该项目反映事业单位期末在被投资单位除净损益和利润分配以外的所有者权益变动中累积享有的份额。本项目应当根据"权益法调整"科目的期末余额填列。如"权益法调整"科目期末为借方余额,以"-"号填列。

(4) "无偿调拨净资产"项目。该项目反映单位本年度截至报告期期末无偿调入的非现金资产价值扣减无偿调出的非现金资产价值后的净值。本项目仅在月度报表中列示,年度报表中不列示。月度报表中本项目应当根据"无偿调拨净资产"科目的期末余额填列;"无偿调拨净资产"科目期末为借方余额时,以"-"号填列。

(5) "本期盈余"项目。该项目反映单位本年度截至报告期期末实现的累计盈余或亏损。本项目仅在月度报表中列示,年度报表中不列示。月度报表中本项目应当根据"本期盈余"科目的期末余额填列;"本期盈余"科目期末为借方余额时,以"-"号填列。

(6) "净资产合计"项目。该项目反映单位期末净资产合计数。本项目应当根据本表中"累计盈余""专用基金""权益法调整""无偿调拨净资产"(月度报表)、"本期盈余"(月度报表)项目金额的合计数填列。

(7) "负债和净资产总计"项目。该项目应当按照本表中"负债合计""净资产合计"项目金额的合计数填列。

(五)资产负债表的编制实例

【例11.1】某单位2×19年12月31日结账后各资产、负债和净资产类会计科目如表11.2所示。据此编制该事业单位的资产负债表。

表11.2　科目余额表

2×19年　　　　　　　　　　　　　　　　　　　　　单位:元

资产	借方余额	负债和净资产	贷方余额
库存现金	2 800	短期借款	180 000
银行存款	215 400	应交增值税	0
零余额账户用款额度	0	其他应交税费	0
短期投资	45 000	应缴财政款	0
财政应返还额度	60 000	应付职工薪酬	0
应收票据	25 000	应付票据	0
应收账款	73 000	应付账款	10 000
预付账款	22 000	预收账款	2 000
其他应收款	8 500	其他应付款	3 000
存货	457 000	长期借款	350 000
长期股权投资	206 000	长期应付款	0
固定资产	2 536 500	累计盈余	1 304 000
固定资产累计折旧	-710 500	专用基金	1 400 000

续表

资产	借方余额	负债和净资产	贷方余额
在建工程	123 000	权益法调整	4 700
无形资产	204 000		
无形资产累计摊销	-39 000		
待处理财产损溢	25 000		
合计	3 253 700	合计	3 253 700

12 月 31 日编制的资产负债表为年末资产负债表时，"年初余额"栏内各项数字，应当根据上年年末资产负债表"期末余额"栏内数字填列。"期末余额"栏内各项数字根据各账户的期末余额直接填列、合并填列或分析填列。主要项目的填列说明如下所述。

1. 货币资金项目

货币资金的数额为库存现金、银行存款和零余额账户用款额度的合计数。

货币资金=2 800+215 400+0=218 200(元)

2. 固定资产、无形资产项目

固定资产、无形资产按扣除累计折旧、累计摊销的数额填列。

固定资产=2 536 500-710 500=1 826 000(元)

无形资产=204 000-39 000=165 000(元)

3. 长期借款项目

长期借款中，将于 1 年内(含 1 年)偿还的借款为 120 000 元，应列入其他流动负债项目。

长期借款=350 000-120 000=230 000(元)

其他流动负债=120 000(元)

4. 其他项目

其他各项目均可根据各账户的期末余额直接填列。资产总计、负债合计、净资产合计等项目的数额按其内容汇总后填列。编制完成的年度资产负债表如表 11.3 所示。

表 11.3　资产负债表

编制单位：XXX　　　　　　　　　　2×19 年 12 月 31 日　　　　　　　　　　单位：元

资产	期末余额	年初余额	负债和净资产	期末余额	年初余额
流动资产：			流动负债：		
货币资金	218 200	198 000	短期借款	180 000	130 000
短期投资	45 000	33 500	应交增值税	0	0
财政应返还额度	60 000	46 000	其他应交税费	0	0
应收票据	25 000	20 000	应缴财政款	0	0

资产	期末余额	年初余额	负债和净资产	期末余额	年初余额
应收账款净额	73 000	65000	应付职工薪酬	0	0
预付账款	22 000	14000	应付票据	0	1 000
应收股利	0	0	应付账款	10 000	5 000
应收利息	0	0	应付政府补贴款	0	0
其他应收款净额	8 500	6000	应付利息	0	0
存货	457 000	471000	预收账款	2 000	0
待摊费用	0	0	其他应付款	3 000	4 500
一年内到期的非流动资产	0	0	预提费用	0	0
其他流动资产	0	0	一年内到期的非流动负债	0	0
流动资产合计	908 700	853500	其他流动负债	120 000	0
非流动资产:			流动负债合计	315 000	140 500
长期股权投资	206 000	170000	非流动负债:		
长期债权投资	0	0	长期借款	230 000	285 000
固定资产原值	2 536 500	2150000	长期应付款	0	0
减: 固定资产累计折旧	710 500	648300	预计负债	0	0
固定资产净值	1 826 000	1501700	其他非流动负债	0	0
工程物资	0	0	非流动负债合计	230 000	285 000
在建工程	123 000	164000	受托代理负债	0	0
无形资产原值	204 000	220000	负债合计	545 000	425 500
减: 无形资产累计摊销	39 000	42000			
无形资产净值	165 000	178000			
研发支出	0	0			
公共基础设施原值	0	0			
减: 公共基础设施累计摊销	0	0			

续表

资产	期末余额	年初余额	负债和净资产	期末余额	年初余额
公共基础设施净值	0	0			
政府储备物资	0	0			
文物文化资产	0	0			
保障性住房原值	0	0			
减：保障性住房累计折旧	0	0	净资产：		
保障性住房净值	0	0	累计盈余	1 304 000	1 132 000
长期待摊费用	0	0	专用基金	1 400 000	1 140 000
待处理财产损溢	25 000	0	权益法调整	4 700	5 700
其他非流动资产	0	0	无偿调拨净资产	——	——
非流动资产合计	2 345 000	1849700	本期盈余	——	——
受托代理资产	0	0	净资产合计	2 708 700	2 277 700
资产总计	3 253 700	2703200	负债和净资产合计	3 253 700	2 703 200

二、收入费用表

收入费用表是反映事业单位运营情况的报表。本节依据《政府会计制度》，阐述收入费用表的含义、内容，讲解收入费用表的编制方法。

(一)收入费用表概述

收入费用表是行政事业单位会计报表的重要组成部分，可以提供一定时期行政事业单位收入总额及构成情况、费用总额及构成情况，以及盈余及其分配内容的会计信息。行政事业单位应当定期编制收入费用表，披露行政事业单位在一定会计期间内的业务活动成果。

(二)收入费用表的格式

收入费用表一般采用上下式，上面是收入，中间是费用，下面是盈余，即收入-费用=盈余。行政事业单位的收入费用表由表首标题和报表主体构成。报表主体部分包括编报项目、栏目及金额。

1. 表首标题

收入费用表的表首标题包括报表名称、编号、编制单位、编表时间和金额单位等内容。

由于收入费用表反映的是事业单位在某一时期的事业成果,属于动态报表,因此需要注明报表所属的期间,如××年×月、××年度。按编报时间的不同,收入费用表可分为月报收入费用表和年报收入费用表。

2. 编报项目

收入费用表应当按照收入、费用的构成和盈余分配情况分别列示,按本期收入、本期费用和本期盈余等项目分层次排列。

3. 栏目及金额

月报的收入费用表由"本月数"和"本年累计数"两栏组成,年报的收入费用表由"上年数"和"本年数"两栏组成。收入费用表的各栏数额,应当根据相关收支账户的"本月合计数"和"本年累计数"的发生额填列,或经过计算、分析后填列。

(三)收入费用表的编制

本表反映的是单位在某一会计期间内发生的收入、费用及当期盈余情况。

本表"本月数"栏反映各项目的本月实际发生数。编制年度收入费用表时,应当将本栏改为"本年数",反映本年度各项目的实际发生数。

本表"本年累计数"栏反映各项目自年初至报告期期末的累计实际发生数。

编制年度收入费用表时,应当将本栏改为"上年数",反映上年度各项目的实际发生数,"上年数"栏应当根据上年年度收入费用表中"本年数"栏内所列数字填列。

如果本年度收入费用表规定的项目其名称和内容同上年度不一致,应当对上年度收入费用表项目的名称和数字按照本年度的规定进行调整,将调整后的金额填入本年度收入费用表的"上年数"栏内。

如果本年度单位发生了因前期差错更正、会计政策变更等调整以前年度盈余的事项,还应当对年度收入费用表中"上年数"栏中的有关项目金额进行相应调整。

本表"本月数"栏各项目的内容和填列方法如下所述。

1. 本期收入

(1) "本期收入"项目。该项目反映单位本期收入总额。本项目应当根据本表中"财政拨款收入""事业收入""上级补助收入""附属单位上缴收入""经营收入""非同级财政拨款收入""投资收益""捐赠收入""利息收入""租金收入""其他收入"项目金额的合计数填列。

(2) "财政拨款收入"项目。该项目反映单位本期从同级政府财政部门取得的各类财政拨款。本项目应当根据"财政拨款收入"科目的本期发生额填列。"政府性基金收入"项目,反映单位本期取得的财政拨款收入中属于政府性基金预算拨款的金额。本项目应当根据"财政拨款收入"相关明细科目的本期发生额填列。

(3) "事业收入"项目。该项目反映事业单位本期开展专业业务活动及其辅助活动实现的收入。本项目应当根据"事业收入"科目的本期发生额填列。

(4) "上级补助收入"项目。该项目反映事业单位本期从主管部门和上级单位收到或应收的非财政拨款收入。本项目应当根据"上级补助收入"科目的本期发生额填列。

(5)　"附属单位上缴收入"项目。该项目反映事业单位本期收到或应收的独立核算的附属单位按照有关规定上缴的收入。本项目应当根据"附属单位上缴收入"科目的本期发生额填列。

(6)　"经营收入"项目。该项目反映事业单位本期在专业业务活动及其辅助活动之外开展非独立核算经营活动实现的收入。本项目应当根据"经营收入"科目的本期发生额填列。

(7)　"非同级财政拨款收入"项目。该项目反映单位本期从非同级政府财政部门取得的财政拨款，不包括事业单位因开展科研及其辅助活动从非同级财政部门取得的经费拨款。本项目应当根据"非同级财政拨款收入"科目的本期发生额填列。

(8)　"投资收益"项目。该项目反映事业单位本期股权投资和债券投资所实现的收益或发生的损失。本项目应当根据"投资收益"科目的本期发生额填列，如为投资净损失，以"-"号填列。

(9)　"捐赠收入"项目。该项目反映单位本期接受捐赠取得的收入。本项目应当根据"捐赠收入"科目的本期发生额填列。

(10)　"利息收入"项目。该项目反映单位本期取得的银行存款利息收入。本项目应当根据"利息收入"科目的本期发生额填列。

(11)　"租金收入"项目。该项目反映单位本期经批准利用国有资产出租取得并按规定纳入本单位预算管理的租金收入。本项目应当根据"租金收入"科目的本期发生额填列。

(12)　"其他收入"项目。该项目反映单位本期取得的除以上收入项目外的其他收入的总额。本项目应当根据"其他收入"科目的本期发生额填列。

2．本期费用

(1)　"本期费用"项目。该项目反映单位本期费用总额。本项目应当根据本表中"业务活动费用""单位管理费用""经营费用""资产处置费用""上缴上级费用""对附属单位补助费用""所得税费用"和"其他费用"项目金额的合计数填列。

(2)　"业务活动费用"项目。该项目反映单位本期为实现其职能目标，依法履职或开展专业业务活动及其辅助活动所发生的各项费用。本项目应当根据"业务活动费用"科目本期发生额填列。

(3)　"单位管理费用"项目。该项目反映事业单位本期本级行政及后勤管理部门开展管理活动发生的各项费用，以及由单位统一负担的离退休人员经费、工会经费、诉讼费、中介费等。本项目应当根据"单位管理费用"科目的本期发生额填列。

(4)　"经营费用"项目。该项目反映事业单位本期在专业业务活动及其辅助活动之外开展非独立核算经营活动发生的各项费用。本项目应当根据"经营费用"科目的本期发生额填列。

(5)　"资产处置费用"项目。该项目反映单位本期经批准处置资产时转销的资产价值以及在处置过程中发生的相关费用或者处置收入小于处置费用形成的净支出。本项目应当根据"资产处置费用"科目的本期发生额填列。

(6) "上缴上级费用"项目。该项目反映事业单位按照规定上缴上级单位款项发生的费用。本项目应当根据"上缴上级费用"科目的本期发生额填列。

(7) "对附属单位补助费用"项目。该项目反映事业单位用财政拨款收入之外的收入对附属单位补助发生的费用。本项目应当根据"对附属单位补助费用"科目的本期发生额填列。

(8) "所得税费用"项目。该项目反映有企业所得税缴纳义务的事业单位本期计算应交纳的企业所得税。本项目应当根据"所得税费用"科目的本期发生额填列。

(9) "其他费用"项目。该项目反映单位本期发生的除以上费用项目外的其他费用的总额。本项目应当根据"其他费用"科目的本期发生额填列。

3. 本期盈余

"本期盈余"项目,反映单位本期收入扣除本期费用后的净额。本项目应当根据本表中"本期收入"项目金额减去"本期费用"项目金额后的金额填列;如为负数,以"-"号填列。

(四)收入费用报表的编制实例

【例 11.2】某事业单位 2×19 年收入、费用类科目发生额如表 11.4 所示。其他相关资料如下。该事业单位无所得税缴纳义务。

表 11.4　收入、费用类科目发生额表

2×19 年

单位:元

费 用 类	本年累计数	收 入 类	本年累计数
业务活动费用	25 000 000	财政拨款收入	20 000 000
单位管理费用	400 000	其中:公共预算性收入	18 000 000
经营费用	300 000	政府性基金收入	2 000 000
资产处置费用	100 000	事业收入	10 500 000
上缴上级费用	11 800 000	上级补助收入	9 500 000
对附属单位补助费用	2 200 000	附属单位上缴收入	800 000
所得税费用	0	经营收入	392 000
其他费用	100 000	非同级财政拨款收入	400 000
		投资收益	50 000
		捐赠收入	100 000
		利息收入	40 000
		租金收入	30 000
		其他收入	158 000
费用合计	39 900 000		41 970 000

编制该事业单位的 2×19 年收入费用表时,省略了"上年数"一列数字。"本年数"一列数字主要项目的填列说明如下。

(1) 本期收入。本期收入=20 000 000+10 500 000+9 500 000+800 000+392 000+400 000+50 000+100 000+40 000+30 000+158 000=41 970 000(元)

(2) 本期费用。本期费用=25 000 000+400 000+300 000+100 000+11 800 000+2 200 000+100 000=39 900 000(元)

(3) 本期盈余。本期盈余=41 970 000−39 900 000=2 070 000(元)

编制事业单位 2×19 年度收入费用表如表 11.5 所示。

表 11.5 收入费用表

编制单位：××××　　　　　　　　　　2×19 年度　　　　　　　　　　单位：元

项　目	本月数(略)	本年累计数
一、本期收入		41 970 000
(一)财政拨款收入		20 000 000
其中：政府性基金收入		2 000 000
(二)事业收入		10 500 000
(三)上级补助收入		9 500 000
(四)附属单位上缴收入		800 000
(五)经营收入		392 000
(六)非同级财政拨款收入		400 000
(七)投资收益		50 000
(八)捐赠收入		100 000
(九)利息收入		40 000
(十)租金收入		30 000
(十一)其他收入		158 000
二、本期费用		39 900 000
(一)业务活动费用		25 000 000
(二)单位管理费用		400 000
(三)经营费用		300 000
(四)资产处置费用		100 000
(五)上缴上级费用		11 800 000
(六)对附属单位补助费用		2 200 000
(七)所得税费用		0
(八)其他费用		100 000
三、本期盈余		2 070 000

三、净资产变动表

(一)净资产变动表概述

1. 净资产变动表的含义

在《政府会计准则——基本准则》中，净资产被定义为政府会计主体资产扣除负债后的净额，净资产金额取决于资产和负债的计量。净资产变动表反映单位在报告期净资产项目的变动情况，包括累计盈余、专用基金和权益法调整 3 项内容，属于年报，此表可以分析单位国有资产保值增值情况，区分经常性和非经常性的经营管理活动对净资产的影响程度。

2. 净资产变动表的格式

净资产变动表采用二维棋盘式报表结构，上边和左边都是项目栏，右下每个区域对应相应的项目金额。行政事业单位的净资产变动表由表首标题和报表主体构成。报表主体部分包括编报项目、栏目及金额。

(1) 表首标题。净资产变动表的表首标题包括报表名称、编号、编制单位、编表时间和金额单位等内容。由于净资产变动表反映行政事业单位在某一时期的资产情况，属于动态报表，因此需要注明报表所属的期间，如××年度。

(2) 编报项目。净资产变动表应当将本年数、上年数等情况分项列示，按本年年初余额、以前年度盈余调整和本年变动金额、本年年末余额等项目分层次排列。

(3) 栏目及金额。年报的净资产变动表由"本年数"和"上年数"两栏组成。净资产变动表的各栏数额，应当根据相关账户的"上年数"和"本年数"的发生额填列，或经过计算、分析后填列。

(二)净资产变动表的编制原则

净资产负债表"本年数"栏反映本年度各项目的实际变动数。本表"上年数"栏反映上年度各项目的实际变动数，应当根据上年度净资产变动表中"本年数"栏内所列数字填列。如果上年度净资产变动表规定的项目的名称和内容与本年度不一致，应对上年度净资产变动表项目的名称和数字按照本年度的规定进行调整，将调整后的金额填入本年度净资产变动表"上年数"栏内。

(三)净资产变动表的报表数填列方法

(1) "上年年末余额"行。该行反映单位净资产各项目上年年末的余额。本行各项目应当根据"累计盈余""专用基金""权益法调整"科目上年年末余额填列。

(2) "以前年度盈余调整"行。该行反映单位本年度调整以前年度盈余的事项对累计盈余进行调整的金额。本行"累计盈余"项目应当根据本年度"以前年度盈余调整"科目转入"累计盈余"科目的金额填列，如调整减少累计盈余，以"-"号填列。

(3)　"本年年初余额"行。该行反映经过以前年度盈余调整后，单位净资产各项目的本年年初余额。本行"累计盈余""专用基金""权益法调整"项目应当根据其各自在"上年年末余额"和"以前年度盈余调整"行对应项目金额的合计数填列。

(4)　"本年变动金额"行。该行反映单位净资产各项目本年变动总金额。本行"累计盈余""专用基金""权益法调整"项目应当根据其各自在"本年盈余""无偿调拨净资产""归集调整预算结转结余""提取或设置专用基金""使用专用基金""权益法调整"行对应项目金额的合计数填列。

(5)　"本年盈余"行。该行反映单位本年发生的收入、费用对净资产的影响。本行"累计盈余"项目应当根据年末"本期盈余"科目转入"本年盈余分配"科目的金额填列；如转入时借记"本年盈余分配"科目，则以"-"号填列。

(6)　"无偿调拨净资产"行。该行反映单位本年无偿调入、调出非现金资产事项对净资产的影响。本行"累计盈余"项目应当根据年末"无偿调拨净资产"科目转入"累计盈余"科目的金额填列；如转入时借记"累计盈余"科目，则以"-"号填列。

(7)　"归集调整预算结转结余"行。该行反映单位本年财政拨款结转结余资金归集调入、归集上缴或调出，以及非财政拨款结转资金缴回对净资产的影响。本行"累计盈余"项目应当根据"累计盈余"科目明细账记录分析填列；如归集调整减少预算结转结余，则以"-"号填列。

(8)　"提取或设置专用基金"行。该行反映单位本年提取或设置专用基金对净资产的影响。本行"累计盈余"项目应当根据从"预算结余"中提取的"累计盈余"项目的金额填列。本行"专用基金"项目应当根据从"预算收入"中提取，从"预算结余"中提取设置的"专用基金"行"专用基金"项目金额的合计数填列。从"预算收入"中提取行，反映单位本年从预算收入中提取专用基金对净资产的影响。本行"专用基金"项目应当通过对"专用基金"科目明细账记录的分析，根据本年按有关规定从预算收入中提取基金的金额填列。从"预算结余"中提取行，反映单位本年根据有关规定从本年度非财政拨款结余或经营结余中提取专用基金对净资产的影响。本行"累计盈余""专用基金"项目应当通过对"专用基金"科目明细账记录的分析，根据本年按有关规定从本年度非财政拨款结余或经营结余中提取专用基金的金额填列；本行"累计盈余"项目以"-"号填列。

"设置的专用基金"行，反映单位本年根据有关规定设置的其他专用基金对净资产的影响。本行"专用基金"项目应当通过对"专用基金"科目明细账记录的分析，根据本年按有关规定设置的其他专用基金的金额填列。

(9)　"使用专用基金"行。该行反映单位本年按规定使用专用基金对净资产的影响。本行"累计盈余""专用基金"项目应当通过对"专用基金"科目明细账记录的分析，根据本年按规定使用专用基金的金额填列；本行"专用基金"项目以"-"号填列。

(10)　"权益法调整"行。该行反映单位本年按照被投资单位除净损益和利润分配以外的所有者权益变动份额而调整长期股权投资账面余额对净资产的影响。本行"权益法调整"项目应当根据"权益法调整"科目本年发生额填列；若本年净发生额为借方时，以"-"号填列。

(11)　"本年年末余额"行。该行反映单位本年各净资产项目的年末余额。本行"累计盈余""专用基金""权益法调整"项目应当根据其各自在"本年年初余额""本年变动金额"行对应项目金额的合计数填列。

(12) 本表各行"净资产合计"项目，应当根据所在行"累计盈余""专用基金""权益法调整"项目金额的合计数填列。

(四)净资产变动表的编制实例

【例 11.3】某单位 2×19 年 12 月 31 日本年运营增加的累计盈余 215 000 元，政府下拨的专用基金 400 000 元，购买的长期股权投资除净损益和利润分配以外的所有者权益变动份额而调整长期股权投资账面余额为 39 000 元。据此编制该单位的净资产变动表，如表 11.6 所示。

表 11.6　净资产变动表

编制单位：×××　　　　　　　　2×19 年 12 月 31 日　　　　　　　　单位：元

项目	本年数				上年数			
	累计盈余	专用基金	权益法调整	净资产合计	累计盈余	专用基金	权益法调整	净资产合计
一、上年年末余额	2 00 0000	1 600 000	11 000	3611000				
二、以前年度盈余调整	0	——	——	0				
三、本年年初余额	2 000 000	1 600 000	11 000	3 611 000				
四、本年变动金额	215 000	400 000	39 000	654 000				
(一)本年盈余	180 000	——	——	180 000				
(二)无偿调拨净资产	35 000	——	——	35 000				
(三)归集调整预算结转结余	0	——	——	0				
(四)提取或设置专用基金	0	400 000	——	400 000				
其中：从预算收入中提取	——	0	——	0				
从预算结余中提取	0	0	——	0				
设置的专用基金	——	400 000	——	400 000				
(五)使用专用基金	0	0	——	0				
(六)权益法调整	——	——	39 000	39 000				
五、本年年末余额	2 215 000	2 000 000	50 000	4 265 000				

四、现金流量表

(一)现金流量表概述

1. 现金流量表的含义

现金流量表是反映单位在某一会计年度内现金流入和流出的情况。

现金流量表是单位会计报表的重要组成部分，可以提供一定时期内单位现金流入流出情况和会计信息。单位应当定期编制现金流量表，披露行政事业单位在一定期间的现金流入流出情况。

2. 现金流量表的格式

单位的现金流量表由表首标题和报表主体构成。报表主体部分包括编报项目、栏目及金额。

(1) 表首标题。现金流量表的表首标题包括报表名称、编号(会政财04表)、编制单位、编表时间和金额单位等内容。由于现金流量表反映的是行政事业单位在某一时期的现金流入流出情况，属于动态报表，因此需要注明报表所属的期间，如××年度。

(2) 编报项目。现金流量表应当按照本年经营活动、投资活动和筹资活动分别列示，按日常活动产生的现金流量、投资活动产生的现金流量和筹资活动产生的现金流量等项目分层次排列。

(3) 栏目及金额。年报的预算收入支出表由"本年金额"和"上年金额"两栏组成。现金流量表的各栏数额，应当根据相关账户的"上年金额"和"本年金额"的发生额填列，或经过计算、分析后填列。

(二)现金流量表的编制

本表可以提供单位在某一会计年度内现金流入和流出的信息。

本表所指的现金，是指单位的库存现金以及其他可以随时用于支付的款项，包括库存现金、可以随时用于支付的银行存款、其他货币资金、零余额账户用款额度、财政应返还额度，以及通过财政直接支付方式支付的款项。

现金流量表应当按照日常活动、投资活动、筹资活动的现金流量分别填列。

本表所指的现金流量，是指现金的流入和流出。

本表"本年金额"栏反映各项目的本年实际发生数。本表"上年金额"栏反映各项目的上年实际发生数，应当根据上年现金流量表中"本年金额"栏内所列数字填列。

单位应当采用直接法编制现金流量表。

本表"本年金额"栏各项目的填列方法如下所述。

1. 日常活动产生的现金流量

(1) "财政基本支出拨款收到的现金"项目。该项目反映单位本年接受财政基本支出拨款取得的现金。本项目应当根据 "零余额账户用款额度""财政拨款收入""银行存款"等科目及其所属明细科目的记录分析填列。

(2) "财政非资本性项目拨款收到的现金"项目。该项目反映单位本年接受除用于购建固定资产、无形资产、公共基础设施等资本性项目以外的财政项目拨款取得的现金。本项目应当根据"银行存款""零余额账户用款额度""财政拨款收入"等科目及其所属明细科目的记录分析填列。

(3) "事业活动收到的除财政拨款以外的现金"项目。该项目反映事业单位本年开展专业业务活动及其辅助活动取得的除财政拨款以外的现金。本项目应当根据"库存现金""银行存款""其他货币资金""应收账款""应收票据""预收账款""事业收入"等科目及其所属明细科目的记录分析填列。

(4) "收到的其他与日常活动有关的现金"项目。该项目反映单位本年收到的除以上项目之外的与日常活动有关的现金。本项目应当根据"库存现金""银行存款""其他货币资金""上级补助收入""附属单位上缴收入""经营收入""非同级财政拨款收入""捐赠收入""利息收入""租金收入""其他收入"等科目及其所属明细科目的记录分析填列。

(5) "日常活动的现金流入小计"项目。该项目反映单位本年日常活动产生的现金流入的合计数。本项目应当根据本表中"财政基本支出拨款收到的现金""财政非资本性项目拨款收到的现金""事业活动收到的除财政拨款以外的现金""收到的其他与日常活动有关的现金"项目金额的合计数填列。

(6) "购买商品、接受劳务支付的现金"项目。该项目反映单位本年在日常活动中用于购买商品、接受劳务支付的现金。本项目应当根据"库存现金""银行存款""财政拨款收入""零余额账户用款额度""预付账款""在途物品""库存物品""应付账款""应付票据""业务活动费用""单位管理费用""经营费用"等科目及其所属明细科目的记录分析填列。

(7) "支付给职工以及为职工支付的现金"项目。该项目反映单位本年支付给职工以及为职工支付的现金。本项目应当根据"库存现金""银行存款""零余额账户用款额度""财政拨款收入""应付职工薪酬""业务活动费用""单位管理费用""经营费用"等科目及其所属明细科目的记录分析填列。

(8) "支付的各项税费"项目。该项目反映单位本年用于缴纳日常活动相关税费而支付的现金。本项目应当根据"库存现金""银行存款""零余额账户用款额度""应交增值税""其他应交税费""业务活动费用""单位管理费用""经营费用""所得税费用"等科目及其所属明细科目的记录分析填列。

(9) "支付的其他与日常活动有关的现金"项目。该项目反映单位本年支付的除上述项目之外与日常活动有关的现金。本项目应当根据"库存现金""银行存款""零余额账户用款额度""财政拨款收入""其他应付款""业务活动费用""单位管理费用""经营费用""其他费用"等科目及其所属明细科目的记录分析填列。

(10) "日常活动的现金流出小计"项目。该项目反映单位本年日常活动产生的现金流出的合计数。本项目应当根据本表中"购买商品、接受劳务支付的现金""支付给职工以及为职工支付的现金""支付的各项税费""支付的其他与日常活动有关的现金"项目金额的合计数填列。

(11) "日常活动产生的现金流量净额"项目。该项目应当按照本表中"日常活动的现金流入小计"项目金额减去"日常活动的现金流出小计"项目金额后的金额填列；如为负数，以"-"号填列。

2. 投资活动产生的现金流量

(1) "收回投资收到的现金"项目。该项目反映单位本年出售、转让或者收回投资收到的现金。本项目应该根据"库存现金""银行存款""短期投资""长期股权投资""长期债券投资"等科目的记录分析填列。

(2) "取得投资收益收到的现金"项目。该项目反映单位本年因对外投资而收到被投资单位分配的股利或利润，以及收到投资利息而取得的现金。本项目应当根据"库存现金""银行存款""应收股利""应收利息""投资收益"等科目的记录分析填列。

(3)　"处置固定资产、无形资产、公共基础设施等收回的现金净额"项目。该项目反映单位本年处置固定资产、无形资产、公共基础设施等非流动资产所取得的现金，减去为处置这些资产而支付的有关费用之后的净额。由于自然灾害所造成的固定资产等长期资产损失而收到的保险赔款收入，也在本项目反映。本项目应当根据"库存现金""银行存款""待处理财产损溢"等科目的记录分析填列。

(4)　"收到的其他与投资活动有关的现金"项目。该项目反映单位本年收到的除上述项目之外与投资活动有关的现金。对于金额较大的现金流入，应当单列项目反映。本项目应当根据"库存现金""银行存款"等有关科目的记录分析填列。

(5)　"投资活动的现金流入小计"项目。该项目反映单位本年投资活动产生的现金流入的合计数。本项目应当根据本表中"收回投资收到的现金""取得投资收益收到的现金""处置固定资产、无形资产、公共基础设施等收回的现金净额""收到的其他与投资活动有关的现金"项目金额的合计数填列。

(6)　"购建固定资产、无形资产、公共基础设施等支付的现金"项目。该项目反映单位本年购买和建造固定资产、无形资产、公共基础设施等非流动资产所支付的现金；融资租入固定资产支付的租赁费不在本项目反映，在筹资活动的现金流量中反映。本项目应当根据"库存现金""银行存款""固定资产""工程物资""在建工程""无形资产""研发支出""公共基础设施""保障性住房"等科目的记录分析填列。

(7)　"对外投资支付的现金"项目。该项目反映单位本年为取得短期投资、长期股权投资、长期债券投资而支付的现金。本项目应当根据"库存现金""银行存款""短期投资""长期股权投资""长期债券投资"等科目的记录分析填列。

(8)　"上缴处置固定资产、无形资产、公共基础设施等净收入支付的现金"项目。该项目反映本年单位将处置固定资产、无形资产、公共基础设施等非流动资产所收回的现金净额予以上缴财政所支付的现金。本项目应当根据"库存现金""银行存款""应缴财政款"等科目的记录分析填列。

(9)　"支付的其他与投资活动有关的现金"项目。该项目反映单位本年支付的除上述项目之外与投资活动有关的现金。对于金额较大的现金流出，应当单列项目反映。本项目应当根据"库存现金""银行存款"等有关科目的记录分析填列。

(10)　"投资活动的现金流出小计"项目。该项目反映单位本年投资活动产生的现金流出的合计数。本项目应当根据本表中"购建固定资产、无形资产、公共基础设施等支付的现金""对外投资支付的现金""上缴处置固定资产、无形资产、公共基础设施等净收入支付的现金""支付的其他与投资活动有关的现金"项目金额的合计数填列。

(11)　"投资活动产生的现金流量净额"项目。该项目应当按照本表中"投资活动的现金流入小计"项目金额减去"投资活动的现金流出小计"项目金额后的金额填列；如为负数，以"-"号填列。

3. 筹资活动产生的现金流量

(1)　"财政资本性项目拨款收到的现金"项目。该项目反映单位本年接受用于购建固定资产、无形资产、公共基础设施等资本性项目的财政项目拨款取得的现金。本项目应当根据"银行存款""零余额账户用款额度""财政拨款收入"等科目及其所属明细科目的记录分析填列。

(2) "取得借款收到的现金"项目。该项目反映事业单位本年举借短期、长期借款所收到的现金。本项目应当根据"库存现金""银行存款""短期借款""长期借款"等科目记录分析填列。

(3) "收到的其他与筹资活动有关的现金"项目。该项目反映单位本年收到的除上述项目之外与筹资活动有关的现金。对于金额较大的现金流入,应当单列项目反映。本项目应当根据"库存现金""银行存款"等有关科目的记录分析填列。

(4) "筹资活动的现金流入小计"项目。该项目反映单位本年筹资活动产生的现金流入的合计数。本项目应当根据本表中"财政资本性项目拨款收到的现金""取得借款收到的现金""收到的其他与筹资活动有关的现金"项目金额的合计数填列。

(5) "偿还借款支付的现金"项目。该项目反映事业单位本年偿还借款本金所支付的现金。本项目应当根据"库存现金""银行存款""短期借款""长期借款"等科目的记录分析填列。

(6) "偿付利息支付的现金"项目。该项目反映事业单位本年支付的借款利息等。本项目应当根据"库存现金""银行存款""应付利息""长期借款"等科目的记录分析填列。

(7) "支付的其他与筹资活动有关的现金"项目。该项目反映单位本年支付的除上述项目之外与筹资活动有关的现金,如融资租入固定资产所支付的租赁费。本项目应当根据"库存现金""银行存款""长期应付款"等科目的记录分析填列。

(8) "筹资活动的现金流出小计"项目。该项目反映单位本年筹资活动产生的现金流出的合计数。本项目应当根据本表中"偿还借款支付的现金""偿付利息支付的现金""支付的其他与筹资活动有关的现金"项目金额的合计数填列。

(9) "筹资活动产生的现金流量净额"项目。该项目应当按照本表中"筹资活动的现金流入小计"项目金额减去"筹资活动的现金流出小计"金额后的金额填列;如为负数,以"-"号填列。

4. "汇率变动对现金的影响额"项目

该项目反映单位本年外币现金流量折算为人民币时,所采用的现金流量发生日的汇率折算的人民币金额与外币现金流量净额按期末汇率折算的人民币金额之间的差额。

5. "现金净增加额"项目

该项目反映单位本年现金变动的净额。本项目应当根据本表中"日常活动产生的现金流量净额""投资活动产生的现金流量净额""筹资活动产生的现金流量净额"和"汇率变动对现金的影响额"项目金额的合计数填列;如为负数,以"-"号填列。

6. 现金流量表的编制附加说明

为方便现金流量表的编制,可以在编制各发生事项的同时再编一笔附加分录说明,然后根据分录填列现金流量表。举例如下。

1 500 元现金购买一批原材料，分录如下。

借：库存物品　　　　　　　　　　　　　1 500
　　贷：库存现金　　　　　　　　　　　　　　　1 500
借：现金支出　　　　　　　　　　　　　1 500
　　贷：购买商品、接受劳务支付的现金　　　　　1 500

(三)现金流量表的编制实例

【例 11.4】某事业单位 2×19 年现金流量日常活动、投资活动、筹资活动事项如表 11.7 所示。

从中抽出一些事项，主要发生事项及其相关资料如表 11.7 所示。该事业单位无所得税缴纳义务，无汇率变动影响。

表 11.7　日常活动、投资、筹资类科目发生额表

2×19 年　　　　　　　　　　　　　　　　　　　　　　　　单位：元

日期	摘要	借	贷	序号	现金流入	现金流出
2月1日	支付工资		26 000	1.6		支付给职工以及为职工支付的现金
2月5日	提现		1 100			
3月7日	财政基本拨款	150 000			财政基本支出拨款收到的现金	
3月9日	购买固定资产		5 000			购建固定资产、无形资产、公共基础设施等支付的现金
3月11日	财政非资本性项目拨款	250 000		1.2	财政非资本性项目拨款收到的现金	
3月21日	购买商品		13 500	1.5		购买商品、接受劳务支付的现金
4月1日	支付工资		26 000			支付给职工以及为职工支付的现金
4月2日	事业活动收到现金	4 000		1.3	事业活动收到的除财政拨款以外的现金	
4月6日	收到3月应收款项	2 000			收到的其他与日常活动有关的现金	

日期	摘要	借	贷	序号	现金流入	现金流出
4月9日	支付税金		720	1.7		支付的各项税费
4月10日	进行公共基础设施投资		7000			购建固定资产、无形资产、公共基础设施等支付的现金
4月15日	取得投资收益	500		2.2	取得投资收益收到的现金	
4月30日	收回投资	30 000		2.1	收回投资收到的现金	
5月1日	支付工资		26 000	1.6		支付给职工以及为职工支付的现金
5月5日	为职工购买电脑		3 800	1.6		支付给职工以及为职工支付的现金
5月10日	处理专利权	40 000		2.3	处置固定资产、无形资产、公共基础设施等收回的现金净额	
5月12日	投资股票		10 000	2.6		对外投资支付的现金
5月14日	上交处置专利权净收入		4 000	2.7		上缴处置规定资产、无形资产、公共基础设施等净收入支付的现金
5月15日	收到财政资本性项目拨款	20 000		3.1	财政资本性项目拨款收到的现金	
5月17日	取得借款	5 000		3.2	取得借款收到的现金	
5月29日	偿还借款		3 000	3.4		偿还借款支付的现金
5月30日	偿还利息		180	3.5		偿还利息支付的现金

编制该事业单位的 2×19 年现金流量表时，省略了"上年数"一列数字。"本年数"一列数字主要项目的填列说明如下。

(1) 日常活动现金流入。本年经营流入=150 000+250 000+4 000+2 000=406 000(元)

(2) 日常活动现金流出。本年经营流出=26 000+13 500+26 000+720+26 000+3 800 =96 020(元)

(3) 日常活动现金流量净额。本年经营活动现金净额=406 000-96 020=309 980(元)

(4) 投资活动现金流入。本年投资流入=500+30 000+40 000=70 500(元)

(5) 投资活动现金流出。本年投资流出=5 000+7 000+10 000+4 000=26 000(元)

(6) 投资活动现金流量净额。本年投资活动现金净额=70 500-26 000=44 500(元)

(7) 筹资活动现金流入。本年筹资流入=20 000+5 000=25 000(元)

(8) 筹资活动现金流出。本年筹资流出=3 000+180=3 180(元)

(9) 筹资活动现金流量净额。本年筹资活动现金净额=25 000-3 180=21 820(元)

编制事业单位2×19年度预算收入支出表如表11.8所示。

表11.8 现金流量表

编制单位：×××　　　　　　　　　　2×19年度　　　　　　　　　　单位：元

项　　目	本年金额	上年金额
一、日常活动产生的现金流量		
1.1 财政基本支出拨款收到的现金	150 000	
1.2 财政非资本性项目拨款收到的现金	250 000	
1.3 事业活动收到的除财政拨款以外的现金	4 000	
1.4 收到的其他与日常活动有关的现金	2 000	
日常活动的现金流入小计	406 000	
1.5 购买商品、接受劳务支付的现金	13 500	
1.6 支付给职工以及为职工支付的现金	81 800	
1.7 支付的各项税费	720	
1.8 支付的其他与日常活动有关的现金	0	
日常活动的现金流出小计	96 020	
日常活动产生的现金流量净额	309 980	
二、投资活动产生的现金流量		
2.1 收回投资收到的现金	30 000	
2.2 取得投资收益收到的现金	500	
2.3 处置固定资产、无形资产、公共基础设施等收回的现金净额	40 000	
2.4 收到的其他与投资活动有关的现金	0	
投资活动的现金流入小计	70 500	
2.5 构建固定资产、无形资产、公共基础设施等支付的现金	12 000	
2.6 对外投资支付的现金	10 000	
2.7 上缴处置固定资产、无形资产、公共基础设施等净收入支付的现金	4 000	
2.8 支付的其他与投资活动有关的现金	0	
投资活动的现金流出小计	26 000	

项　　目	本年金额	上年金额
投资活动产生的现金流量净额	44 500	
三、筹资活动产生的现金流量		
3.1 财政资本性项目拨款收到的现金	20 000	
3.2 取得借款收到的现金	5 000	
3.3 收到的其他与筹资活动有关的现金	0	
筹资活动的现金流入小计	25 000	
3.4 偿还借款支付的现金	3 000	
3.5 偿还利息支付的现金	180	
3.6 支付的其他与筹资活动有关的现金	0	
日常活动的现金流出小计	3 180	
筹资活动产生的现金流量净额	21 820	
四、汇率变动对现金的影响额	0	
五、现金净增加额	376 300	

第三节　政府决算报告

政府决算报告是以政府预算会计为基础编制的反映行政事业单位预算执行情况和执行结果的综合报告。主要包括预算收入支出表、预算结转结余变动表、财政拨款预算收入支出表。

一、预算收入支出表

(一)预算收入支出表概述

1. 预算收入支出表的含义

预算收入支出表是反映单位在某一会计年度内各项预算收入、预算支出和预算收支差额的情况。

预算收入支出表是行政事业单位会计报表的重要组成部分，可以提供一定时期内行政事业单位预算收入总额及构成信息、预算支出总额及构成信息，以及预算收支差额的数额会计信息。行政事业单位应当定期编制预算收入支出表，披露行政事业单位在一定会计期间的预算信息。

2. 预算收入支出表的格式

预算收入支出表为上下式，上面是预算收入，中间是预算支出，下面是预算收支差额。行政事业单位的预算收入支出表由表首标题和报表主体构成。报表主体部分包括编报项目、栏目及金额。

(1) 表首标题。预算收入支出表的表首标题包括报表名称、编号、编制单位、编表时间和金额单位等内容。由于预算收入支出表反映的是行政事业单位在某一时期的预算收支情况，属于动态报表，因此需要注明报表所属的期间，如××年度。

(2) 编报项目。预算收入支出表应当按照本年预算收入、本年预算支出的构成和本年预算收支差额分项列示，按本年预算收入、本年预算支出和本年预算收支差额等项目分层次排列。

(3) 栏目及金额。年报的预算收入支出表由"本年数"和"上年数"两栏组成。预算收入支出表的各栏数额，应当根据相关收支账户的"上年预算数"和"本年预算数"的发生额填列，或经过计算、分析后填列。

(二)预算收入支出表的编制

本表反映的是单位在某一会计年度内各项预算收入、预算支出和预算收支差额的信息。

本表"本年数"栏反映各项目的本年实际发生数。本表"上年数"栏反映各项目上年度的实际发生数，应当根据上年度预算收入支出表中"本年数"栏内所列数字填列。如果本年度预算收入支出表规定的项目的名称和内容同上年度不一致，应当对上年度预算收入支出表项目的名称和数字按照本年度的规定进行调整，将调整后金额填入本年度预算收入支出表的"上年数"栏。

本表"本年数"栏各项目的内容和填列方法如下所述。

1. 本年预算收入

(1) "本年预算收入"项目。该项目反映单位本年预算收入总额。本项目应当根据本表中"财政拨款预算收入""事业预算收入""上级补助预算收入""附属单位上缴预算收入""经营预算收入""债务预算收入""非同级财政拨款预算收入""投资预算收益""其他预算收入"项目金额的合计数填列。

(2) "财政拨款预算收入"项目。该项目反映单位本年从同级政府财政部门取得的各类财政拨款。本项目应当根据"财政拨款预算收入"科目的本年发生额填列。

"政府性基金收入"项目。该项目反映单位本年取得的财政拨款收入中属于政府性基金预算拨款的金额。本项目应当根据"财政拨款预算收入"相关明细科目的本年发生额填列。

(3) "事业预算收入"项目。该项目反映事业单位本年开展专业业务活动及其辅助活动取得的预算收入。本项目应当根据"事业预算收入"科目的本年发生额填列。

(4) "上级补助预算收入"项目。该项目反映事业单位本年从主管部门和上级单位取得的非财政补助预算收入。本项目应当根据"上级补助预算收入"科目的本年发生额填列。

(5) "附属单位上缴预算收入"项目。该项目反映事业单位本年收到的独立核算的附属单位按照有关规定上缴的预算收入。本项目应当根据"附属单位上缴预算收入"科目的本年发生额填列。

(6) "经营预算收入"项目。该项目反映事业单位本年在专业业务活动及其辅助活动之外开展非独立核算经营活动取得的预算收入。本项目应当根据"经营预算收入"科目的本年发生额填列。

(7) "债务预算收入"项目。该项目反映事业单位本年按照规定从金融机构等借入的、纳入部门预算管理的债务预算收入。本项目应当根据"债务预算收入"的本年发生额填列。

(8) "非同级财政拨款预算收入"项目。该项目反映单位本年从非同级政府财政部门取得的财政拨款。本项目应当根据"非同级财政拨款预算收入"科目的本年发生额填列。

(9) "投资预算收益"项目。该项目反映事业单位本年取得的按规定纳入单位预算管理的投资收益。本项目应当根据"投资预算收益"科目的本年发生额填列。

(10) "其他预算收入"项目。该项目反映单位本年取得的除上述收入以外的纳入单位预算管理的各项预算收入。本项目应当根据"其他预算收入"科目的本年发生额填列。

"利息预算收入"项目,反映单位本年取得的利息预算收入。本项目应当根据"其他预算收入"科目的明细记录分析填列。单位单设"利息预算收入"科目的,应当根据"利息预算收入"科目的本年发生额填列。

"捐赠预算收入"项目,反映单位本年取得的捐赠预算收入。本项目应当根据"其他预算收入"科目明细账记录分析填列。单位单设"捐赠预算收入"科目的,应当根据"捐赠预算收入"科目的本年发生额填列。

"租金预算收入"项目,反映单位本年取得的租金预算收入。本项目应当根据"其他预算收入"科目明细账记录分析填列。单位单设"租金预算收入"科目的,应当根据"租金预算收入"科目的本年发生额填列。

2. 本年预算支出

(1) "本年预算支出"项目。该项目反映单位本年预算支出。本项目应当根据本表中"行政支出""事业支出""经营支出""上缴上级支出""对附属单位补助支出""投资支出""债务还本支出"和"其他支出"项目金额的合计数填列。

(2) "行政支出"项目。该项目反映行政单位本年履行职责实际发生的支出。本项目应当根据"行政支出"科目的本年发生额填列。

(3) "事业支出"项目。该项目反映事业单位本年开展专业业务活动及其辅助活动发生的支出。本项目应当根据"事业支出"科目的本年发生额填列。

(4) "经营支出"项目。该项目反映事业单位本年在专业业务活动及其辅助活动之外开展非独立核算经营活动发生的支出。本项目应当根据"经营支出"科目的本年发生额填列。

(5) "上缴上级支出"项目。该项目反映事业单位本年按照财政部门和主管部门的规定上缴上级单位的支出。本项目应当根据"上缴上级支出"科目的本年发生额填列。

(6) "对附属单位补助支出"项目。该项目反映事业单位本年用财政拨款收入之外的收入对附属单位补助发生的支出。本项目应当根据"对附属单位补助支出"科目的本年发生额填列。

(7) "投资支出"项目。该项目反映事业单位本年以货币资金对外投资发生的支出。本项目应当根据"投资支出"科目的本年发生额填列。

(8) "债务还本支出"项目。该项目反映事业单位本年偿还自身承担的纳入预算管理的从金融机构举借的债务本金的支出。本项目应当根据"债务还本支出"科目的本年发生额填列。

(9) "其他支出"项目。该项目反映单位本年除以上支出以外的各项支出。本项目应当根据"其他支出"科目的本年发生额填列。"利息支出"项目，反映单位本年发生的利息支出。本项目应当根据"其他支出"科目明细账记录分析填列。单位单设"利息支出"科目的，应当根据"利息支出"科目的本年发生额填列。

"捐赠支出"项目，反映单位本年发生的捐赠支出。本项目应当根据"其他支出"科目明细账记录分析填列。单位单设"捐赠支出"科目的，应当根据"捐赠支出"科目的本年发生额填列。

3. 本年预算收支差额

"本年预算收支差额"项目，反映单位本年各项预算收支相抵后的差额。本项目应当根据本表中"本期预算收入"项目金额减去"本期预算支出"项目金额后的金额填列；如相减后金额为负数，以"-"号填列。

(三)预算收入支出表的编制实例

【例 11.5】某事业单位 2×19 年预算收入、支出类科目发生额如表 11.9 所示。该事业单位无所得税缴纳义务。其他相关资料如下所述。

表 11.9　收入、支出类科目预算发生额表

2×19 年　　　　　　　　　　　　　　　　　　单位：元

支 出 类	本 年 数	收 入 类	本 年 数
行政支出	4 500 000	财政拨款预算收入	9 000 000
事业支出	1 200 000	其中：政府基金收入	1 000 000
经营支出	180 000	事业预算收入	5 000 000
上缴上级支出	1 100 000	上级补助预算收入	800 000
对附属单位补助支出	1 000 000	附属单位上缴预算收入	200 000
投资支出	60 000	经营预算收入	230 000
债务还本支出	50 000	债务预算收入	180 000
其他支出	25 000	非同级财政拨款预算收入	60 000
其中：利息支出	11 000	投资预算收益	70 000
捐赠支出	14 000	其他预算收入	60 000
		其中：利息预算收入	13 000
		捐赠预算收入	35 000
		租金预算收入	12 000
支出合计	8 115 000	收入合计	15 600 000

编制该事业单位的 2×19 年预算收入支出表时，省略了"上年数"一列数字。"本年数"一列数字主要项目的填列说明如下。

1. 本年预算收入

本年预算收入=9 000 000+5 000 000+800 000+200 000+230 000+180 000+60 000+70 000 +60 000=15 600 000(元)

2. 本年预算支出

本年预算支出=4 500 000+1 200 000+180 000+1 100 000+1 000 000+60 000+50 000+25 000 =8 115 000(元)

3. 本年预算收支差额

本年预算收支差额=15 600 000−8 115 000=7 485 000(元)

编制事业单位 2×19 年度预算收入支出表如表 11.10 所示。

表 11.10　预算收入支出表

编制单位：××××　　　　　　　　　　　　2×19 年度　　　　　　　　　　　　　　单位：元

项　　　目	本 年 数	上 年 数
一、本年预算收入	9 000 000	
（一）财政拨款预算收入	1 000 000	
其中：政府性基金收入	5 000 000	
（二）事业预算收入	800 000	
（三）上级补助预算收入	200 000	
（四）附属单位上缴预算收入	230 000	
（五）经营预算收入	180 000	
（六）债务预算收入	60 000	
（七）非同级财政拨款预算收入	70 000	
（八）投资预算收益	60 000	
（九）其他预算收入	13 000	
其中：利息预算收入	35 000	
捐赠预算收入	12 000	
租金预算收入	9 000 000	
二、本年预算支出		
行政支出	4 500 000	
事业支出	1 200 000	
经营支出	180 000	
上缴上级支出	1 100 000	
对附属单位补助支出	1 000 000	
投资支出	60 000	
债务还本支出	50 000	

续表

项　　目	本年数	上年数
其他支出	25 000	
其中：利息支出	11 000	
捐赠支出	14 000	
三、本年预算收支差额	7 485 000	

二、预算结转结余变动表

(一)预算结转结余变动表概述

1. 预算结转结余变动表的含义

预算结转结余变动表是反映单位在某一会计年度内预算结转结余变动情况的报表。

预算结转结余变动表是行政事业单位会计报表的重要组成部分，可以提供一定时期行政事业单位预算结转结余各个组成项目金额的变动信息。行政事业单位应当定期编制预算结转结余变动表，披露行政事业单位在一定会计期间的预算结转结存状况。

2. 预算结转结余变动表的格式

行政事业单位的预算结转结余变动表由表首标题和报表主体构成。报表主体部分包括编报项目、栏目及金额。

(1) 表首标题。预算结转结余变动表的表首标题包括报表名称、编号(会政预 02 表)、编制单位、编表时间和金额单位等内容。由于预算结转结余变动表反映的是行政事业单位在某一时期的资产情况，属于动态报表，因此需要注明报表所属的期间，如××年度。

(2) 编报项目。预算结转结余变动表应当将本年数、上年数等情况分项列示，按年初预算结转结存、年度余额调整、本年变动金额、年末预算结转结存等项目分层次排列。

(3) 栏目及金额。年报的净资产变动表由"本年数"和"上年数"两栏组成。预算结转结余变动表的各栏数额，应当根据相关账户的"上年数"和"本年数"的发生额填列，或经过计算、分析后填列。

(二)预算结转结余变动表的编制原则

本表"本年数"栏反映各项目的本年实际发生数。本表"上年数"栏反映各项目的上年实际发生数，应当根据上年度预算结转结余变动表中"本年数"栏内所列数字填列。如果本年度预算结转结余变动表规定的项目的名称和内容与上年度不一致，应当对上年度预算结转结余表项目的名称和数字按照本年度的规定进行调整，将调整后的金额填入本年度预算结转结余变动表的"上年数"栏。本表中"年末预算结转结余"项目金额等于"年初预算结转结余""年初余额调整""本年变动金额"三个项目的合计数。

(三)预算结转结余变动表的报表数填列方法

1. "年初预算结转结余"项目

该项目反映单位本年预算结转结余的年初余额。本项目应当根据本项目下"财政拨款结转结余""其他资金结转结余"项目金额的合计数填列。

(1) "财政拨款结转结余"项目。该项目反映单位本年财政拨款结转结余资金的年初余额。本项目应当根据"财政拨款结转""财政拨款结余"科目本年年初余额合计数填列。

(2) "其他资金结转结余"项目。该项目反映单位本年其他资金结转结余的年初余额。本项目应当根据本项目下"非财政拨款结转""非财政拨款结余""专用结余""经营结余"科目本年年初余额的合计数填列。

2. "年初余额调整"项目

该项目反映单位本年预算结转结余年初余额调整的金额。本项目应当根据本项目下"财政拨款结转结余""其他资金结转结余"项目金额的合计数填列。

(1) "财政拨款结转结余"项目。该项目反映单位本年财政拨款结转结余资金的年初余额调整金额。本项目应当根据"财政拨款结转""财政拨款结余"科目下"年初余额调整"明细科目的本年发生额的合计数填列；如调整减少年初财政拨款结转结余，以"-"号填列。

(2) "其他资金结转结余"项目。该项目反映单位本年其他资金结转结余的年初余额调整金额。本项目应当根据"非财政拨款结转""非财政拨款结余"科目下"年初余额调整"明细科目的本年发生额的合计数填列；如调整减少年初其他资金结转结余，以"-"号填列。

3. "本年变动金额"项目

该项目反映单位本年预算结转结余变动金额。本项目应当根据本项目下"财政拨款结转结余""其他资金结转结余"项目金额的合计数填列。

(1) "财政拨款结转结余"项目。该项目反映单位本年财政拨款结转结余资金的变动。本项目应当根据本项目下"本年收支差额""归集调入""归集上缴或调出"项目金额的合计数填列。

"本年收支差额"项目反映单位本年财政拨款资金收支相抵后的差额。本项目应当根据"财政拨款结转"科目下"本年收支结转"明细科目本年转入的预算收入与预算支出的差额填列；差额为负数的，以"-"号填列。

"归集调入"项目反映单位本年按照规定从其他单位归集调入的财政拨款结转资金。本项目应当根据"财政拨款结转"科目下"归集调入"明细科目的本年发生额填列。

"归集上缴或调出"项目反映单位本年按照规定上缴的财政拨款结转结余资金及按照规定向其他单位调出的财政拨款结转资金。本项目应当根据"财政拨款结转""财政拨款结余"科目下"归集上缴"明细科目，以及"财政拨款结转"科目下"归集调出"明细科目本年发生额的合计数填列，以"-"号填列。

(2) "其他资金结转结余"项目。该项目反映单位本年其他资金结转结余的变动。本项目应当根据本项目下"本年收支差额""缴回资金""使用专用结余""支付所得税"

项目金额的合计数填列。

"本年收支差额"项目反映单位本年除财政拨款外的其他资金收支相抵后的差额。本项目应当根据"非财政拨款结转"科目下"本年收支结转"明细科目、"其他结余"科目、"经营结余"科目本年转入的预算收入与预算支出的差额的合计数填列；如为负数，以"-"号填列。

"缴回资金"项目反映单位本年按照规定缴回的非财政拨款结转资金。本项目应当根据"非财政拨款结转"科目下"缴回资金"明细科目本年发生额的合计数填列，以"-"号填列。

"使用专用结余"项目反映本年事业单位根据规定使用从非财政拨款结余或经营结余中提取的专用基金的金额。本项目应当根据"专用结余"科目明细账中本年使用专用结余业务的发生额填列，以"-"号填列。

"支付所得税"项目反映有企业所得税缴纳义务的事业单位本年实际缴纳的企业所得税金额。本项目应当根据"非财政拨款结余"明细账中本年实际缴纳企业所得税业务的发生额填列，以"-"号填列。

4. "年末预算结转结余"项目

该项目反映单位本年预算结转结余的年末余额。本项目应当根据本项目下"财政拨款结转结余""其他资金结转结余"项目金额的合计数填列。

(1) "财政拨款结转结余"项目。该项目反映单位本年财政拨款结转结余的年末余额。本项目应当根据本项目下"财政拨款结转""财政拨款结余"项目金额的合计数填列。本项目下"财政拨款结转""财政拨款结余"项目，应当分别根据"财政拨款结转""财政拨款结余"科目的本年年末余额填列。

(2) "其他资金结转结余"项目。该项目反映单位本年其他资金结转结余的年末余额。本项目应当根据本项目下"非财政拨款结转""非财政拨款结余""专用结余""经营结余"项目金额的合计数填列。本项目下"非财政拨款结转""非财政拨款结余""专用结余""经营结余"项目，应分别根据"非财政拨款结转""非财政拨款结余""专用结余""经营结余"科目的本年年末余额填列。

(四)预算结转结余变动表的编制实例

【例 11.6】某单位 2×19 年 12 月 31 日结账后各资产、负债和净资产累计会计科目如表 11.11 所示。据此编制该事业单位的预算结转结余变动表。

表 11.11　会计科目余额表

2×19 年 12 月 31 日

会计科目	年 初 数	年 末 数	本年变动数 (依据本年明细科目发生数)
财政拨款结转	500 000	900 000	400 000
——年初余额调整	0	0	0
——归集调入	0	0	480 000

续表

会计科目	年 初 数	年 末 数	本年变动数 (依据本年明细科目发生数)
——归集调出	0	0	30 000
——归集上缴	0	0	50 000
——单位内部调剂	0	0	0
——本年收支结转	0	0	0
——累计结转	500 000	900 000	400 000
财政拨款结余	600 000	850 000	250 000
——年初余额调整	0	0	250 000
——归集上缴	0	0	0
——单位内部调剂	0	0	0
——结转转入	0	0	0
——累计结转	600 000	850 000	250 000
非财政拨款结转	80 000	140 000	60 000
——年初余额调整	0	0	12 000
——缴回资金	0	0	12 000
——项目间接费用或管理费	0	0	0
——本年收支结转	0	0	60 000
——累计结转			60 000
非财政拨款结余	200 000	300 000	100 000
——年初余额调整	0	0	100 000
——项目间接费用或管理费	0	0	0
——结转转入	0	0	0
——累计结转	200 000	300 000	100 000
专用结余	100 000	120 000	20 000
经营结余	40 000	20 000	20 000
其他结余	110 000	140 000	30 000

上述科目余额表中专用结余、经营结余、其他结余科目的本年变动额均未涉及转入预算收入与预算支出的差额，各项目均可根据各账户的期末余额、发生额分析填列。

编制完成的年度预算结转结余变动表如表 11.12 所示。

表 11.12　预算结转结余变动表

编制单位××× 　　　　　　　　　2×19 年 　　　　　　　　　单位：元

项　　　目	本 年 数	上 年 数
一、年初预算结转结余	1 380 000	——
（一）财政拨款结转结余	1 100 000	——
（二）其他资金结转结余	280 000	——

续表

项　目	本 年 数	上 年 数
二、年初余额调整(减少以"-"号填列)	362 000	——
(一) 财政拨款结转结余	250 000	——
(二) 其他资金结转结余	112 000	——
三、本年变动金额(减少以"-"号填列)	448 000	——
(一) 财政拨款结转结余	400 000	——
1.本年收支差额	0	——
2.归集调入	480 000	——
3.归集上缴或调出	-80 000	——
(二) 其他资金结转结余	48 000	——
1.本年收支差额	60 000	——
2.缴回资金	-12 000	——
3.使用专业结余	0	——
4.支付所得税	0	——
四、年末预算结转结余	2 190 000	——
(一) 财政拨款结转结余	1 750 000	——
1. 财政拨款结转	900 000	——
2. 财政拨款结余	850 000	——
(二) 其他资金结转结余	440 000	——
1. 非财政拨款结转	140 000	——
2. 非财政拨款结余	300 000	——
3.专用结余	0	——
4.经营结余(如有余额，以"-"号填列)	0	——

三、财政拨款预算收入支出表

(一)财政拨款预算收入支出表概述

1. 财政拨款预算收入支出表的含义

　　财政拨款预算收入支出表是反映单位本年财政拨款预算资金收入、支出及相关变动的具体情况的报表。本表仅指财政拨款预算的收支情况，并要求对项目支出按各项目明细进行列示，应与"财政拨款结转""财政拨款结余"等科目账面余额保持一致。

2. 财政拨款预算收入支出表的内容

　　(1) 表首标题。财政拨款预算收入支出表的表首标题包括报表名称、编号、编制单位、编表时间和金额单位等内容。由于财政拨款预算收入支出表反映的是行政事业单位在某一时期的资产信息，属于动态报表，因此需要注明报表所属的期间，如××年度。

(2) 编报项目。财政拨款预算收入支出表应当按照年初财政拨款结转结余、本年归集调入等情况分项列示，按一般公共预算财政拨款、政府性基金预算财政拨款等项目分层次排列。

(3) 栏目及金额。年报的净资产变动表由"本年数"和"上年数"两栏组成。财政拨款预算收入支出表的各栏数额，应当根据相关账户的"上年数"和"本年数"的发生额填列，或经过计算、分析后填列。

(二)财政拨款预算收入支出表的编制原则

财政拨款预算收入支出表"项目"栏内各项目，应当根据单位取得的财政拨款种类分项设置。其中"项目支出"项目下，根据每个项目设置；单位取得除一般公共财政预算拨款和政府性基金预算拨款以外的其他财政拨款的，应当按照财政拨款种类增加相应的资金项目及其明细项目。

(三)财政拨款预算收入支出表填列方法

(1) "年初财政拨款结转结余"栏中各项目反映单位年初各项财政拨款结转结余的金额。各项目按"财政拨款结转""财政拨款结余"及其明细科目的年初余额填列。本栏中各项目的数额应当与上年度财政拨款预算收入支出表中"年末财政拨款结转结余"栏中各项目的数额相等。

(2) "调整年初财政拨款结转结余"栏中各项目反映单位对年初财政拨款结转结余的调整金额。各项目按"财政拨款结转""财政拨款结余"科目下"年初余额调整"明细科目及其所属明细科目的本年发生额填列；如调整减少年初财政拨款结转结余，以"-"号填列。

(3) "本年归集调入"栏中各项目反映单位本年按规定从其他单位调入的财政拨款结转资金金额。各项目按"财政拨款结转"科目下"归集调入"明细科目及其所属明细科目的本年发生额填列。

(4) "本年归集上缴或调出"栏中各项目，反映单位本年按规定实际上缴的财政拨款结转结余资金，及按照规定向其他单位调出的财政拨款结转资金金额。各项目应当根据"财政拨款结转""财政拨款结余"科目下"归集上缴"明细科目和"财政拨款结转"科目下"归集调出"明细科目，及其所属明细科目的本年发生额填列，以"-"号填列。

(5) "单位内部调剂"栏中各项目，反映单位本年财政拨款结转结余资金在单位内部不同项目之间的调剂金额。各项目应当根据"财政拨款结转"和"财政拨款结余"科目下的"单位内部调剂"明细科目及其所属明细科目的本年发生额填列；对单位内部调剂减少的财政拨款结余金额，以"-"号填列。

(6) "本年财政拨款收入"栏中各项目，反映单位本年从同级财政部门取得的各类财政预算拨款金额。各项目应当根据"财政拨款预算收入"科目及其所属明细科目的本年发生额填列。

(7) "本年财政拨款支出"栏中各项目，反映单位本年发生的财政拨款支出金额。各项目应当根据"行政支出""事业支出"等科目及其所属明细科目本年发生额中的财政拨款支出数的合计数填列。

(8) "年末财政拨款结转结余"栏中各项目，反映单位年末财政拨款结转结余的金额。

各项目应当根据"财政拨款结转""财政拨款结余"科目及其所属明细科目的年末余额填列。

(四)财政拨款预算收入支出表的编制实例

【例 11.7】某单位 2×19 年 12 月 31 日结账后各资产、负债和净资产类会计科目如表 11.13 所示。据此编制该事业单位的财政拨款预算收入支出表，如表 11.14 所示。

表 11.13 会计科目余额表

2×19 年 12 月 31 日

会计科目	年 初 数	年 末 数	本年变动数 (依据本年明细科目发生数)
财政拨款结转	500 000	900 000	400 000
——年初余额调整	0	0	0
——归集调入	0	0	480 000
——归集调出	0	0	30 000
——归集上缴	0	0	50 000
——单位内部调剂	0	0	0
——本年收支结转	0	0	0
——累计结转	500 000	900 000	400 000
财政拨款结余	600 000	850 000	250 000
——年初余额调整	0	0	250 000
——归集上缴	0	0	0
——单位内部调剂	0	0	0
——结转转入	0	0	0
——累计结转	600 000	850 000	250 000
非财政拨款结转	80 000	140 000	60 000
——年初余额调整	0	0	12 000
——缴回资金	0	0	12 000
——项目间接费用或管理费	0	0	0
——本年收支结转	0	0	60 000
——累计结转	80 000	140 000	60 000
非财政拨款结余	200 000	300 000	100 000
——年初余额调整	0	0	100 000
——项目间接费用或管理费	0	0	0
——结转转入	0	0	0
——累计结转	200 000	300 000	100 000
专用结余	100 000	120 000	20 000
经营结余	40 000	20 000	20 000
其他结余	110 000	140 000	30 000

表 11.14　财政拨款预算收入支出表

编制单位：××××　　　　　　　　2×19 年 12 月 31 日　　　　　　　　单位：元

项　目	年初财政拨款结转结余		调整年初财政拨款结转结余	本年归集调入	本年归集上缴或调出	单位内部调剂		本年财政拨款收入	本年财政拨款支出	年末财政拨款结转结余	
	结转	结余	结转结余			结转	结余			结转	结余
一、一般公共预算财政拨款	200 000	250 000	250 000	200 000	30 000	0	0	100 000	100 000	370 000	500 000
（一）基本支出	120 000	150 000	250 000	0	30 000	0	0	20 000	20 000	90 000	400 000
1．人员经费	20 000	100 000	0	0	20 000	0	0	10 000	10 000	0	100 000
2．公用经费	100 000	50 000	250 000	200 000	10 000	0	0	10 000	10 000	90 000	300 000
（二）项目支出	80 000	100 000	0	120 000	0	0	0	80 000	80 000	280 000	100 000
1．××项目	30 000	100 000	0	80 000	0	0	0	80 000	80 000	150 000	100 000
2．××项目	50 000	0	0	0	0	0	0	0	0	130 000	0
二、政府性基金预算财政拨款	300 000	350 000	0	280 000	50 000	0	0	400 000	400 000	530 000	350 000
（一）基本支出	200 000	100 000	0	130 000	0	0	0	200 000	200 000	330 000	100 000
1．人员经费	120 000	100 000	0	0	0	0	0	100 000	100 000	120 000	100 000
2．公用经费	80 000	0	0	130 000	0	0	0	100 000	100 000	210 000	0
（二）项目支出	100 000	250 000	0	150 000	50 000	0	0	200 000	200 000	200 000	250 000
××项目	100 000	250 000	0	150 000	50 000	0	0	200 000	200 000	200 000	250 000
总计	500 000	600 000	250 000	480 000	80 000	0	0	500 000	500 000	900 000	850 000

【课后练习与提高】

一、单项选择题

1. 下述不属于政府预算会计要素的是(   )
   A. 预算支出 B. 预算结余 C. 净资产 D. 预算收入

2. 由政府财政部门编制的，反映各级政府整体财务状况、运行情况和财政中长期可持续性的报告指的是(   )。
   A. 资产负债表   B. 收入费用表
   C. 政府部门财务报告 D. 政府综合财务报告

3. 以下不属于政府会计中资产类的是(   )。
   A. 政府储备资产   B. 应付职工薪酬
   C. 固定资产   D. 货币资金

4. 报告期内能够导致政府会计主体净资产减少的，含有服务潜力或者经济利益的经济资源的要素是(   )。
   A. 成本   B. 资产   C. 收入   D. 费用

5. 以下表述中反映政府会计可理解性的是(   )。
   A. 政府会计主体提供的会计信息应当清晰明了，便于报告使用者理解和使用
   B. 政府会计主体应当按照经济业务或者事项的经济实质进行会计核算，不限于以经济业务或者事项的法律形式为依据。
   C. 政府会计主体提供的会计信息应当具有可比性
   D. 政府会计主体对已经发生的经济业务或者事项，应当及时进行会计核算，不得提前或者延后

6. 政府会计主体在预算年度内依法取得的并纳入预算管理的现金流入是指(   )。
   A. 预算收入 B. 预算支出 C. 结余资金 D. 结转资金

7. 政府会计主体在对负债进行计量时，一般应当采用(   )。
   A. 历史成本 B. 现值 C. 公允价值 D. 重置成本

8. 政府会计主体应当以实际发生的经济业务或者事项为依据进行会计核算，如实反映各项会计要素的情况和结果，保证会计信息真实可靠，以上表述反映了企业信息的哪项质量要求(   )。
   A. 相关性 B. 全面性 C. 及时性 D. 可靠性

9. 名义金额是指(   )。
   A. 10元 B. 5元 C. 15元 D. 1元

10. 不同政府会计主体发生的相同或者相似的经济业务或者事项，应当采用一致的会计政策，确保政府会计信息口径一致，相互可比，这样的表述体现了会计的哪项质量要求？(   )
    A. 可比性 B. 全面性 C. 可靠性 D. 相关性

二、多项选择题

1. 下列各项中，关于政府综合财务报告的表述正确的有( )。
   A. 数据来源于预算会计核算结果
   B. 年度预算执行情况是其反映的对象
   C. 编制基础为权责发生制
   D. 编制主体是各级政府财政部门、各部门、各单位

2. 下列关于政府财务报告的表述中，正确的有( )。
   A. 政府财务报告是反映政府会计主体某一特定日期的财务状况和某一会计期间的运行情况和现金流量等信息的文件
   B. 政府财务报告应当包括财务报表和其他应当在财务报告中披露的相关信息和资料
   C. 政府财务报表仅包括会计报表
   D. 政府财务报告的目标是向财务报告使用者提供与政府财务状况、运行情况和现金流量等有关的信息

3. 政府会计要素有( )。
   A. 净资产　　　　B. 收入　　　　C. 负债　　　　D. 资产

4. 政府决算报告使用者包括( )。
   A. 各级人民代表大会及其常务委员会
   B. 政府会计主体自身
   C. 社会公众和其他利益相关者
   D. 各级政府及其有关部门

5. 构成政府会计的有( )。
   A. 预算会计　　　B. 管理会计　　　C. 财务会计　　　D. 企业会计

三、判断题(正确打"√"，错误打"×")

1. 经营结余是指事业单位一定期间内各项经营收支相抵后的余额。　　　　　　　( )

2. 政府单位受托代理资产，是指行政单位接受委托方委托管理的各项非货币性资产，可分为受托转赠物资和受托储存管理物资，不包括受托代理的现金、银行存款等货币性资产。　　　　　　　　　　　　　　　　　　　　　　　　　　　　　　　( )

3. 政府单位收到其他应付款属于受托代理资产。　　　　　　　　　　　　　　( )

4. 结余资金是指当年预算已执行但尚未完成，或者因故尚未执行，下一年度需要按照原用途继续使用的资金。　　　　　　　　　　　　　　　　　　　　　　　　　( )

5. 事业单位应当于期末将财政补助收入、事业支出(财政补助支出)的本期发生额转入财政补助结转，并于年末将财政补助结转余额中符合财政补助结余性质的部分转入财政补助结余。　　　　　　　　　　　　　　　　　　　　　　　　　　　　　　　　　( )

6. 专用结余科目核算事业单位按照规定从财政拨款结余中提取的具有专门用途的资金的变动和滚存情况。　　　　　　　　　　　　　　　　　　　　　　　　　　　( )

7. 有企业所得税纳税义务的事业单位实际缴纳企业所得税时，按照缴纳金额，借记"非财政拨款结余"科目，贷记"资金结存——货币资金"科目。　　　　　　　　( )

8. 每年年末，政府单位应分别向信息需求者提供决算报告和财务报告。　　（　　）

9. 年末结账后，"非财政拨款结余分配"科目应无余额。　　　　　　　　（　　）

10. 独立核算经营活动取得的收入属于事业单位经营收入。　　　　　　　（　　）

四、思考题

1. 政府会计基本准则规定我国政府财务报告体系包括哪些内容，其主要目标是什么？

2. 政府会计收入的确认条件是什么？

3. 政府会计费用的确认条件是什么？

4. 什么是政府综合财务报告？其内容是什么？

5. 政府会计财务报告的核算基础是什么？

主要参考文献

[1]常丽、何东平. 政府与非营利组织会计. 2 版. 大连：东北财经大学出版社，2012.

[2]王庆成. 政府与事业单位会计. 3 版. 北京：中国人民大学出版社，2009.

[3]魏祥健，朱先琳，许爽. 政府与非营利组织会计. 成都：西南交通大学出版社，2015.

[4]王宗江. 新编政府会计. 6 版. 北京：高等教育出版社，2018.

[5]赵建勇. 政府会计. 上海：上海财经大学出版社，2018.

[6]政府会计制度编审委员会. 政府会计制度(详解与实务). 北京：人民邮电出版社，2018.

[7]中华会计网校. 政府会计制度及新会计法规汇编. 北京：中国商业出版社，2018.

[8]中华人民共和国财政部. 民间非营利组织会计制度. 北京：经济科学出版社，2004.

[9]中华人民共和国财政部. 高等学校会计制度(财会[2013]30 号). 2014 年 1 月.

[10]中华人民共和国财政部、中华人民共和国卫生部. 医院会计制度(财会[2010]27 号). 2011.

[11]中华人民共和国预算法. 中华人民共和国主席令第 21 号.

[12]中华人民共和国会计法. 中华人民共和国主席令第 24 号.

[13]事业单位会计制度. 中华人民共和国财政部(财会[2012]22 号).

[14]行政单位会计制度. 中华人民共和国财政部(财库[2013]218 号).

[15]财政总预算会计制度. 中华人民共和国财政部(财库[2015]19).

[16]政府会计准则——基本准则. 中华人民共和国财政部令[2015]78 号.

[17]政府会计制度——行政事业单位会计科目和报表. 中华人民共和国财政部(财会[2017]25 号).

[18]政府会计准则第 1 号——存货. 中华人民共和国财政部(财会[2016]12 号).

[19]政府会计准则第 2 号——投资. 中华人民共和国财政部(财会[2016]12 号).

[20]政府会计准则第 3 号——固定资产. 中华人民共和国财政部(财会[2016]12 号).

[21]政府会计准则第 4 号——无形资产. 中华人民共和国财政部(财会[2016]12 号).

[22]政府会计准则第 5 号——公共基础设施. 中华人民共和国财政部(财会[2017]11 号).

[23]政府会计准则第 6 号——政府储备物资. 中华人民共和国财政部(财会[2017]23 号).

[24]政府会计准则第 7 号——会计调整. 中华人民共和国财政部(财会[2018]28 号).

[25]政府会计准则第 8 号——负债. 中华人民共和国财政部(财会[2018]31 号).

[26]政府会计准则第 9 号——财务报表编制和列报. 中华人民共和国财政部(财会[2018]37 号).